2002

2002

上海环境年鉴

SHANGHAI
ENVIRONMENT
YEARBOOK
2002

《上海环境年鉴》编辑委员会

上海人民出版社

序

上海开埠以来的首卷环境年鉴——《上海环境年鉴》终于在新世纪初应运问世。它是全国第一本地方性环境年鉴，开创了地方环境年鉴编撰工作的先河，又一次证明环境保护事业越来越受到广泛的关注和重视。

新中国成立之后，尤其是近十多年来，上海的生态环境和生活环境正在发生前所未有的变化，达到了“一年变个样，三年大变样”的预期目标，市民们能提前享受生态效应和生活条件变化带来的实惠。2001年，上海实现了“十五”计划的良好开局，经济发展又创历史新高，人均国民生产总值达到4500美元，伴随着经济的持续发展，环境保护事业也取得了可喜的成绩。上海的巨大变化与党中央、国务院的亲切关怀，与市委、市政府的正确领导，与广大人民群众的奉献和创新是紧紧相连的。它是贯彻落实江泽民总书记“三个代表”重要思想的具体体现，是改革开放带来的丰硕成果。可以说，上海已经初步探索出一条具有中国特色、时代特征和上海特点的环境与经济“双赢”的可持续发展之路。

优美的环境是现代文明的象征，上海作为特大型的城市，环境和资源保护工作理应走在全国的前列。当前，是上海环境保护工作的关键时刻，既要全面完成第一轮环保三年（2000－2002年）行动计划的各项目标任务，又要编制好第二轮环保三年（2003－2005年）行动计划。我们要以邓小平理论和“三个代表”重要思想为指导，不断开拓创新，锐意进取，扎实工作，向着适宜国内外人士居住和创业的社会主义现代化国际大都市这一目标稳步迈进。

首卷《上海环境年鉴》既是上海在加强本市环境保护和建设方面的生动记录，也是中国为改善全球环境所作贡献的典型写照。在编写过程中，各单位、各部门克服困难，精益求精，倾注了大量心血。作为编辑委员会主任，十分感谢各单位的通力协作与《上海环境年鉴》全体编撰成员所作的努力。同时，对全国人大常委会委员、环境与资源保护委员会主任委员、国际著名环保专家曲格平教授，特地为本年鉴题写书名表示衷心感谢。《上海环境年鉴》的编撰是一项系统工程，希望社会各界能继续给予关心、支持和帮助，以期与时俱进，争创一流。

祝《上海环境年鉴》越办越好。

二〇〇二年九月

编辑委员会

编写单位

上海市人大城市建设环境保护委员会
上海市政协人口资源环境建设委员会
上海市发展计划委员会
上海市经济委员会
上海市商业委员会
上海市教育委员会
上海市科学技术委员会
上海市建设和管理委员会
上海市农业委员会
上海市水务局
上海市环境保护局
上海市统计局
上海市房屋土地资源管理局
上海市城市交通管理局
上海市农林局
上海市绿化管理局
上海市市容环境卫生管理局
水利部太湖流域管理局
上海市海洋局
上海市苏州河环境综合整治领导小组办公室
上海市环境保护产业协会
浦东新区环境保护和市容卫生管理局
徐汇区环境保护局
长宁区环境保护局
普陀区环境保护局
闸北区环境保护局
虹口区环境保护局
杨浦区环境保护局
黄浦区环境保护局
卢湾区环境保护局
静安区环境保护局
宝山区环境保护局
闵行区环境保护局
嘉定区环境保护局
金山区环境保护局
松江区环境保护局
青浦区环境保护局
南汇区环境保护局
奉贤区环境保护局
崇明县环境保护局

编写说明

《上海环境年鉴》作为全国第一本地方性环境年鉴，其编撰、出版得到了中共上海市委、市政府领导的高度重视，市人大、市政协各有关专业委员会，市政府有关委、办、局和各区、县政府，给予了大力支持。全国人大常务委员会委员、环境与资源保护委员会主任委员曲格平教授，特地为本年鉴题写书名。

《上海环境年鉴》是一部大型权威性工具书，是上海环境保护事业年度信息、资料史实的总汇。《上海环境年鉴》每年一卷，2002年卷为第一卷，主要反映2001年的环境情况。

《上海环境年鉴》力求全方位、多层次收录有关环境方面的信息、资料和数据，以满足国内外各界人士了解上海环境保护事业发展变化之需求。

2002卷《上海环境年鉴》以条目为基础，设20个栏目。全卷基本按环境要素编撰排列。

2002卷《上海环境年鉴》编辑委员会由上海市政府和有关委、办、局，上海市人大、市政协有关专业委员会以及各区、县政府的有关领导组成。由上海市有关委、办、局和各区、县政府遴选的特邀编辑负责相关条目的编撰，成稿后，经所在部门的有关领导审查定稿，最后由编辑部汇总编撰。

衷心欢迎社会各界提出宝贵意见，使《上海环境年鉴》收录的内容更全面、更科学、更符合读者需要。

《上海环境年鉴》编辑部

2002年9月

图片

Shanghai Environment Yearbook 2002

上海环境年鉴

中共中央总书记江泽民等中央领导同志在中共中央政治局委员、中共上海市委书记黄菊，中共上海市委副书记、市长徐匡迪陪同下视察上海城市建设和环境保护工作

上海市人口资源环境工作座谈会

中共上海市委副书记、常务副市长陈良宇视察城市建设和环境保护工作

上海市人大常委会主任陈铁迪，中共上海市委常委、副市长韩正等市领导出席中华环保世纪行“保护长江生命河”记者团宣传活动

上海市政协主席王力平等领导和委员们一起视察环境保护工作

城市绿地

环境优美的人民广场

城市道路建设

让城市的天更蓝

液化气加气站

城市环境质量越来越好

面貌日新的苏州河

桃浦热力公司具有高效脱硫除尘功能的循环硫化床

水清、面洁、岸绿的河道

大气质量、噪声自动显示屏

垃圾收集压缩中转站

上海都市型工业示范区

浦东孙桥现代农业开发区智能型蔬菜温室

环保成绩突出的钢铁制造企业——宝钢

注重环保的石油化工企业——金山石化公司

创建国家环保模范城区中的浦东新区一景

莘庄立交桥绿地

浦东国际机场

美化居所

绿色家园

看花展

“绿色学校”授牌仪式

绿色书画

世界环境日宣传活动现场

浦东新区世纪大道

天蓝、水清、地绿、居佳

新区晨景

上海科技馆—— APEC 会议的见证地

崇明东滩晨景

璀璨的都市夜景

目 录

SHANGHAI
ENVIRONMENT
YEARBOOK
上海环境年鉴

目　录

SHANGHAI
ENVIRONMENT
YEARBOOK
上海环境年鉴

目 录

生态环境保护与建设

城市绿化建设

农村生态环境保护与建设

野生动植物、栖息地资源保护

自然保护区建设与管理

海洋环境保护

海洋环境管理

海洋公益服务

环境管理

环境管理

质量管理

目　录

环境监测与环境质量

科学与技术

规划编制研究

政策策略研究

目　录

信息化建设

环境信息运用

环境信息网站

资源保护与利用

水资源保护与利用

土地资源保护与利用

地质资源保护与利用

新能源开发与利用

目录

SHANGHAI
ENVIRONMENT
YEARBOOK
上海环境年鉴

目　录

目　录

SHANGHAI
ENVIRONMENT
YEARBOOK
上海环境年鉴

目 录

奉贤区

崇明县

与环境有关的统计

城市建设

目　录

CONTENTS

Planning

Planning

Plan

Legal system construction

Legislation

Law enforcement

Legal system propaganda

Pollution prevention, pollution control and environmental construction

CONTENTS

Harnessing of city appearance and environmental sanitation

Prevention and control of radiation environmental pollution

Industrial pollution prevention and control

Industrial area comprehensive environmental pollution control

Major environmental projects construction

CONTENTS

Marine environment protection

Marine environmental management

Marine public welfare service

Environmental management

Environmental management

Quality management

CONTENTS

Environmental Quality

Science and technology

Planning formulation and study

Policy, strategy study

CONTENTS

Research institutions and academic organizations

Information construction

Utilization of environmental information

Environmental information network station

Resources protection and utilization

Water resources protection and utilization

Land resources protection and utilization

Geological resources environmental protection and utilization

CONTENTS

Renewable energy development and utilization

Comprehensive utilization and energy saving

Environmental industry and market

Environmental industry

Market normalization and self-discipline of the industry

Supervision and management of environmental products quality

Green label and green product certification

Green foodstuffs and high quality agricultural products

Environmental technology and equipment exhibition

International cooperation and exchange

World Bank loan projects

Items of the Asia Development Bank loan

International cooperation projects

International academic exchange

Public participation

People's Congress proposal and People's Political Consultative Conference motion disposal

CONTENTS

Other propagating activities

School environmental education

After school education activity and carrier

Special subject seminar

CONTENTS

District and county environmental protection

Pudong new area

Xuhui District

Changning District

Putuo District

Zhabei district

Hongkou district

Yangpu District

CONTENTS

Jinshan District

Minhang District

Jiading District

CONTENTS

Fengxian District

Chongming County

Statistics concerning Environment

Urban construction

CONTENTS

CONTENTS

特　载

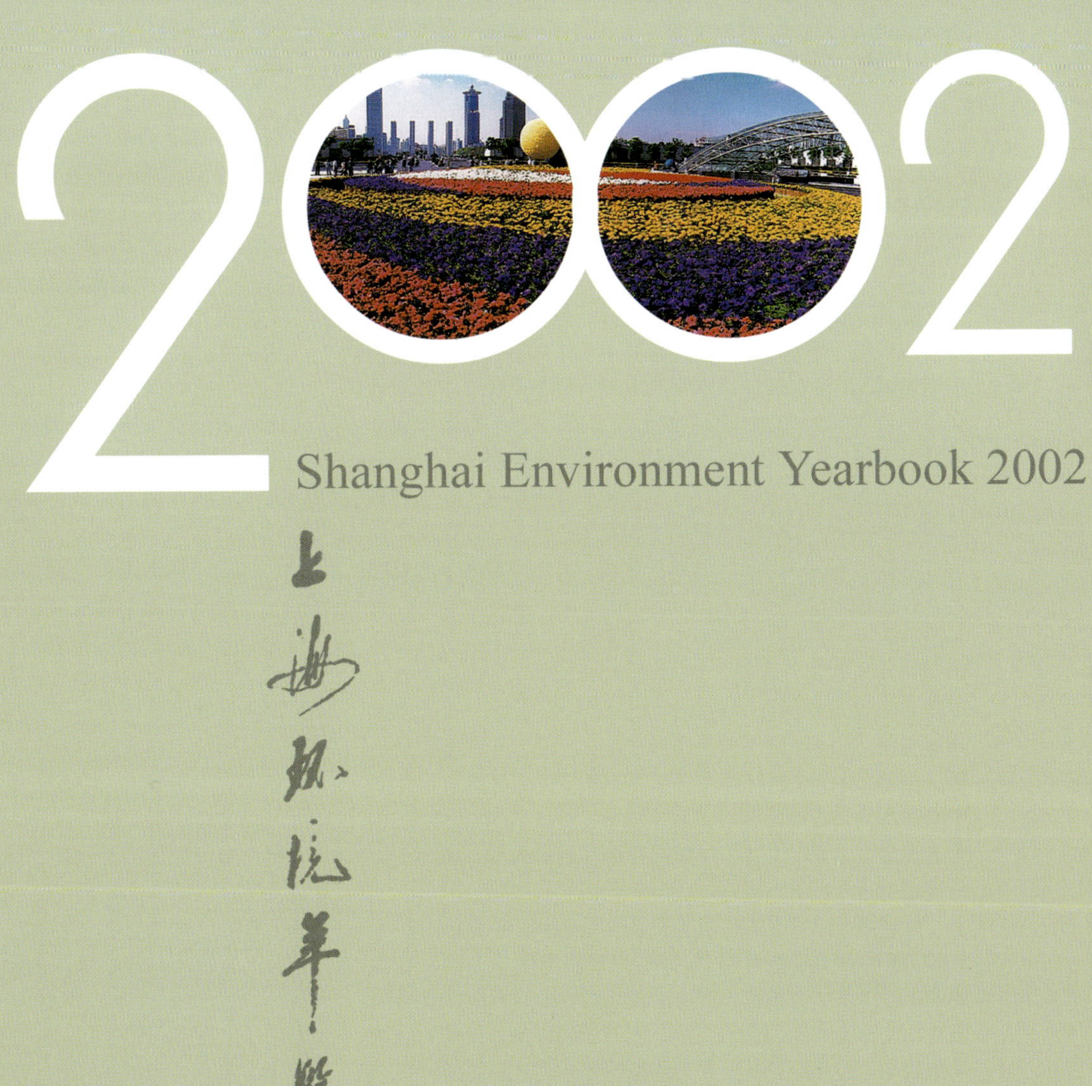

领导讲话摘要

黄菊在2001年4月12日上海市人口资源环境工作座谈会上的讲话
（摘录）

今天，我们在这里召开上海市人口资源环境工作座谈会，主要是按照中央人口资源环境工作座谈会精神，讨论安排今后一段时期本市的有关工作。前不久，党中央和国务院专门召开座谈会，江泽民同志和朱镕基同志都作了重要讲话，对“十五”时期我国人口资源环境工作提出了新的要求。我们一定要认真学习、深刻领会、全面贯彻落实中央精神，紧密结合上海实际，进一步加大工作力度，力争把新世纪上海的人口资源环境工作提高到一个新水平。我讲三点意见。

一、提高认识，进一步增强工作的责任感和紧迫感

人口资源环境工作是一项事关国民经济和社会发展全局的重要工作。“九五”期间，上海各级党政组织坚持按照中央的要求，把经济发展与人口、资源、环境结合起来通盘考虑和部署，积极实施可持续发展战略，扎实推进各项工作，使上海在实现经济、社会、人口、资源、环境的协调发展方面取得了积极的进展。人口与计划生育工作一直处在全国前列，在稳定低生育水平的同时，积极探索适应社会主义市场经济和特大型城市特点的工作新路子，初步形成了以社区为基础、以人为本、融宣传和管理服务为一体的计划生育生殖保健综合管理体系，初步形成了政府领导、部门指导、各方配合的人口宏观调控工作机制；土地资源管理工作又有新的进展，以加强耕地保护为重点，不断深化土地管理方式和用地方式改革，引导建设用地从外延扩大为主向内涵挖潜转变，基本农田保护工作得到进一步加强；水资源保护和开发工作不断推进，以苏州河环境综合整治为重点的市区中小河道整治取得阶段性成果，一定程度上改善了水环境质量；环境保护工作进一步加强，全市污染物排放总量得到控制，城市总体环境质量趋向好转，特别是城市绿化水平明显提高，城市面貌有了较大改观，这些成绩的取得，有力地促进了上海“九五”时期的经济和社会发展，也为上海新世纪的发展奠定了良好基础。

尽管我们在“九五”期间做了大量工作，并取得了较大成效，但也要清醒地看到，人口资源环境问题一方面具有波动性，工作上稍有放松，就会出现反弹；另一方面又具有阶段性，随着经济和社会的发展，旧的矛盾缓解了，新的问题又会出现。因此，工作任务仍然很艰巨。从上海目前情况来看，人口存量大、人口分布不合理和人口老龄化加快，对城市的建设和管理带来许多新的问题，人口结构、人口整体素质与建设社会主义现代化国际大都市的要求相比还有差距；上海的资源本来就比较匮乏，加上不合理利用，使资源供求矛盾日益突出，中心城区土地利用承载过重，水资源保护和利用中还有许多问题；环境保护和建设面临较大压力，城市大气污染、固体废弃物处置等环境问题还没有得到根本解决，电磁辐射污染、热污染、光污染等新的环境问题已经出现。以上这些情况，应该引起我们足够的重视。

江泽民同志在这次中央召开的座谈会上强调指出：“人口资源环境工作，直接关系我国现代化建设的全局。如果这方面的工作做不好，做得不得力，很可能导致我们既定的目标不能如期实现。因此，对这项重大的经济社会工作必须始终抓得紧而又紧，做得实而又实，绝不能有丝毫的放松和懈怠。”上海要不断提高城市综合竞争力，加快实现建设社会主义现代化国际大都市的目标，就必须始终坚持可持续发展战略，继续把人口资源环境工作摆在突出位置。各级领导干部一定要高度重视，充分认识人口资源环境工作的长期性和艰巨性，进一步增强工作的责任感和紧迫感，立足全局，明确目标，再接再厉，扎实工作，努力把新世纪上海的人口资源环境工作做得更好。

二、突出重点，努力开创人口资源环境工作的新局面

市委七届七次全会通过的上海“十五”计划《建议》明确提出，要把优化城市综合发展环境、力争成为国内外人士适宜发展创业和生活居住的城市，作为“十五”时期上海发展的重要奋斗目标之一。这对上海进入新世纪的长远发展具有重要的战略意义，也对进一步做好人口资源环境工作提出了新的更高要求。根据市委《建议》精神，市十一届人大四次会议通过的上海“十五”计划《纲要》，明确了“十五”时期人口资源环境工作的总体目标和主要任务，有关部门也对当前及今后一个时期的工作进行了具体部署，现在的关键就是要按照这些目标任务和工作部署，在现有工作的基础上，突出重点，分步实施，滚动推进，不断取得新的成效。

（一）以提高人口整体素质为重点，进一步做好人口与计划生育工作。作为一个特大型城市，上海的人口与计划生育工作有自身的特殊性，遇到的问题和矛盾与其他地方有所不同，需要我们根据实际情况，加强研究，按照先一步、

高一层的要求，切实加大工作推进的力度，努力使上海的人口与计划生育工作继续保持全国领先地位。一是要着力优化人口结构和提高人口整体素质。针对目前上海人口数量大，但人才数量相对不足的结构性矛盾，要在继续稳定低生育水平、合理控制人口总量的基础上，着重在提高人口整体素质上下功夫。大力抓好优生优育工作，加强社区计划生育生殖保健综合管理和服务工作，完善具有上海特色的社区人口管理和生殖健康促进模式，努力提高出生人口素质和市民生殖健康水平。根据"控制人口，不控制人才"的方针，在控制外来劳动力数量的同时，加快完善人才流动政策，大力吸引各类优秀人才来上海创业和生活，不断优化上海的人口结构。同时，要通过政策引导，合理疏解扩散内环线以内的城区人口，实现人口合理再分布。二是要着力完善现居住地管理的模式。随着改革的深化和开放的扩大，本市人户分离情况和外来人口数量不断增多，特别是外来人口出生占本市常住人口出生的比重达到将近四分之一，致使人口与计划生育工作的管理和服务面临许多新的困难和问题。因此，要进一步深化相应的体制改革，改变过去以户籍管理为主的办法，全面推进人口与计划生育现居住地管理，加大对流动人口计划生育管理的力度，对所有育龄人员实行宣传、管理、服务同步到位，切实防止出生率的反弹。流动人口管理是人口与计划生育工作中的难点问题，对维护社会稳定也有很大影响。在这次中央召开的座谈会上，江泽民同志特别强调要高度重视和认真研究这一问题。我们要进一步探索和采取各种有效的方法，实现流动人口总量控制和有序管理，发挥流动人口在城市经济发展中的积极作用，同时切实防止可能产生的消极影响。三是要着力健全人口综合调控体系。人口与计划生育工作，不仅仅是控制人口数量的增长，更重要的是应该站在全局的、战略的高度，根据新世纪上海经济和社会发展的新形势，通盘考虑上海的人口发展，综合解决人口的自然增长、迁移流动、老龄、婚姻等方面的问题，加快完善同社会主义市场经济发展要求相适应的人口与计划生育综合调控体系。上海在全国先行进入老龄化社会，人口老龄化是上海新世纪发展面临的严峻挑战之一。因此，要在重视人口老龄化、大力推进社会保障事业、提高老年人口生活质量的同时，切实加强人口综合调控，稳定和改善人口年龄结构，以利于经济和社会持续健康发展。

（二）以提高资源利用率为抓手，切实加强对水资源和土地资源的保护和管理。上海是一个土地有限、人口密集、自然资源缺乏的特大型城市，严格保护并合理利用有限的自然资源是实现可持续发展、增强城市综合竞争力的重要途径。我们要进一步增强资源忧患意识，正确处理好资源利用与经济发展的关系，按照"有序有偿、供需平衡、结构优化、集约高效"的要求，在全市范围内实行严格的资源管理制度，积极推进资源利用方式的转变，不断提高资源利用的效率，走资源节约型的发展路子，以增强资源对经济和社会可持续发展的保障能力。今后一个时期，我们在这方面关键是要抓好两方面工作。一要加强土地资源的保护和管理。目

天蓝、水清、地绿的太平桥绿地

前土地负载过重、利用结构不尽合理、耕地占补平衡压力较大等问题，已经制约了上海的发展，而且从今后的趋势来看，土地资源短缺的矛盾将会更加突出。因此，必须始终坚持开源与节流并重的方针，有序开发滩涂，加快土地复垦，加强水、田、路、林、村的综合整理，扩大土地供应量；认真贯彻“十分珍惜、合理利用土地和切实保护耕地”的基本国策，实行严格的土地管理制度，稳定耕地面积，实现耕地资源总量动态平衡。同时要加快建立土地开发利用与经济发展、城市建设之间的有效协调机制，特别是要积极探索土地经营权流转制度改革，提高土地集约利用水平，促进土地资源利用结构和布局的不断优化。二要加强水资源的保护和开发。上海是一个滨江临海的城市，水多是上海的一大特点，但现在水污染情况较为严重，被列为全国36个水质型缺水城市之一，这不仅直接影响城市发展和市民生活，而且与社会主义现代化国际大都市的形象也不相匹配。因此，要紧紧抓住治污和节水这两个环节，加强水资源的保护和开发。治污就是要加大水污染整治的力度，继续以苏州河治理为重点，进一步加大投入，加强监督管理，控制好中小河道的水质污染，切实保护好黄浦江上游饮用水源和长江口水源地原水水质，不断改善水环境。再就是要大力推进节水工作，广泛使用节水新技术、新工艺、新设备，提高合理用水水平，特别要通过完善市场机制，用好价格杠杆，实现水资源使用的减

虹桥开发区一景

量化、再利用和循环使用，加快创建节水型城市。

（三）以优化城市生态环境为目标，进一步加强环境保护工作。在当今国际大都市的激烈竞争中，良好的生态环境已成为城市综合竞争力的一个重要因素。随着经济的发展和生活水平的提高，人们对城市生态环境的要求越来越高。我们一定要把环境保护工作始终放在十分重要的位置，坚持在发展中加强环保。以环保促进发展，努力实现经济建设和环境建设协调推进。“十五”期间，在工作思路上，要做到三个坚持。一是坚持标本兼治、重在治本，促进高新技术在环保领域的运用，推进环保能力建设，在强化环境污染“末端治理”的同时，大力发展循环经济，力争从源头上避免和减少污染；二是坚持远近结合、以近为主，既要按照《全国生态环境保护纲要》的要求，抓紧细化上海生态环境保护规划，又要从解决当前存在的突出问题入手，全面部署和逐步推进生态环境建设；三是坚持发挥多种积极性，在充分发挥市环保主管部门作用的基础上，进一步调动区县的积极性，加强基层环保工作的力度，形成上下共同推进的整体合力。在工作推进中，要切实加大三方面工作力度。首先是加大环境污染控制力度，通过进一步完善制度，加强监测，严格执法，切实有效地治理老污染源，坚决控制新污染源，不断改善环境质量；其次是加大废弃物处置的力度，积极开展生活垃圾分类收集和资源回收工作，完善垃圾收集处置系统，加快推进固体废弃物的减量化、资源化和无害化；第三是继续加大绿化建设的力度，以中心城区植树种绿为重点，努力建设环城绿带、绿色走廊、大型绿地、郊区森林相配套，平面绿化与立体绿化相结合的具有上海特大型城市特点的都市绿化系统，进一步优化城市生态环境，加快实现天更蓝、水更清、地更绿、居更佳的目标。

三、加强领导，确保各项任务落到实处

做好新世纪上海的人口资源环境工作，关键是要按照江泽民同志讲话的要求，把这项工作真正纳入各级党委和政府的重要议事日程，并层层建立严格的工作责任制，把各方面的积极性都调动起来，从而更好地把各项工作任务落到实处。

（一）不断完善工作格局。人口资源环境工作具有很强的宏观性、社会性和综合性，必须形成一个综合管理、各方参与的工作格局。对各级党委和政府来说，要切实落实领导责任，党政一把手亲自抓、负总责，实行自上而下、层层抓落实的目标管理责任制，对各项工作特别是对重点地区和重点工作都要做到责任到人。主管部门要敢于负责，尽职尽责，进一步统一规划，加强监督管理；各地区、各部门要树立全局观念，主动积极配合，形成统一、协调的工作机制，增强全市工作的合力。要进一步加强专门管理队伍的思想业务建设，不断提高他们的工作水平和能力，并为他们创造必要的工作条件，更好地发挥专门管理队伍的作用。

（二）依靠群众，形成全社会关心支持人口资源环境工作的良好氛围。人口资源环境工作，与广大人民群众的切身利益密切相关。我们一定要相信群众，依靠群众，动员各方面社会力量，共同把各项工作做得更加扎实有效。要充分发挥舆论宣传的作用，结合文明社区、文明小区、文明村镇的创建活动，在全社会广泛开展人口资源环境方面的宣传教育，不断增强广大市民计划生育、节约资源、保护环境的意识和自觉性。要充分发动群众，有关重大政策出台前要广泛征求社会各界的意见，吸收合理化建议，努力做到让广大市民知情、理解、支持、参与。要立足于服务群众，坚持从方便群众、让群众受益出发，从群众最关心、最迫切需要解决的问题着手，切实把人口资源环境工作的好事办好，真正造福于民。

（三）健全法规规章，加强依法行政。作好人口资源环境工作，必须要有法制保障。目前应该着重做好两方面工

作。首先，要根据建设社会主义现代化国际大都市的要求，积极梳理、调整现有的法规法令和政策规章，进一步加快立法进程，不断完善人口资源环境方面的法规体系建设；其次，要在全社会加强法制宣传，进一步普及有关法律知识，做到企业和群众自觉守法，政府部门依法行政，执法人员严格执法，使上海的人口资源环境工作尽快走上制度化、法制化的轨道。

（四）积极探索新的投入机制。人口资源环境工作是社会公益性事业，这方面的投入不仅有经济效益，而且有社会效益；不仅有近期效益，而且有长期效益。因此，这个钱一定要舍得花。今后要继续加大投入，问题是我们应该积极探索建立新的投入机制，使投入的渠道更宽一些，资金的来源更多一些。一方面，各级政府要按照中央要求，把对人口资源环境工作的投入作为一项重要的基础性投入纳入财政预算，切实予以保证；另一方面，要运用政策引导和激励，充分调动全社会力量共同参与，并探索发挥市场机制，实现资金的良性循环，为人口资源环境工作的顺利开展提供更加坚实的物质基础。

新世纪上海的人口资源环境工作，任务艰巨，责任重大。我们要在以江泽民同志为核心的党中央坚强领导下，高举邓小平理论伟大旗帜，以高度的责任感和强烈的紧迫感，按照中央要求，加倍努力，扎实工作，在新的起点上努力开创上海人口资源环境工作的新局面，为实现上海新世纪宏伟发展目标作出新的更大的贡献。

徐匡迪在2001年6月5日世界环境日发表的电视讲话

市民们，今天是新世纪第一个世界环境日，今年环境日的主题是“世间万物，生命之网”。地球上各种生命之间有千丝万缕的联系，我们要通过各种手段，保护生态平衡，实现资源循环利用，万物和谐共存。保护环境，实现可持续发展是我国的一项基本国策。上海市委、市政府高度重视城市的环境保护与环境建设，过去的三年里，上海共投入355亿元用于环境保护和污染治理，使城市的环境逐步得到改善。今后五到十年是上海发展的关键时期，第十个五年计划期间我们用于环保的投资仍将保持在GDP的3%左右，继续加强水环境和大气环境的治理、绿化建设、固体废弃物处理和重点污染地区的综合整治，努力实现经济、社会、环境效益的有机统一。我相信，只要全社会行动起来，创导和树立生态环境意识和绿色文明意识，切实加强环境保护和生态建设，上海的水会更清，天会更蓝，城市会更优美，建设一个与现代化国际大都市相称的生态城市的目标一定会实现。谢谢。

建设良好的城市生态环境

陈良宇在2000年12月15日 吴淞工业区环境综合整治动员大会上的讲话

今天，我们召开这个会，标志着吴淞工业区环境综合整治工作正式全面展开。刚才，几个单位代表发了言，表了态，这些都很好。下面，我讲四点意见。

一、提高对吴淞工业区环境综合整治工作的认识

环境保护是我国的一项基本国策，也是实施可持续发展战略的重要内容。这些年，市委、市政府对环境综合整治和环境保护工作一直抓得很紧。我们下决心，出巨资，先后实施并完成了对新华路、和田路、桃浦工业区等重污染地区的环境综合整治。到今年9月底，上海已基本完成国务院规定的“一控双达标”任务。在此基础上，现在我们又要打响吴淞工业区环境综合整治的攻坚战。可以说，这项工程的实施有着十分重要的意义。

首先，这是实施上海环境保护和建设行动计划的一项重点工程。去年9月，市委、市政府作出了《关于加强本市环境保护和建设若干问题的决定》，同时制订了具体的《实施意见》，提出了今后三年环境保护和建设的行动计划。这个行动计划突出了五个方面的重点，即水环境治理、大气环境治理、固体废弃物处置、绿化建设、吴淞和桃浦工业区环境综合整治等。《决定》及三年行动计划的出台，表明上海已经形成了加强环境保护与整治工作的整体思路及操作方案。这当中，吴淞工业区环境综合整治项目被列为实施重点，可见这项工作事关全局，意义重大。这不仅关系到吴淞地区数十万老百姓的切身利益，关系到上海经济发展的整体环境，还关系到上海明年当好APEC会议东道主及申办2010年世博会的城市形象建设。从根本上说，吴淞工业区的环境综合整治应当集中体现上海可持续发展的能力和水平。

整治后的桃浦工业区一角

其次，这是改善城市环境面貌和提高人民生活质量的迫切需要。吴淞工业区是上海的一个老工业基地，也是上海经济的一大支柱。由于历史的原因，这一地区的工业污染比较严重、工业布局也不尽合理。日益严重的环境问题，成为制约这一地区发展的重要因素，同时，也严重影响人民群众生活质量的提高。如果我们能够尽快改变吴淞工业区的环境面貌，这不仅有利于推动生产力布局合理调整和产业升级，同时也是直接为人民群众办实事、办好事，可以造福当今，惠及子孙后代。

第三，这是上海实现可持续发展和提高上海城市综合竞争力的必然要求。经济发展与环境保护是相辅相成的。要发展经济必须加强环境保护。特别是加入WTO后，我们不仅要遵守世贸组织的一些基本原则和协定、协议，而且还要遵守世界环境保护方面的各种协议。今后发达国家对我们贸易的关税壁垒会逐步消除，但同时它们又会更多地使用环境标准等非关税贸易壁垒来卡我们。这应当引起我们的高度重视。我们必须积极研究对策，加强环境保护，推行清洁生产，以树立一个地区或一个企业在国际社会中的良好形象，提高国际竞争力和影响力。

实施吴淞工业区环境综合整治，就是要求工业区注重发展循环经济、集约型经济，实施清洁生产，实现资源综合利用，淘汰落后的生产工艺，减少污染产生，从而实现可持续发展。同时，积极主动地调整结构和布局，也是这一老工业区跟上时代步伐，重新焕发青春的需要。一些被关、停、迁，以及被调整、改造的企业、生产车间、生产线，不仅污染严重，而且往往也是工艺落后，产品缺乏市场竞争力的。这样的调整最终将有利于企业本身，也是符合先进生产力发展要求的，最终有利于提高上海的城市综合竞争力。

二、明确整治工作目标及指导思想

按规划，我们要用六年左右的时间来完成吴淞工业区的环境综合整治。要在这样一个比较有限的时间里，集中力量开展综合整治，最根本的是要有一个正确的指导思想或原则，以及据此形成的规划方案和配套政策。吴淞工业区环境综合整治应当遵循以下三条基本的原则：第一，吴淞工业区总体上应当定位为以宝钢为依托的冶金工业基地，集聚冶金及其延伸产业；第二，吴淞工业区综合整治要坚持主要依靠科技创新，也就是通过设备和工艺革新，开发新品和提高产品技术含量，促进资源综合利用和循环经济发展；第三，区内现有化学工业的综合整治要服从全市化学工业布局优化的总要求，即要向漕泾化学工业区集聚，逐步调整、淘汰落后的化工产品。现在看来，我们所确定的整个规划方案较好地体现了上述原则，可以说是方向对头，同时也有可操作性。

指导思想是纲，规划也是纲。各方面都要以此统一思想，形成共识，做到纲举目张。特别是有关企业领导要牢固树立大局意识，自觉地将企业发展调整战略与吴淞工业区综合整治的总要求协调一致起来。从长远来看，全市经济布局调整和综合环境改

宝钢一角

善，对于形成良好的投资环境有好处，最终会使广大企业受益。

三、认真把握配套政策的精神

现在我们所形成和推出的政策方案已征询过方方面面的意见。出台这个政策的目的，是要确保吴淞工业区综合整治总目标的实现，即到2005年底，使吴淞工业区成为产业结构和用地布局合理、生产设备和工艺技术先进、市政基础设施完善、生态环境改善、环境质量达到全市平均水平的现代工业区。

与新华路、和田路、桃浦工业区等重点地区综合整治方案相比，现在这个配套政策有新的突破，更具含金量，充分体现了市政府抓好这件事的决心和力度。总的特点是手段坚决，措施有力，奖快罚慢。具体涉及四个方面的内容：一是扶持结构调整。这里包括产业结构调整和规划布局调整。对污染严重企业，坚决实施关、停、并、迁，或就地改造。相应地，给予必要的政策支持，包括破产指标倾斜、指标外破产补贴、兼并优惠、用地优惠、水电气等用量指标转移等。二是优先考虑市政基础设施和绿化建设。这次配套政策要求政府财力支持，优先安排用于区内绿化和道路等市政建设。三是做好企业职工保障工作。主要是对人员分流、安置、再就业、提前退休及经济补偿等作出了具体规定。四是确保资金支持。根据项目属性和对口职能，各有关部门要优先安排吴淞工业区内的整治项目，并按规划承担相应的整治任务。市里还专门设立吴淞工业区环境综合整治基金，基金总规模达30亿元左右，这是本市对工业区环境综合整治投入最大的一次。

四、明确目标，真抓实干，认真完成各阶段整治任务

自去年年初召开上海市吴淞工业区环境综合整治领导小组第一次会议至今，在不到两年的时间里，各有关方面做了大量的工作，使吴淞工业区环境综合整治按既定的目标有序进行，相继出台了《规划》、《实施计划纲要》、《配套政策》等三个纲领性文件。可以说，前一阶段工作很有成效，为全面实施整治开了个好头，打下了良好的基础。现在接下来的工作，就是按照三个纲领性文件的要求，齐心合力，狠抓落实。

1. 加强领导，明确责任，协调推进。吴淞工业区环境综合整治牵涉面很广，工作量很大。要加强统一领导，调动各方面的工作积极性。市政府已成立了吴淞工业区环境综合整治工作领导小组，最近又成立了吴淞工业区环境综合整治领导小组办公室，增设办公室常务副主任一名，由孟忠伟同志担任，主持吴淞办日常工作，负责组织、协调、落实《规划》、《实施计划纲要》的贯彻实施。吴淞办要注意处理好总体规划与分年度实施计划的衔接性关系，处理好总体目标与分阶段目标的连续性关系，处理好区域内环境综合整治与企业产业产品结构调整的相容性关系，全面推动工业区环境综合整治各项工作的开展。区内各工业集团和有关单位也要明确相应的领导责任，实行目标责任制，将各项任务分解落实到人。政府各有关部门和单位要本着对党、对人民高度负责的精神，都要积极支持这项工作，以保证这项工作顺利开展。

2. 加强协作联动，形成工作合力。吴淞工业区环境综合整治是一项综合性很强而又很复杂的系统工作，各方面都要切实加强团结协作，确保形成工作合力。在已经明确职责和任务的基础上，要妥善处理好市与区、条与块、条与条之间的关系。最根本的是要相互配合，相互支持，目标一致，步调一致。对《规划》、《实施计划纲要》和《配套改策》中已明确的各项任务，各责任单位都要抓紧落实到位，制订好具体的工作计划。市规划部门要抓紧做好规划内容的细化落实；市计划、财政部门要切实做好资金落实；市绿化管理部门要会同有关部门做好绿化实施工程的启动；市水务局要会同有关部门做好蕰藻浜水系综合整治和排水系统实施工程的启动；市市政局要会同宝山区搞好有关道路建设，不要再出现“断头路”；市经委、市建委等部门要协同宝钢集团组织实施好工业布局和产业产品结构调整；市劳动保障局要支持做好职工下岗分流安置工作；市环保局要加大对这一地区的环境综合整治的监督检查和执法力度。宝山区要进一步做好区政府应该承担的各项工作。

3. 坚决服从规划，调整产业产品结构，实现工业合理布局。规划工作很重要。这些年，上海浦东开发开放取得的巨大成绩，轨道交通和高速公路建设的加快推进，都是因为在工作中重视了规划问题，考虑了人口、环境、交通、绿化、市政、资源等诸多方面的因素，制定了一个合理的、详尽的规划，并切切实实地按规划中的要求进行建设。这一点非常重要。一旦规划通过各方论证，定了，就要严格地按规划方案去操作。这次吴淞工业区环境综合整治，我们重视了规划问题，做到了规划先行。在具体实施规划的过程中，要像遵守法律一样遵循规划制定的各项原则和条款。这样才能达到我们预期的目的。

吴淞工业区的工业布局和产业产品结构调整，原则上要以宝钢集团的发展为依托，重点发展特钢、不锈钢及冶金业延伸产品，成为上海发展精品钢铁的基地。同时，从服从全市行业发展要求及总体布局规划出发，化工产品要逐步调整到上海化工区内，其他行业也要调整到相应工业区内，并切实做到一次规划，分步实施。在推进调整的过程中，必须坚持“有所为，有所不为”的方针，着力发展一批市场前景好、经济效益好、无污染或环境污染少的产品。对《实施计划纲要》所明确要求关停的10个企业22条生产线，市经委、市建委等有关部门要和宝钢等相关企业集团一起共同统筹安排和组织实施，按期完成。相关企业的领导要亲自挂帅，按照《规划》和《实施计划纲要》

目标、内容、时间节点要求，切实做好各项工作。同时，企业的党政领导要深入细致地做好分流人员的思想工作，宣传解释环境综合整治的目的和意义，协调处理好各方面的关系，并根据有关政策妥善做好安置工作，维护社会稳定，从而为吴淞工业区环境综合整治工作的开展奠定良好的基础。

4. 搞好配套服务，保证政策和资金落实。这次吴淞工业区环境综合整治有大动作，有新突破。突出的一点就体现在配套优惠政策和巨量资金投入上。各单位一定要用足用好优惠政策。优惠政策要真正让为环境综合整治作出贡献或作出牺牲的单位和个人受益。要减少中间环节，不打折扣，提高政策执行效率。在资金使用上，政策规定6年的资金总量可集中安排在前3年使用，目的是要使资金投入更好地发挥对综合整治的示范和带动作用。市、区财政及有关部门要按照已定的数额切实安排好综合整治资金，保证资金及时到位。市计委要对《配套政策》的贯彻执行加强检查督促。要重视建立资金使用的监管机制，市审计局要对综合整治资金的使用实行跟踪检查审计，监管单位不能与资金使用单位发生利益关系，以利于秉公办事。

5. 加大宣传力度，争取各方支持。近年来，环境质量问题受到越来越多的市民的关注，人民群众对环境质量要求也不断提高，这同时也成为历届“两会”的一个热点。吴淞工业区环境综合整治的社会影响很大，牵涉面也很广，能不能做好有针对性的宣传解释工作至关重要。特别要通过搞好宣传解释，化解居民对冶金、化工企业带来环境影响的过分担心。通过技术创新，设备及工艺更新，实行清洁生产，一些冶金、化工企业可以在对环境基本无害条件下进行生产，而且有些还可以成为花园工厂。另外，也要进一步加大新闻媒体的宣传力度，及时报道吴淞工业区整治的新成绩，新进展，批评揭露一些破坏、污染环境的违法和不道德行为，引导好社会舆论，取得广大人民群众对这项工作的支持和理解。

最后，请吴淞办按照今天会议的要求抓紧实施吴淞工业区环境综合整治的各项工作。市政府督查室要做好会议精神落实情况的督促检查。

同志们，吴淞工业区环境综合整治战役已经全面打响。只要我们遵循规划、扎实工作、开拓创新、持之以恒，就一定能够顺利完成这一跨世纪工程，为上海在新世纪开创新局面作出贡献。

韩正在2001年6月27日
上海城市环境与可持续发展国际研讨会上的讲话

（摘录）

在人类社会迈进新世纪的第一年，上海城市环境与可持续发展国际研讨会如期在上海召开了。我向各位与会嘉宾表示热烈欢迎，借此机会，请允许我向各位介绍上海的经济发展和环境保护情况。

一、国民经济进入稳定发展的新阶段

上海是中国最大的经济中心城市，改革开放以来，在城市发展中坚持集中力量加快经济发展，上海的社会经济建设进入了快速发展的阶段，整个城市焕发出前所未有的生机和活力。1992-2000年，上海经济连续保持年10%以上的增长速度，整个90年代，年均增长12.3%。2000年全市GDP为4551亿元，人均GDP从五年前的2300美元提高到去年的4180美元。

二、经济中心城市功能日益增强

90年代，上海逐步实现了城市功能的重大转变。随着产业结构战略性调整的深入，金融、商贸、交通通信、房地产等为重点的第三产业迅速崛起，第三产业占GDP的比重已由1990年的31.9%上升到2000年超过50%，使上海从单发展加工工业转向第三、第二产业共同发展的新阶段。特别是证券、外汇和技术要素市场初具规模，并辐射全国，开始发挥市场配置资源中心的作用。

三、城市现代化建设和改造全面展开

上海实现基础设施先行，大力推进城市建设。改革开放以来，上海城市基础设施建设投资累计达3000多亿元，相当于前30年总和的40多倍，其中，90年代投入占90%以上。在道路交通、市政、工程公用设施和旧城改造方面，相继完成了一批重大项目，使城市面貌发生了巨大变化。中心城区的立体交通骨干框架基本建成，并初步形成了覆盖全市、联结国内外的现代化通讯网络。供电、供水、供气和邮电通信能力都有了显著提高，经济发展环境和市民生活条件明显改善。

四、环境保护事业蓬勃发展

在经济发展的同时，我们也面临严峻的挑战，工业化、现代化、城市化带来了环境、资源问题。污染的环境损害了城市形象，危及市民健康；资源枯竭将制约进一步发展。

经济、环境、资源的协调平衡是国际大都市发展面临的共同问题，保护环境，实施可持续发展战略是上海实现振兴、走向繁荣的必由之路。90年代，上海对环保的投入不断加大，环保投入的增长速度超过了经济增长速度，环保投入占GDP的比重由“八五”期末的1.89%上升到“九五”期末的3.12%。五年累计投入506.79亿元，比“八五”增加366.28亿元，1998年以来连续三年超过100亿元，2000年达到141.9亿元，创出了历史最高水平，今后几年，上海环保投入还将保持在全市GDP3%以上，重点解决上海的重大环境问题。

（一）水环境治理

合流污水一期和污水二期等一批环境骨干工程相继建成；中小河道第一个三年整治任务基本完成，三年来初步整治河道2.2万余条(段)，总长度超过1.5万公里；苏州河环境综合整治一期工程稳步推进，去年年底，苏州河干流基本消除黑臭。

（二）大气环境治理

能源结构调整和机动车尾气治理稳步推进。全市城区民用燃气普及率达100%，浦东地区已有42万户居民率先使用东海天然气，三年改造燃煤锅炉3300余台，削减用煤量17.1万吨/年。全市禁止使用含铅汽油，对3万辆出租车和公共汽车改装使用LPG和CNG。通过各种措施，全市空气质量二级以上(含二级)的天数，从1998年的70%左右提高到2000年的80%。

（三）大规模推进城市绿化建设

城市绿化对于改善生态环境、提高市民健康有不可替代的作用。按照“环、楔、廊、园、林”的规划思想，在中心城区建成了一批公园或公共绿地；23万平方米的延中公园、13万平方米的虹桥公园、50万平方米的大宁公园、60万平方米的黄兴公园、140万平方米的浦东世纪公园、10万平方米的陆家嘴中心公园、8万平方米的徐家汇公园、5万平方米的太平桥绿地、4万平方米的凯桥公园和长寿公园等，加快了环城绿带和郊区森林的建设。经过几年的努力，上海绿地面积有了大幅度增长，1949年到1997年近50年中，人均绿地面积从0.132平方米提高到2.41平方米，又从1997年的2.41平方米提高到了2000年的4.6平方米，近三年新建的公共绿地面积超过过去50年的总和，全市绿化覆盖率达到了22%。

可以说，整个90年代是上海经济发展最快的十年，也是上海城市环境面貌发生显著变化的十年。

今天，海内外的专家学者、经济学家和国际友人会聚上海，以“大城市环境保护和可持续发展”为主题进行探讨与交流，是十分有意义的。“可持续发展”是一种新的发展思想，是人类发展观念的重大变革。发展的前提是既考虑当前发展的需要，又要考虑未来发展的需要，这是人类全面认真总结自己的发展历程，重新审视经济社会行为而提出的一种全新的发展思想和发展战略。今后五到十年，对上海的发展是一个极其重要的时期，环境保护将面临更大的压力和挑战。我们必须高度认识环境保护对于将上海建成国内外适宜发展创业和生活居住的城市的重要性，在可持续发展战略指导下，努力实现经济、社会、环境效益的有机统一，进一步提高上海城市综合竞争力，在环境保护工作上，重点抓好以下四方面的工作：

第一，坚持走集约型增长的经济发展之路

通过深化改革和体制创新，形成有利于节约资源、降低能耗、增加效益、保护环境的企业经营机制，形成依靠科技进步的企业技术进步机制。到2005年，技术进步对工业经济的贡献率，要达到55%以上。在工作推进中，我们将坚

拥有良好综合环境的虹桥开发区

持把节约资源放在首位，积极推行清洁生产，逐步从根本上改变过去那种高投入、高消耗、低效益的粗放型增长方式。

第二，提升产业结构和优化空间布局，增强城市综合经济实力

上海将按照建设国际经济中心城市的要求，合理调整城市空间布局，在完善中心城区功能的同时，加快郊区城镇建设。根据新一轮城市总体规划，市区将重点培育发展高科技产业和无污染、物耗能耗低、附加值高的城市型工业，到2005年高新技术产业占全市工业的比例力争达到35%左右，并把第二产业发展的重心，从中心城区逐步转移到郊区。中心城区从提高土地产出率、减少污染排放和运输量的角度调整产业布局，重点发展信息、金融、保险、商业等第三产业，提高社会化服务水平。

第三，不断改善生态环境，促进人与自然和谐相处

上海将继续加大对环保的投入，力争每年的环保投入达到全市GDP的3%以上。1999年，上海市政府制定了环境保护三年行动计划，重点是加大水环境治理的力度，并积极优化能源结构，加强各类机动车尾气污染防治，切实改善大气环境质量。提高固体废物无害化处置率，积极推行生活垃圾分类收集，加快固体废物减量化和资源化。到2002年，中心城区生活垃圾无害化处置率要达到96%，50%的区域实现分类收集。同时，大力加强城市绿化建设，到2002年，要使中心城区人均公共绿地面积超过6平方米，绿化覆盖率达到25%以上，为市民创造舒适的生活环境。尽管上海的环境保护和建设任务艰巨，但我们坚信，这个目标会实现。

第四，进一步增强全民的可持续发展意识

坚持环境保护，实现可持续发展，需要全民的支持和参与。今后几年，上海将深入贯彻“科教兴市战略”，广泛开展科普工作，优化教育资源配置，加大对教育与培训的投入。通过每年举办一次“上海科技节”和开展ISO14000国际标准化认定工作等多种形式的活动，增加全民参与可持续发展行动的自觉性。

保护和建设一个优美的环境，是人类的共同愿望，也是1300万上海人民追求的目标。这次研讨会为上海提供了学习国际成功经验的机会，必将极大地拓宽上海建设21世纪可持续发展城市的视野。希望各位对上海的未来发展坦诚进言，贡献真知灼见。

会 议

上海市人口资源环境工作座谈会

2001年4月12日，中共上海市委、上海市政府召开上海市人口资源环境工作座谈会，贯彻落实中央人口资源环境工作座谈会的精神。市领导黄菊、徐匡迪、陈铁迪、王力平、陈良宇、龚学平、韩正、左焕琛等出席会议。徐匡迪主持会议。

中共中央政治局委员、上海市委书记黄菊在讲话中强调，新世纪上海的人口资源环境工作要求更高、任务更重、责任更大。我们一定要认真贯彻中央人口资源环境工作座谈会的精神，充分认识人口资源环境工作的长期性和艰巨性，进一步增强工作的责任感和紧迫感，坚持开创性、坚韧性和操作性的统一，再接再厉，扎实工作，努力把新世纪上海的人口资源环境工作做得更好。

市人口计生委、市环保局、市房地资源局和卢湾区、青浦区、长宁区、徐汇区、浦东新区负责人在会上作了交流发言。 市高级法院、市检察院、各委办局、人民团体、驻沪部队、武警上海总队和部分大型企业负责人参加了会议。

太湖水污染防治第三次工作会议

2001年9月3日至4日，经国务院批准，国家环境保护总局在江苏省苏州市东山召开了太湖水污染防治第三次工作会议。国务院副总理温家宝、国家环保总局和有关部委的领导，江、浙、沪三省市的有关领导及相应部门负责同志出席了会议。上海市副市长韩正作为上海市政府分管领导出席了会议。会议全面总结了“九五”期间太湖水污染治理工作的经验教训，提出了贯彻落实《太湖水污染防治“十五”计划》的意见，明确了治理指导思想，提出了“十五”期间太湖污染治理的总目标、治理原则和主要任务。

根据《太湖水污染防治“十五”计划》，“十五”期间，上海在太湖流域水污染防治方面要重点完成好以下两项任务：一是建成2个污水处理厂。即扩建青浦第二污水处理厂和朱家角污水处理厂。处理能力达6.5万吨／日，总投资28500万元。二是加强环境监督管理能力建设。计划投资500万元，用于建设省界河道断面水质监测站和污染源自动在线监控系统。会后，上海市召开会议，制定了贯彻落实此次会议精神的具体措施。

东部地区人大环境与资源保护工作座谈会

2001年5月25日至29日，全国人大环境与资源保护委员会在上海召开东部地区人大环境与资源保护工作座谈会。座谈会围绕“城市化与可持续发展”的主题，总结和交流了各级人大在强化城市环境建设立法和监督工作方面的典型经

验，以进一步推动东部地区环境与资源保护工作在新世纪取得新发展。全国人大常委会副委员长邹家华出席会议并作重要讲话。13个省、自治区、直辖市人大常委会、环资委负责同志，以及17个国家环保模范城市的人大常委会负责同志约130人参加了会议。中共上海市委副书记、市长徐匡迪，上海市人大常委会主任陈铁迪到会致欢迎词。上海市副市长韩正到会介绍了上海环境保护工作的情况。上海市人大城建环保委作了题为“选准题目、深入调研、突出重点、注重实效——我们是如何做好水环境执法检查工作的”的交流发言。会议期间，与会代表还考察了上海市规划展示馆、延中绿地、世纪大道、世纪广场、世纪公园，以及松江小城镇建设等上海城市环境建设。

长江流域十省市政协长江水环境保护研讨会

2001年6月12日至13日，第二次长江流域十省市政协长江水环境保护研讨会在上海召开。全国政协人口资源环境委员会副主任张春园、国家环保总局副局长王玉庆、长江水利委员会长江流域水资源保护局局长翁立达出席了会议。上海市政协副主席朱达人主持开幕式，中共上海市委副书记罗世谦和全国政协人口资源环境委员会副主任张春园分别讲话，上海市副市长韩正介绍了上海市的环保工作情况。参加会议的有长江流域十省市政协和环保部门的代表50余人。

张春园介绍了全国政协开展“南水北调”的调研情况，王玉庆介绍了长江流域贯彻国务院提出的“一控双达标”的有关情况。与会代表结合本地区实际情况，提出了许多进一步保护长江水环境的具体对策建议，还就长江全流域保护管理问题提出了许多全局性、宏观性的建议：在体制上，急需建立和完善以流域为单位的水资源管理模式，实现中央、流域和区域三级管理相结合的体制。建议建立国家统一协调管理的“长江流域水资源环境保护委员会”，由国家水利部和环保总局等单位组成，负责整个流域水污染防治与水资源保护的组织协调、规划与监督管理工作。在资金上，建立长江上游水污染防治和生态保护建设的专项资金。国家要从税收、物价、供电、信贷等方面予以优惠，加大对长江水污染治理的投入，激发各企业治理污染的积极性，促进流域环境综合整治各项措施的落实。在立法上，尽快制定颁布《长江水污染防治条例》及实施《长江水污染防治条例》，统一沿江各地的水污染防治标准，促使长江流域水资源管理工作有法可依。同时，尽快完善和制定地方性水环境和水资源的法律、法规，并加强执法监督，遏制住长江水污染势头，保证长江水资源的可持续利用。在治理手段和策略上，要结合国家产业结构的调整，加快淘汰落后的生产工艺、设备和技术，加大技术改造力度，采用先进实用的治污技术，确保达标排放的稳定性。同时，要坚决贯彻“预防为主、防治结合”、“谁污染谁治理”和“强化环境管理”的环境保护政策，决不能走“先污染后治理”的老路。在宣传教育上，要充分运用各种新闻媒体，加强对水环境保护工作重要性、紧迫性的宣传，普及环境科学知识和环保意识。同时要充分发挥人大的法律监督，政协的民主监督，新闻媒体的舆论监督和广大人民的全民监督作用，提高宣传教育和监督管理的实效。

长江流域十省市政协长江水环境保护研讨会由江苏省政协发起召开。会议宗旨主要是分析长江流域水质污染情况，交流治理流域内污染所采取的措施和取得的经验，对长江水环境保护工作提出建议。研讨会原则上每年举行一次。本年度会议由上海市政协主办。

长江流域十省市政协长江水环境保护研讨会

市人大、市政协工作

市人大常委会组成人员调研大气污染防治情况

2001年3月22日，上海市人大常委会副主任沙麟、刘伦贤、胡正昌、漆世贵及部分常委会组成人员对上海市大气污染防治工作进行了调研。委员们听取了上海市环保局局长洪浩关于上海市大气污染防治工作及《上海市实施〈中华人民共和国大气污染防治法〉办法（草案）》起草情况的汇报，观看了上海市机动车尾气和餐饮业油烟等对大气环境造成污染的录像。委员们就《上海市实施〈中华人民共和国大气污染防治法〉办法（草案）》的立法思路，环保执法和有关标准，机动车尾气、餐饮业、大型化工和冶金工业区大气污染防治等问题提出了意见和建议。

市人大常委会对《水污染防治法》实施情况进行执法检查

根据全国人大常委会办公厅2001年8月31日《关于请部分省市人大常委会帮助检查〈水污染防治法〉实施情况的通知》的要求，上海市人大城建环保委员会对全市实施《水污染防治法》情况进行了执法检查。执法检查期间，上海市人大城建环保委员会听取了市政府有关部门的汇报，组织市人大代表实地检查了闵行污水处理厂城市生活污水处理情况、氯碱股份有限公司工业废水治理达标情况、张家塘和漕河泾河道治理情况，并视察了上海市环保应急热线。

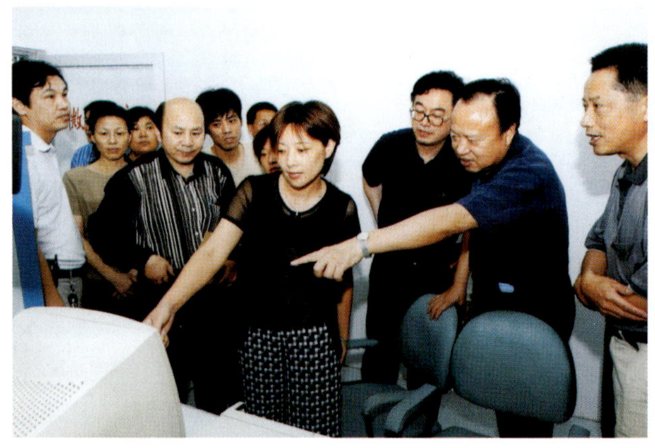
市人大常委会副主任刘伦贤（右二）一行视察环保工作

市十一届人大常委会第六十二次主任会议听取市容环卫工作汇报

2001年4月25日，上海市人大常委会主任陈铁迪主持召开了市十一届人大常委会第六十二次主任（扩大）会议，听取上海市市容环境卫生管理局关于市容环卫工作的汇报。副主任沙麟、厉无畏、任文燕、张圣坤和秘书长许祖雄及部分委员出席会议，办公厅、研究室副主任列席了会议。会上，市市容环卫局局长胥传阳汇报了近几年市容环卫工作及今后发展的总体思考。与会同志就生活垃圾分类收集、黑色广告治理、收费等问题提出了意见和建议。陈铁迪充分肯定了近几年上海市在市容环境卫生整治工作中取得的成绩，并指出市容环卫工作是一项长期、艰巨的任务，要加大宣传力度，需要全社会的参与。陈铁迪希望市市容环卫局要进一步转变职能，加强管理，抓住薄弱环节，对难点和热点问题采取有力措施，加强整治力度，并运用先进的科学技术，不断提高上海市市容环境卫生工作的水平。

市人大城建环保委对水环境保护进行执法监督检查

继2000年上海市人大常委会对上海市水环境保护工作进行执法检查后，为进一步推动政府加大水环境治理和保护工作的力度，上海市人大城建环保委员会于2001年6月至9月对上海市水环境保护进行执法监督检查，并根据市人大常委会主任陈铁迪关于“去年重点监督项目是水环境的问题，今年是否能突出重点，在中小河道整治、禽畜粪便管理上要求政府采取有力措施，争取今明两年再跟踪检查，希望在本届能有所改观”的批示，将中小河道、禽畜粪便污染综合治理列为执法监督检查项目。历时4个月的跟踪检查，共检查了10个区县的69条河道、70多个畜禽牧场。市十一届人大常委会第七十次主任（扩大）会议听取了专题汇报，要求有关部门继续抓好中小河道的整治，加大河道疏浚及污染源治理力度，抓紧实施禽畜粪便治理工程，落实重点区域畜禽牧场的关闭、搬迁措施，按期达到预定治理目标。

市政协视察团对环保工作进行年中视察

2001年6月11日，由上海市政协副主席谢丽娟、陈正兴带队的上海市政协视察团到市环保局，对全年的各项环保工作进行了年中视察。

市政协人口资源环委会开展水环境资源保护专题调研

2001年，上海市政协人口资源环境建设委员会将“水资源保护”列为本年度的专题调研课题。5月10日，委员会请水利部太湖流域管理部门负责人介绍太湖流域水利工程建设和水资源保护情况；7月12日，请上海市水务局负责人介绍关于上海市水资源普查和上海市水资源综合规划纲要；7月19日，组织部分委员考察太湖流域水利工程和黄浦江的水环境情况。调研后形成了报告，并以上海市政协人口资源环境建设委员提案形式，提交给上海市政府。提案对进一步开发利用和保护上海水资源提出7点建议：(1) 重视和加快开展长江新水源地的前瞻性、战略性的专题研究；(2) 尽快形成和完善上海水资源的规划体系；(3) 大力推进节约用水，率先建成节水型城市；(4) 加大现有水源地的保护力度；(5) 加快上海市水资源保护工程的建设进程；(6) 进一步理顺水资源管理体制和建立水资源可持续利用的机制；(7) 加强水资源和水环境的宣传和教育，提高全社会的水忧患意识。

经济和发展

上海市国民经济和社会发展

2001年是实施十五计划的开局之年。一年来，全市人民在中共上海市委、市人民政府的领导下，认真贯彻党中央、国务院的各项方针和政策，以"三个代表"重要思想为指导，紧紧围绕增强城市综合竞争力，积极应对国际国内形势的新变化，团结奋斗，努力拼搏，保持了国民经济持续快速健康发展，改革开放进一步深化，城市现代化建设和管理不断推进，各项社会事业全面进步，人民生活质量继续提高，实现了为"十五"计划开好局的基本目标。

经济总量

国民经济持续快速增长，经济运行抗波动能力不断增强。全年实现国内生产总值4950.84亿元，按可比价格计算，比上年增长10.2%，增长幅度连续第10年保持两位数水平。产业结构调整作用显现，第二、第三产业共同推动经济发展。全年第一产业增加值85.5亿元，比上年增长3%；第二产业增加值2355.53亿元，增长12%；第三产业增加值2509.81亿元，增长8.7%。城市综合服务功能进一步增强，第三产业增加值占国内生产总值的比重继续提高，达到50.7%。

财政收入保持快速增长。全年全市财政收入1995.62亿元，比上年增长13.9%。全年地方财政收入620.24亿元，比上年增长24.6%，完成年度预算的111.2%。其中，增值税111.95亿元，增长19.7%;营业税191.12亿元，增长24.3%;个人所得税78.44亿元，增长30.2%；房产税14.66亿元，增长10.7%。全年地方财政支出726.38亿元，比上年增长16.6%。

固定资产投资

投融资渠道进一步拓宽，促进新一轮投资增长。全年完成固定资产投资总额1984.31亿元，比上年增长6.1%，增幅比上年提高5.4个百分点。投资总量创历史新高。

投资结构出现积极变化。在固定资产投资总额中，基本建设投资712.49亿元，占全市固定资产投资的比重为35.9%；更新改造投资436.83亿元，比重为22%；房地产开发投资620.31亿元，比重为31.3%。从产业投向看，第一产业投资6.51亿元，比上年下降17.3%；第二产业投资682.83亿元，比上年增长10.9%；第三产业投资1294.97亿元，比上年增长3.9%。从投资主体看，国有经济投资774.38亿元，比上年下降6.7%；非国有经济投资1209.93亿元，比上年增长16.4%，占全市固定资产投资的比重由上年的55.6%上升到61%。在非国有经济投资中，私营、外商及港澳台投资463.52亿元，比上年增长15.2%，占全市固定资产投资的比重由上年的21.5%上升到23.4%。

城市基础设施建设力度进一步加大。全年完成城市基础设施建设投资510.78亿元，比上年增长13.5%，占全市固定资产投资的比重为25.7%。其中，交通运输通信投资168.42亿元，增长43.3%；市政建设投资177.89亿元，增长8.9%；公用事业投资92.25亿元，比上年下降11.7%。

农业

新一轮农业结构调整加快，推动农业整体水平提高。全年完成农业总产值226.85亿元，比上年增长4.9%。其中，种植业总产值94.69亿元，增长2.9%；畜牧业总产值88.55亿元，增长2.4%；渔业总产值40.97亿元，增长13.4%。

加快调整以减粮、扩林、发展高效经济作物为重点的农业种植结构。全年调减64.2万亩粮食种植面积，用于扩大效益较好的经济作物种植面积，使粮食作物和经济作物的播种面积比例调整为43：57。全年粮食总产量151.4万吨，比上年减少13%。粮食作物的良种覆盖率已达96.7%。农副产品以市场为导向，努力扩大生产。全年蔬菜产量比上年增长12.5%，水果产量增长15.9%，水产品产量增长1.5%。适应国际市场需求的创汇型农产品生产明显扩大。全年初级农产品出口总额8.25亿元，比上年增长4.7%，其中通过外贸公司直接出口7.14亿元，增长4.6%。

现代农业园区建设继续推进。至年末，全市12个市级现代农业园区进入功能性开发阶段，建成规模化、现代化蔬菜园艺场187个。在蔬菜、生猪、水产品、食用菌、瓜果等5种农产品的生产中建立了食用农产品的安全监管体制，跨出了上海农业与国际接轨的重要一步。

工业

加快产业基地建设，以信息化带动工业化，工业新高地建设取得积极成效。全年完成工业增加值2128.25亿元，比上年增长12.4%，增幅比上年加大2.2个百分点。其中，轻工业增加值778.73亿元，比上年增长4%；重工业增加值1349.52亿元，增长17.9%。全年完成工业总产值7656.96亿元，比上年增长17.1%，其中规模以上工业总产值7006.4亿元，增长18.6%。

建筑业

建筑业生产全面增长。全年完成建筑业增加值227.27

亿元，比上年增长7.5%。

本市建筑企业全年完成施工产值711.35亿元，比上年增长12.6%；施工面积4928.54万平方米，增长5.6%；竣工面积2020.84万平方米，增长5.9%。建筑企业通过深化改革，形成投资多元化、管理社会化、经营市场化的新机制，取得了较好的经营效益。按施工产值计算的全员劳动生产率达到12.8万元／人，比上年增长17.2%。

交通运输业

交通运输网络进一步完善，综合运输能力不断提高。全年各种运输方式货运总量50310.4万吨，比上年增长2.5%。其中，铁路运输3308.5万吨，增长1.4%；公路运输28869万吨，增长1.8%；水路运输18032.9万吨，增长3.8%；民用航空运输100万吨，增长13.6%。全年完成旅客发送量6324.41万人次，比上年增长11.1%。其中，铁路3231.2万人次，增长8.4%；公路1508万人次，增长17.6%；水路542.9万人次，增长0.7%；民用航空1042.31万人次，增长16.9%。上海浦东、虹桥两大机场全年共起降航班19.41万架次，比上年增长20.9%；进出港旅客达到2066.04万人次，增长16.8%。

航运服务功能进一步增强。上海港全年货物吞吐量达到2.21亿吨，比上年增长8.1%。全年集装箱吞吐量634万国际标准箱，比上年净增72.8万国际标准箱，增长13%。

房地产业

房地产业发展迅速。全年房地产业增加值308.58亿元，比上年增长17.8%。

房地产开发规模扩大。全年商品房施工面积5683.7万平方米，比上年增长2.9%；竣工面积1758.01万平方米，增长7%。住房制度改革政策效应显现，房产市场日趋活跃。全年商品房销售面积1767.41万平方米，比上年增长13.5%，其中商品住宅销售1647.91万平方米，增长14%。

人口

年末，全市户籍人口1327.14万人，人口出生率为4.3‰，死亡率为7‰，自然增长率为-2.7‰。

住宅小区

居住

住宅建设持续发展，居民居住条件继续改善。全年完成住宅建设投资486.06亿元，比上年增长14.3%；竣工住宅面积1567.45万平方米，增长7.4%。建成为住宅配套服务的公共设施面积173万平方米，相当于全市住宅竣工面积的11%。建成配套齐全的住宅小区和完整街坊113个。年内完成市区多层住宅平顶改坡顶1754幢，水箱改造1352个。新一轮旧区改造全面启动。全年拆除旧住宅建筑面积386.66万平方米。年末市区人均居住面积达到12.1平方米，比上年增加0.3平方米；人均使用面积16.7平方米，增加0.4平方米。居民住宅成套率达到85.7%。

道路建设

重大工程建设

重大工程建设力度继续加大。“十五”期间重大工程项目建设全面启动，全年重大工程建设完成投资460.78亿元。年内建成或基本建成上海科技馆、国际新闻中心、上海新国际博览中心、青少年素质教育基地等28项重大工程。外环线越江工程、大连路越江隧道、卢浦大桥、磁悬浮列车、机场快线等一批项目的建设达到了预期目标。为改善市内交通，武宁路桥、龙吴路、汶水路等一大批市政道路进行了改建和拓宽。为加速与江浙周边地区的沟通，同三国道上海段、沪青平、嘉浏、莘奉金等高速公路加快建设。

公用事业

城市公共交通网络和设施不断完善。年末全市公交线路达991条，比上年增加13条。公交运营车辆1.81万辆，运营出租车4.69万辆。全年市内公共交通客运量26.84亿人次，比上年增长1.3%；轨道交通客运量2.83亿人次，增长1.1倍。公交车辆、出租汽车、轨道交通客运量形成7：2：1的新格局。

公用事业加强管理，规范服务。全年自来水日供水能力为1048万立方米。自来水售水量20.07亿立方米，比上年增长1.6%，其中生活用水12.26亿立方米，增长3.2%。全年城乡居民生活用电56.99亿千瓦·时，比上年增长7.1%。年内完成42万户居民电表分时计价改造。年末人工煤气及液化气家庭用户511.6万户，比上年增长3.3%。全年人工煤气供应总量21.98亿立方米，比上年增长3.3%。年末全市天然气家庭用户已达61.37万户。全年天然气售气量2.83亿立方米，比上年增长31.2%。

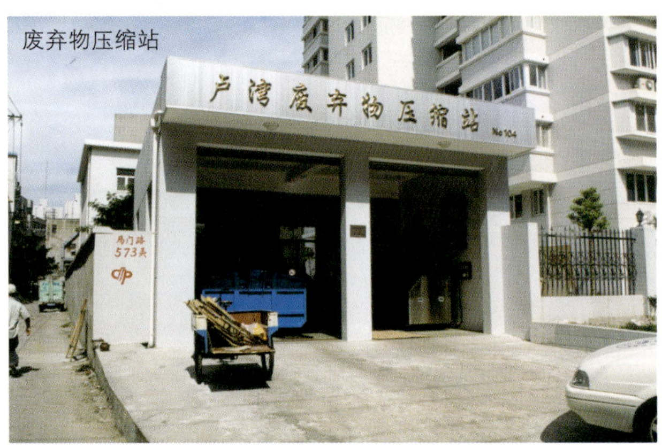

废弃物压缩站

城市环境保护和治理

城市环境保护和治理以加强长效管理为抓手，优化城市整体环境取得新进展。

水环境治理效果明显。苏州河六支流截污纳管工程230平方公里范围内，已完成820家单位的污染源截流，截污量达15万吨／天；关闭或搬迁畜禽牧场27家，治理8家，使苏州河及其支流河水水质呈稳定改善的趋势。大气环境治理取得成效。年内关停并转污染企业92家，主要污染物排放量下降，总悬浮颗粒浓度与上年持平，二氧化硫浓度比上年下降8.9%，氮氧化物浓度下降11.1%。年内创建2个无燃煤区、24个基本无燃煤街道、14个大气达标街道(镇)、4个烟尘控制达标乡镇。上海空气质量指数达到二级或好于二级以上的天数占全年的85%。至年末，全市烟尘控制区面积达到733平方公里。市区居民小区逐步推行垃圾分类收集，年内建成30座小型压缩式垃圾收集站。完成了市中心10个主要积水路段下水道改造。

2001年环境保护投入达到152.9亿元，占同期国内生产总值的3.09%。该投资主要用于老污染源的治理、新建项目“三同时”的环保投资、城市基础设施建设、绿化建设和生态保护、区域环境综合整治以及环保部门的自身建设等。

城市绿化

大力加强城市绿化建设，改善城市生态环境。全年市区新建公共绿地面积802公顷，新增3000平方米以上的城市景观绿地39块；建成和扩建了塘桥、泾南、黄兴和月浦4座公园；市中心建成延安中路绿地（二期）、太平桥绿地、凯桥绿地、大宁绿地、华山绿地、徐家汇公园（一期）等6块大型开放式公共绿地。全年新建居住区绿地410公顷，完成破墙透绿2.39万米。年末市区绿化覆盖率达到23.5%；市区人均公共绿地面积5.5平方米，比上年增加0.9平方米。

绿化城市，改善市民生活质量

规划、计划

规 划

概　况

为把上海建成适宜发展创业和生活居住的地区，实现新世纪建成现代化国际大都市的宏伟目标，上海根据国务院颁发的《国家环境保护“十五”计划》和《上海市国民经济和社会发展第十个五年计划纲要》，在市政府领导的关心下，编制完成了《上海市“十五”生态建设重点专项规划》、《上海市水环境治理与保护规划暨“十五”计划》，并经市政府批准正式实施；正在抓紧编制《上海市“十五”大气环境保护规划》以及危险废物、环境噪声等的环境保护专项规划。

到2005年，上海市将建立政府主导、市场推进、公众参与的环境保护新机制；建立适应社会主义市场经济体制的环境保护法律、法规体系；主要污染物排放总量控制在国家规定的指标内；城市总体环境质量明显改善，全面推动经济、社会、环境的协调发展。

《上海市“十五”生态环境建设重点专项规划》概要

2001年，上海市人民政府印发了《上海市“十五”生态环境建设重点专项规划》的通知。

“十五”生态环境建设的指导思想

以江泽民总书记关于人口、资源、环境与可持续发展的论述为指导，以提高居民生活质量为目标，全面改善生态环境、增强城市综合竞争力；以环境保护为核心，坚持污染治理与生态环境建设并重；以制度创新和科技进步为动力，充分发挥市场机制的作用；以解决重点问题为突破口，不断提高城市环境综合整治和管理水平，促进生态环境与社会、经济、人口、资源的协调发展，努力开创生产发展、生活富裕和生态良好的城市可持续发展新路。

人们与广场鸽和谐相处

“十五”生态环境建设的总体目标

通过调整产业结构、能源结构、城市布局，控制人口规模和密度，发展循环经济、推行清洁生产等，不断推进生态环境建设，在经济保持快速增长的同时，努力实现污染物排放总量特别是各类固体废弃物的零增长，使上海各项生态环境指标都达到或超过全国平均水平，总体环境质量有明显改善，为在2020年把上海建设成人与自然协调和谐的现代化生态型城市创造条件。

“十五”生态环境建设的主要任务

1. 以环境容量为依据，优化上海的空间结构和产业结构。
2. 以苏州河综合整治和黄浦江两岸开发为重点，全面改善市域水环境质量。
3. 以优化能源结构为抓手，显著改善大气环境质量。
4. 以固体废弃物综合利用为突破口，大力发展循环经济。
5. 继续推进绿化建设，形成城乡一体化的绿地系统。
6. 以湿地保护为重点，加强自然保护区建设。
7. 加强资源保护与自然灾害预防，提高环境安全水平。
8. 以崇明生态岛建设为依托，带动生态示范区建设。

《上海市水环境治理与保护规划暨“十五”计划》概要

2001年10月，《上海市水环境治理与保护规划暨“十五”计划》经上海市人民政府批准并正式实施。

规划的指导方针

以治水为中心，以治源为重点，全面规划，远近结合，持之以恒地分步骤实施；以苏州河环境综合整治为标志，带动全市河道整治，切实保护和改善河道水质、饮用水源地水质；根据“三提高、二加强、一利用”的要求，加快污水处理厂建设，大幅度提高污水处理率，削减污染物排放总量；坚持科学管理和严格管理相结合，建立健全符合市场经济规律的治理机制和长效管理机制，稳步改善全市水环境状况。

“十五”期间上海市水环境治理的重点

1. 以保护和改善饮用水源地水质为中心，加大郊区水污染防治工作力度。

2. 继续以苏州河环境综合整治为重点，带动中小河道整治。

3. 以截污治污为抓手，完善污水收集系统，充分发挥现有设施的作用。

4. 加快污水处理厂建设，大幅度提高污水处理率。

“十五”期间上海市水环境治理的目标

中心城区主要河道基本消除黑臭，郊区河道污染得到遏制，苏州河、黄浦江水质不断改善，逐步改善水生态系统，河中有鱼；陆域目标是：市区整治河道建成滨河绿化景观带，郊区整治河道建成以防治水土流失、径流污染为目的的涵养林带。

鱼儿又回到苏州河

《太湖水污染防治“十五”计划》概要

2001年8月31日，国务院批复同意《太湖水污染防治“十五”计划》（以下简称《“十五”计划》）。《“十五”计划》明确了“十五”期间将要达到的太湖水污染治理目标和需要完成的任务。与“九五”计划的范围相同，《“十五”计划》包含了上海市青浦区（部分）。

《“十五”计划》体现了从工业点源污染控制为主向工业点源与农业面源污染控制相结合的转变，从城市污染控制为主向城市与农村污染控制相结合的转变；从陆上污染控制为主向陆上与水上污染控制相结合的转变，从治理污染为主向防治污染与生态环境保护并重转变。《“十五”计划》提出了加强农业面源污染控制，加快污水处理厂建设和湖滨带建设，增加水体环境用水量，继续开展污染底泥疏浚和小流域综合治理，加大产业结构调整和执法监督力度等措施。并对“十五”期间各项水污染防治工作作出了具体安排。

《上海市“十五”能源发展重点专项规划》概要

2001年上海市人民政府印发了《上海市“十五”能源发展重点专项规划》（以下简称《规划》）。该《规划》作为

绿色交通工具之一——电车

上海市国民经济和社会发展第十个五年计划的重点专项规划之一，对保持社会、能源、环境可持续协调发展具有重要的指导意义。

“十五”能源发展的指导思想

紧紧围绕“发挥国际大都市的综合优势，增强城市综合竞争力”的奋斗目标，以国家推进“西气东输”、“西电东送”为契机，积极开发和推广利用清洁能源，以天然气建设为重点，扩大电力、燃气消费，控制煤炭消费，优化能源结构，保障能源安全，深化能源管理体制改革，提高能源利用效率和效益，保护生态环境。

“十五”能源发展的目标

通过“两个转变”，即从被动解决能源供应缺口，转变为调整优化能源结构、提高能源品质；从限制能源消费，转变为主动开拓优质能源市场、提高服务质量，努力实现“十五”上海能源发展的总体目标。即：在能源供应总量基本满足国民经济和社会发展需求的前提下，能源结构调整取得明显成效，能源效率不断提高，初步建立与社会主义现代化国际大都市相适应的多元化的能源供给体系和合理的能源消费模式。

1. **能源总量与结构**　预计到2005年，煤炭供应量低于2000年水平，所占比重小于51%；石油供应量增加360-560万吨，比重上升到39%；天然气供应量大幅度增加，比重从2000年的0.6%提高到7%左右；市外来电占电力供应总量的比例将从2000年的8%提高到20%左右。

2. **能源效率**　“十五”期间，争取全市年均节能率达到4%，能源利用效率每年提高0.5个百分点，到2005年达到42%-43%，基本达到发达国家90年代的水平。

3. **能源与环境**　2005年，在能源消费总量增加、煤炭消费量实现零增长的情况下，二氧化硫、烟尘等主要污染物排放量在2000年的基础上继续削减，基本达到东京、纽约、伦敦等国际大城市20世纪90年代中后期的大气环境质量水平。

《太湖流域水资源保护规划》概要

水利部在2000年初以水资源2000［58］号文在全国布置水资源保护规划的编制工作。太湖流域水资源保护规划于2001年年底编制完成。

太湖流域水资源保护规划从水功能区划着手，根据功能区确定的水质要求和标准计算水体纳污能力，结合水体现状纳污情况，提出污染物总量控制方案，并提出了地表水资源保护的主要对策措施、主要饮用水水源地保护、地下水重点保护区保护以及水资源保护监测方案等内容。

1. 水功能区划由一级区划与二级区划组成。上海市划分一级水功能区136个，其中水源地保护区4个（太浦河上海段、淀山湖上海辖区、淀山湖至三角渡、三角渡至南沙港），开发利用区99个，缓冲区33个（其中沪苏边界8个，沪浙边界18个，功能性缓冲区7个）。

2. 二级区划在一级区划基础上，对主要河道的开发利用区做进一步区划，区划主要河流10条：黄浦江、张泾河、金汇港、大治河、浦南运河、浦东运河、川杨河、蕰藻浜、吴淞江－苏州河、淀浦河。

3. 计算了黄浦江水体纳污能力，并从流域宏观层面提出了黄浦江上游水源地保护的对策措施。

计　划

《2001年上海市环境保护工作计划》概要

2001年是进入新世纪、实施“十五”计划的第一年，也是实施“环保三年行动计划”的关键一年。新一年的工作，对进一步开创上海环境保护的新局面，具有开篇布局、继往开来的重要意义。

2001年环保工作的指导思想

在以江泽民同志为核心的党中央领导下，高举邓小平理论伟大旗帜，按照关于“三个代表”的要求，认真贯彻落实党的十五届五中全会和市委七届七次、八次全会精神，围绕增强城市综合竞争力这条主线，坚持开创性、坚韧性和操

陆家嘴中心绿地

作性的统一，以人为本，加强环境保护；以“环保三年行动计划”为重要抓手，以科技进步为动力，全面深化环境管理体制改革，在环境规划、环境执法、环境政策研究和重大环保科研项目上有所突破；全面加强环保基础工作和能力建设，进一步提高环保现代化管理水平，为全面推进新世纪的环保工作打下坚实的基础，以优美的城市环境迎接APEC会议的胜利召开。

主要工作

（一）全面落实“三年行动计划”，取得各项工作新进展

2001年是环境保护和建设“三年行动计划”的关键年，要突出重点，加大力度，协调解决好关键问题，以新思路、新机制、新办法，调动各区县、各部门、各方面的力量，积极推进“三年行动计划”的实施。

1. 水环境治理。上半年完成全市水环境治理规划的编制工作，以规划为指导，进一步优化各项治水工程和措施，加大治理力度。继续大力推进苏州河环境综合整治，带动全市中小河道治理，协调督促苏州河市区支流范围内污染源纳管排放。采取各种工程性和非工程性措施，加强饮用水源地保护。加强对环境的监督管理，重点对100多家主要工业污染源，实行在线监测；对垃圾场、各类污水厂以及污水管网等市政设施，加强排污监控；对生活污染，特别是郊区城镇，要积极引入市场机制，推进污水收集系统和处理设施的建设，消灭生活污水直排地表水体的现象。以建设农村污染基本控制区为载体，加强农村地区水环境污染控制工作；加强黄浦江上游地区重点污染源的治理和对全市大中型畜禽牧场粪便污染治理的监督工作，逐步关闭外环线内、饮用水源保护区以及苏州河六支流范围内的畜禽牧场和“十五小”、“新五小”企业。为“十五”期间全市河道基本消除黑臭，进一步改善水质，逐步恢复水生生态系统，河道陆域建成滨河绿化景观带打下坚实基础。

2. 大气环境治理。上半年编制完成全市大气环境治理规划，优化治理项目。以优化能源结构、治理机动车尾气、烟尘控制为重点，切实改善大气环境质量。加快中心城区燃煤锅炉改造，内环线以内4吨以下、内外环线之间1吨以下的燃煤锅炉要全部改用清洁能源，年内消除内环线内和基本消除外环线内冒黑烟现象；开展郊区烟控区创建工作，基本消除主要景观道路两侧冒黑烟现象；抓紧实施电厂脱硫工程。加大机动车尾气的治理力度，重点解决柴油车冒黑烟和燃油助动车总量控制和治理问题；同时加强执法，促进机动车的维修保养。加强运输扬尘污染控制和秸秆焚烧的管理工作，加强大气环境监测系统建设。使本市空气质量指数达到二级或好于二级的天数占全年的85%以上。

3. 固体废物处置。积极配合市容环卫部门加快生活垃圾分类收集、综合利用设施建设，推进两座大型垃圾焚烧厂建设和“白色污染”控制工作。加强对废弃食用油脂的管理，加快危险废物安全填埋场的建设进度，年内建成并投入营运。力争在废干电池、废铅酸电池回收处置老大难问题上有所突破，为下一步特殊固体废物处置打下基础。

废弃场处置运输场

4. 重点地区治理。实施“吴淞工业区环境综合整治工作”。同时，要加强重点行业和企业的治理，结合产业产品结构调整和技术改造，推行清洁生产和ISO14000认证工作，有效削减重点行业的污染负荷，以行业治理促进区域治理。

5. 生态环境建设。以农业产业结构调整和小城镇建设为契机，积极推进农村环境污染治理和控制工作，在城区开展以绿化为主的生态环境建设，郊区县开展生态示范区（村、镇）建设。依法监督自然保护区的环境管理，加强海洋环境保护和海岸工程环境管理。

6.环境噪声管理。加强对噪声污染源的监督管理，以控制道路交通噪声和建筑施工噪声为重点，降低区域声环境污染水平。

交通噪声显示屏

(二)深化环境管理体制改革，推动环保工作上新台阶

为确保环保“三年行动计划”的稳步推进，构筑具有上海特点、适应市场经济发展要求的环保管理的新体制、新机制，2001年主要从六个方面加大环境管理体制机制改革的力度，进一步加快改革进程。

1. 理顺环保分级管理体制，充分调动区县加强环保工作的积极性。要解放思想，转变观念，按照“明确定位、重心下移、属地管理、权责一致”的原则，理顺市和区县两级政府的职能，形成较为合理的环保分级管理体制。市环保部门要发挥宏观指导和监督服务作用，重点管规划与协调、管法规与标准、管监测与执法监督，以及重点地区和重点项目的管理，将部分环境管理权限下放到区县。区、县环保部门要充分发挥在具体环境管理工作中的作用，加强环境监督管理的力度。同时，还要加快第三层面环保管理体系的建设，加强乡镇环境管理力量，消灭环境管理的盲区。要改变现行的“城考”模式，形成注重实绩的考核制度，以全新的机制推进“城考”工作的开展。

2.改革污染监控管理制度，提高污染治理效果。采取行政、经济、法律等手段加大排污许可证管理力度，2001年一季度要完成新一轮排污申报登记工作，核定排污总量，发放排污许可证，加强排污总量控制。积极推行污染源在线监测，及时掌握污染源动态变化，2001年对占全市污染负荷60%以上的重点污染源实施在线监测，以现代化手段实施对污染源的动态化管理。建立污染治理设施专业化、社会化运行管理机制，切实提高污染治理设施运行质量，上半年首先在部分区县进行试点，下半年逐步在全市推广。从法律制度上，行政管理手段上，经济措施上，环保运行机制上，形成环保的长效管理机制，把环境污染治理与控制工作推向一个新的水平。

3.改革建设项目环保审批制度，提高审批工作透明度。对环境影响评价实施招标制，将目前由政府负责的建设项目技术审查工作逐步移交给社会中介组织承担，进一步体现审批过程的公开、公平、公正，提高审批工作的透明度。逐步实施网上公布审批项目，接受社会公众监督。实施重大项目后评估制度，提高行政审批质量和依法行政水平。加强对区县建设项目环保审批工作的指导和对环评资质单位的行业管理。

4.改革环境科研体制，促进环保科技创新。环境科研领域要逐步开放，实现从封闭型向开放型转变、从内部委托向公开招标转变。要引进招投标的竞争机制，调动全社会科技人员的积极性和创造性，以项目为依托，吸引人才、用好人才，加强环保战略性、前沿性和关键性技术的研究，促进环保科技创新。市环科院要加快改革，对现有应用研究和咨询业务人员进行重组，成立应用性的科技公司，加强与社会高科技企业合作，逐步走向市场；海纳百川地引进人才，建立环保科研创新基地，加大环保基础领域和关键技术的研究力度，逐步建立科研品牌，形成社会化的环保科研机构，使之成为全国乃至世界一流的环保科研创新高地。

5.改革环境监测体系，提高环境监测能力和水平。要加快改革环境监测管理体制，做到政事分开、政企分开、管办分开，充分体现环境监测的客观性、公正性、公开性。强化政府的环境监测管理职能，加强环境质量监测和监督性监测，实施对环境监测的统一监督管理，使环境监测中的政府监测管理和为环境管理服务的前瞻性研究工作得到保证。同时，引入竞争机制，实验室要逐步走向市场，提高监测工作的效益。

6.改革排污收费和使用制度，提高环保资金的使用效率。排污收费是环境管理上最早运用的一种经济手段，在市场经济体制下更要充分发挥利用这一手段制约污染的产生和调动企业治理污染的积极性。在实施现行排污收费、超标罚款的征收制度的同时，要逐步增加收费费种和提高收费标准，年内先对畜禽牧场征收排污费。在排污费使用上，要建立全市专项治污基金，变分散为集中，统一预算、统一使用、统一监管，提高排污费的使用效益，使之真正用于环境治理和建设。

(三)破解环境难题，开创环保工作新局面

1.在环境规划上，要从优化城市综合发展环境出发，把编制完善《上海市水环境治理规划》、《上海市大气环境治理规划》和《上海市环境保护“十五”计划和2015年远景目标》作为突破口，用规划来统筹全市的环境治理，指导各地区、各部门开展环境保护工作。要确立全新的规划指导思想，根据环境质量要求，科学确定环境容量，合理制定总量目标，使规划成为城市发展的基础内容，把环境保护真正纳入政府决策之中，提高参与经济发展的综合决策能力。在编制的方法上，要从编制规划向管理规划的全过程转变，引入竞争机制，实施招投标制，广泛吸引社会上有特长的专家，共同参与规划的编制和研讨论证，以提高环境规划的科学性和可操作性，使环保规划真正起到龙头和指导作用。

2.在环境执法上，要进一步强化环境执法，形成市和区县联动、各方配合、专项执法与日常检查相结合的执法新格局。要充分发挥全市联网的环保应急热线(“绿色110”)的作用，对环境污染纠纷、污染事故作出快速反应。要推行行政执法责任制，建立环保执法的长效管理机制。在对原有老污染源执法监督的基础上，还要加强三个方面的执法力度：(1)加强对建设项目的环境执法，严格按法律法规审批新项目，对不符合环境要求的新建项目，实行否决，确保环境质量在建设前期就得到有效控制，体现执法的严肃性和力度。(2)加强对乡镇企业排污的执法，实施全覆盖管理，对未办理环保“三同时”审批手续的各类污染源，鼓励市民对违法排污进行举报，坚决取缔。(3)加强对公共企事业单位超标排污的执法，逐步规范这些单位的排污申报监测、监理制度，促进其加大对污染的治理力度。

3.在环境政策研究上，要针对老大难的环境问题，开展环保经济政策研究，重点开展环保“三年行动计划”实施的环境经济效益、畜禽牧场污染治理、黄浦江上游水源地保护、特殊废物的回收利用机制、农村固体废物收集处置机制的政策研究。

4.在重大科研项目上，环保科研要引入公开招投标的竞争机制，重点开展河道底泥污染治理、影响大气能见度的环境污染因素、土壤污染问题、主要污染物总量监控技术、中小型污水处理厂应用技术等科研项目的研究，依靠科技进步推进环境保护工作。

(四)加强基础建设和对外合作，提高队伍能力素质，争创环保工作新优势

1.进一步提高环保宣教能力。环境保护宣传教育要紧密围绕环境保护“三年行动计划”和各项环保中心工作，根据本市环境保护宣传教育配套意见，努力形成三个机制：一是进一步构筑全市环境保护宣传教育工作平台，重点形成日常运行机制；二是进一步提高环境保护宣传教育社会化程度，重点形成公众参与机制；三是进一步探索市场经济条件下环境保护宣传教育资金筹措渠道和方式，重点形成资金保障机制。

2. 大力推进环保软硬件设施建设。要加强政策法规和业务技能培训，从整体上提高环保部门环境管理水平和依法行政能力。要加快环境信息化基础建设和环境信息资源开发利用的步伐，进一步完善环保信息管理系统；要高度重视环境信访工作，妥善解决新、老环境热点和难点问题，维护社会稳定；环境监理要依法切实抓好“三查、两调、一收费”，加强现场一线环境执法监督，收足收好排污费；环境监测要加快环境监测自动化、网络化建设，重点开展江湖河道及饮用水源地水质监测和空气环境质量监测以及机动车尾气污染的动态监测等；辐射环境监理要强化放射性环境和电磁辐射环境监督管理，加强放射性废物收贮管理。通过环境信息、环境监理、环境监测、辐射环境监理工作上水平，提高环境保护行政管理能力。此外，积极开展好全局机关IS014000贯标工作，推进“绿色机关”创建活动，通过贯彻IS014000标准，使全局机关环境管理工作规范化、程序化和科学化。

3. 加快环保队伍建设和环保人才培养。着眼于行业管理，以创建行业文明为载体，进一步加强行业精神文明；着眼于年轻干部的培养，通过深化干部人事制度改革，形成环保人才高地的选拔任用制。按照江泽民总书记关于建立一支“思想好、作风正、懂业务、会管理”的环保队伍的指示，加强环保干部队伍的政治思想和业务能力建设，不断提高环保现代化管理水平，为推进新世纪的环境保护打下坚实基础。

4. 积极开展环境保护国际合作。为加强环境保护国际合作，2001年将与世界银行联合举办“国际城市环境研讨会”，邀请世界各大城市代表以及有关国际组织来上海，共同探讨21世纪大城市面临环境问题的挑战及其对策。选派若干中青年赴国外进行中短期培训，以适应环境国际合作和人才培训工作的需要。积极争取国外资助，开展“持续性有机污染物控制”、“能源与环境”等全球环境热点问题的合作研究。通过世界范围内的项目合作和技术交流，促进上海环保科研的开展和环境管理水平的提高。

(五)深入学习“三个代表”重要思想，取得两个文明建设新硕果

1. 要把“三个代表”作为指导环保工作的思想动力和组织保证，贯穿于各项工作的全过程之中。要认识到环境保护代表先进生产力发展的方向，是先进生产力的重要动力；要深刻认识“以人为本”、“环境第一”的实质，体现先进文化的前进方向；要充分认识到保护环境就是保护最广大人民群众的根本利益，就是为民办实事、办好事。在贯彻落实中坚持做到“三个结合”：一是与学习贯彻中共十五届五中全会和市委七届七次、八次全会以及全国2001年环保工作会议精神相结合，进一步明确环保工作的目标和主要任务，以新的精神面貌、新的工作干劲、新的发展速度，为实施“十五”计划开好局，为进入新世纪的发展起好步；二是与环保实际工作相结合，进一步树立高度负责的事业心和责任感，增强改革意识、进取意识、服务意识；三是与党性锻炼和加强世界观改造相结合，进一步树立“立党为公”思想，每个党员干部都要以坚强的党性和模范行为来体现党的先进性。

2. 要把解放思想和更新观念作为搞好环保工作的重要内容。环保系统的干部在思想上要适应环保大发展的需要，必须要有“三个新提高”：一是在适应市场经济体制形势下，如何按市场经济规律来开展环保工作上有新的提高；二是在完善环保法规、强化环境执法上，如何按依法治国方略来依法行政、加强环境保护上有新的提高；三是在转变政府职能、适应加入WTO新形势下，如何加强政府宏观管理、提高政府办事效率上有新的提高。

3. 要进一步完善政治理论学习制度。一是要坚持中心组理论学习制度，各级领导首先要带头学好“三个代表”重要思想，力争“学得早一点，学得多一点，学得深一点，学得好一点”，努力建设一支与新形势、新任务相适应的强有力的领导班子和高素质的领导干部队伍。二是要坚持机关干部理论学习制度，通过学习“三个代表”重要思想，牢固树立政治意识、大局意识、责任意识，增强阵地意识、创新意识、表率意识，并将理论学习与业务学习有机结合，不断提高政治理论素养和业务工作能力，努力建设一支高素质的机关干部队伍。

《苏州河环境综合整治三年滚动计划》概要

上海市苏州河环境综合整治办公室会同有关单位，在2000年苏州河干流基本消除黑臭的基础上，针对进一步改善苏州河水系水环境的要求，于2001年11月制订了《苏州河环境综合整治三年滚动计划》。

该计划重点推动8个项目：

苏州河综合整治工地

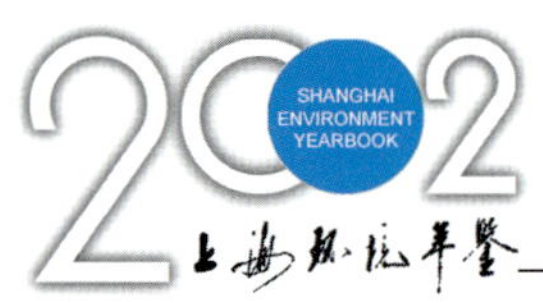

1. 沿岸37座泵站排江截污工程

苏州河沿岸37座泵站因设计截流倍数偏小或雨污水混接等原因，雨天时雨污水频繁放江，成为苏州河雨天黑臭的主要原因之一。为此，需对37座泵站及管道系统进行改造，提高管道系统的截流倍数和调蓄容量。

2. 长寿路桥以东陆域环境综合整治工程

结合下游段治理的总体规划，进一步完善长寿路桥以东的沿岸陆域环境整治。主要内容包括：因地制宜改造沿线防汛墙；结合防汛墙改造，拆除部分距河岸较近的建筑物；在防汛墙以外一定范围内的沿岸陆域进行绿化、景点布置、园林小品的安排等。

3. 上游垃圾堆场改造及涵养林带建设工程

对中上游沿岸的垃圾堆场进行改造，处理的方式主要是封闭与隔绝，从而隔断其对苏州河干流水环境的影响。同时，结合垃圾堆场的改造，在苏州河中上游两岸建设涵养林带，防止水土流失，隔离沿河居民及企业对苏州河的人为污染，确保苏州河的水质改善。

4. 长寿路桥－中山路桥环卫码头搬迁工程

苏州河整治一期工程已经对长寿路桥以东的环卫码头进行了搬迁，对减少苏州河干流漂浮物、综合整治沿线陆域，起到了良好的效果。计划继续搬迁长寿路桥至中山路桥沿线的3座环卫码头。

5. 支流河口拦污栅建设工程

在苏州河沿线15条支流河口建设拦污栅和安装漂浮垃圾自动收集系统。

6. 中上游支流截污工程

在已批复的苏州河六支流后续项目230平方公里范围基础上，继续扩大污水截流范围至青浦区赵屯、白鹤、华新三镇。内容包括：在230平方公里范围内新建相应的收集管，将目前通过翻水泵站排入河道的污水纳入污水管网；在青浦区的赵屯、白鹤、华新三镇建设污水收集系统和小型污水处理厂。

江鸥嬉戏苏州河

7. 支流疏浚整治工程

西虬江、走马塘、申纪港、华漕港、新泾港及蒲汇塘等支流是苏州河综合调水工程中重要的水流通道，为改善支流过水条件，需根据规划，对上述支流进行底泥疏浚，并结合疏浚，对支流两岸陆域进行整治，包括修建护岸、防汛墙、绿化等。

8. 水系支流就地净化工程

在六支流截污范围内，部分建有翻水泵站，难以实施截污的小支流，如木渎港、新泾港等河道的支流，实施就地净化工程。

计划2002年完成上述8个项目的预可行性研究、工程可行性研究、初步设计和施工图设计。2003年开工建设除垃圾堆场改造和涵养林带建设工程以外的7个项目。2004年开工建设垃圾堆场改造和涵养林带建设工程。所有项目计划于2004年底前完成。

苏州河上赛龙舟

法制建设

立 法

地方性法规的制定

2001年，市人大加快地方性法规建设的步伐。为更好地实施《中华人民共和国大气污染防治法》，加大上海大气污染防治力度，切实改善大气环境质量，制定颁布了《上海市实施〈中华人民共和国大气污染防治法〉办法》；为加强内河航道的建设和管理，合理开发利用水运资源，充分发挥内河航道在交通运输中的作用，制定颁布了《上海市内河航道管理条例》；为适应城市市容和环境卫生管理的需要，在原《上海市环境卫生管理条例》的基础上，制定颁布了《上海市市容环境卫生管理条例》；为适应城市排水管理的需要，修订了《上海市排水管理条例》。

地方政府规章的制定

为适应我国加入WTO的新形势和行政体制改革的需要，2001年，上海市政府在做好地方政府规章清理工作的同时，对涉及社会稳定、公共安全的一些领域加强了立法和立法修订工作，环境资源立法就是其中一个重要的方面。主要包括：《上海市合流污水设施管理办法》、《上海市食用农产品安全监管暂行办法》、《上海市土地使用权出让办法》、《上海市公用移动通信基站设置管理办法》、《上海市管线工程规划管理办法》、《上海市内河港口管理办法》、《上海市机动车维修和检测管理办法》、《上海市机动车清洗保洁管理暂行规定》等。

规章设定行政审批的清理

为进一步转变政府职能，提高政府工作效率，建立适应社会主义市场经济发展的行政管理制度，2001年，上海市对行政审批事项进行了全面清理。市人大常委会作出了《关于中止执行部分以地方性法规为依据的行政审批事项的决定》，市政府公布了第一批取消和不再审批的行政审批事项，共521项。其中涉及建设、环保、水务、环卫、绿化等部门。

执 法

环保执法探索长效管理机制

2001年，本市环保执法部门多管齐下，严肃查处各类环境违法行为，构筑环保执法的长效管理机制。

严肃查处重点环境领域中的环境违法行为。先后开展了严肃查处环境违法行为专项行动、工业污染源达标排放执法检查、机动车尾气和公交柴油车冒黑烟专项整治、“绿色护考”行动、货物运输车辆扬尘污染控制检查、建设项目环保“三同时”检查、炉窑冒黑烟以及秸秆禁烧执法、废油脂加工点的检查等，有力地维护了环境法律法规的严肃性。据统计，全市环境监察机构共出动执法人员13498批次，54883人次，对污染源现场监察30676户次，与上年同期相比，分别增长24.4%、52.45%和25.21%。全市环保系统共实施行政处罚1672件，处罚金额达到1325.55万元，比上年增长近1倍。

环保应急热线全面启动，建立了政府与市民沟通的桥梁，提高了环境执法效率和快速反应能力。完善机制，探索公众参与机制，充分发挥“中华环保世纪行”宣传活动作用，使政府行政监督和媒体的舆论监督有机结合；认真实施有奖举报制度，鼓励广大市民对污染环境的违法行为进行举报，效果明显；经市政府同意，市环保局与市监察委员会联合发布了《关于对违反环保法规人员追究行政纪律责任的若干规定》，并按规定对偷排高浓度有机废水等两家违法企业的负责人给予了行政处分。

绿色护考行动

上海城市管理综合执法成效初显

2001年，城市管理综合执法试点工作继续得到稳步推进。在2000年底推出首批试点区的基础上，又进一步扩大到静安、卢湾、闸北和普陀等4个区，使试点区总量达到7个。其具体启动时间如下：

启动时间	2000.12.1	2000.12.15	2000.12.30	2001.5.15	2001.5.25
试点区	黄浦区	徐汇区	浦东新区	静安区 卢湾区	普陀区 闸北区

7个试点区的区政府及城市管理监察大队整合队伍，建章立制，明确执法任务，以重点任务为突破口，进行了综合执法试点，取得了显著成效。

2001年城市管理综合执法处罚一览表

类别名称	市容环卫	绿化	市政	环保	违法建筑	无证设摊和堆物
执行数	3.65万件	1.07万件	7227件	757件	41件	14.4万件
处罚金额	673.22万元	57.98万元	173.97万元	36.91万元	7.22万元	306万元

类别名称	强制执行案件	其他
执行数	10件	681件
处罚金额	0.29万元	15.05万元

建设项目环保执法检查

2001年，上海市环保部门进一步加强建设项目的中后期管理，全年共对217个建设项目的“三同时”制度执行情况进行执法检查，对未办理竣工验收手续的8家单位作出了行政处罚。11月，市环保局组织区、县环保局对1998年以来建设的中小型建设项目执行环境影响评价和“三同时”制度执行情况，开展了专项检查。在被检查的445个项目中，环境影响评价执行率为100%，项目环保设施与主体工程同时建成的占62.0%，项目还在建的占10.8%，已停产或搬迁的占16.0%，执行“三同时”不完善的占11.2%。

被检查的445个项目

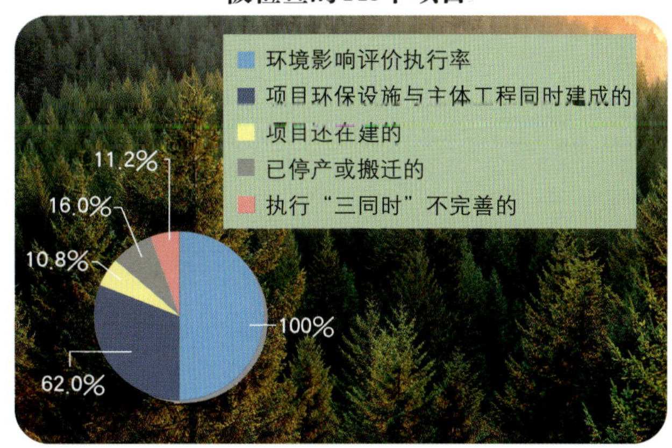

“环保应急热线”全面运行

“环保应急热线”自2000年12月28日开通运行至2001年12月28日，共收到电话投诉27894个，其中环保投诉8784个，非环保投诉12765个，环保建议咨询及投诉查询6345个。上海市环境监察总队对430家违法排污企业进行了行政处罚，处罚金额200余万元。同时热线还开展了有奖举报，共对37起举报环境问题案件进行了奖励，发放奖金21200元。

水务违法案件查处

2001年上海市水务局共查处水环境方面的案件547件，罚款192.97万元。其中查处擅自填没河道、擅自在河道管理范围内施工作业及擅自设置、扩大排水（污口）等违法案件349件，罚款85.27万元；查处擅自向下水道排放泥浆水以及超标排放污水等违法案件198件，罚款107.7万元。

市容监察

市容监察情况一览表（金额单位：元）

单位	监察队员人数	合计		违章处罚											
				立案处罚		简易处罚		“六乱”		“门责”		环卫设施		运输污染	
		次数	金额	次数	金额	次数	金额	次数	金额	次数	金额	次数	金额	次数	金额
黄浦区															
卢湾区		1005	97545	14	29350	991	68195	631	9685	209	12400			19	3200
徐汇区															
长宁区	67	1822	374190	24	62600	1798	311590	970	27830	274	15430	1	300	406	233840
静安区		6736	2471110	10	25500	6726	221610	5429	113660	151	12420			33	29660
普陀区		337	242320	11	78060	326	164260	18	10050	96	6760			24	33860
闸北区		3131	91730	4	6500	3127	85230	2047	37720	349	1745			1	3000
虹口区	62	8206	435840	36	98300	8170	337540	6500	n83840	1254	65200			95	80050

(续表)

单位	监察队员人数	合计		违章处罚											
				立案处罚		简易处罚		“六乱”		“门责”		环卫设施		运输污染	
		次数	金额	次数	金额	次数	金额	次数	金额	次数	金额	次数	金额	次数	金额
杨浦区	52	11217	485723	75	132800	11142	352923	8293	109710	2569	128450	1	60000	60	56413
闵行区	25	3867	423640	175	326420	3692	97220	2596	57000	798	9420			449	326500
宝山区	124	13194	809460	24	48260	13170	761200	5279	192860	650	34500			1795	246450
嘉定区	87	2258	321880	17	59520	2241	622360	1503	73650	288	15160			77	39430
浦东新区															
金山区	31	1101	143565	10	2300	1091	120565	194	17805	10	470			46	32810
松江区	80	1401	801316	135	636026	1266	165290	352	31230	32	1750			139	591556
南汇区	22	2209	261635	70	91445	2139	170190	1409	105825	478	27390			132	56790
奉贤区	13	2124	254895	55	102330	2069	152565	1419	114305	526	29430			68	41710
青浦区	14	2596	146600	9	11870	2587	134730	1390	65540	900	4636	1	100	147	15670
崇明县	10	383	18960			383	18960	127	4740	39	2820			142	7760
渣管处	38	346	736600	87	578900	259	157700								
水域	148	2510	650040	213	390600	2297	259440	653	111500	1146	112920				
机动	39	459	64761	138	585601	321	55160	112	22840	168	8850			13	10850
总计	812	64902	7183810	1107	3287082	63795	3896728	38922	1189790	9937	547180	3	6400	3646	1838449

(续表)

金额单位：元

单位	违章处罚										违章整改		
	水域		车容车貌		其它		渣土		其它				
	次数	金额	次数	金额	次数	金额	次数	金额	次数	金额	次数	垃圾(t)	面积(m^2)
黄浦区													
卢湾区	90	24750					6	2110	50	16500	1069	84	8231
徐汇区													
长宁区	90	33250					29	16340	52	47200	822		26064
静安区	407	81250					716	10120			8285	58	34026
普陀区	72	26750	5	4600			3	2000	119	158300	614	879	17936
闸北区	1	200					733	33360			3131		2207
虹口区	169	52800			1	50	5	1700	182	152200	8206	1428	28359
杨浦区	44	10100							250	175050	13993	300	52265
闵行区	3	2100					20	28420	1	200	5162		52729
宝山区	69	23000	30	28300	5325	247350	6	3300	40	33700	13279	135	84133
嘉定区	88	33150	67	54340	61	5470	26	10800	148	89880	2550	37	12512
浦东新区													
金山区	22	19550	30	23800			799	49130			1101		14356
松江区	14	6700			10	7300	854	162780			1430	260	2800
南汇区	18	6540	1	250			150	53940	21	10900	45	4	844
奉贤区	35	27300	47	28450			4	650	25	13050	3533	992	8999
青浦区	7	2000	1	6000	50	2470	97	8100	3	360	1123	2034	17598
崇明县	5	1500					68	1540	2	600	1126	1545	2790
渣管处									346	736600	48	500	
水域			711	425620							18	365	1920
机动	33	12150					133	586071			613	28	4380
总计	1167	363090	892	571360	5447	262640	3649	970361	1239	1434540	67048	8649	372149

注：空白处未列入数据采集范围

水域市容环境卫生执法检查

2001年，上海市市容环卫水上管理处共出动水上监察船舶11462艘次，检查门前责任制度3730家次，污染源监控2264次，处罚各类案件2659起，其中简易处罚2390起，一般处罚269起，处罚金额820510元。

据统计，上海共有大小河道23787条，总长21646.29公里，水面积405.57平方公里。按照市和区(县)分工，由上海市市容环卫水上管理处负责对黄浦江(113.4公里)、苏州河(53.2公里)、长江口(浏河口－5号沟，全长43公里)、沿海(5号沟－芦潮港，全长63.8公里)的水域市容环境卫生实施直接管理。对市内其他水域的市容环境卫生，由各区县具体实施管理。全市共有各类水域专、兼职保洁作业人员6233名，隶属关系、运作机制、管理模式各不相同，其中已申办资质的水上专业保洁作业单位17家，保洁河道207条，保洁长度945.87公里。

市市容环卫水上管理处通过调研，以在港船舶、河道分布、门前责任制单位为重点，及时掌握变化动态，根据管理需要，制定了《上海市水域环境卫生等级标准》、《上海市水域环境卫生保洁标准》、《上海市水域环境卫生考核办法》等文件，对水域环境卫生实行规范管理，并与苏州河综合整治办公室、市河道办(水闸)、航运、环保、港监、公安、城管等部门建立了日常联系，加强沟通，形成合力。到2001年，已对13666.85公里的河道开展了综合治理，其中3008公里的977条河道整治达标，有19个单位在文明示范岗评选、水域竞赛等活动中受到表彰。

近海海域执法监察

2001年，上海市海洋局进一步加强了上海市近岸海域的执法监察。“中国海监”船舶共出动21航次巡视154天计885.6小时，航程8500余海里。“中国海监”飞机飞行19架次；陆上执法检查派出车辆212次、445人次，行程近5400公里。

2001年，依法查处了12起违法倾废案件，其中警告1起，罚款9起，罚款总额合计人民币17.2万元，2起正在处理中，维持了正常的海洋倾废秩序。

对“勘探三号”作业平台和“平湖油气田”生产平台进行了专项检查，对检查中发现的试油前未向主管部门报告和消油剂未能及时配备到位等问题，已要求其限期改正。

组织了对上海市某单位未经许可擅自在金山三岛海洋自然保护区放生蛇类事件的专项检查，向金山区人民政府通报了调查结果。

此外，对在航空监察中发现的1起船舶排污案件，上海市海洋局依据《海洋环境保护法》的规定将其移送上海海事行政主管部门处理。

涉外海洋执法监察

依据涉外海洋科学研究、铺设海底电缆管道等规定，上海海监部门对经我国政府批准在我国管辖海域进行涉外海洋科研调查、海底光缆维修、平湖油气田管道铺设及维修等施工作业的9国25艘外国船舶实行了严格的船位报告制度，共接收并处理船位报告448份，接收活动情况报告54次。2001年6月11日，在美国“R/VMELVILLE”船结束“东海海水与海底作用声学实验”靠泊上海港时，上海海监部门对其实施了登临检查；2001年7月12日至8月1日和8月9日至8月19日，上海海监部门安排海洋监察员对从事海底光缆铺设施工的巴拿马籍“FUXING”轮进行了随航监督；2001年9月14日和21日，上海海监部门组织对同济大学与日方合作的“东亚沿岸性介形类古生物演化学研究项目”的现场监督，并对同济大学进行了检查，及时制止了日方企图违规将原始样品携带出境的行为。

一年来，上海海监部门坚持依法行政，秉公执法，廉洁自律，在查处的行政案件中，未发生1起败诉案件，受到了国家海洋局纪委和中国海监总队组成的监察组的好评。

2001年上海市严厉打击破坏野生动物资源违法犯罪集中统一行动

2001年11月，根据《国家林业局、公安部、国家工商行政管理总局关于在大中城市组织开展打击破坏野生动物资源违法犯罪集中统一行动的通知》和《关于“猎鹰行动”正式启动的紧急通知》的要求，上海市农林局会同上海市工商行政管理局、上海市公安局制定了《上海市严厉打击破坏野生动物资源违法犯罪集中统一行动方案(简称“猎鹰行动”)》，组建了集中统一行动领导小组，由上海市农林局副局长沈兰全担任组长，还组建了由上海

查获偷猎者的枪支

自然博物馆、华东师范大学和上海师范大学教授组成的专家组，提供物种鉴定技术支持。各区（县）农林、公安、工商等部门也按照全市的统一行动部署，组建了联合执法队伍，严厉打击本辖区内破坏野生动物资源及其产品的违法犯罪活动。

让野禽回归大自然

在11月20－30日期间，市、区（县）共组织了11支联合执法队，出动行动人数940多人次，其中林业181人次、公安428人次、工商290人次，对全市19个区（县）的263家饭店酒楼、99个市场和3个非法收购窝点进行清理检查。配合执法部门清理检查行动的宣传报道和技术鉴定，参加的新闻记者、高校专家40多人次。据统计，为期10天的“猎鹰行动”共查获国家保护的“三有”（有益的或者有重要经济和科学研究价值的陆生野生动物）野生动物活体810只、产品372公斤，国家重点保护野生动物活体30只，重点打击了南汇芦潮港地区非法收购野鸭的违法行为以及长宁区虹航花鸟市场的非法贩卖活动。解放日报、文汇报、东方电视台等20多家新闻媒体的30多名记者参与了行动的宣传报道，共刊登、播出报道36次，其中市级新闻媒体9次、区县级27次。

法制宣传

法制宣传与培训

2001年是“四五”普法的启动年。根据市委、市府的统一部署，市环境保护、环境卫生、水务、绿化等部门站在新一轮城市现代化发展的高度，认真抓好“四五”普法规划的制订工作，分别制订了相关文件。

围绕12月4日全国宪法宣传日、上海市宪法宣传周以及3月12日植树节、6月5日世界环境日、6月25日“土地法宣传日”等活动，广泛开展面向市民的法制宣传教育。2001年重点宣传的法律法规有：《上海市市容环卫条例》、《中华人民共和国海域使用管理法》、《中华人民共和国环境保护法》，并由市建委、市法宣办组织，联合编写了《市民法律常识ABC》等。

为了提高各级领导干部的环境意识和环境综合决策能力，依托本市各级党校和行政学院，采用与有关部门联合举办专题研讨班等形式，分批培训政府和有关部门主管环境工作的领导同志，开展环境法制的宣传教育工作。

进一步加强了环境执法队伍的法制培训，采用举办培训班、现场执法指导、执法证考核等形式，提高执法人员的素质，确保依法行政的实施。

环保法宣传活动现场

污染防治与环境建设

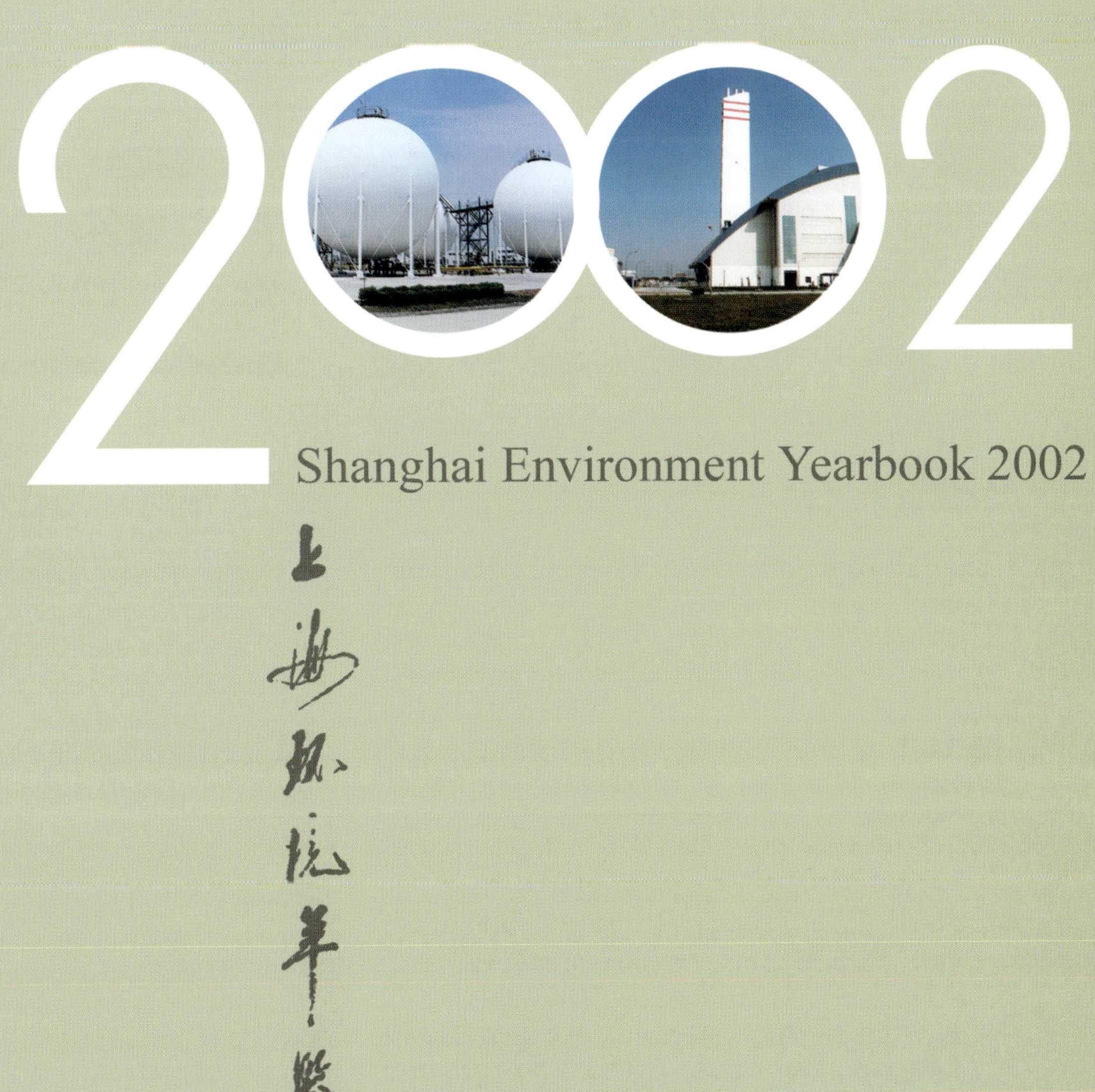

水环境污染防治

苏州河及主要支流生态系统逐步得到恢复

2001年，苏州河环境综合整治进一步改善了苏州河及其支流的水质，主要表现在3个方面：

1. 苏州河干流水质进一步好转。以武宁路桥水质控制断面为例，1998年9月、10月、11月3个月的化学需氧量（COD_{Cr}）平均为41.50毫克／升，五日生化需氧量（BOD_5）为15.99毫克／升，溶解氧（DO）为1.49毫克／升，均劣于V类水质标准。2001年，这3项指标都达到V类水质标准，化学需氧量(COD_{Cr})为28.40 毫克／升，五日生化需氧量（BOD_5）为4.65毫克／升，分别比1998年下降了32%、71%，溶解氧（DO）为2.31 毫克／升，比1998年增加了55%。

武宁路桥水质控制断面情况

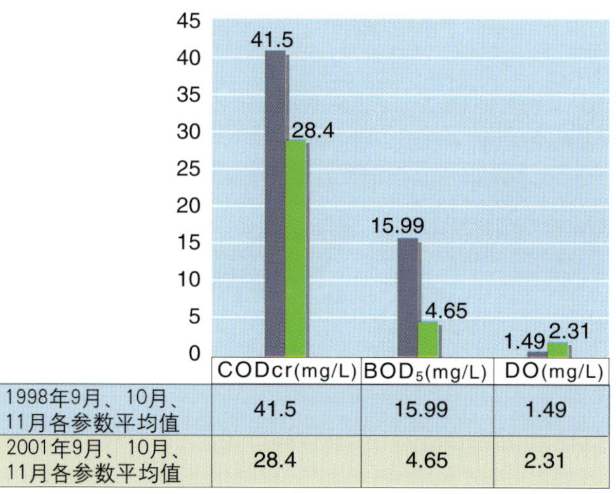

	CODcr(mg/L)	BOD5(mg/L)	DO(mg/L)
1998年9月、10月、11月各参数平均值	41.5	15.99	1.49
2001年9月、10月、11月各参数平均值	28.4	4.65	2.31

2. 支流水质得到改善。10月份APEC会议后，调整了吴淞路闸桥调水的运行方式，苏州河干流水被引入支流，使黑臭的新泾港河水变成青黄色，甚至有食蚊鱼进入。闵行区苏州河支流的地表水水质已初步呈现稳定改善态势。按高锰酸盐指数（COD_{Mn}）评价，对9条支流的9个断面的监测结果表明，除大横泾（航中路断面）水质消除黑臭外，已有1个断面达到III类水质标准，1个断面达到IV类水质标准，6个断面达到V类水质标准，水质大有改善，明显优于2000年。

3. 生物种类和数量有所增加。苏州河干流水体的生物毒性下降，水生生态系统逐步得到恢复，防汛墙墙体有苔类出现，水生生物种类和底栖动物生物量不断增加。以武宁路桥断面为例，2001年着生动物的种类从1998年的4种增加到8种；大型底栖无脊椎动物生物量从1998年的0.02克／平方米增加到8.88克／平方米，并首次出现了清洁指示种椭圆萝卜螺和中华海鲇。11月在武宁路桥断面采样时，发现底泥表面有大量的上半年还未出现的颤蚓，分布密度每平方厘米约1－3条；表层底泥有机质减少， 0.5厘米左右的厚度开始矿化。同时，苏州河市区段鱼类品种有所增加。4月，在曹家渡港监发现小鱼，7月，在莫干山路河段发现成群的食蚊鱼和高体鳑鲏鱼，11月，在河口东港监又发现了麦穗鱼和斗鱼等鱼种。

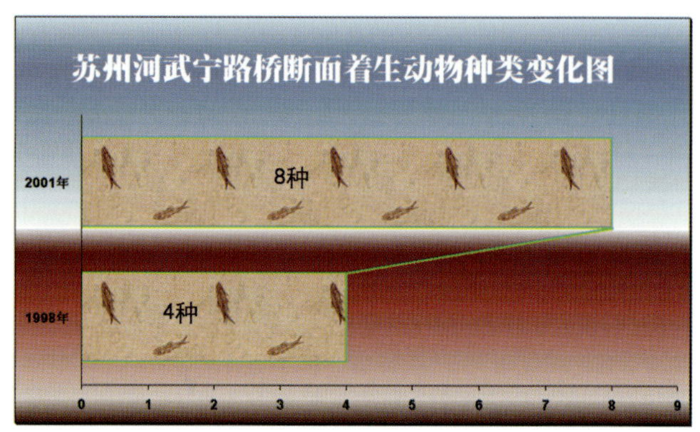

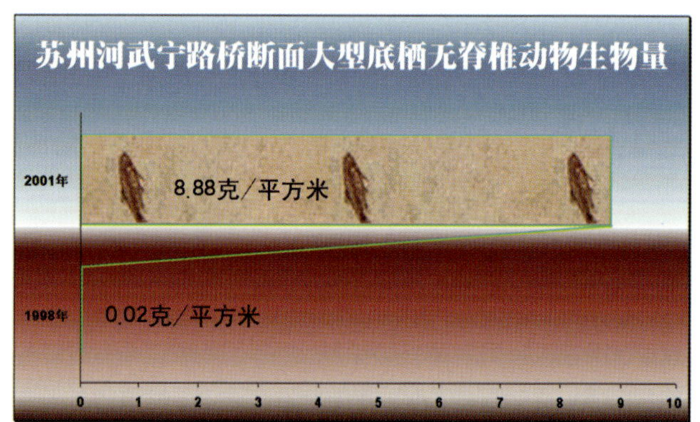

苏州河环境综合整治水陆并进

2001年，在苏州河干流基本消除黑臭的基础上，苏州河环境综合整治继续坚持以治水为中心，标本兼治，重在治本，抓紧实施一期工程，进一步改善干、支流水质，推进陆域环境整治。

苏州河整治一期工程于1998年开工建设，到2001年底，共完成投资43亿元。10个子项目中，除底泥疏浚未实施外，有2个项目已完工，其他项目均实现了建设节点目标，进展良好。

2001年4月21日，上海市政府召开苏州河六支流污染源截污纳管工作动员大会。中共上海市委书记黄菊向大会致信，对截污工作提出了明确要求。

黄菊在信中说，治理好苏州河，是上海历届市委、市政府的决心，也是全市人民多年的夙愿。为了消除苏州河的黑臭，改善苏州河的水质，上海从1988年就展开了合流污水一期工程的建设，江泽民同志为此欣然题词："决心把苏州河治理好"。1993年底，合流污水一期工程投入运行，为苏州河水系的全面治理奠定了基础。自1998年苏州河环境综合整治一期工程开工以来，我们坚持“以治水为中心，全面规划、远近结合、突出重点、分步实施”和“标本兼治、重在治本”的整治方针，经过市与区县两级政府和有关委办局的共同努力以及广大市民的积极参与，苏州河治理取得了较好成绩。

黄菊指出，当前苏州河环境综合整治的任务还十分艰巨，要继续坚持以治水为中心，同时加强两岸环境整治，进一步增强责任感和紧迫感，扎扎实实地推进苏州河治理工作。苏州河六支流截污纳管工程是苏州河整治工程中一项主要的治本措施，对于从根本上改善苏州河水质，恢复水体的生态功能非常重要，是今年苏州河治理工作中的重点。全市各有关区县政府和委办局必须全力以赴，通力合作，力争今年全面完成苏州河六支流截污一期工程的截污纳管任务，并力争在六支流截污二期工程完成以后，使中心城区主要河流基本消除黑臭，水质明显改善。

11月底，苏州河六支流范围内1254家单位完成了截污纳管，每天截流污水约15万吨；同时，关闭和搬迁了禽畜牧场36家，治理了8家。

2001年，石洞口污水处理厂建设工程完成计划建设总量的60%。虹口港、杨树浦港旱流污水截流工程分别于9月、11月投入运行。杨树浦港每天截流污水约24万吨，基本消除了黑臭。虹口港每天截流污水约9万吨，达到设计容量的80%，截污效果明显。2001年启动曝气复氧工程。苏州河第一艘曝气复氧船建成，并开始在苏州河进行曝气复氧试验。

苏州河整治一期工程

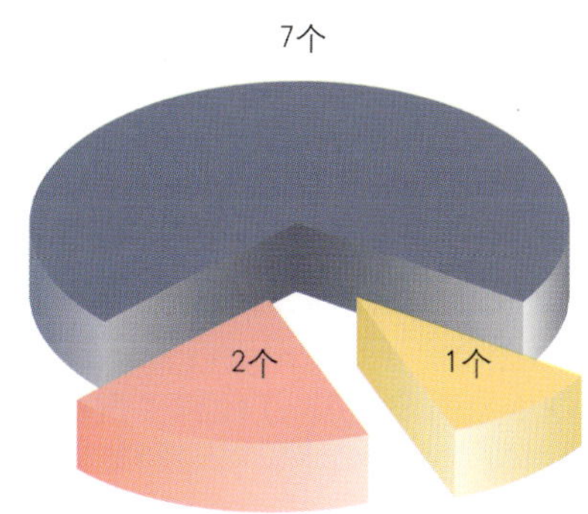

在治水的同时，苏州河沿岸和水面的环境整治进一步加大力度，环境面貌得到较大的改观。2001年，有关部门按计划停用、搬迁了黄浦区福建路粪便码头，闸北区浙江路、乌镇路粪便码头和梅园路垃圾码头，为货运船只“西进西出”创造了条件。在确保防汛墙安全的前提下，结合旧区改造，中远两湾城景观岸段和黄浦区乌镇路桥侧亲水平台完成建设约2公里，使苏州河沿岸绿化景观河段达到了8.6公里，绿化面积达79500平方米。同时，配合虹口港水系整治，虹口港新建防汛墙21230米，加高加固防汛墙7950米，建设景观岸段9528米。针对春、秋两季苏州河干流出现大面积浮萍和大量水葫芦，给市容环境带来严重影响的状况，上海市环卫部门采取积极有效措施，堵源头，控闸门，保下游，确保了苏州河市区河段的整洁。据统计，2001年，苏州河干流打捞水面漂浮垃圾共计26269.5吨。闸北、普陀和长宁三区重点开展了苏州河沿岸环境卫生整治月活动，共出动5632人次、965车次和78船次，清除垃圾1115吨，取缔拾荒点和废品收购点40处，查处各类违章1077次，罚款94620元；整治绿地1300平方米，补种苗木10645棵。航务部门以创建样板航道为目标，以收废船和船舶噪声为整治重点，继续实施苏州河水域船舶报港制度，加强市区河段的夜间巡查，全年驱除收废船55艘。按计划拆除废弃码头16处，打捞处置沉船9艘，清除河湾浅滩800立方米，改善了苏州河市容环境面貌。

一期工程整治中的苏州河

日截流污水量

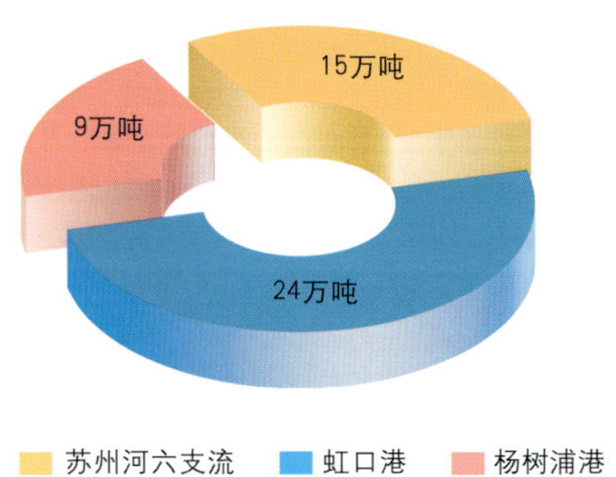

虹口港水系整治

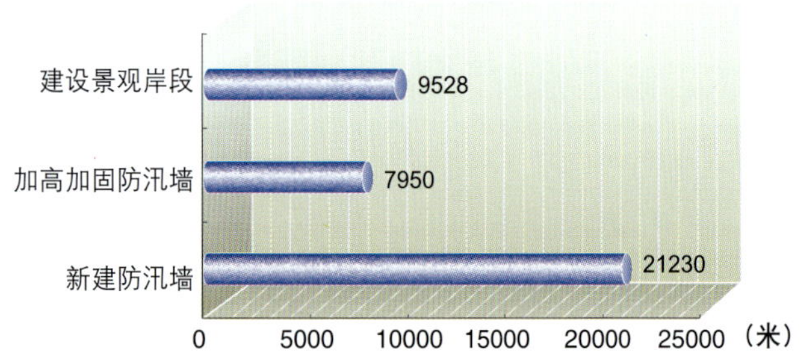

2001年闸北、普陀、长宁三区开展苏州河沿岸环境卫生整治月活动（情况表）

出动人次	5632人次
出动车次	965车次
出动船次	78船次
清除垃圾	1115吨
取缔拾荒点、废品收购点	40处
查处各类违章	1077次
罚款	94620元
整治绿地	1300平方米
补种苗木	10645棵

苏州河六支流污染源纳管办证超计划完成

苏州河六支流污染源纳管是苏州河环境综合整治工程中一项主要的治本措施，六支流（彭越浦、真如港、木渎港、新泾港、新槎浦港和华漕港）集水区域达230平方公里，涉及闸北、普陀、长宁、徐汇、宝山、嘉定、闵行等区。截污工程建设后，纳管工作直接影响到整治效果。上海市水务局从2001年2月份开始进行纳管办证工作，严格落实单位内部排管翻排改造工程及专用检测设施的检查验收制度，11月，又对已办证单位的污水排放量进行复核，对直排口封堵情况进行检查，对水质进行监测，以确保截污纳管质量。至年底，共完成1254家污染源纳管办证工作。其中，六支流截污一期工程计划内764家，计划外490家。

“水葫芦”专项整治

针对春秋时节苏州河、黄浦江水面出现浮萍和水葫芦，造成河道堵塞，航运受阻，污染环境等问题，2001年，上海市各有关部门对以水葫芦为主的水生杂草和水面漂浮物实施集中整治，全年打捞水葫芦200万吨。

专项整治目标是：年内通过集中整治，黄浦江、苏州河等主要水域基本看不到水葫芦，其他河道水域水葫芦明显减少。经过3－5年的持续整治，基本解决河道水葫芦危害，并形成市场化的长效管理机制。

为在短时间内清除水葫芦对苏州河的影响，上海市苏州河环境综合整治办公室和市容环卫等有关部门、区政府通力合作，采取了有效的应急措施：（1）不通航的支流闸门关闭至水面下1.5米；（2）支流流经的各区负责本辖区内的河面水葫芦清捞工作；（3）市废弃物处置公司负责苏州河干流水葫芦清捞工作；（4）吴淞路桥闸实行每天一开一关，适当抬高苏州河干流水位，当干流水位高于支流水位时，支流开闸引水。这些措施取得了较好的效果。为更有效地清除水葫芦，上海市科技兴农重点攻关项目管理办公室还从美国引进一套水草收割设备，由HM420型水生植物收割船、T12水生植物运输船和水生植物驳岸输送机三部分组成。该收割船每小时可清除70—80吨水葫芦。

资料：水葫芦

水葫芦为浮水草本植物，在秋季适宜的条件下繁殖迅速，随水流漂浮，易阻塞水道。大量繁殖的植株在水面堆积，大大减少了水体中的溶解氧。植株死亡、腐烂后，若不及时清除往往会造成水体发黑、发臭。上海市河道里出现的水葫芦中有60%来自外省市，其余部分来自金山、青浦、松江、嘉定区。

上海市骨干河道分布图

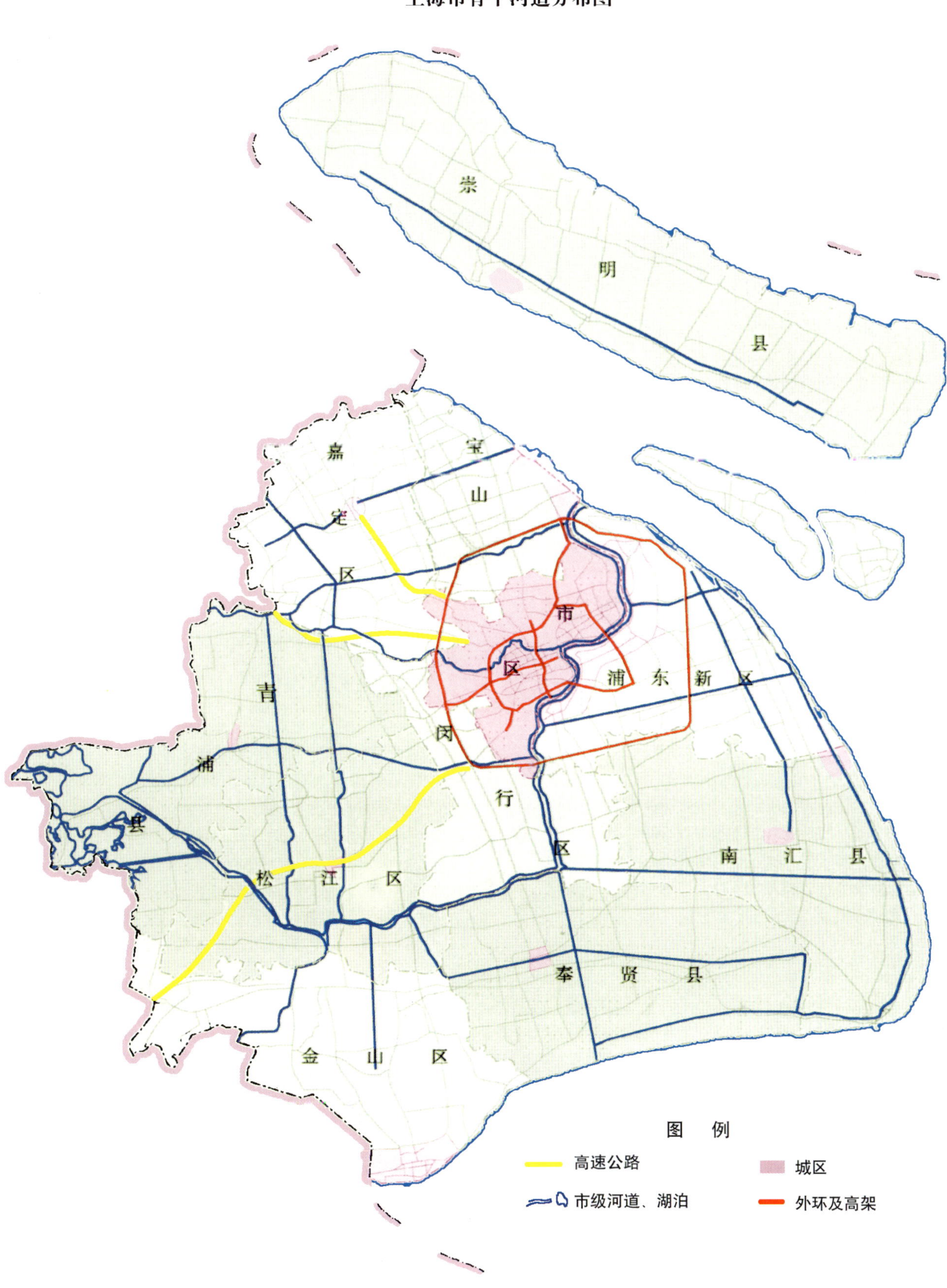

崇
明
县
嘉
定
区
宝
山
市
区
浦 东 新 区
青
浦
县
闵
行
区
松 江 区
南 汇 县
奉 贤 县
金 山 区
图 例
高速公路
城区
市级河道、湖泊
外环及高架

11项河道整治工程开工

体现上海河道整治"水质改善型、滨河景观型、生态环境型"特点的11项河道骨干工程2001年8月全线启动，工程总投资达3.8亿元，至年底，已完成疏浚土方43.9万立方米，新建防汛墙7227米，绿化2.2万平方米，动迁3.8万平方米，完成工程投资2.34亿元，占总投资的60%。

2001年河道重点整治工程一览

序号	河道工程名称	长度（公里）	疏浚土方（万立方米）
1	杨树浦港水系综合整治	17.22	5.5
2	龙华港水系一期综合整治	10.8	34.96
3	松江龙兴港河道整治	2.94	26
4	普陀横港——大场浦综合整治	4.7	11.78
5	闸北夏长浦综合整治	2.6	4.9
6	嘉定墅沟引水河道整治	3.3	0.67
7	闵行北横泾疏浚	13.3	23.98
8	徐汇西上澳塘疏浚	1.9	2.4
9	徐汇蒲汇塘疏浚	5	5.67
10	长宁新泾港疏浚	4.5	5.31
11	闵行淀浦河闸下段疏浚	3.6	29.4
合计		69.86	150.57

污水处理厂

1999、2000、2001年上海城市污水处理情况对照表

单位:万立方米／日

项目＼年度	2001年	2000年	1999年
污水排放量	534	578	580
污水厂处理量	84.6	53.6	47.9
干线输送量	269.3	243.9	221.8

污水处理率逐年提高

2001年，上海有中、小型城市污水处理厂19座（桃浦污水处理厂作为工业区污水预处理厂，未计入统计数据），镇级或自管污水处理厂11座，并已建有石洞口、竹园、白龙港3个污水系统，奉贤、星火工业区、南汇区3个污水外排系统，以及吴闵等污水收集系统。初步形成了集中处理与分散处理并存的状况，污水处理能力逐年提高。

全市水污染源组成及污水量分布情况

根据《上海市水环境污染源调查研究报告》，2000年全市有各类污染源55979个，污水排放总量达504万立方米／日（不包括地下水渗入量和自备水源中用于冷却水的部分）。

在全市55979个污染源中，有32489个分布在外环线内中心城区里，污水排放量为329.24万立方米／日。其中直排水体污水量为165.28万立方米／日。在外环线内32489个污染源中，有18338个分布在内环线内，污水排放总量为134万立方米／日，其中直排水体污水量为50万立方米／日。

长江口水域环境保护

全力保护长江口生态环境

长江口水域是上海水质较好的水体，也是上海市饮用水源地之一。上海市委、市政府历年高度重视长江口环境保护，2001年上海市采取有效措施，防治陆源污染物，有力地控制对长江口水质的污染影响，全力保护长江口生态环境。

随着污水管网的完善和污水收集量的增加，为进一步改善长江口水质，上海市已开始在污水外排口建设大型污水处理厂。日处理能力40万吨的石洞口污水处理厂一期工程也已开工建设，2002年可建成运行。日处理能力170万吨的竹园污水厂和日处理能力120万吨的白龙港污水处理厂2001年开展建设前期准备工作，将于2002年正式开工。

太湖流域环境保护

太湖流域实施“引江济太”调水试验工程

太湖流域地处长江三角洲南翼，面积3.69万平方公里，人口3600万，城市化水平50.6%。随着经济社会的发展，太湖流域水质型缺水和水环境恶化问题已十分严重。按照水利部要求，太湖流域水资源管理与保护以实施“引江济太”调水试验、增加流域水资源量、改善太湖和流域河网水环境、缓解流域水质型缺水为工作重点。2001年9月上旬，国务院副总理温家宝视察望亭水利枢纽，专门听取了太湖局关于太湖流域水利建设和“引江济太”实施情况的汇报，充分肯定运用水利工程进行水资源调度、改善流域水环境的做法，并要求水利部门通过生态调水“以动治静、以清释污、以丰补枯、改善水质”。

2001年，通过望虞河共调引14.93亿立方米长江水进入太湖流域，其中2.02亿立方米（1—10月1.9亿立方米）经望虞河望亭水利枢纽入太湖，经太浦闸全年向下游供水7.82亿立方米，比2000年同期增加5.4亿立方米。调水工作对改善太湖和流域河网水质起到了积极作用。太湖水位长期保持在3米以上，保证了太湖的环境水位和生态环境用水量，使2001年太湖水质明显好于往年。

经实时监测，太湖贡湖湾测点高锰酸盐指数由引水前的8毫克/升降为引水后的3.6毫克/升，贡湖湾未再爆发蓝藻、水华。但是，望虞河西岸支流污染十分严重，致使部分时段引入的江水因受污染而不能进入太湖。

望虞河引水量及效果图

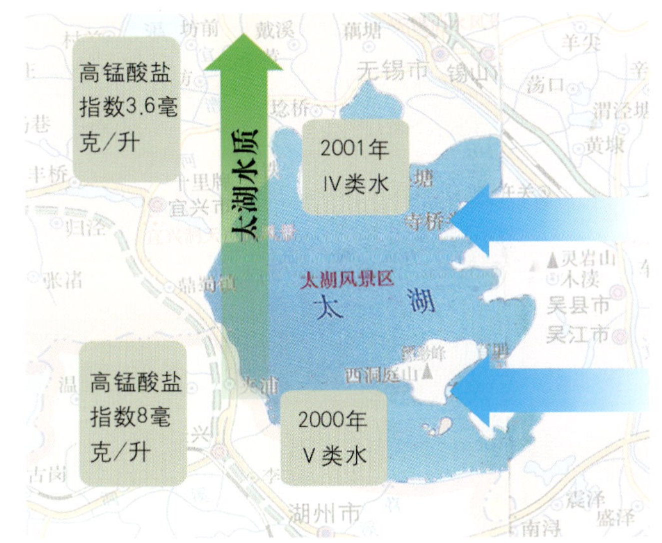

大气环境污染防治

创建高污染燃料控制区工作

为改善本市大气环境质量，自1997年开始，中心城区实施燃煤炉窑灶清洁能源替代。市环保局制定并颁发《大气污染物排放达标区验收标准》、《基本无燃煤区验收标准》和《无燃煤区验收标准》。至2000年底，全市共改造燃煤炉窑灶3612台（眼），已建成“基本无燃煤区”180平方公里，建成区的“大气污染物排放达标区”覆盖率达到78.6%。

2001年，上海新创建24个“基本无燃煤街道”、12个“大气污染物排放达标街道（镇）”。同时，静安区南京西路街道、黄浦区人民广场街道建成全市第一批无燃煤街道。

天然气贮罐

2001年度创建的无燃煤街道名单

静安区： 南京西路街道
黄浦区： 人民广场街道

2001年度创建的基本无燃煤街道（镇）名单

徐汇区： 天平路街道、湖南路街道、斜土路街道、徐家汇街道、康健新村街道
虹口区： 乍浦路街道、提篮桥街道、新港路街道、嘉兴路街道
闵行区： 莘庄镇
浦东新区： 梅园路街道、东明路街道、外高桥保税区
闸北区： 临汾路街道、北站街道、芷江西路街道
长宁区： 天山路街道、仙霞新村街道、虹桥街道、程家桥街道
杨浦区： 延吉新村街道
普陀区： 真如镇、曹杨新村街道、宜川路街道

2001年度创建的大气污染物排放达标街道（镇）名单

闵行区： 江川路街道
浦东新区： 沪东新村街道、上钢新村街道、花木镇、周家渡街道
青浦区： 青浦镇
嘉定区： 黄渡镇、江桥（封浜地区）
宝山区： 高镜镇、淞南镇（南片）、大场镇
奉贤区： 南桥镇
崇明县： 城桥镇（中心城区）

注重环保，争创绿色社区

2001年度创建的烟尘控制街道（镇）名单

金山区： 金山卫镇、亭林镇
崇明县： 堡镇、新河镇

建立防治机动车尾气污染联合执法机制

2001年，上海市建立了环保部门与城市交通管理部门、公安部门相结合的联合执法机制，加强对机动车尾气污染的执法。

环保部门与城市交通管理部门联合，对城市公交系统的客运车开展的系统检查和执法，共涉及37家公交公司，暨136条公交线路，检查车辆6757辆，查处超标车1245辆，对所属公司进行了行政处罚，并责令其在规定的期限内完成整改工作。

环保部门与公安部门联合对社会车辆进行监督检查，在全市设立流动检查点，检查各种车辆共计20072辆，查出超标排放车共4507辆。对超标排放车，由公安部门进行扣证，环保部门责令其整改，整改完成后并经复查合格的，公安部门发还行驶证件。

在迎接APEC会议期间，环保部门还组织机动队伍，与公安交警机动支队一起，在全市各主要交通道路上巡查，发现有超标可能的车辆，则跟踪检查，共流动巡查483辆排放尾气较严重的车辆，查证确实超标的共157辆，按照《大气污染防治法》的规定，对其作出限制行驶和责令整改的处理，确保了APEC会议期间道路上行驶的机动车做到达标排放。

对城市公交系统的客运车开展了系统检查和执法

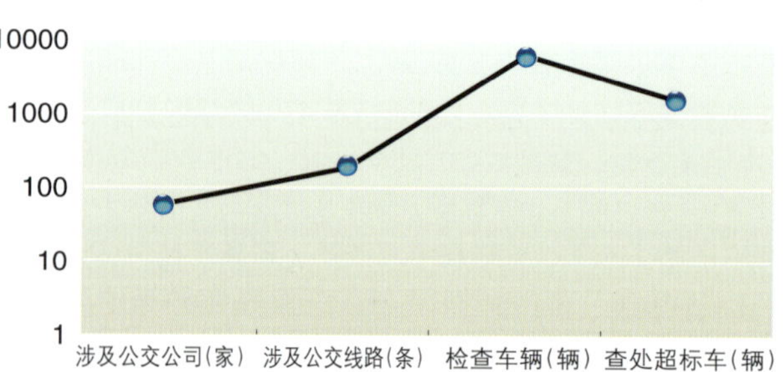

交通行业确定环境综合治理目标

2001年初，上海市城市交通管理局提出《进一步推进城市环境综合治理工作的实施意见》。《实施意见》确定交通行业环境综合治理的目标是：到9月底，上海城市公交柴油车在环线内消除冒黑烟的现象；到年底，上海城市公交车尾气检测合格率达到95%，货运车年检尾气检测合格率达到100%；制订防止货运车扬尘的控制措施；推广LPG出租车和CNG公交车试应用技术；制订CNG加气站的建站规划；降低城市水上噪声和其他污染物的污染。争取到2002年底，全市公交车辆尾气排放明显改善，从根本上解决公交车辆冒黑烟的问题，使上海城市环境质量得到明显改善。“实施意见”还明确了交通行业环境综合治理的主要措施及检查考核办法，

汽车尾气监测

上海确定交通行业环境综合治理目标

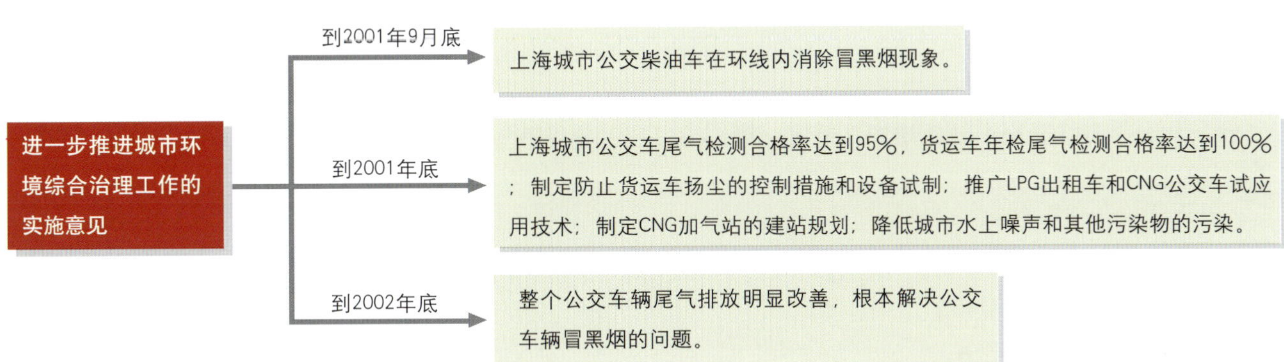

公交柴油车尾气污染整治工作进展顺利

2001年是上海对公交柴油车尾气污染整治力度最大的一年。1月至8月，上海市城市交通管理局共投入近8000万元，对10500余辆公交柴油车发动机进行技术改造；3月至10月，采用目测法和仪器法相结合的方法，进行了6轮尾气检测，总检测车辆13000辆次，促使尾气排放有了较明显的改善。检测结果表明：以滤纸式烟度计检测，车辆超标率（Rb值大于4.0）从3月份的30%下降到9月份的2%，平均烟度值准许2.3；以林格曼目测法检测，车辆超标率由8月份的29.9%下降到10月份的8.9%。

为实现APEC会议期间基本消除公交柴油车冒黑烟的目标，建立公交柴油车尾气治理长效管理机制，改善上海空气环境质量，上海市城市交通管理局于2001年3月2日发出开展公交柴油车冒黑烟整治工作的通知。在2至6月份集中整治期间，该局制定实施了公交车冒黑烟整治方案，组织人员上路检测公交柴油车冒黑烟状况并作相应处置；对公交柴油车驾驶员、维修工、喷油泵检验工、检验员等人员进行了柴油车知识和专项技能培训，同时还把公交车冒黑烟整治工作完成情况纳入公交企业经理、书记的任期目标考核和社会公交年度资质考核。

柴油车整治

柴油车整治情况一览表

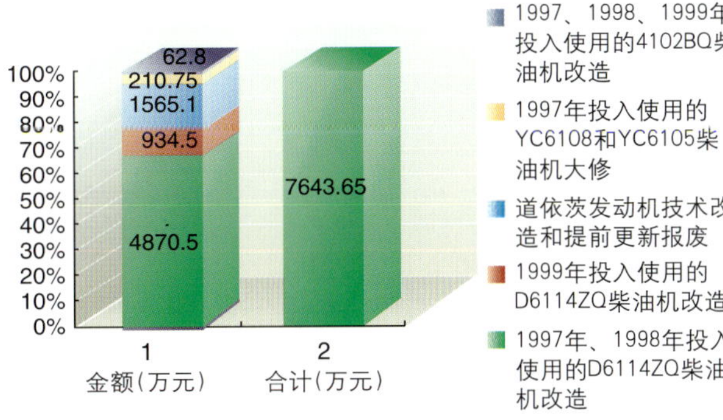

1997－2001年常规公交车辆更新、新增情况

1997-2001年常规公交车辆新增表（单位：辆）

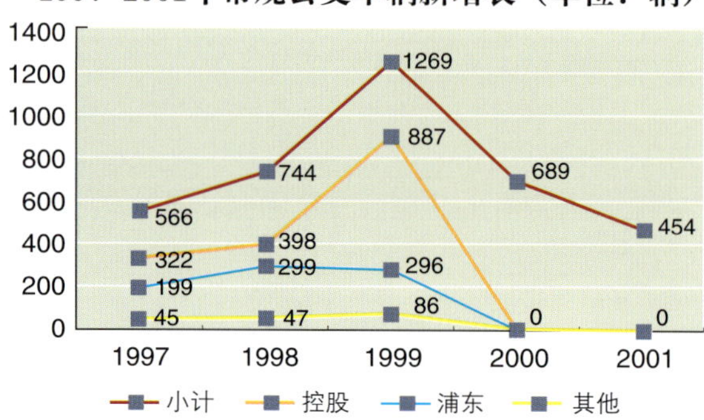

1997-2001年专线公交车辆新增表（单位：辆）

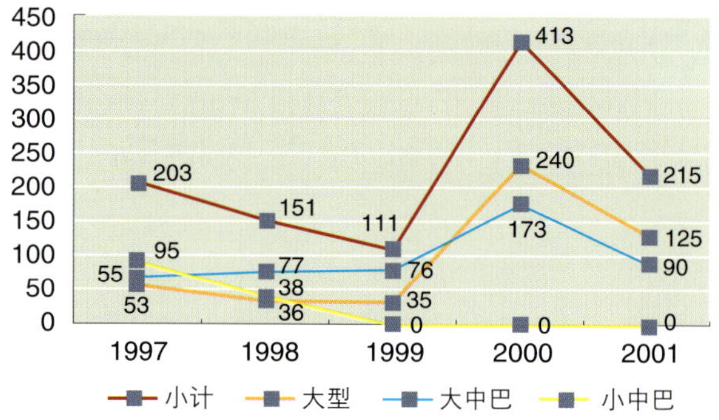

1997-2001年专线公交车辆更新表（单位：辆）

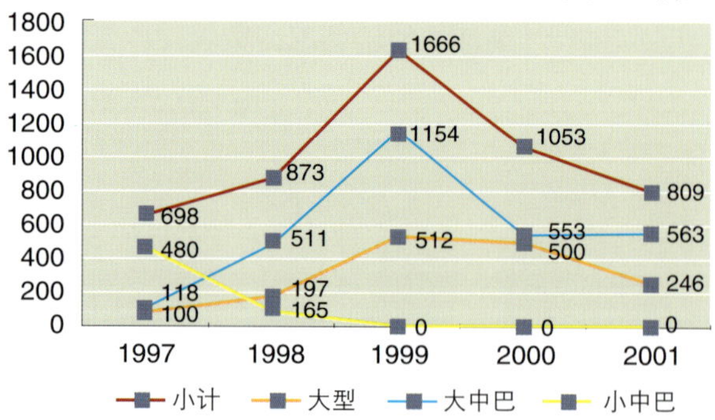

1997-2001年常规公交车辆更新表（单位：辆）

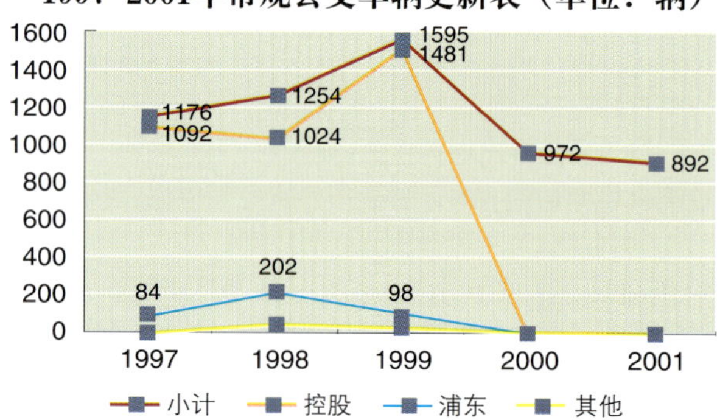

郊区秸秆焚烧现象基本得到控制

2001年，上海郊区各级政府和农业部门，通过加大投入，调整种植业结构，推广秸秆直接还田等措施，使整个郊区秸秆焚烧现象基本得到控制。

上海市、区县共投入5000多万元，推广秸秆直接还田等措施。全市200多万亩水稻和50多万亩小麦中，秸秆机械直接还田分别占50%和70%，还明确了禁烧区区域范围。一是禁烧区域：虹桥、浦东等机场周围15公里，沪宁、沪杭、沪嘉、沪浏、同三等高速公路两侧各2公里，沪宁、沪杭、沪石铁路沿线两侧各1公里，郊区成片森林、大型苗木基地周围1公里，外环线以内；二是重点区域：上海一城九镇周边地区5公里，204、312、318、320等国道及市郊主要市级公路两侧各1公里；三是控制区域：郊区除上述以外区域。这3个区域的秸秆综合利用率分别达到85%、70%和60%以上。经过农业结构调整，全市农作物秸秆总量已比1998年减少了约30%。

合理利用农作物秸秆

声环境污染防治

新创建4个环境噪声达标镇

根据国家城市综合整治定量考核的要求，本市自1994年开始创建环境噪声达标区，至2000年底，全市已创建环境噪声达标区面积达443.34平方公里，占建成区面积的80.7%，累计投入资金5548.6万元。

2001年，上海市投入治理经费32.3万元，新创建环境噪声达标镇4个，创建面积22.1平方公里。新创建的环境噪声达标镇分布于嘉定区的封浜镇、黄渡镇、金山区的枫泾镇和崇明县的新河镇。在环境噪声达标镇创建中，187个噪声源得到整治，其中达到城市区域环境噪声二类适用区标准要求的有184个，达标率为98.4%。

新创建4个环境噪声达标镇

创建面积	22.1平方公里
上海市投入治理经费	32.3万元
整治噪声源	187个
整治后达到城市区域环境噪声二类适用区标准要求	184个
达标率	98.40%

噪声达标区实行动态管理

根据国家环保总局关于城市环境综合整治定量考核规定，对已建的环境噪声达标区每两年要复验一次。2001年，上海全市19个区县对2000年度及以前所创建的环境噪声达标街道（镇）进行了全面复验，复验面积达538.82平方公里。各区县把复验中获得的各项数据建立在GIS信息系统中，使噪声达标区进入动态管理模式，也使环境噪声管理工作上了一个新台阶。

道路机动车禁鸣率达标

2001年12月份平均鸣号率统计

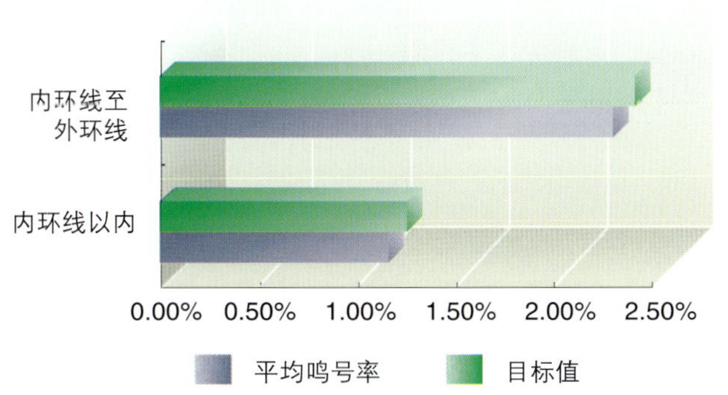

据2001年12月份的监测数据统计，上海内环线以内的10个行政区40个监测点机动车的平均鸣号率为1.27%，内环线至外环线的机动车平均鸣号率为2.32%，低于2.0%和5.0%的目标值。

淀浦河船舶噪声污染整治

2001年初，上海市航务管理处根据市交通局的要求，对闵行区淀浦河水域的船舶噪声污染进行了集中整治。整治期间，闵行区航管所向进港船舶船员发放了300多份“淀浦河船舶安全航行减少噪声”的宣传材料。市航务管理处拟定了淀浦河船舶噪声管理实施方案，在淀浦河(黄浦江口至淀东水闸航段)，设置了16块禁鸣声号标志牌和宣传牌，加强了对淀浦河沿河码头装卸单位夜间作业噪声和对淀浦河船舶的现场管理和噪声控制，严禁未安装消声器或消声器失效的船舶进入淀浦河。对违反管理规定的船舶，市航务管理处按国家有关环境保护和港航管理的规定给予了行政处罚。淀浦河船舶噪声整治后，使该地区码头装卸与船舶的噪声得到控制，受到了当地居民的欢迎。

公交行业推行音量控制电脑报站器

电脑报站器诞生于20世纪80年代中期，旨在推广普通话、减轻售票员的劳动强度，曾受到乘客的欢迎。但随着城市环境质量要求的提高，报站器的外喇叭已成为城市新的

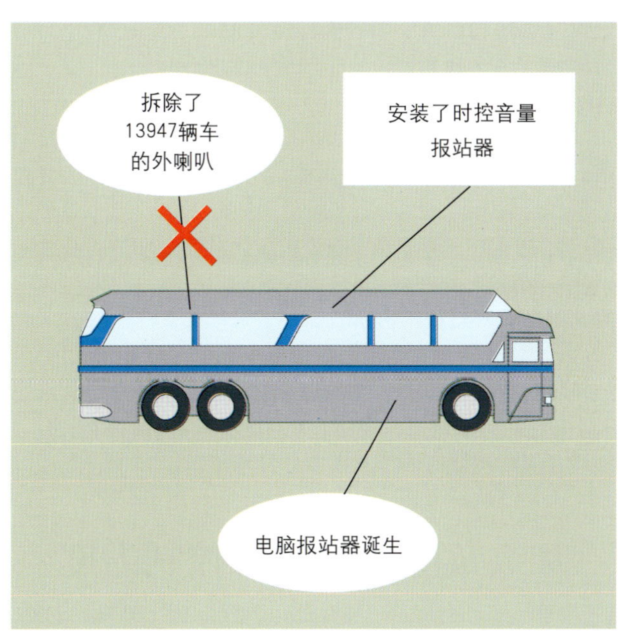

噪声源。为改善公交车辆报站声对城市声环境质量的影响，2001年，市公交行业在4597辆公交车上安装了由市公交客运管理处研制的时段音量自动控制电脑报站器，并拆除了13947辆车的外喇叭，切断了噪声源，有效地控制了公交车辆的噪声污染。

公交终点站安装电子显示屏

为减少公交线路终点站喇叭噪声扰民的现象，2001年，上海公交行业投入大量资金，安装了223只公交线路调度电子显示屏，使部分新村小区的喇叭噪声扰民现象得到改善。市公交处还从源头上加强管理，规范终点站喇叭报站制度，同时规定，新的公交站点开通使用时，须同步安装公交线路调度电子显示屏，以减少城市噪声。

“绿色护考”行动

根据国家环境保护总局环办[2001]46号《关于开展中、高考期间噪声污染控制和监督检查工作有关问题的通知》精神，2001年，上海市环保局继续会同上海市建委、上海市教委及上海市公安局开展了中、高考期间噪声控制和现场执法检查的联合行动，确保了全市广大考生享有安宁的复习和考试环境。

上海市中、高考期间为2001年6月20日至7月9日，其中6月20日至7月2日为复习迎考阶段，7月3日至7月5日为中考考试阶段，7月7日至7月9日为高考考试阶段。

在中、高考迎考期间，全市各级环保部门共出动2479人次，检查各类建筑工地和娱乐场所5414户次，查处违章单位282户；在考试期间对186个中考考场和193个高考考场周围环境状况进行了重点检查，及时制止了建筑工地违章施工现象和各类噪声源的污染现象。对违章单位，环保部门除当即进行制止外，还对部分单位作了立案处理。

考试期间对考场周围环境进行重点调查

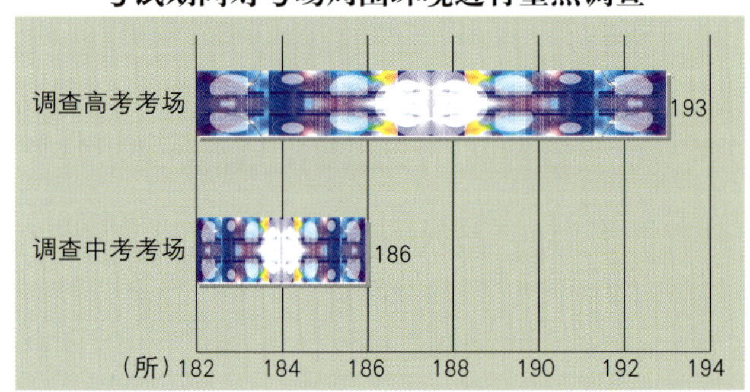

固体废弃物处置

固体废弃物处理处置现状

上海每年产生固体废弃物约3240万吨，平均每天88759吨。其中：生活垃圾13740吨（包括有害垃圾4.7吨/日、塑料废弃物1313吨/日、大件垃圾86吨/日），餐厨垃圾1100吨/日，建筑垃圾与工程渣土37800吨/日，工业固体废弃物36110吨/日。

生活垃圾成分组成与居民生活水平和生活习惯直接相关。据2000年抽样调查，市区居民生活垃圾中厨余、果皮等湿垃圾约占67.5%，纸、塑料、玻璃、碎石、竹木等干垃圾约占32.45%，废电池、荧光灯管、油漆桶和废弃药品等有害垃圾约占0.05%。郊区湿垃圾约占75%，干垃圾约占24.97%，有害垃圾约占0.03%。

老港、黎明两座生活垃圾填埋场承担了全市45.3%的生活垃圾处置量。其余54.7%的生活垃圾靠三林应急中转堆场和219处简易堆点裸露堆放。大件垃圾、塑料废弃物、有害垃圾及餐厨垃圾尚未形成单独处置系统。

加大危险废物污染控制力度

2001年，市环保部门加大对危险废物产生、收集、利用、处置全过程的管理力度，依法规范危险废物处理行为，已纳入管理体系并为社会提供服务的企业共拥有57张危险废物经营许可证，为产生危险废物的企业提供收集、综合利用、焚烧处置等方面的服务。同时，市环保部门通过“危险废物转移联单管理制度”，跟踪、控制危险废物从产生企业到处理企业的转移，防止二次污染产生。2001年，共有514家企业纳入市内危险废物转移监管系统，转移危险废物数量达8.3万余吨。

加强进口废物管理

2001年，上海市企业加工利用的进口废物主要为贱金属及其制品的废碎料、回收废碎纸或纸板、塑料的废碎料及下脚料、各种废五金电器、电机、电线电缆等，加工量约为29.87万余吨。

2001年上海市有30家企业取得加工利用废五金电器、电机、电线电缆的定点资格。

实施生活垃圾分类收集方案

在2000年市中心城区23%的地区生活垃圾分类收集工

垃圾分类收集车

作取得阶段性成果的基础上，结合2001年上海市中心城区50%地区实行生活垃圾分类收集目标及APEC会议召开，上海积极实施生活垃圾分类收集工作。

2001年上海市生活垃圾分类收集实施方案工作目标和主要任务是：中心城区30%地区实行生活垃圾分类收集，提高生活垃圾分类收集质量，使分类收集小区的分类合格率达80%以上；以APEC会议为抓手和突破口，在APEC会议涉及场所和周边地区以及部分市级文明小区等重点地区，开展生活垃圾分类收集，使分类收集地区保持自然增长；在APEC会议涉及场所的周边小区创建生活垃圾分类收集示范小区；在各区创建示范小区的基础上，保证各区有2至3个样板型生活垃圾分类收集小区，并确保2001年底示范小区创建达标率达到90%。

为保证生活垃圾分类收集实施方案的实施，上海市落实了有关责任制：上海市市容环卫局负责宏观规划全市生活垃圾分类收集工作的进度并进行任务分解；上海市废弃物管理处负责推进市市容环卫局制定的规划和任务，并对各区进行业务指导；各区环卫局负责落实区内生活垃圾分类收集工作；各街道、物业管理部门负责协调和执行小区的生活垃圾分类收集工作。

生活垃圾成分组成

生活垃圾成分组成统计表

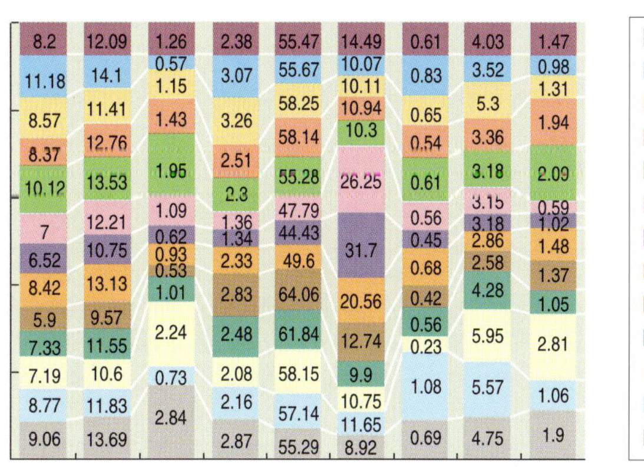

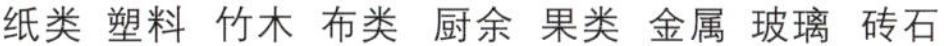

以APEC会议为抓手和突破口，以APEC会议涉及场所和周边地区以及部分市级文明小区为重点，开展生活垃圾分类收集，使分类收集地区保持自然增长

在APEC会议涉及场所的周边小区创建生活垃圾分类收集示范小区

2001年上海市生活垃圾分类收集实施方案工作目标和主要任务

提高生活垃圾分类收集质量，使分类收集小区的分类合格率达到80%以上

在各区创建示范小区的基础上，保证各区有2至3个样板型生活垃圾分类收集小区，并确保2001年底示范小区创建达标率达到90%

生活垃圾收集点

全市生活垃圾收集点统计表

单位：个

单位	收集点	压缩式收集站		垃圾间					单放桶		管道		单放拉臂箱		其他	
	总数	座数	箱数	收集点	间数	无容器	桶数	拉箱数	收集点	数量	收集点	数量	收集点	数量	收集点	数量
黄浦区	980	8	8	608	707	345	1492		190	539	73	73			97	97
卢湾区	618	6	6	488	542	131	1225				66	66			53	53
徐汇区	2271	3	3	1505	1699	167	8456	282	266	969	160	160	179	191	154	154
长宁区	1401	5	5	1129	1564	125	5747	113	126	370	86	86	11	18	44	44
静安区	848	12	12	685	810	186	1514		105	226	34	34			8	8
普陀区	1440	44	44	1159	1118	8	4970	27	60	146	143	143	7	7	4	4
闸北区	1071	10	10	641	1507	32	5617		3	13	61	61			356	356
虹口区	1780	13	13	1202	1702	423	4438	90	119	560	183	188	36	39	227	227
杨浦区	1545	11	11	770	941	42	1077	66	8	43	118	118	3	3	629	629
闵行区	959			732	993	3	5571		219	1055	8	8				
宝山区	2079			1676	2328	115	7808		141	390	58	58	131	140	73	73
嘉定区	1112			827	1432	178	1556	160	49	104	16	16			217	217
浦东新区	3341	20	20	2625	3095	666	9458	115	159	1152	121	121	2	6	308	308
金山区	546			174	182	21	160		55	126	13	13	7	8	297	297
松江区	537	6	6	167	160	40	637	2	147	333	2	2			206	206
南汇区	577			288	344	250	30	1	79	267	26	26			183	183
奉贤区	547			547	842	387	685									
青浦区	913	1	1	621	651	357	8557	3	140	1037	3	3			123	123
崇明县	903			448	498	280	891		89	212	196	196			170	170
合计	23468	139	139	16292	21115	3756	70189	859	2055	7539	1367	1372	376	412	3149	3149

注：空白处未列入数据采集范围。

（续表）

单位	收集方式		
	定时	上门	其他
黄浦区	719	259	2
卢湾区	434	32	152
徐汇区	1563	511	197
长宁区	931	53	417
静安区	225	16	607
普陀区	1193	9	238
闸北区	1006	48	17
虹口区	1612	168	
杨浦区	305	112	1128
闵行区	845	106	8
宝山区	743		1336
嘉定区	1101	2	9
浦东新区	3139	173	29
金山区	447		99
松江区	537		
南汇区	389	108	80
奉贤区	393	153	1
青浦区	748	164	1
崇明县	869	7	
合计	17226	1921	4321

郊区1566个行政村实施生活垃圾收集处置

2001年，上海郊区计划在1098个行政村建立农村生活垃圾收集处置系统。上海市市容环卫局和上海市农委组织力量认真制定计划，狠抓落实。各区（县）及乡镇各级领导

郊区2412个行政村实施农村生活垃圾收集处置

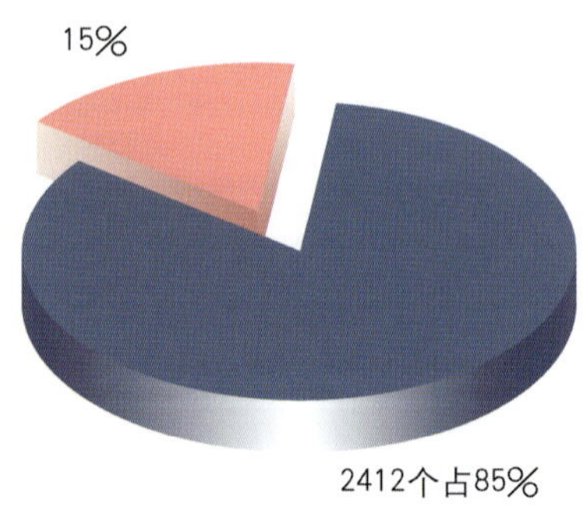

“白色污染”回收专用车

将建立农村生活垃圾收集处置系统作为一项改善人民生活环境、提高人民生活质量的民心工程，实行目标责任制管理，明确责任，落实到人，还作为乡镇党委、政府的工作实绩考核内容之一。市市容环卫局编印技术图集，开展培训，对农村环卫设施、设备配建明确了技术标准和要求，规范选址，狠抓施工质量，保证了工程硬件投入。农村生活垃圾收集处置系统采取了以村镇为单位，集中一个点处置生活垃圾的方式，清除了农村历年来积存在村前宅后、路边、河畔的暴露垃圾。

农村生活垃圾收集处置系统通过了由市市容环卫局牵头，市农委、市爱卫会参加的考核验收。据统计，实际完成农村生活垃圾收集处置系统的行政村达1566个，超计划43%。两年来已累计完成2412个行政村，农村覆盖率已达85%。

“白色污染”治理初见成效

按照《上海市一次性塑料饭盒管理暂行办法》(以下简称《办法》)规定，由上海市废弃物处置管理处主要负责组织和协调全市的“白色污染”治理。该处以《办法》为依据，抓管理的源头，做好生产、销售单位的登记，并对生产、销售单位征收回收处置费；落实了生产者的污染治理责任，有效地将企业的生产、销售行为纳入管理范围，为回收利用运作机制提供了必要的经费保证；运用市场机制，建立回收利用网络，改变了政府管理部门包揽一切的管理模式；积极引导社会企业投资，政府适当扶持，建立起了后道处理系统，为“白色污染”治理过程中促进回收利用网络的完善和从根本上解决出路提供了基本保证。

2001年9月19日，上海市人大、市政协、市府法制办等部门对《上海市一次性塑料饭盒管理暂行办法》执行情况开展全面检查后一致认为，上海市“白色污染”治理工作已初见成效。截至年底，全市共回收废弃一次性塑料饭盒约1亿只（500吨），回收率达到54%。

治理白色污染的工艺与设备

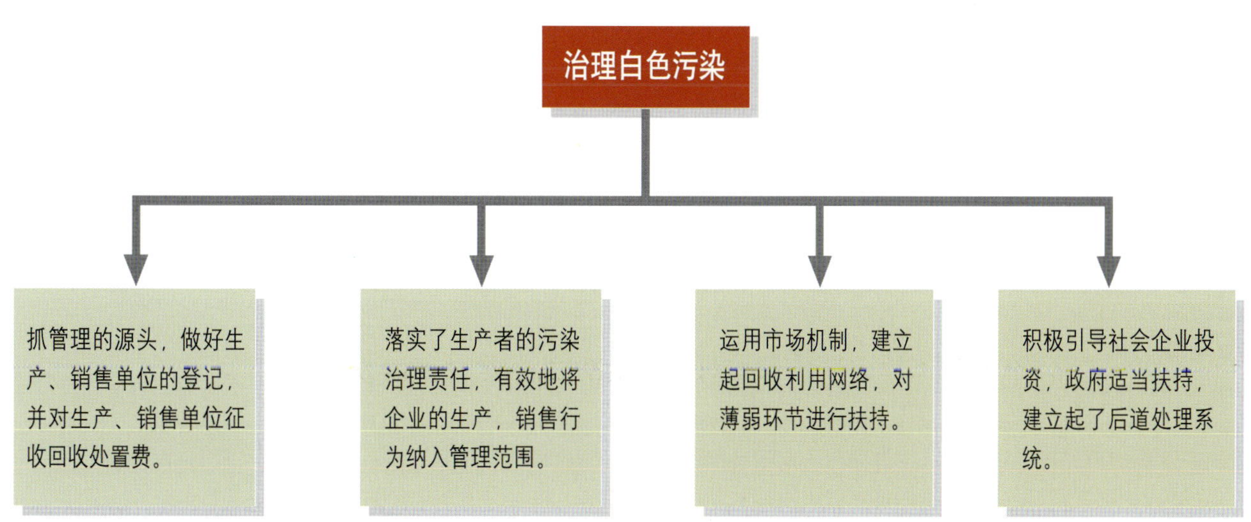

废电池收集

单位	小计			中小学	大学	机关	宾馆	社区	其他	大型废物箱
	收集点数量	重量(kg)	节数	收集点数量	收集点数量	收集点数量	收集点数量	收集点数量	收集点数量	数量
黄浦区	230	5470	280434	64		23	3	112	28	
卢湾区	269	2750	110682	60	1	21	6	144	37	
徐汇区	413	6220	247647	74	7	17	4	300	20	
长宁区	201	1790	70126	101	3		5	92		
静安区	57	1950	110685	48		4		5		
普陀区	670	5240	180047	76	1	58	15	520		
闸北区	178	540	30771	109		1	4		64	
虹口区	446	6520	270999	116				310		
杨浦区	426	1804	74840	132	5	24		223	42	
闵行区	221	7040	262889	37		17	165			
宝山区	52	1320	51593	31	4	14	2	4	7	
嘉定区		493	19245							
浦东新区	314	9110	349213	115	5	38	43	107	6	
金山区	12	1240	21079	5	1	6				
松江区										
南汇区	4	313	13438	1	1				2	
奉贤区		2131	84710							
青浦区	75	1750	122809	5				70		
崇明县	106	500	17136	38		18	7	29	14	
合计	3674	56217	2318343	1012	29	244	85	2145	156	0

注：大型废物箱是指放置在公共场所的大型废物箱，空白处未列入数据采集范围。

餐厨垃圾处置探索市场化运作

2001年，上海把餐厨垃圾作为特殊废弃物开展专项处置。8月6日，市建委、市环保局、市市容环卫局联合颁发了《上海市餐厨垃圾处置和管理试行办法》。9月12日，市府办公厅转发了《关于加强本市餐厨垃圾处置和管理工作的实施意见》，明确了"政策引导、源头减量、市场运作、政府监管"的原则，对餐厨垃圾采用集中与分散相结合，以集中处置为主的处置方式。市废弃物管理处在原生活垃圾分类收集管理网络的基础上，初步建立了餐厨垃圾管理网络。市市容环卫局和"九三学社"联合举办了"文明餐饮，洁净家园"的大型宣传活动，开展了一系列专题宣传，使餐厨垃圾专项处置工作受到社会广泛的关注。为推动餐厨垃圾管理和处置试点工作的市场化运作，经过物价部门认定收费标准，生化处理机就地消纳餐厨垃圾试点测试评估工作已展开。截止年底，宾馆、饭店等餐饮业单位试点使用生化处理机达到19台。建成的卢湾区开平路码头、普陀区江桥餐厨垃圾中试项目，日处理能力均为25吨，并已开始调试运行。

废弃物运输处置

2001年上海的废弃物运输处置情况如下表所示：

单位：吨/天

类别		垃圾		粪便			
		生活垃圾	陈垃圾	水运	委托农运	陆运	其他
运输量		14425	900	4689	467	487	355
处置量	老港	8270	766	0	0	0	0
	三林	1320	0	0	0	0	0
	黎明	1676	0	0	0	0	0
	临时堆场	3159	134	0	0	0	0
	浦东污水管	0	0	4046	0	0	0
	宝山污水管	0	0	643	0	0	0
	农村	0	0	0	467	487	0
	污水管	0	0	0	0	0	355

渣土垃圾申请情况

2001 年上海市渣土垃圾申请情况如下表所示：

单位	申请单位		申请回填量（t）			实际	收费（千元）		
	申请次数	申请个数	小计	委托	自行	回填量（t）	小计	申请费	回填费
黄浦区	32	29	285350	1000	284350	43450	144965	790	144175
卢湾区	8	7	15800	300	15500	15800	6660	310	6350
徐汇区	83	51	103020		103020	39120	39120	7060	32060
长宁区	4	4	53100		53100	53100	26860	310	26550
静安区	66	61	34845	19495	15350	35845	51205	2640	48565
普陀区	168	109	415195		415195	387795	216888	6240	210648
闸北区	47	29	251720		251720	251720	128230	2370	125860
虹口区	68	54	99850		99850	98900	20170	570	19600
杨浦区	117	97	55020		55020	53620	29700	2190	27510
闵行区	73	70	80640		80640	80640	43680	3350	40330
宝山区	453	56	1074510	141980	932530	653150	559725	22470	537255
嘉定区	472	455	1058760		1058760	1029960	543665	17730	525935
浦东新区	295	253	2544603		2544603	2258132	978047	4450	973597
金山区	59	59	23545	16845	6700	23545	39560	1470	38090
松江区	243	243	553700		553700	553700	289160	12310	276850
南汇区	82	81	626700	11250	615450	596000	302768	4740	298028
奉贤区	59	59	77789	15637	62152	77789	59899	1640	58259
青浦区	163	163	446272		446272	446272	219986	5850	214136
崇明县									
第一申报站	162	72	1361118		1361118	1528608	687509	6950	680559
第二申报站	145	26	1474210	7000	1467210	1474210	744405	7300	737105
第三申报站	67	15	800443		800443	800443	402122	1950	400171
第四申报站	150	59	1425290		1425290	1428620	682272	6500	675771
外高桥	26	26	50546		50546	50546	27973	200	27773
合计	3042	2078	12912026	213507	12698519	11980965	6244569	119390	6125177

注：空白处未列入数据采集范围。

渣土垃圾申报及处置

2001 年上海市渣土垃圾申报及处置情况如下表所示：

单位	申报单位		产生渣土总量（t）			渣土处置方式（t）					
	申报次数	申报个数	小计	委托	自行	小计	水运		陆运	中转量	回填量
							千方	泥浆	泥浆		
黄浦区	872	833	1664211	219948	1444263	1664211			246392		1417819
卢湾区	318	289	600900		600900	600900			1050000	256370	239530
徐汇区	681	321	1504625		1504625	1504625			173615	121740	1209270
长宁区	75	73	327272		327272	327272		40094	100378	2000	104000
静安区	887	394	1614785	27140	1587645	1614785	43100	17016	254098	10	1300561
普陀区	609	533	2464060	17400	2446660	2464060			76300	105460	2282300
闸北区	282	249	2447889		2447889	2447889					2447889
虹口区	542	448	1620416	200	1620216	1620416			2600636	93240	1266540
杨浦区	1055	936	582042		582042	582042			351750	200	230092
闵行区	8	8	13640		13640	13640			9100		4540

（续表）

单位	申报单位		产生渣土总量（t）			渣土处置方式（t）					
	申报次数	申报个数	小计	委托	自行	小计	水运		陆运	中转量	回填量
							千方	泥浆	泥浆		
宝山区	369	120	642620	700	641920	641920			5100	1200	636320
嘉定区	301	240	334424		334424	334424				3300	33124
浦东新区	218	213	1446343		1446343	1446343		31500	842913	5	571925
金山区	365	365	498757	321770	186987	498757			17000	261810	219947
松江区	263	263	127170		127170	127170					127170
南汇区	16	16	16110		16110	16110					16110
奉贤区	44	43	56373	39936	16437	56373					56373
青浦区	115	115	275972	87800	188172	275972					275972
崇明县	4	4	4800		4800	4800					4800
第一申报站	103	102	324493		324493	324493			20540		303953
第二申报站	134	101	516060		616060	516060		7000	8220	39320	461520
第三申报站	199	186	864752		864752	864752			16320		848522
第四申报站	50	46	452460		452460	452460			88120		364340
外高桥	41	41	62371		62371	62371					62371
合计	7531	5939	18462545	714894	17757651	18462545	43100	96410	2655392	884655	14782988

（续表）

单位	收费（千元）			全年发放副本
	小计	申报费	处置费	
黄浦区	542379	25600	516779	3338
卢湾区	305240	12690	292550	1789
徐汇区	805888	40670	765218	7518
长宁区	167386	3800	163586	835
静安区	598717	13240	945477	2844
普陀区	1158066	20830	1137236	4585
闸北区	706817	13691	693126	2304
虹口区	326476	6550	319926	3784
杨浦区	263086	15755	247331	4071
闵行区	7310	490	6820	45
宝山区	284735	12900	271835	2235
嘉定区	176612	9500	167112	2748
浦东新区	567927	5080	562847	960
金山区	803469	8660	794809	1572
松江区	65835	2250	63585	617
南汇区	11415	210	11205	88
奉贤区	88719	2000	86719	476
青浦区	230176	6700	223476	784
崇明县	2740	270	2470	
第一申报站	164148	4800	159348	1011
第二申报站	223375	5220	218155	1759
第三申报站	495355	8560	486795	1997
第四申报站	198875	4130	194745	423
外高桥	32776	1590	31186	105
合计	8587522	225186	8362336	45888

注：空白处未列入数据采集范围。

单位生活垃圾申报情况

2001年上海市单位生活垃圾申报情况如下表所示：

单位：个

单位	应申报数	实际申报数	其中						申报率%	申报量（t）
			机关	工厂	饭店	菜场	娱乐场所	其他		
黄浦区	4734	3323	25	104	243	17	27	2907	70	227
卢湾区	987	578	5	17	375	8	18	155	59	107
徐汇区	1745	1344	106	708	230	61	38	201	77	564
长宁区	506	506	13	101	58	18	13	303	100	268
静安区	1086	865	66	75	229	8	26	461	80	29
普陀区	1038	1038	58	508	205	45	146	76	100	165
闸北区	2098	2098	55	109	339	19	8	1498	100	76
虹口区	469	385						385	82	101
杨浦区	902	801	49	286	255	40	10	161	89	422
闵行区	372	372	32	256	48	24	10	2	100	353
宝山区		562	41	267	30	20	13	191		341
嘉定区										
浦东区	3545	2707	45	650	245	132	32	1603	76	136
金山区		162	12	62	30	2	6	50		
松江区										
南汇区	2094	1141	113	232	189	12	25	570	54	195
奉贤区										
青浦区										
崇明县	3	3			3				100	5
合计	19579	15885	620	3375	2479	406	372	8563	81.13	2989

注：空白处未列入数据采集范围。

市容环境卫生整治

市容环卫整治

2001 年，上海围绕拆除违章、治理“三乱”开展市容环卫整治，得到了市领导的肯定。11 月 8 日，中共上海市委书记黄菊在《中共上海市市容环境卫生管理局委员会关于上海 APEC 会议期间市容环境工作的情况报告》一文上批示：“APEC 会议期间，上海整洁的环境是对上海市容环境卫生工作的一次重大的考验和检阅。实践证明，广大市容环卫职工任劳任怨、兢兢业业、清洁城市、恪尽职守，圆满完成了市容环境整治和保障任务，为上海也为祖国增光添彩。希望全市市容环卫行业的广大职工再接再厉，为上海的整洁美观再作贡献。”

在纪念江泽民同志为全国环卫政研会题词“清洁城市，造福人民，培育新人，振兴中华”发表 10 周年之际，中共上海市委副书记、市长徐匡迪于 2001 年 11 月 11 日为上海市容环卫行业欣然题词：“以我美好心灵，改善城市面貌”。市容环卫整治情况见下表。

在良好的城市环境中晨练

市容环境卫生整治情况表

单位	拆除违章		搬、调、拆摊亭棚（只）	拆，改卷帘门（扇）	更新遮阳棚（只）	整治阳台（只）	整治晒衣架	“三乱”整治		
	数量（间）	面积（m²）						清除“三乱”（处）	停 BP 机（只）	停电话（手机）（部）
黄浦区	202	8278	139	428	2592	597	1585		1	1
卢湾区	1239	17055	27	72	427	197	34	167278	1	27
徐汇区	5957	135274	264	2335	5101	19718	347		4	
长宁区	1572	28199	119	155	421	139	182	114844	44	54
静安区	98	3479	81	9329	946	96	521	7845		
普陀区	6553	171956	51	920	5480	398	8910	139297		
闸北区	1883	95710	81	468	8349	452	488	23383	10	36
虹口区	2168	34260	113	1009	1032	210	131	115427	1	9
杨浦区	2702	49422	35	381	219	806	5305	239311	6	19
闵行区	1120	34845	628	17130	2123	14783	1492		5	1
宝山区	662	18821	5	21267				44554	9	19
嘉定区	3018	80012	34	1258	1790	2887	946	24512		2
浦东新区	3419	76465	78				540			2
金山区	485	8521								
松江区	1219	32824	826	315	610	950	1320		1	16
南汇区	42	559								
奉贤区	128	7338								
青浦区	2999	59484	56	82		45			13	1
崇明县	15	581								
市容总队									150	169
其它										
合计	35481	863083	2537	55149	19090	41278	21801	876451	245	356

注：空白处未列入数据采集范围。

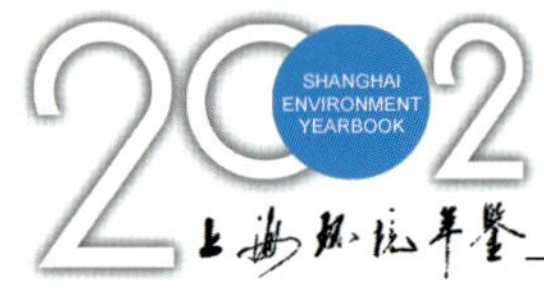

市容环境卫生六项指标达标情况

单位	居住区（个）			绿地（块）			交通集散地（个）			集市、菜场（个）		
	小计	累计达标	今年达标	小计	累计达标	今年达标	小计	累计达标	今年达标	小计	累计达标	今年达标
黄浦区	216	160	18	35	29	2	47	47	10	28	25	4
卢湾区	144	112	10	29	29	5	7	7		10	9	
徐汇区	343	283	48	93	91	12	50	49	15	49	45	16
长宁区	296	183	10	130	63	21	32	21	6	34	27	12
静安区	92	83	16	17	17	4	16	16	7	21	21	6
普陀区	258	193	10	64	64	5	28	25	2	36	36	3
闸北区	219	201	20	82	65	19	84	52	12	40	30	3
虹口区	271	149	10	15	12	5	36	30	5	39	35	3
杨浦区	372	199	27	70	54	10	62	51	16	78	59	17
闵行区	109	109	5	43	42	3	8	8	4	10	9	4
宝山区	113	65	12	52	36	8	34	30	9	18	18	2
嘉定区	54	44	28	12	12	6	19	2		27	13	3
浦东新区	604	238	93	81	81	16	136	65	14	70	58	12
金山区	48	14	5	105	31	3	3	4	2	5	5	3
松江区	68	10	10	7	7	7	1	1		5	5	3
南汇区	38	18	11	17	16	3	2	1		5	5	3
奉贤区	37	37	4	22	14	3	4	3	2	6	6	3
青浦区	40	5	5	49	54	5	4	1		4	4	2
崇明县	19	10	5	11	11	3	1	1	0	2	3	1
合计	3341	2113	347	934	679	140	574	414	104	487	413	100

注：空白处未列入数据采集范围。

道路清扫情况

单位	总长度(m)	总面积(m²)	其中											
			专业清扫								非专业清扫			
			长度(m)	面积(m²)	路面	人行道	天桥	地道	高架路	广场	长度(m)	面积(m²)	高架路(m)	广场(m²)
					其中(m²)									
黄浦区	144009	2568795	123872	2394353	1710369	665828	10011	785	0	0	20137	174442	0	0
卢湾区	58138	1206840	58138	1206840	878445	328395	0	0	0	0	0	0	0	0
徐汇区	248845	5757362	233106	4974507	3357813	1601710	1776	5824	0	0	15739	782855	0	0
长宁区	146966	3498030	105220	2724596	1891984	829134	3838	0	0	0	41746	773074	0	0
静安区	68233	1958489	67233	1590809	1193425	383234	13941	209	0	0	1000	7680	0	0
普陀区	178814	3902169	168946	3583408	2626717	913736	22935	396	13264	6360	9868	318761	0	0
闸北区	192238	4045123	188540	3977465	2767274	1177255	18793	14143	0	0	3698	67658	0	0
虹口区	191125	3490275	190772	34880135	2445855	1037099	5181	0	0	0	353	2140	0	0
杨浦区	228466	4278575	221152	4197729	2851881	1345848	0	0	0	0	7314	80846	0	0
闵行区	113116	2353660	60585	1192635	727209	465026	400	0	0	0	52531	1161025	0	0

（续表）

单位	总长度(m)	总面积(m²)	其中											
			专业清扫								非专业清扫			
			长度(m)	面积(m²)	路面	人行道	天桥	地道	高架路	广场	长度(m)	面积(m²)	高架路	广场
					其中(m²)								(m)	(m²)
宝山区	226287	5090000	201434	4553198	3049990	1279554	223654	0	0	0	24853	536802	0	0
嘉定区	94116	1639260	54969	990529	716722	273807	0	0	0	0	39147	648731	0	0
浦东新区	422646	8661950	344525	7304610	5050267	2184550	600	0	0	69193	78121	1357340	0	0
金山区	91930	1505213	82098	1337703	930621	407082	0	0	0	0	9832	167510	0	0
松江区	53413	1441045	53413	1441045	1108712	332333	0	0	0	0	0	0	0	0
南汇区	128941	1723069	79800	902379	738175	155539	0	0	0	8665	49141	820690	0	0
奉贤区	180663	2623372	180663	2623372	207312	550160	0	0	0	0	0	0	0	0
青浦区	138444	2114111	135413	2095601	1513552	576249	0	0	0	5800	3031	18510	0	0
崇明县	66685	1027357	54096	827304	578933	248371	0	0	0	0	12589	200053	0	0
合计	2973075	58524695	2603975	51406578	36211156	14754910	301129	21357	13264	90018	369100	7118117	0	0

（续表）

单位	机扫			冲洗		
	长度(m)	面积(m²)	占总面积%	长度(m)	面积(m²)	占总面积%
黄浦区	50282	1078897	42.00	50282	1078897	42.00
卢湾区	11867	353098	29.26	11867	353098	29.26
徐汇区	236454	4045518	70.27	236454	4045518	70.27
长宁区	8111	1763795	50.42	81111	1763795	50.42
静安区	38853	945463	59.15	38853	945463	59.15
普陀区	68602	1482036	37.98	68602	1482036	
闸北区	10015	340145	8.41	10015	340145	8.41
虹口区	76560	1404060	40.23	76560	1404060	40.23
杨浦区	67080	1184222	27.68	67080	1184222	27.68
闵行区	29405	425671	18.09	29405	425671	18.09
宝山区	48009	961726	18.89	48009	961726	18.89
嘉定区	15987	259637	15.84	15987	259637	15.84
浦东新区	43720	1181365	13.64	43720	1181365	
金山区	0	0	0.00	0	0	0.00
松江区	2866	100310	6.96	2866	100310	6.96
南汇区	320	1600	0.09	320	1600	0.09
奉贤区	8596	98823	3.77	8596	98823	3.77
青浦区	9340	172500	8.16	9340	172500	8.16
崇明县	0	0	0.00	0	0	0.00
合计	799067	15798866	27.00	799067	15798866	27.00

废弃物清除量

单位：万吨

单位	粪便				生活垃圾来源						大件垃圾	整顿垃圾总量	乡镇垃圾总量	建筑垃圾总量
	总量	黄粪	坑粪	水域	总量	居民	菜场	单位	清道	水域				
黄浦区	32.34	23.94	8.40	0.00	40.66	22.06	4.94	7.26	6.40	0.00	0.09	3.42	0.00	3.00
卢湾区	14.16	8.95	5.21	0.00	14.20	11.02	0.66	2.16	0.36	0.00	0.61	0.00	0.00	7.30
徐汇区	12.79	1.39	11.40	0.00	62.09	41.06	4.66	12.06	3.80	0.51	1.34	7.97	0.00	65.70
长宁区	14.03	6.89	7.14	0.00	45.05	37.07	2.16	3.50	2.32	0.00	0.98	4.08	0.00	13.10
静安区	11.26	4.96	6.30	0.00	18.96	15.64	1.10	1.65	0.57	0.00	0.00	0.08	0.00	3.10
普陀区	18.92	11.35	7.57	0.00	59.88	41.25	4.23	4.23	10.00	0.17	3.87	0.76	0.00	50.30
闸北区	23.57	11.28	12.29	0.00	39.20	30.19	5.69	0.28	3.04	0.00	0.00	3.49	0.00	16.20
虹口区	19.58	9.42	10.16	0.00	45.21	40.42	1.23	2.12	1.40	0.04	0.34	3.49	0.00	30.70
杨浦区	22.26	15.58	6.68	0.00	61.88	42.26	7.09	8.31	4.10	0.12	0.43	0.33	0.00	3.60
闵行区	4.72	2.23	2.49	0.00	31.65	26.52	2.35	2.21	0.44	0.13	0.00	1.61	23.72	5.00
宝山区	15.70	1.67	14.03	0.00	41.79	33.87	2.12	2.37	3.09	0.34	0.00	7.35	2.76	49.30
嘉定区	8.40	0.00	8.40	0.00	14.66	14.66	0.00	0.00	0.00	0.00	0.00	0.00	0.00	0.00
浦东新区	27.05	6.12	20.93	0.00	61.19	47.88	5.10	4.42	2.16	1.63	0.09	3.97	0.09	10.10
金山区	6.25	4.80	1.45	0.00	25.09	25.09	0.00	0.00	0.00	0.00	0.00	0.00	0.00	0.00
松江区	6.90	0.00	6.90	0.00	19.51	19.51	0.00	0.00	0.00	0.00	0.00	0.00	0.00	0.00
南汇区	3.14	0.81	2.33	0.00	8.13	8.13	0.00	0.00	0.00	0.00	0.00	0.00	0.00	0.00
奉贤区	2.02	0.00	2.02	0.00	15.68	15.68	0.00	0.00	0.00	0.00	0.00	0.00	0.00	0.00
青浦区	7.40	0.00	7.40	0.00	24.42	24.42	0.00	0.00	0.00	0.00	0.00	0.00	0.00	0.00
崇明县	2.70	0.00	2.70	0.00	5.48	5.48	0.00	0.00	0.00	0.00	0.00	0.00	0.00	0.00
水管处	2.54	0.00	0.00	2.54	4.74	0.00	0.00	0.00	0.00	4.74	0.00	0.00	0.00	0.00
合计	255.73	109.39	143.80	2.54	639.47	502.21	41.33	50.57	37.68	7.68	7.75	33.39	26.57	257.40

公共厕所分布

单位	等级数量(座)						建筑面积（m^2）	蹲位数(个)		男女位数	日均使用人次		
	总数	一类	二类	三类	流动	其他		男	女		男		女
											大便	小便	
黄浦区	144	15	39	6	17	67	10024	855	718	797	21621	30936	23013
卢湾区	33	13	15		1	4	1249	337	191	286	9802	11293	7067
徐汇区	192	18	53	28	4	89	8579	792	646	1171	20054	48204	33220
长宁区	97	33	10	24	7	23	3974	578	420	614	11598	17441	11401
静安区	55	19	6	6	12	12	2219	112	60	113	8420	10834	6382
普陀区	165	17	89	12	22	25	5250	1110	608	748	22594	36743	15234
闸北区	120	74	32		2	12	5409	1243	560	656	34632	38114	25031
虹口区	78	12	63	1	2		3644	676	310	347	19232	22808	14907
杨浦区	146	58	21	54	1	12	7220	1131	614	614	28135	34268	16312
闵行区	62	11	26	25			3899	334	300	385	4579	6727	4056

（续表）

单位	等级数量（座）						建筑面积（m²）	蹲位数（个）		男女位数	日均使用人次		
	总数	一类	二类	三类	流动	其他		男	女		男		女
											大便	小便	
宝山区	102	66	10	15		11	3850	605	483	501	6160	14002	7581
嘉定区	97	4	39	37		17	3566	371	314	248	9590	13185	8035
浦东新区	304	80	113	81	4	26	16615	1546	8606	1257	29341	43318	30049
金山区	115	5	16	94			2846	490	351	396	6860	17395	7795
松江区	74	9	30	20		15	2006	251	174	271	4945	9961	3685
南汇区	191	7	13	74		97	6303	736	630	918	9008	19984	16336
奉贤区	109	5	52	41		11	3482	469	382	350			
青浦区	166	4	39	87		36	5721	624	469	670	43595	63179	42344
崇明县	156	7	24	61		64	5430	672	620	681	12437	28509	18729
合计	2406	457	690	666	72	521	101286	12932	16456	11023	302603	466901	291177

注：空白处未列入数据采集范围。

户外广告设置情况

部位	形式	合计		店招店牌		公益		商业		公益商业兼有	
		数量（个）	面积（m²）	数量（个）	面积（m²）	数量（个）	面积（m²）	数量（个）	面积（m²）	数量（个）	面积（m²）
屋顶	灯箱	283	10224	125	3626	13	364	143	6072	2	162
	霓虹灯	216	26563	56	5202	3	125	156	21022	1	214
	外投光广告牌	786	75123	43	1316	65	8381	673	64557	5	878
	其他	199	8653	17	1031	4	396	152	7179	26	47
墙面	灯箱	2955	30601	942	9233	96	578	1866	20120	52	670
	霓虹灯	219	8649	180	6111	11	893	28	1645		
	外投光广告牌	603	26913	13	179	53	4973	529	21246	8	515
	其他	1790	12269	361	2014	57	1459	1358	8566	14	230
地面	立杆灯箱	4681	18916	92	380	1151	45115	3146	13450	292	575
	落地灯箱	2974	23064	79	586	572	5337	1729	10197	594	6944
	其他灯箱	1677	9741	19	102	234	1724	1394	7804	30	111
	跨街广告	289	10357	1	102	72	1804	177	8081	39	370
	高炮广告	321	47345	4	658	124	20467	191	26072	2	148
	广告牌	1470	48143	44	929	160	9937	1247	36517	19	760
	亭棚广告	1313	5900	3	15	16	85	1240	5346	54	454
	霓虹灯	54	3204	0	0	0	0	53	1824	1	1380
	实物造型	34	1227	1	5	27	948	6	274	0	0
	外投光广告牌	202	7936	1	12	19	2310	174	5416	8	198
	其他	1809	9004	466	1876	36	2872	1292	3888	15	368
合计		21875	383841	2447	33377	2713	67164	15553	269276	1162	14024

市容环卫作业队伍

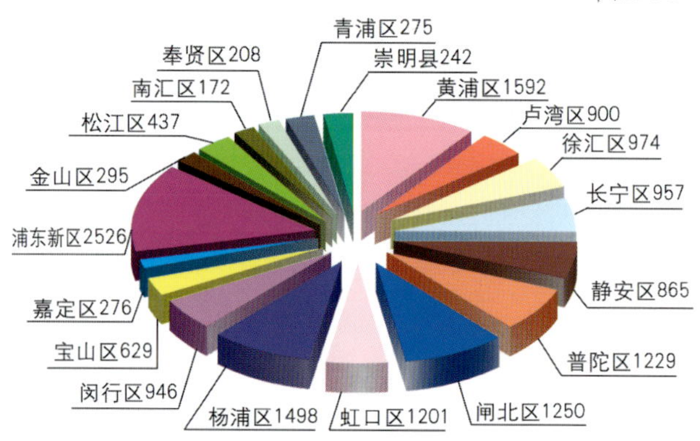

市容环卫清扫作业

辐射环境污染防治

加大放射性废物收贮管理力度

2001年，上海市辐射环境监理所重点加大了对废弃放免管及长期不用的放射源的收贮力度。废放免管所含的核素都是短半衰期的，一般由用户贮存一段时间后作非放射性废物处理，这样易造成废物流失后引发环境污染。从2001年起，上海市辐射所将废弃放免管列入必须收贮的放射性废物名单加以收贮。按《城市放射性废物管理办法》的规定，2001年市辐射所依法制止了擅自收集废放射源的行为，并且收贮了一批长期不用的废放射源，从而消除了部分环境污染隐患。

收贮放射性废物工作流程图

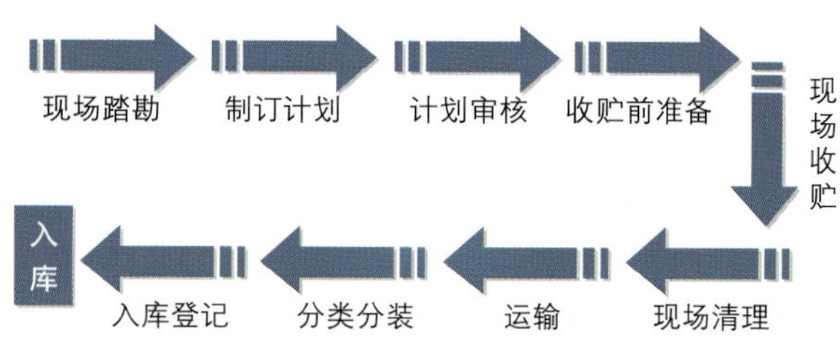

94座公用移动通信基站首批通过环境验收

2001年7月5日，上海市人民政府颁布了第104号令《上海市公用移动通信基站设置管理办法》。自《办法》实施以来，上海市环保部门对全市在运的94座基站进行了验收监测。监测结果表明，在所有基站周围环境中测得的电场强度均符合国家标准GB8702—88《电磁辐射防护规定》中规定的在该频段电场强度公众导出限值12 V/m，且有95%的测量数据小于2.00 V/m。首批验收的94座基站领取了《电磁辐射环境验收合格证》。这些基站主要集中在市区，其中单频（900MHz或1800MHz）69个，双频（900MHz＋1800MHz）25个。基站所在楼的使用性质为办公楼、厂房和宾馆的约占75%，商住楼和住宅约占12%，学校约占7%，公用建筑约占5%。上海市环保部门继续加大对基站的管理力度，分期分批地对在运的基站和在市政府104号令颁布前已经监测的基站进行验收和复查。

94座公用移动通信基站首批通过环境验收

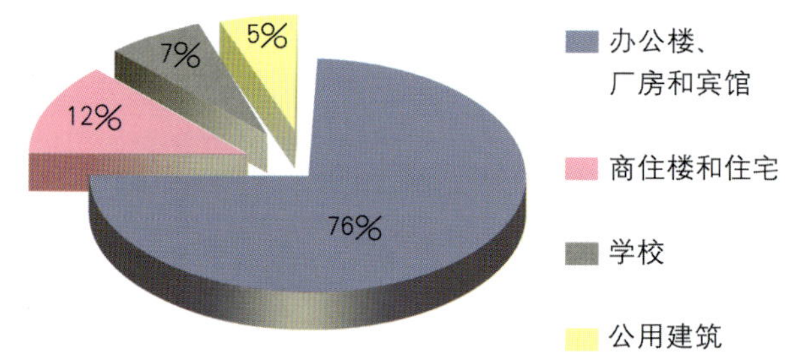

监测所得到的电场强度值均低于国家标准，且有95%的测量数据小于2.00 V/m

基站所在楼的使用性质

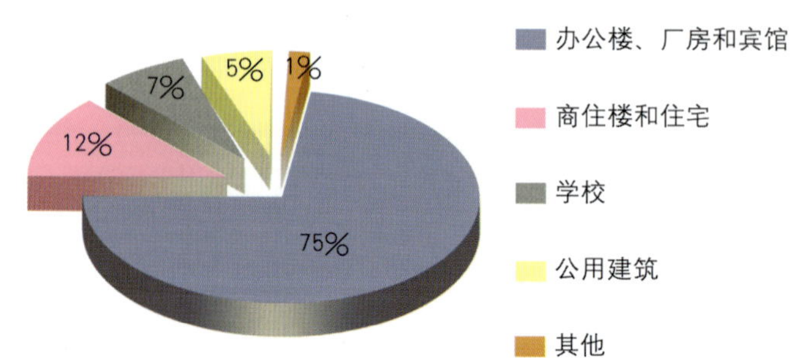

工业污染防治

工业污染防治取得较大进展

按照上海城市总体规划，对污染严重的生产企业尤其是内环线以内的重污染企业进行了调整。2001年共投入资金4.4亿元，累计搬迁了15家工厂（车间），万元产值的污染物排放量逐年下降，市区环境质量有了明显提高。

2001年上海工业不断加大技术改造投入力度，使一大批老企业生产工艺装备得到了改造，通过提高工业技术水平，力求把污染消除在生产工艺之中。全年全市工业“三同时”项目投资458.5亿元，用于污染治理的14.4亿元，占3.14%。

2001年上海工业共安排工业企业污染治理项目81项，总投资7.71亿元，年度投资4.53亿元。这些项目安排年度环保专项贷款2555万元，财政贷款3076万元。这些项目建成达标后，预计新增废水处理能力11.49万吨／日，削减废水排放量2.91万吨／日，削减烟尘排放量10068公斤／日，削减二氧化硫排放量3284公斤／日，削减化学耗氧量15218公斤／日，减少噪声点57个，使3476户居民的生活环境得到了改善。同时，新增企业经济效益1.12亿元，创汇520万美元，使工业企业提高了经济效益，同时又提高了社会和环境效益。

2001年，上海工业经济在持续快速增长的同时，企业污染物排放量有减无增。全市单位工业产值污染物排放量大幅下降，全年亿元工业产值废水排放量为8.7万吨、亿元工业产值废气排放量为0.9亿标立方米、亿元工业产值固废产生量为0.2万吨。工业污染防治在全国范围保持领先水平。

工业区环境综合整治

吴淞工业区环境综合整治

吴淞工业区环境综合整治工程由重点污染企业污染源治理工程、产业产品结构调整、市政配套工程、水产路北侧高压走廊绿化带工程和环境监测、监控系统工程等建设内容组成。其中，市政配套工程包括工业区内部分道路、桥梁、雨污水收集系统等设施的新建改建；水产路北侧高压线走廊绿化带工程总面积约11万平方米，着重考虑高压线走廊绿化带的功能及生态效应，突出隔离、安全、卫生和净化作用，并适度考虑景观效应；环境监测、监控系统将建立区域大气自动监测网络系统、工业区内24小时开通的烟尘黑度自动监控系统、污染源在线检测监控系统以及完善现有监督、监测系统。该工程计划总投资19.44亿元，2001年开工，计划2005年全面竣工。

到2001年底，按照《吴淞工业区环境综合整治实施计划纲要》要求，吴淞工业区环境综合整治全面完成了年度整治任务，共关停了7家污染企业（勤工化工厂、浦江化工厂、TDI分厂、海光冶炼厂、沪嘉铁厂、中远化工公司电石分厂、城建集团市政沥青混凝土一厂）和16条污染生产线（一钢公司7条、申佳铁合金公司2条、大隆铸锻厂2条、五钢公司1条、上海瓷器厂1条、吴淞水泥厂1条、新华造纸厂1条、中远化工公司原五车间1条），完成5项“就地治理”的污染项目，建成4个大气自动监测站，同步完成相配套的大气手动监测站，并通过验收。工业区内环境监理、监测系统信息网工程和环境质量评估体系建设也已启动。吴淞工业区在全面开展各项配套工程中，完成了集中供热工程可行性调查报告，水产路辟建、铁力路辟建等市政工程项目的部分工作和2万平方米的防护绿地如期建设，厂区内绿地率增长至12.7%。

经过环境综合整治，吴淞工业区环境空气质量有所改善，降尘、可吸入颗粒物、二氧化硫、二氧化氮比1999年分别下降了23%、25%、23%、5%，已基本接近预定目标值。

吴淞工业区环境空气质量改善情况

项目	较1999年下降百分比
二氧化氮	5
二氧化硫	23
可吸入颗粒物	25
降尘	23

桃浦工业区环境综合整治

2001年，桃浦工业区环境综合整治中废水污染防治完成了除上海牡丹油墨有限公司和上海和黄药业有限公司以外的所有企业的清浊分流项目。桃浦污水处理厂调整了处理能力。制药六厂的雷尼替丁主要生产线实施了搬迁，月季化纤有限公司对硫化氢气体污染进行了低温等离子体处理，嘉华精细化工有限公司停止生产一批酯类产品。

重大环境工程建设

西气东输上海城市输气管网一期工程

(白鹤首站－江桥门站)

2001年，西气东输上海城市输气管网一期工程白鹤首站－江桥门站建成。该工程是上海市天然气管网工程的一部分。该工程的同步建设，为“西气东输”接收西气作好了准备。该工程总投资18亿元，达到设计规模后，年供气量为70亿立方米。

苏州河综合治理一期工程

苏州河环境综合整治一期工程由苏州河支流截污工程、虹口港、杨树浦港旱流污水截流工程、石洞口城市污水处理厂建设工程、木渎港及六条支流建闸控制工程、苏州河综合调水工程、虹口港水系整治工程、苏州河底泥疏浚处置工程、苏州河两岸整治防汛墙改造工程、苏州河河道曝气复氧工程、环卫码头搬迁及水域保洁工程等10个子项目构成。一期工程计划总投资86.548亿元，工程于1998年开始启动，计划于2002年全面竣工。

1. 苏州河支流污水截流工程

苏州河支流污水截流工程主要收集苏州河中下游水质低于五类标准的彭越浦、真如港、木渎港、新泾港、申纪港、华漕港6条河流的污水。工程分南北两片，南片接入污水治理二期工程后外排白龙港，北片通过西干线到石洞口污水处理厂处理后达标排放。工程于1998年6月启动，2000年底建成骨干工程。

2. 苏州河支流建闸控制工程

支流污水汇入是苏州河主要污染源之一，根据苏州河环境综合整治方案，需对苏州河流域7条未建闸河流进行建闸控制。建闸河流分别为：木渎港、西沙江、小封浜、老封浜、黄樵港、北周泾、顾泾港。该项目于1998年启动，1998年底完成6条支流建闸工程，2002年完成木渎港水闸工程。

3. 综合调水工程

该工程涉及苏州河南北两侧的可调控河网地区，涉及蕰南片、嘉宝北片、淀北片、青松大控制片4个水利分片。建设内容包括新建改建泵站等水利设施，实施河道整治，建立苏州河水文水质监测系统。工程于1998年开工，2000年完成吴淞路桥闸改造和上游驳岸整治。其他诸如上游疏拓、支流整治、水文水质监测、调度工程，计划于2002年完成。

4. 虹口港和杨树浦港旱流污水截流工程

虹口港、杨树浦港等地区旱流污水截流工程近期利用合流污水一期工程截流总管旱天余量，截流每天直排两港的现状污水54万吨，规划将现状污水纳入污水治理三期工程。工程包括敷设截流管道，新建改建截流泵站和1座中途提升泵站，并结合实施低标准雨水系统改造和道路辟通。该工程于1998年启动，2001年全面建成。

5. 石洞口城市污水处理厂

石洞口城市污水处理厂位于宝山区盛桥镇长江边，东与石洞口煤气厂相邻，西与罗泾港区相接，占地66.17公顷。该处理厂由多个系统组成，主体结构为一体化反应池，边长226米× 237.5米，池深7米，结构复杂，仅基桩就有6700根，为市政工程中所少见。石洞口城市污水处理厂设计日处理污水能力80万吨，为国内之最。其中一期工程按40万吨/日实施。采用二级生化处理，除氮脱磷并消毒后达标排放，尾水水质可达2类标准。该工程总投资约9.6亿元，1999年12月开工，建设周期3年。

6. 虹口港水系整治工程

虹口港水系位于蕰藻浜以南、苏州河以北，主要包括虹口港、俞泾浦、沙泾港、西泗塘、南泗塘、江湾市河和走马塘，骨干河道总长34.07公里。为使该水系能达到防汛、排涝和改善生态环境，扩大河道输水能力、适当增建排水、调水泵站，发挥水利工程等综合功能，特对该水系进行综合整治。整治范围包括两岸防汛墙加固、改建，河道疏浚拓宽，将新建3座泵站、2座分隔水闸。该工程于1998年开工，计划于2000年底开始发挥部分效益，2003年完成。

7. 环卫码头及垃圾厂搬迁

苏州河环卫码头搬迁及水域保洁工程主要建设内容包括：垃圾最终处置项目(填埋或焚烧厂)，黄浦、静安、闸北三区垃圾中转站和停车场，2座粪便排放站，1套水域保洁系统，1个环境卫生管理站及停泊点，1项搬迁过渡工程。

白龙港污水排放系统中线西段工程

该工程于2000年6月5日开工后，2001年继续按计划实施。11月8日，位于龙阳路沿线、全长1526米的浦东总管WSM/2.1标主体工程顺利贯通，成为中线西段工程中第一个完成的节点任务。至年底工程共完成投资12159万元，埋设管道8768米。白龙港中线西段工程是污水治理二期配套工程，共需埋设污水总管约7公里，污水截流管约1.14公里，董家渡倒虹管580米，建1座中途提升泵站。工程总服务范围为13.88平方公里，总服务人口为58.3万人。其中浦西黄浦区5个排水系统(地处安东、新开河、复兴东、文庙和陆家浜)面积8.88平方公里，服务人口53.3万；浦东北蔡综合区面积5平方公里，人口5万。白龙港污水排放系统中线西段工程总投资约3.75亿元，建成后，能使黄浦区5个位于市中心排水系统的污水及北蔡综合区的污水纳入污水治理二期工程，每天可减少7至8万吨直排黄浦江的污水。

合流污水二期工程

该工程本着“先整治上游后整治下游”的原则，先解决黄浦江上游吴泾、闵行地区污水，浦西的徐汇、卢湾两个区及浦东新区发展较快地区的污水；先建设建平路以西的南线、南支线、建平路上连通管、建平路以东的中线。该工程截流系统主要在浦西敷设13.86公里的直径为1600毫米－2700毫米的截流管，以及新建2座污水截流泵站和2座截流井；在浦东敷设直径2200毫米的倒虹管、40.45公里污水输送管，以及3座污水输送泵站、预处理厂等。工程建成后，对改善和确保黄浦江上游取水口水源水质及基本解决浦东新区的污水出路，将起到积极作用。工程计划总投资50亿元。

污水治理二期浦东收集系统工程按计划实施

浦东收集系统工程于2000年6月5日开工后，2001年继续按计划实施，至年底，共完成投资24265万元，埋设管道21775米。浦东收集系统工程是污水治理二期浦东配套工程，服务范围北起赵家沟，南至外环线(建平路的西段)，东起外环线，西至黄浦江，面积为225平方公里。

浦东新区生活垃圾焚烧厂

浦东新区生活垃圾焚烧厂是上海市建设的第一座千吨级的现代化垃圾焚烧厂。该项目于1996年12月经国家计委批准立项，被列入1998年上海市重点建设工程，项目总投资为67002万元，其中使用法国政府混合贷款3017万美元。工程于1998年12月正式破土动工。厂址位于浦东新区南翼北蔡镇御桥工业小区内御桥路，面积约80000平方米。2000年2月5日，浦东垃圾焚烧厂的主厂房土建(打桩)施工正式开工。2000年8月，土建基础工程施工基本结束，进入地面土建施工。2001年2月，工程进入土建与设备安装交叉、工厂建设与工厂运行交叉的阶段。2001年8月设备安装完成，进入设备调试。2001年12月20日，浦东新区生活垃圾焚烧发电厂第一台焚烧炉点火试运行，每天可处理350吨生活垃圾。25日15点55分，垃圾焚烧厂发电机组首次并网发电成功。这标志着我国大城市生活垃圾经过焚烧已可转化为“绿色电能”造福于社会。预计2002年3月，该厂的3台焚烧炉将全部投入试运行。

浦东新区御桥垃圾焚烧厂外景

焚烧厂的服务区域设计为处理浦东新区集中城市化地区，面积约100平方公里，130万人口产生的可燃生活垃圾。规模为日均处理垃圾1000吨，全年处理能力为36.5万吨，全厂设置三炉(即三条生产线：焚烧炉－余热锅炉－烟气净化系统)、两机(即两套汽轮发电机组)。每条生产线的处理能力为15.2吨／小时，每套汽轮发电机组发电8500kw。除自用电外，每年上网电力在1.1亿度以上。

垃圾焚烧发电厂主要由垃圾接受系统、焚烧系统、余热锅炉系统、燃烧空气系统、汽轮发电系统、烟气净化系统、灰渣、渗沥水处理、蒸汽及冷凝水系统、废金属回收过程启动控制和仪表系统等组成。

为达到污染物排放标准，每台锅炉出口处设置了烟气净化系统，以清除含有的灰粒、酸性气体和重金属。所设置的活性炭喷射系统，可清除烟气中的二恶英和呋喃等有害成分。

每条焚烧生产线配备变频调速引风机，使焚烧炉维持负压和把净化后的烟气输送到80米高的烟囱排入大气。烟囱为3根直径1.6米的钢制烟囱组成的集合烟囱。每根钢烟囱装备了一套完整的分析系统，用来监视和控制排放烟气的质量。

浦东新区生活垃圾焚烧厂垃圾焚烧流程

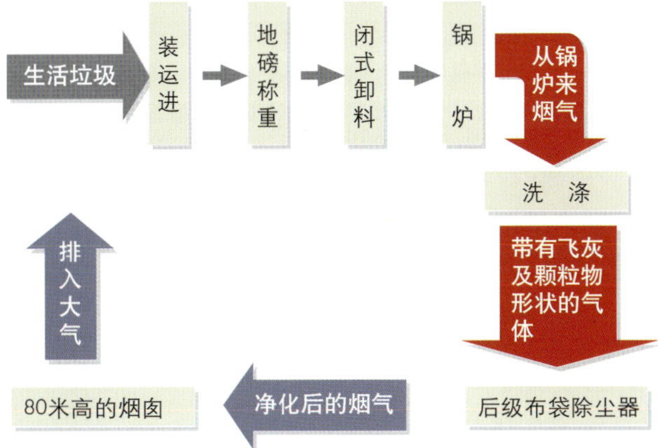

上海江桥生活垃圾焚烧厂

上海江桥生活垃圾焚烧厂建设规模为日处理1500吨生活垃圾。土建一次建成，设备分两阶段安装。先期工程的日处理量为1000吨，新建2台500吨／日垃圾焚烧炉，配套安装12MW汽轮发电机组，设置废气、烟尘、废水处理系统，建设联合焚挠厂房、综合机房、综合大楼、车库和其他配套用房，建筑面积28171平方米，占地面积为204亩。工程计划总投资7.48亿元。工程自1999年开工，计划至2002年建成。

上海市固体废物处置中心

上海市固体废物处置中心位于上海市的西北部，与江苏省浏河毗邻，计划总投资3.6亿元，占地面积81100平方米，其中填埋场占地面积52900平方米，综合厂房2414平方米，实验办公室1212平方米，绿化6165平方米。废物填埋方式采用地下填埋库，地上废物山丘式堆积，密闭封存。总容积117.5万立方米，年处理能力为2.5万吨，使用年限47年。废物安全处置采用五重保护措施，即钢筋混凝土地下箱式结构、高密度聚乙烯防渗膜柔性结构、轻质遮雨棚防水措施、废物预处理固化稳定化技术和渗沥水监控系统。固体废物处置中心建成后，将解决上海危险废物安全处置的重大难题。

城市大型绿地工程

1. 凯桥绿地

凯桥绿地位于延安西路以北，凯旋路以东，昭化路以南区域，占地面积约为4.3万平方米。绿地内以植物造景为主，创造多种形式的绿化空间，绿化配置多样：乔木、灌木、草皮相结合，绿化面积约占总面积的84%。绿地内有文化娱乐广场、生态保健区、老年晨练区、休闲散步区4大区域，同时，还设置少量园林建筑小品及雕塑作品，以满足市民日常休息和观赏的需要。

2. 华山绿地

华山绿地位于长宁区。东侧是城市主要干道华山路，东邻湖南路，西侧是幸福路，绿地近淮海西路，南北西为6层以上住宅建筑。地块面积38500平方米，呈手枪形状。绿地分8个景区：林森鸟啼、栈桥生趣、绿波引胜、叠瀑飞雾、碧野芳庭、秋色生辉、杉杉相映，童趣欢天。

3. 太平桥绿地

太平桥绿地位于黄陂南路、济南路和自忠路、兴业路之间，面积约44054平方米，为开放式公共绿地。下设建筑面积约9170平方米的地下停车库。绿地由高大乔木、各类花卉、灌木竹林、地被植物和10000平方米水面等构成，并辅之以假山、小岛、亭廊等景观小品，配套建设相应的灯光工程和附属设施。

4. 徐汇绿地

徐汇绿地位于徐家汇广场东侧，北起衡山路，南至肇嘉浜路，西临天平路，东近宛平路，占地面积约7万余平方米。项目一次规划设计，分期组织实施。其中一期工程为原大中华橡胶厂范围，用地面积约3.5万平方米；二期工程为中国唱片上海分公司及周边部分单位和居民建筑范围，用地面积约为3.7万平方米。绿地以高大乔木为主，各类花、灌木、地被植物和地坪道路、景观小品等绿地要素有机配置，形成具有“以人为本”和“以绿为主”的休闲、观赏等功能和层次丰富、植物多样化、与周边环境相协调的具有区域特色的绿化空间。

徐汇绿地

5. 延安中路大型公共绿地二期工程

延安中路大型公共绿地位于延安中路高架与南北高架交叉处的周边地块，东起普安路，西至石门路，北起大沽路，南至金陵路、长乐路。绿地总面积约22万余平方米。该工程总体方案采用国际先进的绿化“蓝绿”理念，由加拿大WAA事务所设计。项目总投资约26.5亿元，一期工程绿地面积约11万平方米，二期工程绿地面积约为11万平方米，该绿地建设资金由市、区两级政府共同筹措。

6. 外环线绿带100米林带二期工程

上海市外环线环城绿带是目前最大的一项跨世纪绿化工程，布局于城市外环线快速干道外侧，全长98公里、宽500米，绿地总面积7241公顷。规划结构分3类：(1)沿道路外侧100米内，建成以乔木为主的开放性林带；(2)在100米林带外侧400米内，采用调整农业结构的办法，建设以绿为主的项目；(3)在500米环状绿带用地条件较好的地方采用“长藤结瓜”的办法建设一批主题公园。

陆家嘴东外滩亲水平台垃圾处理工程完成

陆家嘴东外滩亲水平台位于国际会议中心正下方。由于亲水平台突出岸线，伸入江中，呈小型“丁坝”结构样式，导致平台上、下游及前端形成一条长150米、宽5−10米的淤泥淤积带，污染环境，影响景观。为此，市政府决定实施亲水平台垃圾污染处理工程。该工程由上海市市容环卫局牵头，上海市水务局组织实施。2001年2月5日工程开工，4月11日完成垃圾处理平台的砼浇筑，4月28日完成水泵设备安装，5月1日前工程全面竣工，并通过验收，工程质量优良。

生态环境保护与建设

城市绿化建设

绿化建设超常规发展

2001年上海城市绿化建设坚持环境与经济协调发展的方针，把快速提高生态环境质量作为工作的出发点和归宿。继“九五”后期，城市绿化建设持续呈现超常规发展态势。全市新建绿地总量为1374公顷，其中公共绿地1020公顷。市区人均公共绿地面积从2000年的4.6平方米提高到2001年的5.56平方米，建成区绿化覆盖率从22.19%提高到23.82%。中心城区绿地建设取得重大突破，延中绿地（二期）、太平桥绿地、徐家汇公园（一期）、凯桥绿地、华山绿地等一批标志性生态景观绿地相继建成。新建扩建黄兴公园、塘桥公园、泾南公园、月浦公园（二期）4座公园。全市公园总数达到125座。新建面积3000平方米以上的城市景观公共绿地39块。

2001年上海绿化管理工作围绕APEC会议环境整治全面展开。浦东新区、黄浦区、卢湾区、徐汇区、静安区等市中心区在大树种植、绿地改造、景点布置、破墙透绿、屋顶绿化等方面开展了卓有成效的工作，为塑造上海新形象作出了贡献。

在市区加快公共绿地建设的同时，上海注重城市大环境生态绿化建设，城乡一体化框架基本形成，并健全了市绿办合署办公制度。全民义务植树运动有了新的拓展，开展了春、秋两季群众性植树活动，创造了“三自林”、“市民林”等公众参与的新机制，植树面积近50公顷。居住区绿化持续发展，新建绿地410公顷。绿色通道建设成效较明显，苏州河、张家浜、蒲汇塘增绿工程按计划推进，完成曹安公路（嘉定段）和沪青平公路全线整治。浦东新区、闵行区先后通过国家园林城区标准验收。

2001年上海市按照国务院批准的《上海城市总体规划(2000—2020)》要求，编制了新一轮上海绿地系统发展规划，充分发挥规划的导向作用，加强对区（县）绿化工作的宏观指导和监督服务，按照各区的功能定位，分类指导编制区域绿地系统规划；积极推进依法行政，出台了一系列规范绿化市场运作的规章、办法，不断完善设计、施工、养护、监理等招投标管理，重点对大型公共绿地设计方案、施工招投标和建设质量进行全过程监控，保证了绿化建设的快速、健康发展。

城市绿化覆盖面积比较(2000-2001年)

市区公共绿地面积(1998-2001年)

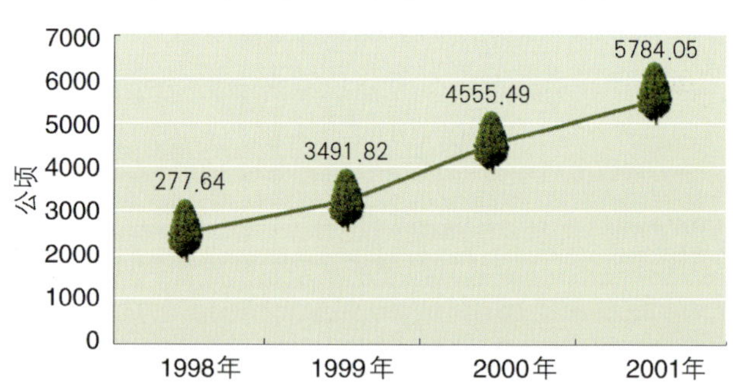

市区人均公共绿地和人均绿地面积对比
(2000-2001年)

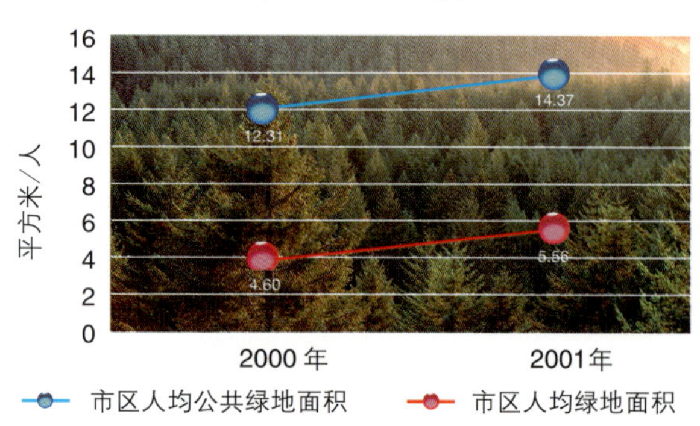

市区人均公共绿地面积
(1998-2001年)

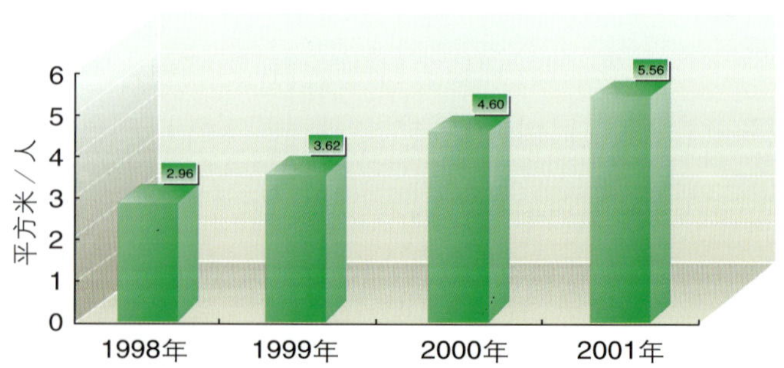

各区人均公共绿地面积(2001年)

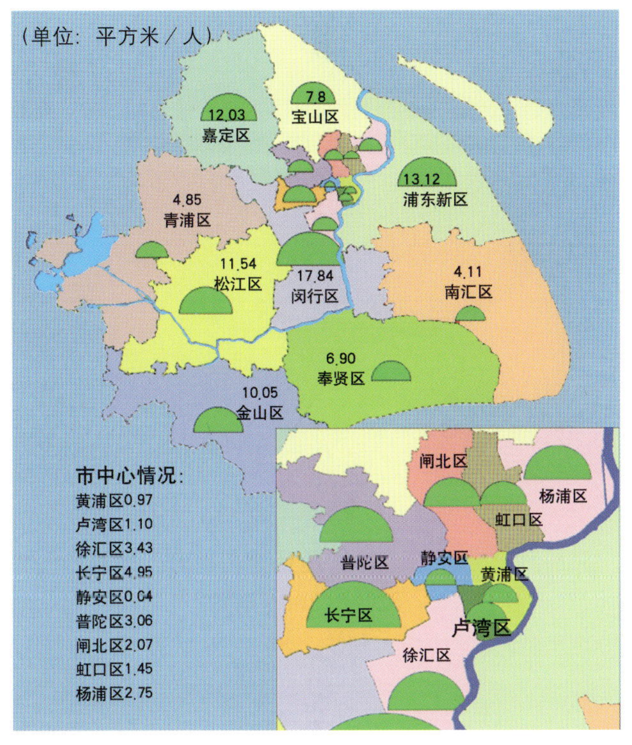

建成区绿化覆盖率(2001年)

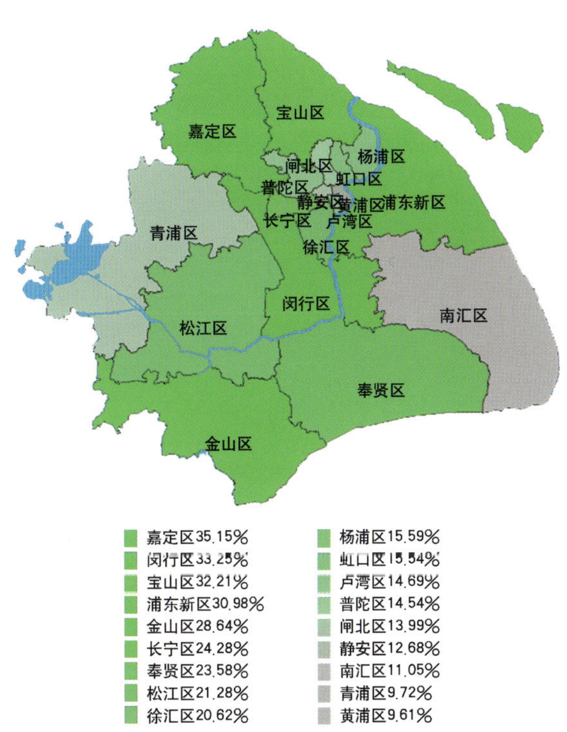

建成区绿化覆盖率（1998-2001年）

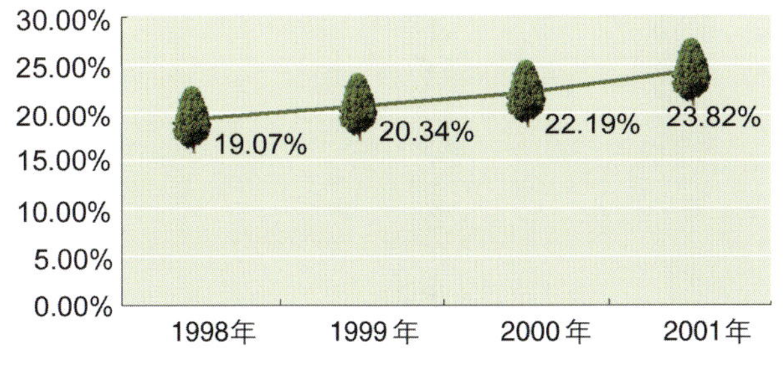

建成区绿化覆盖率和绿地率对比（2000-2001年）

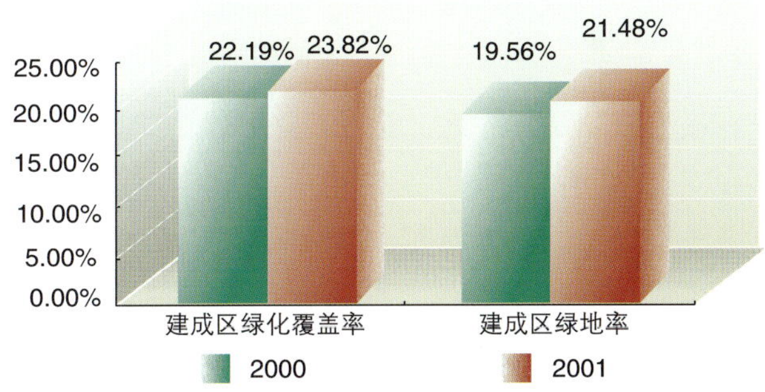

黄兴绿地

居住区绿地分布(2001年)

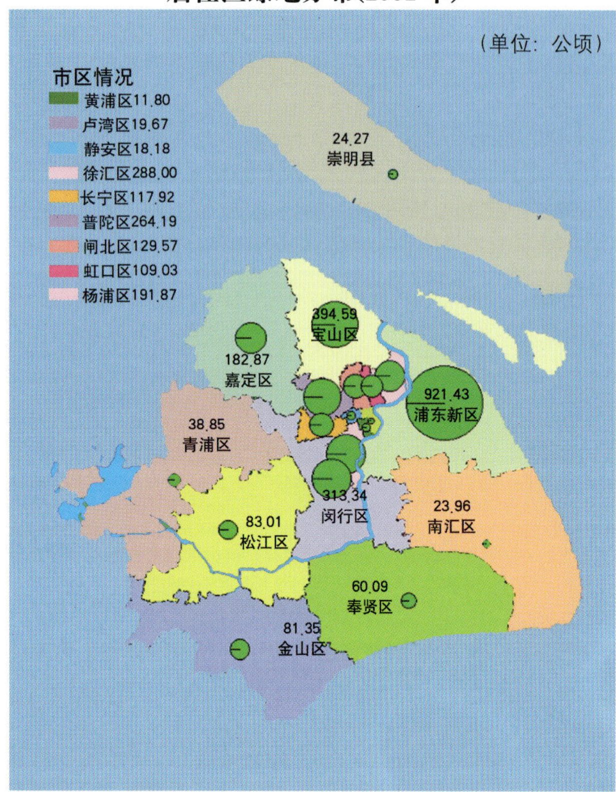

注：居住区集中绿地纳入各区公共绿地面积

单位附属绿地分布(2001年)

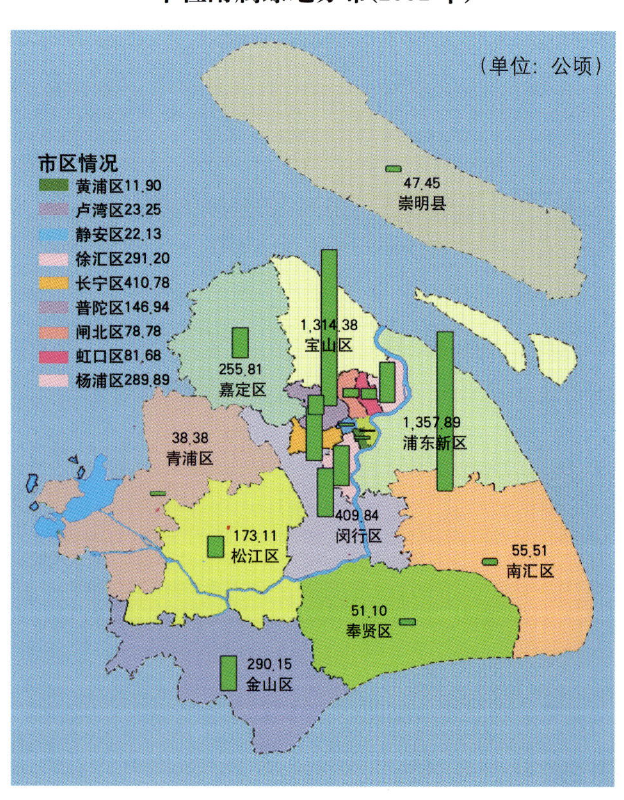

城市园林绿地面积示意

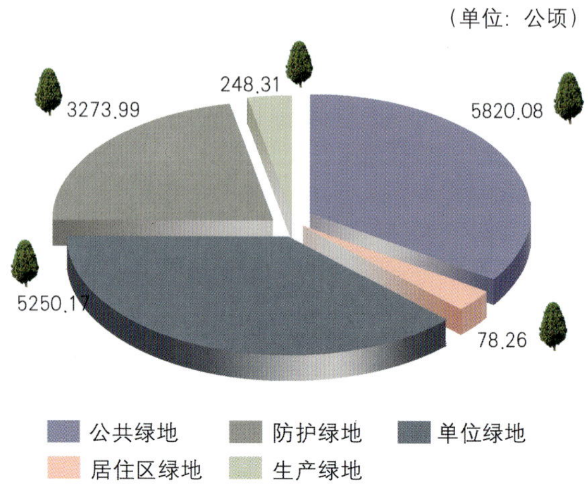

城市园林绿地总面积比较（2000-2001年）

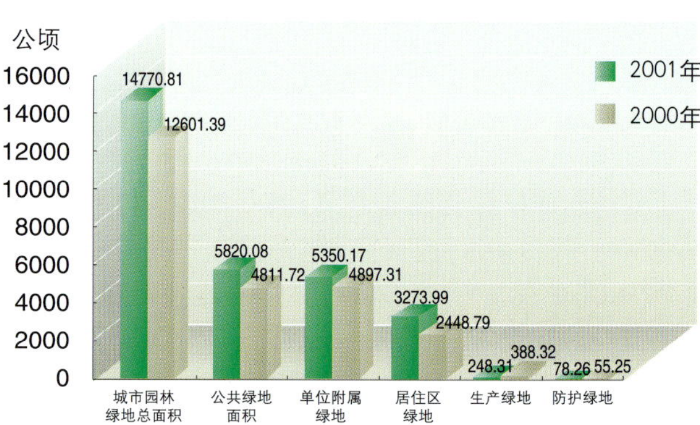

上海市园林绿地建设总面积发展趋势（1998-2001年）

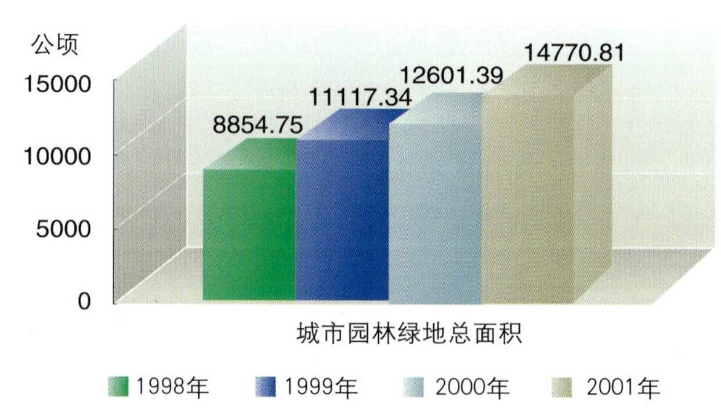

2001 年各区行道树分布

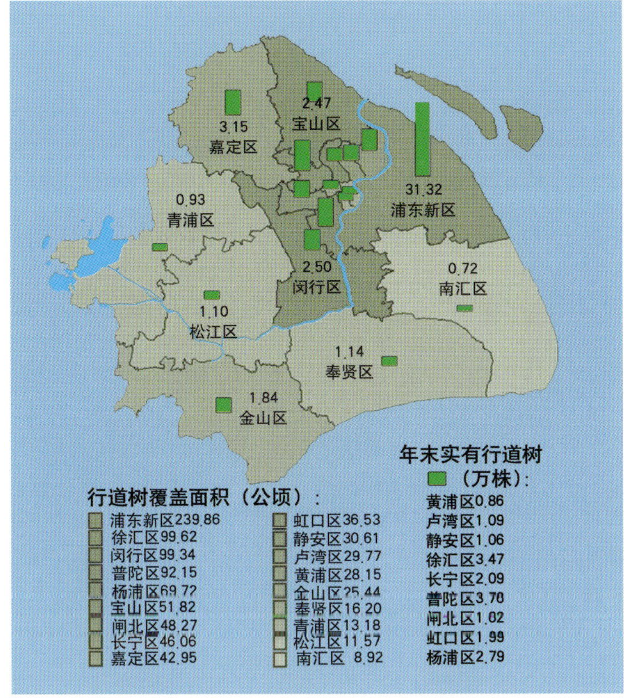

郊区平原绿化多头并进

2001 年，上海市完成造林面积 7866 公顷，全市有林地面积达到 37333 公顷，加上“四旁”（村旁、宅旁、路旁、河旁）树木的投影面积，全市森林覆盖率达到 10.4%，比上年增加 1. 2 个百分点。当年建成 14 个市级林业示范工程，其中商品（经济）林工程 8 个，67 公顷以上苗木基地 6 个。突出成片造林，上海共建设 13 公顷以上的林地 36 片，3.33-13.33 公顷的林地 210 片，并以经济型林地发展为主，苗木基地、经济林、速生丰产林等经济型林地面积占全市造林面积 58%。造林树种（品种）多、混交林比例高，全市造林绿化树种（品种）达 100 种以上，经济林树种（品种）达 120 种以上，混交林营造面积占公益林面积的 75%。

林业发展拟就宏伟蓝图

根据与可类比的国内外城市森林覆盖率比较结果，上海农林部门运用“城市热场特征”和“碳氧平衡原理”分析，以及针对上海生态环境质量和生活需求测算，编制了上海林业规划。规划目标为，到 2020 年，全市森林覆盖率达到 30% 以上。按规划要求，“十五”期间，郊区将完成 6.6 万公顷退耕造林任务，使全市森林覆盖率由 2000 年的 9.2% 提高到 2005 年的 20% 左右。重点以沿海防护林和部分自然保护区为生态前沿，以大型片林、廊道林带为生态腹地，形成“二环八纵、六片一链、多廊多带”，沟通城郊、环抱中心城区的网络状空间布局的城市森林结构。“二环”是指外环线和郊环线；“八纵”是指由东向西、由南向北，沿骨干道路和河道安排 8 条 500 米左右宽的大型林带；“六片”是指浦江大型片林、南汇片林、佘山片林、嘉宝片林和崇明、横沙等海岛生态林；“一链”是指建立从大、小金山自然保护区开始，连通大型片林的生态连接链；“多廊多带”是指河流、道路两侧林带、沿海防护林带、水源涵养林带和工业区污染隔离林带等。

2001 年森林资源结构

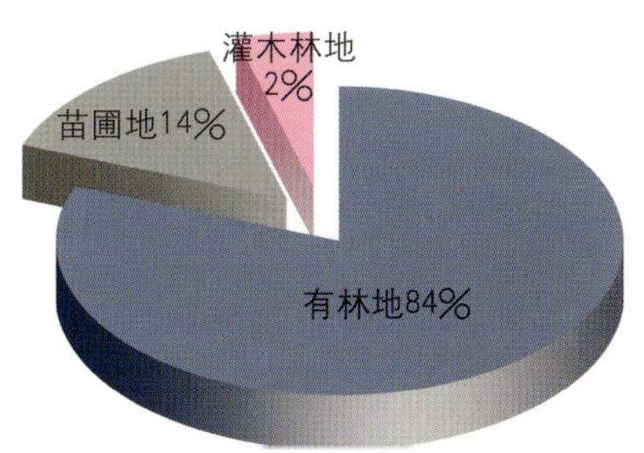

林业用地面积结构图

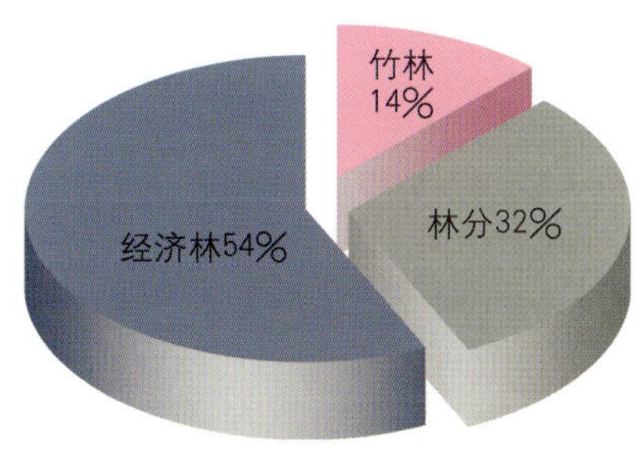

有林地面积结构图

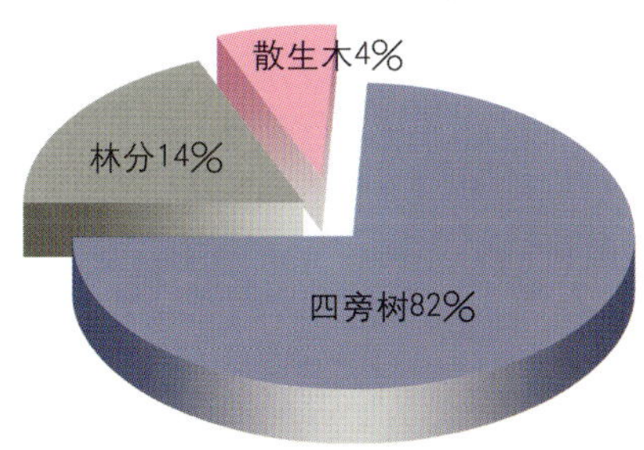

知类林木蓄积结构图

市中心增添 6 块大型公共绿地

2001 年上海中心城区新建延安中路大型公共绿地（二期）、太平桥绿地、徐汇绿地（二期）、大宁绿地、华山绿地和凯桥绿地等 6 块面积 4 公顷以上公共绿地，是建设大型绿地最多的一年。

延安中路大型公共绿地位于黄浦区、卢湾区、静安区三区交界处的上海“申”字高架道路中心点，总面积 23 公顷，由19幅相互呼应的绿地组成，2000年7月建成面积7.4公顷的一期工程，并向社会开放。该绿地建设中共动迁了近万户居民和480余家单位及个体经营户。延安中路大型公共绿地建成后，改善了中心城区的生态环境，缓解了城市热岛效应。

太平桥绿地占地4公顷，已建成以面积10000平方米的人工湖为中心，湖中有“玉兰”、“合欢”两座小岛。人工湖四周栽种了银杏、榉树、香樟、白皮松、马褂木、栾树、无患子等各种乔木和灌木，其中许多是胸径在15厘米以上的大树。沿湖已形成郁郁葱葱的植物景观。开放后的太平桥绿地，与“一大”会址及附近的石库门海派建筑连成一体，成为市中心的纪念、游览胜地。

徐汇绿地2001年一期工程已建成，为原大中华橡胶厂地块，面积3.5公顷。该绿地的徐家汇公园体现“人与自然和谐共存”的理念，通过植物的合理搭配，构成层次丰富的复合生态群落，形成了徐家汇商圈内良好的城市休闲、景观空间。

华山绿地面积4公顷，凯桥绿地面积4.3公顷。华山绿地地被植物与草坪覆盖了整个绿地，雪松、香樟、日本柳杉、银杏等乔灌木混合种植，形成茂盛的森林主体植物群落。2001年末均已建成并以崭新面貌展现在上海市民面前。

市中心大型公共绿地

大宁绿地位于闸北区。绿带规划开发总面积183公顷，其中，集中绿地面积68公顷。自2001年该绿化工程全面动工兴建，据统计，“大宁－灵石”绿地共完成植乔木1.4万多株，竹、球、灌木类29.6万多株，各式地被、草坪21.6万平方米，植物品种200余种；堆筑山岭土方83万平方米，填没彭江河、控湖土方24万立方米，形成占地19.33公顷的绵延山地和山峰及100亩宽广的新开湖（水）面；创建园区环路7公里，大小桥梁10座；建成10多个规模可观各有特色的景点、景观建筑，二处大型入口广场和一座大型石砌假山。全年完成投资额1.3亿元，累计完成投资额7亿元。

外环线环城绿带100米林带

环城绿带100米林带一期工程自1995年12月启动建设以来，根据“与路同步”的原则，到1999年底，已完成了从沪嘉高速公路到浦东迎宾大道长约46公里，面积达380公顷。二期工程全长56公里，规划林带面积560公顷。其中浦东新区358公顷，浦西202公顷，计划投资11.72亿元。2001年工程进入施工高潮，计划到2002年底完成。

外环线环城绿带结构示意图

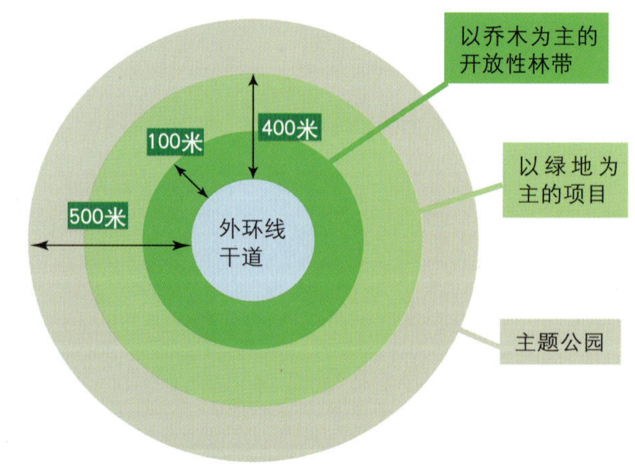

全市公园总数达到125座

2001年上海市又新建扩建黄兴公园、塘桥公园、泾南公园、月浦公园（二期）4座公园，全市公园总数达到125座。黄兴公园(原黄兴绿地)是近年新建的大型综合性公园，面积46.7公顷。该公园东起营口路、西至双阳路、南沿走马塘、北临兰花新村，原址为五角场镇浣纱大队。建设中共动迁1800户农村居民和120家村镇企业、仓储单位，拆除建筑20多万平方米。园内以密林草地、湖泊丘陵为特色，建有大草坪、森林广场、人工湖、亲水长廊、锦鱼池、藤本植物廊等10余处景点，共种植乔木2万多株、灌木76万多株，地被植物8.3万平方米、草坪6.4万平方米，植物品种达到180多种。

高校“拆违破墙”为社区增添绿色

2001年，上海高校全面开展了由内向外、由表及里的拆除违章违法建筑，规划重建绿地工作，同时将沿环线、市主要干道和景观线路的围墙全面改造成透空式栅栏。据统计，上海31所高校围墙总长约为30千米，其中沿路、沿线围墙约15千米，经过近1年的改造，已建成栅栏式围墙12.3千米。同时，上海高校响应市政府号召，加大拆除违章建筑的力度，2001年共拆除校内违章违法建筑近2.6万平方米。这些地块全部转种绿化，建造校内休读点，为绿化城市、美化市容，创建生态校园作出了贡献。

目前，上海31所全日制普通高校校园已经形成了“道路通达、绿树成荫、四季有花、园景相映”的生态环境特色。全市高校绿化率占可绿化面积95%以上，树荫覆盖率达50%以上。沉淀了历史的精华，辅之以人文的点缀，高校校园像一颗颗绿色明珠镶嵌在繁华的城市中，给灰色的混凝土森林抹上一片亮绿。

和谐的城市生态景观

2001年上海31所高校“拆违破墙”为社区增添绿色

围墙总长	沿路、沿线围墙	已建成栅栏式围墙	拆除校内违章违法建筑	全市高校绿化率占可绿化面积	树荫覆盖率
约30千米	约15千米	12.3千米	近2.6万平方米	95%以上	50%以上

农村生态环境保护与建设

农田化肥和农药使用现状

上海郊区属农田化肥、农药使用量偏高地区，且化肥、农药的品种结构不够合理，利用率低，加上分散种植，在一定程度上造成了化肥和农药的面源污染。化肥单位面积施用量为613kg/hm²,高于全国平均水平60%,其中,N、P_2O_5、K_2O养分三要素的比例为1:0.15:0.01。从氮肥的品种结构来看，尿素占42%左右，碳铵占46%左右，复合肥（其中70%属低浓度）占12%左右。碳铵是一种挥发性氮肥，其氮的损失率要大于利用率2倍以上。农药单位面积使用量为5.65 kg/hm²，高于全国平均水平1.4倍，其中,杀虫剂、杀菌剂、除草剂三大类的比例为1:0.60:0.54，而发达国家为1:1:2。从农药的剂型来看，有效率和利用率较低的老剂型占70%左右。为此，2001年市农林局已着手制订化肥农药减量使用、控制治理面源污染的方案措施。

防护林

农作物秸秆还田

2001年，全市15.67万公顷水稻，推广秸秆机械直接还田面积7.91万公顷，占水稻面积的50.5%；3.53万公顷二麦，推广秸秆机械直接还田面积2.52万公顷，占二麦面积的71.3%。

农作物秸秆还田示意图

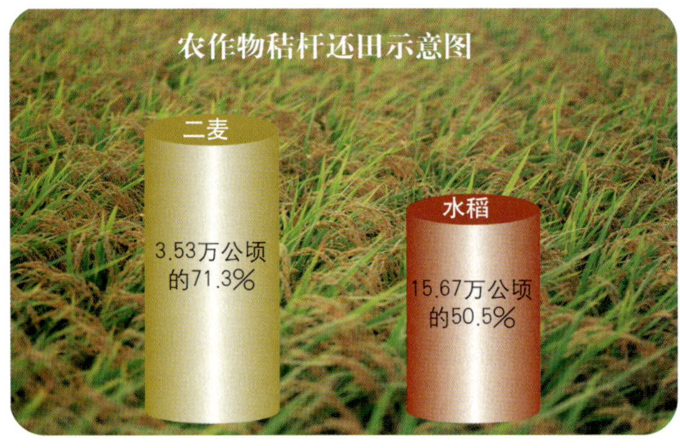

畜禽养殖场污染治理

2001年，上海市、区县财政投资共2.26亿元，对畜禽粪便实施了“减量化、无害化、资源化、生态化”的治理，完成了153家集约化畜禽场的治理，配合苏州河整治，关闭、搬迁了苏州河六支流区域36家畜禽场，各区县还关、停、并、转504家规模小、污染重、布点不合理的畜禽场，推动了全市畜牧业布局的调整，使郊区集约化畜禽场总数已从1600家减至目前的1000家左右。市财政还投资1000多万元，吸引社会投资5000多万元，建成有机肥加工厂14家，年处理鲜粪总量30万吨，商品有机肥加工能力达10万吨。

2001年，南汇区祥欣猪场、航头种猪联营场、下沙供港猪场、汇绿蛋鸡场、航头畜牧场等5家畜牧场通过了由市环保局、市畜粪治理指挥部、南汇区环保局组成的验收组对其进行的环保验收。

这5家畜牧场在畜粪治理中，做到了雨污分流、干湿分离，并使干粪全部得到综合利用，污水排放也达到《上海市畜禽污染防治暂行规定》的标准；畜牧场周边河道经整治，做到水清能见鱼虾；场容场貌整洁；治理设施有专人按操作规程和规章制度管理，达到《上海市畜禽粪污染综合治理设施竣工验收暂行办法》的各项要求。

经过综合治理，郊区已削减畜粪污染总量的40%，郊区畜禽场粪尿流失进入水体的污染负荷减少30%。

野生动植物、栖息地资源保护

上海地区的野生植物资源

上海地区的种子植物（包括外来归化的野生草本和栽培林木）约有1600种，但是野生植物只有200多种，只占全国种数的0.4%。其中全国重点保护植物为香樟、天竺桂、舟山新木姜子，分布在大小金山三岛、佘山丘陵地区，主要有亚热带常绿阔叶林、竹林、盐生植被和沼生植被四种植被类型。

上海地区的野生动物资源

根据历年的调查和历史文献记载，上海地区野生动物分布有哺乳类40种，鸟类424种（含亚种），爬行类32种，两栖类14种，鱼类250种。其中属于国家一级重点保护的野生动物有9种，如白头鹤、东方白鹳、中华鲟等；国家二级重点保护野生动物有62种，如黑脸琵鹭、灰鹤、小天鹅、白琵鹭、虎纹蛙、海龟等；列入《濒危野生动植物种国际贸易公约》（CITES）附录的有56种；属于《中日保护候鸟及其栖息环境协定》规定保护的鸟类有185种；属于《中澳保护候鸟及其栖息环境协定》规定保护的鸟类有86种；上海市确定的重点保护野生动物有46种，如豹猫、刺猬、猪獾、喜鹊、乌梢蛇等。

在崇明东滩栖息的濒危珍稀动物黑脸琵鹭

上海地区野生动植物栖息地概况

上海地区的野生动植物栖息地主要有4种类型，分别是湿地生境、丘陵林地生境、农田生境和城镇生境。其中湿地生境范围包括沿江沿海湿地、河口岛屿、沙洲及内陆淀山湖湿地，总面积3197.14平方公里；丘陵林地生境主要包括佘山一带的小山丘和大小金山岛，总面积约为371平方公里；郊区农田生境总面积3259平方公里；城镇生境（含市区）总面积996.26平方公里。自然植被以常绿阔叶林和常绿落叶阔叶混交林为主。在4种栖息地类型中，湿地生境和丘陵林地生境是上海地区野生动植物典型的栖息地，尤其是沿江沿海湿地，地处亚太地区候鸟南北迁徙的中间位置，每年春季从澳洲和东南亚迁往日本、朝鲜半岛、俄罗斯和中国北方的鸟类，以及秋季由北向南迁回的鸟类，很大一部分都要在长江口、杭州湾湿地停歇、觅食、越冬，补充体力和能量。湿地生境和丘陵林地生境养育着上海地区近90%的野生动植物种，是国际上湿地生物多样性保护的热点地区和敏感地区。

目前上海地区受保护和管理的野生动植物栖息地的面积为656.40平方公里，占上海国土面积的8.39%。今后20年内有关部门将结合上海生态城市的规划建设，陆续划建自然保护区1个，郊野公园4个，指定具有特殊科学研究价值的栖息地7个，栖息地受保护和管理的总面积将达到1000平方公里，约占上海国土面积的12.6%。

上海地区野生动物四种典型生境构成图

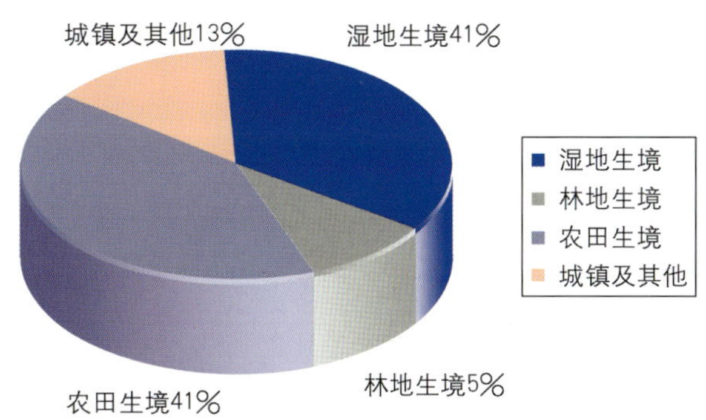

上海市地方重点保护野生动物名录

目、科	序号	中文名	学名
兽纲 *MAMMALIA* 2目3科3种			
食虫目 *INSECTIVORA*			
猬科 *Erinaceidae*	1	刺猬	*Erinaceus europaeus*
食肉目 CARNIVORA			
鼬科 *Mustelidae*	2	猪獾	*Arctonyx collaris*
猫科 *Felidae*	3	豹猫	*Felis bengalensis*
鸟纲 *AVES* 4目10科14种			
鹃形目 *CUCULIFORMES*			
杜鹃科 *Cuculidae*	4	四声杜鹃	*Cuculus m.micropterus*
佛法僧目 *CORACIIFORMES*			
翠鸟科 *Alcedinidae*	5	赤翡翠	*Halcyon coromanda major*
列形目 *PICIFORMES*			
啄木鸟科 *Picidae*	6	绿啄木鸟	*Picus canus guerini*
雀形目 *PASSERIFORMES*			
鹎科 *Pycnonotidae*	7	白头鹎	*Pycnonotus sinensis*
伯劳科 *Lannidae*	8	棕背伯劳	*Lanius schach*
黄鹂科 *Oriolidae*	9	黄鹂	*Oriolus chinensis*
椋鸟科 *Sturnidae*	10	八哥	*Acridotheres cristatellus*
鸦科 *Corvidae*	11	灰喜鹊	*Cyanopica cyana*
	12	喜鹊	*Pica pica*
鹟科 *Muscicapidae*			
鸫亚科 *Turdinae*	13	乌鸫	*Turdus merula*
画眉亚科 *Timaliinae*	14	震旦鸦雀	*Paradoxornis heudei*
莺亚科 *Sylviinae*	15	短翅树莺	*Cettia diphone*
鹟科 *Muscicapinae*	16	寿带	*Terpsiphone paradisi incei*
山雀科 *Paridae*	17	大山雀	*Parus major*
两栖纲 *AMPHIBIA* 1目5科12种			
无尾目 *SALIENTIA*			
蟾蜍科 *Bufonidae*	18	中华蟾蜍	*Bufo gargarizans*
	19	花背蟾蜍	*Bufo raddei*
树蟾科	20	日本树蟾	*Hyla japonica*

（续表）

目、科	序号	中文名	学名
	21	中国树蟾	*Hyla chinensis*
蛙科 *Ranidae*	22	沼蛙	*Rana guentheri*
	23	泽蛙	*Rana limnocharis*
	24	黑斑蛙	*Rana nigromaclata*
	25	金线蛙	*Rana plancyi*
	26	日本林蛙	*Rana japonica*
树蛙科 *Rhacophoridae*	27	斑腿泛树蛙	*Polypedates leucomystax*
	28	大泛树蛙	*Polypedates dennysi*
姬蛙科 *Microhyidae*	29	饰纹姬蛙	*Microhyla ornate*
爬行纲 *REPTILIA* 1目5科17种			
有鳞目 *SQUAMATA*			
蜥蜴亚目 *LACERTILIA*			
壁虎科 *Gekkonidae*	30	多疣壁虎	*Gekko japonicus*
石龙子科 *Scincidae*	31	蓝尾石龙子	*Eumeces elegans*
蛇亚目 *SERPENTES*			
游蛇科 *Colubridae*	32	黑脊蛇	*Achalinus spinalis*
	33	赤链蛇	*Dinodon rufozonatum*
	34	双斑锦蛇	*Elaphe bimasculata*
	35	王锦蛇	*Elaphe carinata*
	36	白条锦蛇	*Elaphe dione*
	37	红点锦蛇	*Elaphe rufodorsata*
	38	黑眉锦蛇	*Elaphe taeniura*
	39	赤链华游蛇	*Sinonatrix annularis*
	40	华游蛇	*Sinonatrix percarinata*
	41	虎斑锦槽蛇	*Rhabdophis tigrinus*
	42	黑头剑蛇	*Sibynophis chinenses*
	43	翠青蛇	*Cyclophiops major*
	44	乌梢蛇	*Zaocys dhumnades*
海蛇科 *Hydrophiinae*	45	青环海蛇	*Hydrophis cyanocinctus*
蝮科 *Crotalinae*	46	短尾蝮	*Gloydius brevicaudus*

“国家重点保护野生动物驯养繁殖许可证”管理

2001年，上海市农林局开展全市国家重点保护野生动物驯养繁殖情况调查，据对郊区10个区县70余户野生动物养殖场的调查，发现有18户无证擅自驯养繁殖国家重点保护野生动物，违反了《野生动物保护法》有关规定。市农林局向各区县农委发出《关于加强野生动物驯养繁殖的通知》，要求各地全面调查野生动物驯养繁殖情况并开展清理整顿，对已建立的并具备法规规定条件但未办理许可证的在1个月内申请补办；对今后新建立的养殖场严格按有关法律法规予以管理；对拒不办理“国家重点保护野生动物驯养繁殖许可证”和“地方重点保护野生动物驯养繁殖许可证”的要依照有关法律法规严肃查处。据统计，2001年全市共有30个单位依法申领“国家重点保护野生动物驯养繁殖许可证”，驯养野生动物600多种，其中国家重点保护野生动物和CITES附录物种近300种，国家保护的有益的或有重要经济、科学研究价值的陆生野生动物近400种，数量达20000多头（只）。

查获被偷猎的野禽

“上海市野生动物及其产品经营利用许可证”管理

2001年，上海市农林局依据有关法规制定颁布《上海市野生动物及其产品经营利用许可证管理办法》，对许可证的申请、核发和管理作了明确规定，按照集中设点，亮证经营、加强监管的要求，继续做好野生动物及其产品经营利用管理。市野生动物保护管理站多次联合工商行政管理部门对沪西野生动物市场进行执法检查，并在市场设立宣传野生动物保护法的警示牌。据统计，2001年全市共有95个单位或个人依法申领“上海市野生动物及其产品经营利用许可证”，经营利用的动物种类主要为非国家重点保护蛇类。

“陆生野生动物或其产品出省运输证”管理

据统计，2001年上海市农林局依照规定，对全市19个单位正常调运的野生动物及其产品核发了107份“陆生野生动物或其产品出省运输证”，其中有活体野生动物种类40多种，数量930多头，野生动物产品157000多件（条）。

“野生动植物及其产品允许进出口证明书”管理

我国于1980年12月宣布正式加入濒危野生动植物种国际贸易公约，1981年公约对我国生效。根据公约规定，我国开始对野生动植物及其产品进出口实行允许进出口证明书管理制度。上海是我国野生动植物及其产品进出口比较频繁的地区之一，因此20世纪80年代，国家在上海设立濒危物种进出口管理机构。多年来，按照国家濒危物种进出口管理办公室的规定，上海共核发允许进出口证明书7000多份。2001年，按照国家统一要求，上海启用了新版证明书及其计算机管理系统，提高了证明书的规范化和标准化管理水平。同时依照国家濒危物种进出口管理办公室和海关总署修订的《进出口野生动植物种商品目录》，配合海关查验进出口野生动植物及其产品近万批，出具非《进出口野生动植物种商品目录》物种证明8000多份。对列入《进出口野生动植物种商品目录》管理范围的野生动植物及其产品，依照有关法律法规进行审核申报，并核发允许进出口证明书1279份。

扬子鳄再引入崇明东滩栖息地工程

2000年8月，国际野生生物保护协会（WCS）的鳄鱼专家John Thorbjarnarson博士和华东师范大学张恩迪教授对崇明东滩作了短期的实地考察和讨论，并根据上海地区曾经是扬子鳄分布区的事实和全国扬子鳄拯救工程的规划，建议在崇明东滩自然保护区内开展扬子鳄再引入工程并提交了考察报告。

2001年4-8月，在国际野生生物保护学会（WCS）、华东师范大学的支持和推动下，上海市农林局着手开展将扬子鳄再引入崇明东滩自然保护区的前期准备工作，其中开展扬子鳄再引入崇明东滩栖息地评估研究于8月完成。崇明东滩扬子鳄再引入工程完成后，将在崇明东滩生态系统中重建关键物种（生态或文化意义），形成多物种分享的良好生态格局，同时将建立有效的、可行的、具有长期生存潜力的扬子鳄野外种群，为全国重点保护物种拯救工程积累经验。

中华鲟幼鱼放养工程

2001年上海市实施中华鲟幼鱼放养工程，集中放养了3000尾中华鲟幼鱼。长江口崇明岛东滩水域是中华鲟整个洄游过程中栖息时间最长的场所，也是中华鲟唯一的天然分布区。从20世纪80年代初开始，上海市就和国内有关单位一起开展了长江口中华鲟幼鱼的调查研究，初步摸清了中华鲟幼鱼在长江口的分布、洄游规律、食性以及生长环境。1988年开始，上海市在位于长江口崇明县裕安乡建立了中华鲟暂养保护站，1992年又建立了中华鲟抢救中心，自1988年至今共救护中华鲟幼鱼近1900尾。2001年实施中华鲟幼鱼放养工程，集中放养了3000尾。

上海市实施中华鲟幼鱼放养工程

20世纪80年代初	上海市就和国内有关单位一起开展了长江口中华鲟幼鱼的调查研究，初步摸清了中华鲟幼鱼在长江口的分布、洄游规律、食性以及生长环境。
1988年	上海市在长江口崇明县裕安乡建立了中华鲟暂养保护站
1992年	建立了中华鲟抢救中心
1988年至今	共救护中华鲟幼鱼近1900尾
2001年	实施中华鲟幼鱼放养工程，集中放养了3000尾

上海地区湿地资源概况

湿地是一种多类型、多层次的复杂生态系统，具有水陆过渡性、功能多样性和结构复杂性等特征，支撑着独具特色的迁徙物种，如鱼类和鸟类。上海的湿地生态系统总面积为3197.14平方公里，其中近海及海岸湿地面积为3054.01平方公里，河流湿地面积71.91平方公里，湖泊湿地面积68.03平方公里，库塘湿地面积2.99平方公里。湿地生态系统中已被指定为国际重要湿地的有崇明东滩自然保护区，国家重要湿地有大小金山三岛湿地、长兴岛湿地和横沙岛湿地。上海地区绝大多数的特有、珍稀、濒危的物种都生活在沿江沿海湿地中。沿江沿海湿地是上海地区生物多样性的主要载体。根据1998-2000年的调查，上海湿地植物资源约有130种，湿地底栖动物资源164种，鱼类约有114种，鸟类约有110种。湿地还具有较高的生产力，为发展水产、畜牧和休闲旅游等产业提供了广阔的空间。上海湿地为上海社会经济发展储备了大量土地资源，在净化污水、调节水资源和小气候方面具有举足轻重的作用。

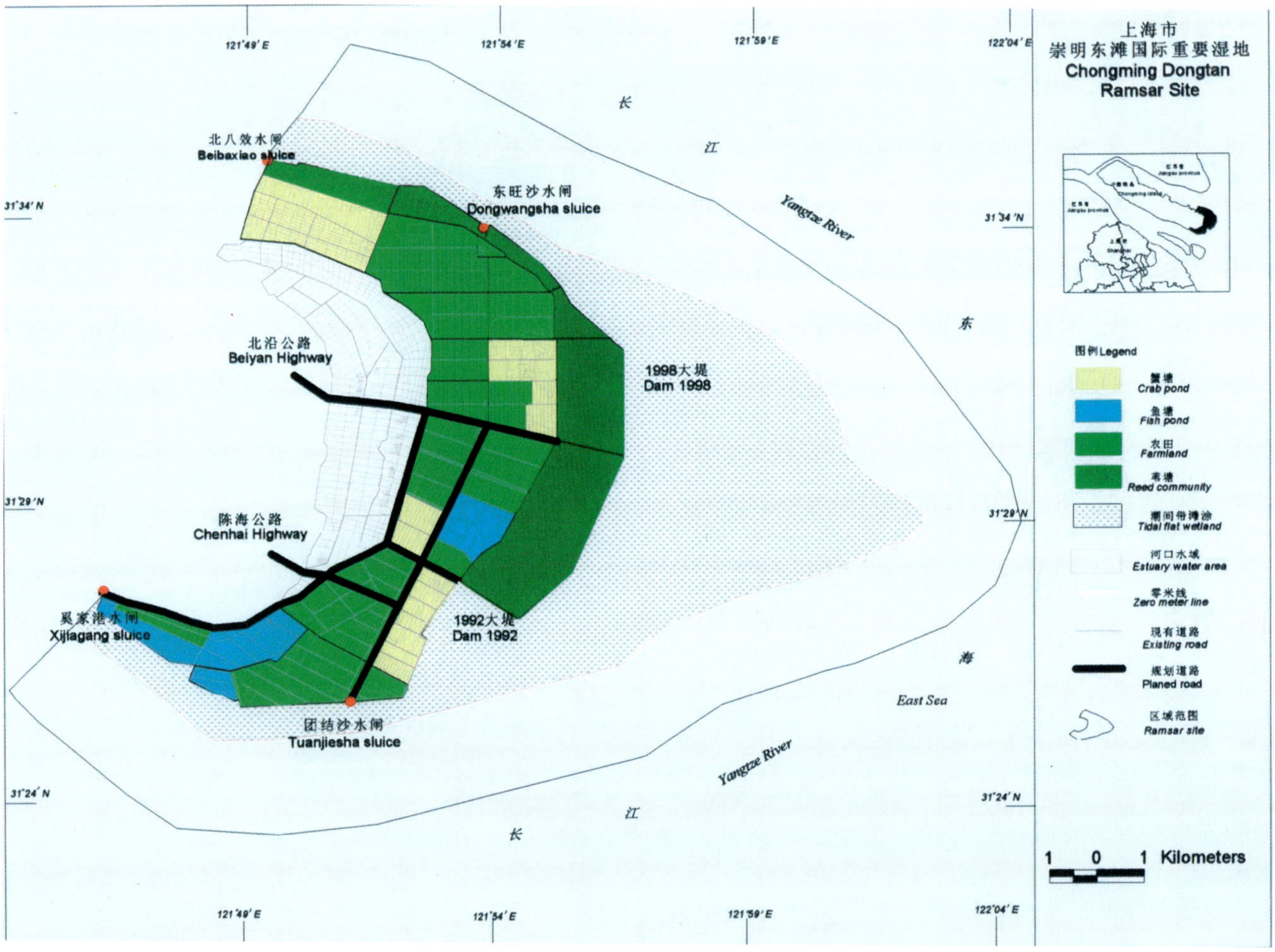
上海市
崇明东滩国际重要湿地
Chongming Dongtan
Ramsar Site
121°49′E
121°54′E
121°59′E
122°04′E
31°34′N
31°29′N
31°24′N
长江
Yangtze River
东海
East Sea
北八效水闸
Beibaxiao sluice
东旺沙水闸
Dongwangsha sluice
北沿公路
Beiyan Highway
1998大堤
Dam 1998
陈海公路
Chenhai Highway
奚家港水闸
Xijiagang sluice
1992大堤
Dam 1992
团结沙水闸
Tuanjiesha sluice
图例 Legend
蟹塘
Crab pond
鱼塘
Fish pond
农田
Farmland
苇塘
Reed community
潮间带滩涂
Tidal flat wetland
河口水域
Estuary water area
零米线
Zero meter line
现有道路
Existing road
规划道路
Planed road
区域范围
Ramsar site
1 0 1 Kilometers

上海地区的湿地类型及面积

4000
3000
2000
1000
0
近海及海岸湿地
河流湿地
湖泊湿地
库塘湿地
湿地类型

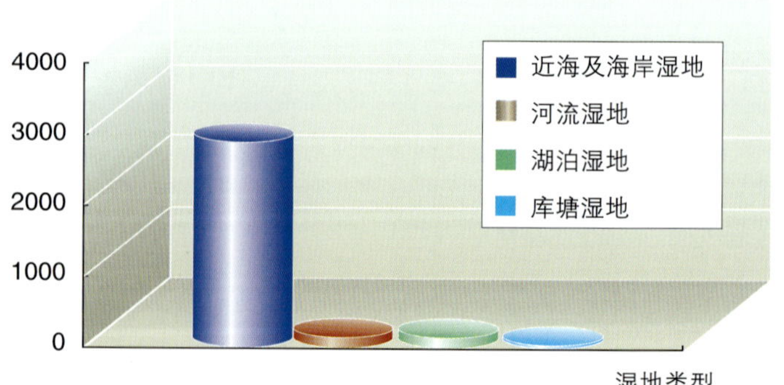

上海市自然保护区及野生动植物重要栖息地

上海市自然保护区及野生动植物重要栖息地一览表

单位：公顷、年

序号	名称	级别	主要保护对象	规划面积	行政区域	批建时间/拟建时间	主管部门	备注
（一）沿江沿海重点湿地生态系统								
1	上海市崇明东滩鸟类自然保护区	市级	水鸟及潮间带湿地生态系统	32600	崇明县	1998	林业	拟升国家级
2	长江口九段沙湿地自然保护区	市级	水鸟及河口滨海湿地生态系统	33000	浦东新区	2000	环保	拟升国家级
3	金山三岛海洋生态自然保护区	市级	亚热带原始森林生态系统	40	金山区	1992	海洋	已建
4	南汇庙港海岸带自然保护区	市级	水鸟及海岸带湿地生态系统	3000	南汇区	2003	林业	待建
（二）森林公园和郊野公园体系								
5	崇明东平国家级森林公园	国家级	猛禽、鸣禽等鸟类	650	崇明县	1990	林业	已建
6	松江天马山郊野公园	市级	猛禽、鸣禽等鸟类，獾类	500	松江区	2003	林业	待建
7	青浦淀山湖郊野公园	市级	鸥类、雁鸭类以及湖边的兽类和两栖爬行类	5100	青浦区	2004	林业	待建
8	浦东外环线绿化带郊野公园	市级	华南兔、刺猬、蛇类以及雀形目鸟类	2100	浦东新区	1997	绿化	已建
（三）具有特殊科学研究价值的栖息地								
9	崇明绿华鸬鹚保护地	区县级	普通鸬鹚，雁鸭类水鸟	500	崇明县	2002	林业	待建
10	宝钢水库水鸟栖息地	区县级	黑脸琵鹭、雁鸭类、行鹬类	600	宝山区	2002	林业	待建
11	宝山—嘉定虎纹蛙栖息地	区县级	虎纹蛙	300	宝山区、嘉定区	2003	林业	待建
12	金山查山动植物栖息地	区县级	貉、獾及多种保护鸟类	100	金山区	2004	林业	待建
13	南汇东海水獭和虎纹蛙栖息地	区县级	水獭和虎纹蛙	650	南汇区	2002	林业	待建
14	奉贤庄行镇猪獾栖息地	区县级	猪獾、貉	100	奉贤区	2002	林业	待建
15	奉贤世纪林保留地	区县级	地方重点保护动物	1000	奉贤区	1999	林业	已建

数据来源：《上海市陆生野生动物资源调查报告（1997—1999）》；《上海市野生动植物保护及自然保护区建设工程总体规划(2001－2050)》

在崇明东滩越冬的国家一级保护动物白头鹤

上海地区野生动物种类组成(种)

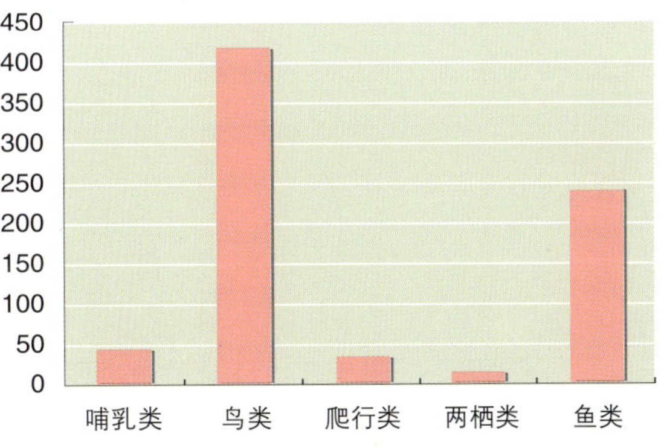

上海市和全国野生动物种类的对比(种)

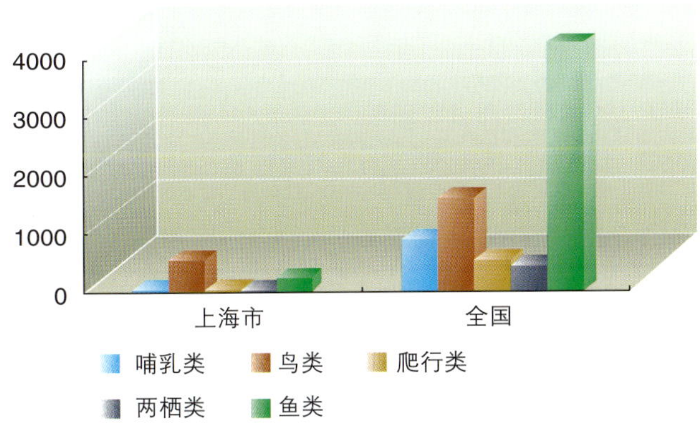

迁徙的水鸟

上海地区记录的亚太地区具有特殊保护意义的迁徙水鸟
（引自亚太水鸟迁徙保护战略 2001 — 2005 年）

单位：只

种 名	拉丁名	威胁级别 1	状况 2	全球（G）／区域（R）种群估计数量 3
斑嘴鹈鹕	*Pelecanus philippensis*	VU	MR	11500（G）
黄嘴白鹭	*Egretta eulophotes*	EN	M	2500（G）
东方白鹳	*Ciconia boyciana*	EN	M	2500（G）／6（R）
黑脸琵鹭	*Platalea minor*	CR	M	600（G）／61（R）
鸿雁	*Anser cygnoides*	VU	M	50000（G）
小白额雁	*Anser erythropus*	VU	M	6000（R）
鸳鸯	*Aix galericulata*	Nt	MR	70000（G）
花脸鸭	*Anas Formosa*	VU	M	75000（G）
白头鹤	*Grus monacha*	CD	M	11800（G）／142（R）
白枕鹤	*Grus vipio*	VU	M	5000–6000（G）
红腰杓鹬	*Numenius madagascariensis*	Nt	M	21000（G）
小青脚鹬	*Tringa guttifer*	EN	M	1000（G）
半蹼鹬	*Limnodromus semipalmatus*	Nt	M	15000–20000（G）
勺嘴鹬	*Eurynorhynchus pygmaeus*	VU	M	4000–6000（G）
黑嘴鸥	*Larus relictus*	EN	M	3000（G）

1 威胁等级依据 IUCN／物种生存委员会（1994）。2 种类状况依据 Anon（1993）：M－迁徙种，MR－具有居留种群的迁徙物种。
3 种群数量估计采用 Perennou 等（1994）和 Rose、Scott（1994）。全球种群估计（G）是指那些仅限于亚太地区分布的物种。对于在上海地区分布的种类，给出了区域种群估计（R）。

上海建成的动物园、水族馆、昆虫馆、鸟类公园、动物展区

上海建成的动物园、水族馆、昆虫馆、鸟类公园、动物展区名单

单 位 ＼ 类 型	动物园	水族馆	昆虫馆	鸟类公园	动物展区
上海动物园	■				
上海野生动物园	■				
上海长风海洋世界		■			
上海海洋水族馆		■			
大自然昆虫馆			■		
佘山森林百鸟苑				■	
和平公园					■
杨浦公园					■
共青森林公园					■

崇明县国家生态示范区建成

国家东平森林公园一景

2001年1月2日至3日，根据国家环保总局有关国家级生态示范区验收要求，上海市环保局对崇明国家生态示范区进行了初审，通过了市级验收。10月7–8日，崇明县国家级生态示范区通过了国家环保总局生态示范区验收组的考核。考核结果显示，崇明县社会经济发展、区域生态环境保护、农林环境保护、城镇环境保护等24项考核指标全部达到国家考核标准，民意测验知晓率为97%，满意率为96%。5年多来，崇明县共投入18.63亿元用于生态农业、绿化、河道、海塘、生态村、畜牧等重点工程建设。为加快形成富有岛屿特色的绿化框架，崇明县先后开辟了东平世纪林、明珠湖绿化区等一大批新的绿带、绿园、绿地，使全岛森林覆盖

率达到12.1%。城乡环境整治工程也稳步推进，总投资1.36亿元的崇明垃圾填埋场工程之一的城桥垃圾中转站已开工在建，垃圾卫生填埋场主体工程建设方案已确定。总投资3112万元的全县455个行政村的农村生活垃圾收集系统已全部建成并开始运行。崇明县重点扶持了大新前卫村、陈家村、奚东村、瀛东村等一批富有特色的生态村。东滩被正式批准建设保护面积为326平方公里的鸟类保护区后，不断健全保护区的各项管理制度，完成区域内标志设置，加大候鸟保护力度。生态旅游工程中一批以"生态"为主题的森林游、农家乐、湿地游等项目正在逐步兴起。

市农林局与崇明县政府、上实集团公司共建崇明东滩自然保护区

2001年4月，为进一步加强崇明东滩自然保护区的管理工作，积极推进保护区项目建设的实质性启动，切实落实市政府关于尽快把崇明东滩自然保护区建成国家级自然保护区的建区批复要求，上海市农林局和崇明县人民政府联合召开关于共同加强崇明东滩自然保护区建设管理工作会议，就崇明县及崇明东滩自然保护区的野生动物保护管理、保护区公安派出机构建设、双方配合共建保护区和项目建设相关手续的协调等问题达成一致意见，并联合向市县有关部门发出了《上海市农林局、崇明县人民政府关于共同加强上海市崇明东滩自然保护区建设管理的通知》。初步解决了市县共建共管自然保护区以及各自的责任，为自然保护区的质量型管理奠定了基础。

2001年6月，为解决崇明东滩自然保护区实验区和缓冲区因土地使用权转移造成的与自然保护区条例相互矛盾的问题，上海市农林局还与上海实业（集团）有限公司积极沟通协商，共同做好实验区和缓冲区的湿地保护和合理利用的规划和协调工作。双方本着崇明东滩的建设和发展以"自然保护为主，有限度的生态开发为辅"的原则，对实验区内确定给上实公司的土地实行双方共建共管，对缓冲区内的土地拟作为国家级湿地生态示范区和"缓冲走廊"的建设用地。通过双方共建，崇明东滩自然保护区区域管理、产业布局、建设项目具体安排、基础设施规划等实质性的问题初步得到解决。

崇明东滩湿地生态示范区被列为全国六大林业重点工程重点建设项目

2001年6月，国家计委批准国家林业局编制的《全国野生动植物保护及自然保护区建设工程总体规划（2001—2050）》。根据总体规划，今后一个时期，国家林业局将开展48项湿地保护和合理利用示范工程，对重要和脆弱的湿地地区实施抢救性保护，形成湿地资源利用的合理模式。崇明东滩是国家规划的沿海经济发达地区湿地生态保护和合理利用的示范区。2001年9月，根据国家林业局野生动植物保护司的要求，上海市农林局组织局野生动植物保护管理处、上海投资咨询公司、市野生动物保护管理站和崇明东滩自然保护区管理处等单位编写《上海市崇明东滩国家级湿地生态示范区项目建设可行性研究报告》，并于2001年11月报送国家林业局。崇明东滩国家级湿地生态示范区项目建设内容包括三大部分：即崇明东滩自然保护区326平方公里区域的边界和标志系统工程、崇明东滩"三区"(核心区、缓冲区和实验区)的管护设施以及143公顷的湿地生态示范区。其中143公顷湿地生态示范区中主要建设湿地生态恢复区[包括水（涉）禽招引区、草甸类型湿地区及湿地农业生境区]、行政管理区、示范区标识系统以及相应的附属工程等。项目总投资为2977.58万元，其中地方配套资金1871.05万元，占项目总投资的62.84%，申请国家专项拨款1106.53万元，占项目总投资的37.16%。项目实施完成以后，将为上海近70—80%的野生动植物种提供良好的栖息地，有利于上海地区野生动植物的保护和生态环境的进一步改善，也有利于进一步促进全球水鸟迁徙网络网点的质量型管理和建设；同时，通过该项目的建设，可以总结已破坏湿地的恢复和重建技术以及相应的指标体系，为规划中的崇明东滩自然保护区东旺沙B区24平方公里的湿地生态示范区建设提供技术支持和试验平台，也可以为全国沿海地区同类型湿地的生态建设提供有益的借鉴和示范，具有良好的生态、社会和经济效益。

崇明东滩鸟类自然保护区本底资源调查

上海市崇明东滩鸟类自然保护区主要保护对象是迁徙和居留的水禽及其赖以生存的栖息地。国务院10部委制定的《中国生物多样性保护行动计划》将崇明东滩列入优先保护序列，属具有国际意义的湿地生态系统类型；国际湿地亚太组织也于1999年7月正式接纳崇明东滩自然保护区为东亚－澳大利亚涉禽迁徙路线保护网络正式成员。

2000年6月-2001年12月，在上海市财政局专项资金的资助下，崇明东滩自然保护区管理处组织华东师范大学、上海师范大学和上海城市管理学院的专家对自然保护区的"三区"（核心区、缓冲区和实验区）的自然本底资源实施系统、科学的调查。此次本底调查的目的为：一是系统、科学、客观地了解自然保护区的生态学、鸟类学、自然保护和社会经济方面的本底资料；二是通过本底调查的实施，逐步修正、补充、更新崇明东滩自然保护区的科研记录档案，逐步开发面向崇明东滩湿地的地理信息系统（CMWGIS），为崇明东滩自然保护区管理的科学决策和实施提供可靠的科学依据。

在近1年的野外调查和内业工作期间，调查队调查了崇明东滩的自然环境、植被、底栖动物、鸟类以及其他陆生脊椎动物的种类组成基本情况，深入研究了崇明东滩湿地生态系统内部各种生物种类、组成、性质、数量、空间分布和相互之间的关系及能流的途径，转化效率和保持系统平衡的自动调节作用，探讨了人类活动（围垦、捕捞、放牧、偷猎）对该新生湿地生态系统的影响。本底资源调查初步探索了崇明东滩湿地资源合理利用的途径，其调查成果在编制《上海市崇明东滩鸟类自然保护区总体规划》和《上海市崇明东滩鸟类自然保护区科学考察集》中得到了充分的应用。

崇明东滩鸟类自然保护区加紧筹建

2001年，崇明东滩鸟类自然保护区已完成总体规划、项目建设的立项、可行性研究和建设项目选址论证工作，并组织设计方案招投标，申请建设用地规划许可证及项目建设环境影响评价。

1998年11月，上海市政府批准建立崇明东滩自然保护区，1999年6月成立了专门管理机构——崇明东滩鸟类自然保护区管理处。崇明东滩鸟类自然保护区建设进入实质性启动阶段。市政府已同意将崇明东滩鸟类自然保护区列入国际重要湿地名录，国家林业局于2001年底向国际湿地公约秘书处提请将崇明东滩列入国际重要湿地名录。

九段沙自然保护区总体规划完成

2001年，《上海市九段沙自然保护区总体规划》编制完成。九段沙自然保护区是市政府2000年3月批准成立的，同年9月，九段沙湿地自然保护区管理署成立。《规划》根据保护区内主要保护对象以及其他自然资源分布的特点和发展趋势，综合考虑保护需求、科学研究、资源利用的需要，将保护区划分为核心区、缓冲区和实验区三大功能区。

核心区以中沙-下沙植被带及附近水域为主体，占总面积的45%。这里植被处于演替的初始阶段，滩涂生物极为丰富，鸟类活动频繁，是珍稀水生生物的重要活动区域。因此禁止一切干扰活动；缓冲区作为核心区的延续，又是周围保护区外来影响的缓冲地带，可对水生生物、鸟类和生态环境进行保护；实验区占总面积的42%，可以适当开展科学研究、生态教育以及旅游活动，并规划建设条件保障基地、监管中心、科学研究和实验基地及生态环境教育基地。九段沙湿地自然保护区将逐步利用发育成熟的土地资源，扩大生态建设的力度，建成上海和中国最重要的河口地理、生态研究及旅游基地。

九段沙自然保护区总体规划完成，保护区划分为核心区、缓冲区和实验区三大功能区

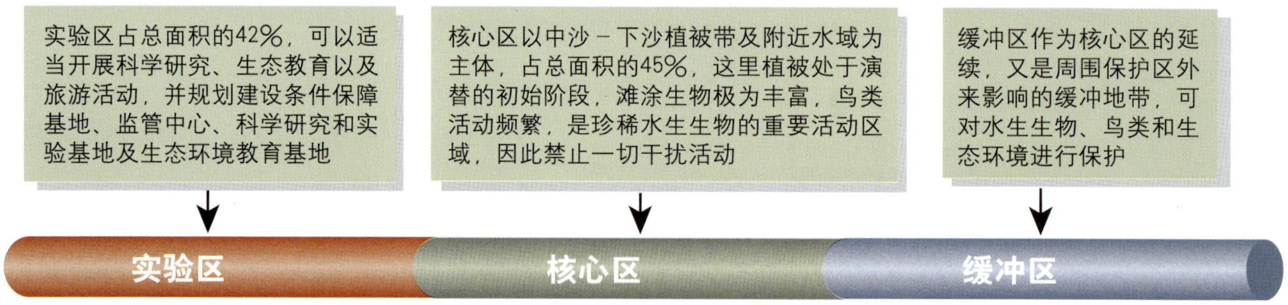

实验区占总面积的42%，可以适当开展科学研究、生态教育以及旅游活动，并规划建设条件保障基地、监管中心、科学研究和实验基地及生态环境教育基地
↓
实验区

核心区以中沙-下沙植被带及附近水域为主体，占总面积的45%，这里植被处于演替的初始阶段，滩涂生物极为丰富，鸟类活动频繁，是珍稀水生生物的重要活动区域，因此禁止一切干扰活动
↓
核心区

缓冲区作为核心区的延续，又是周围保护区外来影响的缓冲地带，可对水生生物、鸟类和生态环境进行保护
↓
缓冲区

崇明东滩湿地生态示范区湿地恢复和重建研究

目前，崇明东滩自然保护区内已被破坏或被改变栖息地利用方式的湿地面积达8000公顷。在保护好自然滩涂湿地的同时，恢复和重建已围垦退化的湿地成为崇明东滩国际重要湿地建设和管理的重中之重。为此，崇明东滩被国家林业局列为全国重点建设湿地生态示范区。2001年，上海市农林局着手开展对崇明东滩湿地生态示范区湿地恢复和重建的研究，并开始编制《崇明东滩湿地生态示范区湿地恢复和重建研究项目方案》。

崇明东滩湿地生态示范区湿地恢复和重建的研究将着眼于已围垦退化的潮滩湿地的结构重建，结合现有的土地利用方式和景观格局，设置受控的微型实验区，运用湿地生态恢复的原则和相关理论知识，验证崇明东滩湿地生态示范区整体项目设计的科学性和可行性，科学地评估公众服务设施规划布局对迁徙水鸟及其栖息地的影响，进一步修正有关崇明东滩湿地生态系统设计的参数。该项目还将通过受控微型实验区的恢复和重建研究，建立一系列的生物、基质、化学和水文等技术指标，以指导示范区工程的科学建设，为迁徙的鹤类、鹬类、雁鸭类和鹭类等水鸟创造更多的可以调控的多样化栖息地，提高可调控栖息地生态系统的生产力和自我维持能力，以增加崇明东滩的物种组成、景观异质性和湿地生物多样性，进一步协调区内自然资源合理利用和可持续发展的要求。

海洋环境保护

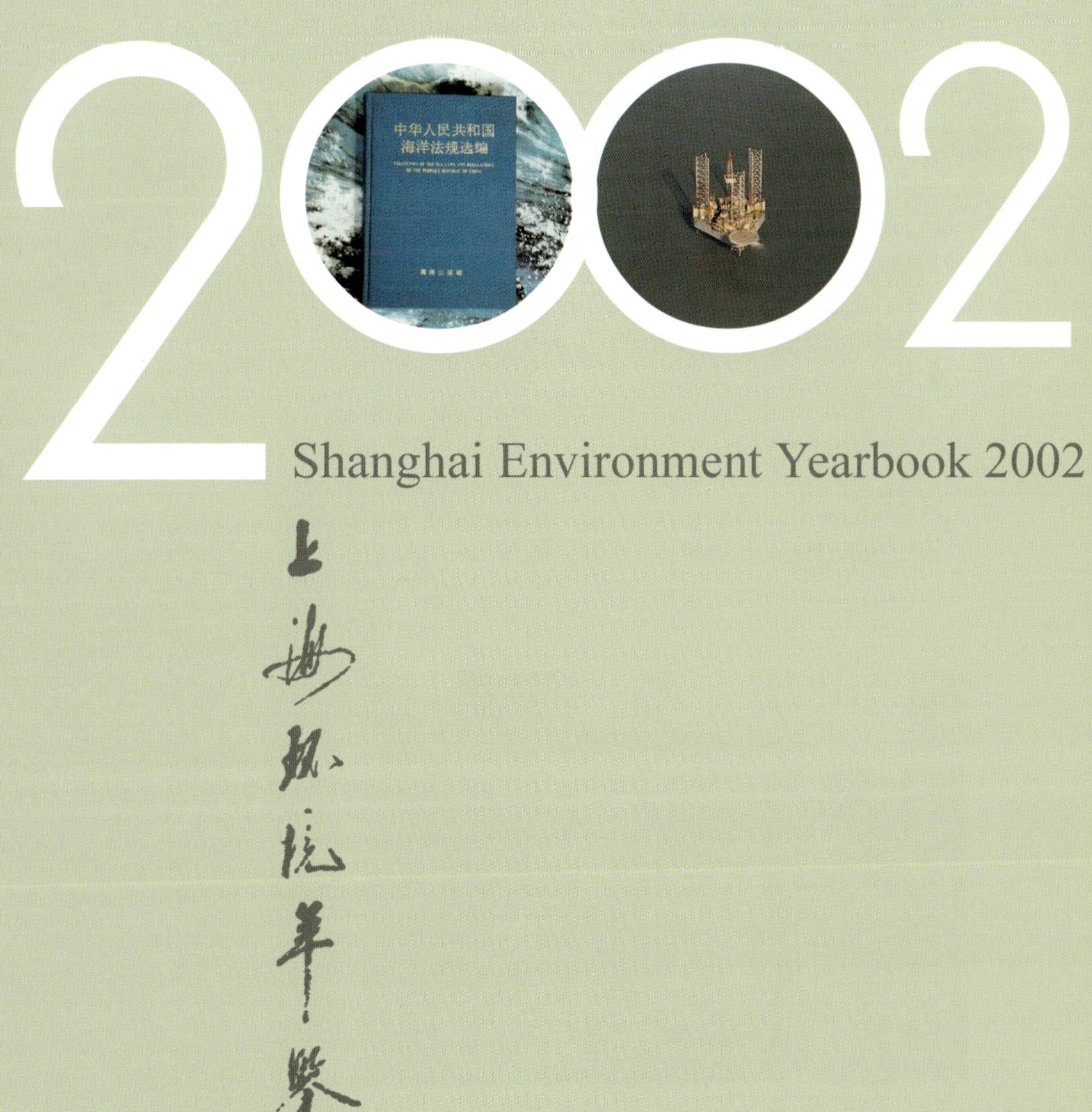

海洋倾废管理

海洋倾废管理的核心是实行海洋倾废许可证制度。海洋倾废管理的程序由申请、审查批准和对倾倒行为的监督检查等内容组成。凡需向海洋倾倒废弃物的废弃物所有者或疏浚工程单位，都必须向主管部门提交倾倒废弃物申请书及废弃物特性和成分检验单等相关资料，以保证废弃物不影响海洋环境。主管部门依据法律法规的规定，对提交倾倒废弃物申请书及废弃物特性和成分检验单等相关资料进行审查，向审查合格者签发废弃物倾倒许可证。倾倒单位严格按倾倒许可证注明的事项实施倾倒，主管部门对实施的倾倒行为进行监督检查，如发现违法违规行为，依法查处。倾倒许可证分为紧急许可证、特别许可证和普通许可证3种。

2001年，上海海域共签发废弃物倾倒普通许可证211份，倾倒三类疏浚物2615.86万立方米、废弃物119.94万吨和骨灰1010盒。使用的倾倒区为：吴淞口北倾倒区、长江口鸭窝沙北疏浚物倾倒区、长江口骨灰倾倒区、长江口深水航道专用倾倒区、金山疏浚物临时倾倒区等五个倾倒区。其中长江口深水航道一期工程的疏浚物倾倒量为1990万立方米，吴淞口北倾倒区685.55万立方米，鸭窝沙北倾倒区2万立方米，金山疏浚物临时倾倒区4.94万立方米。在倾倒作业中管理部门查处了9起违章违规行为并进行了处罚，共处罚款16.4万元。

为贯彻落实《中华人民共和国海洋环境保护法》，完善海洋倾废管理制度，2001年11月21日，上海市组织召开了上海地区海洋倾废疏浚单位座谈会。座谈会上，与会代表对上海市海洋局的海洋倾废管理工作给予了高度评价，并提出许多有建设性的建议和想法，从而加强了海洋行政管理部门与企业之间的联系与沟通，提高了海洋倾废管理水平。

加强海洋倾废管理力度

上海海域海洋倾倒区位置示意图

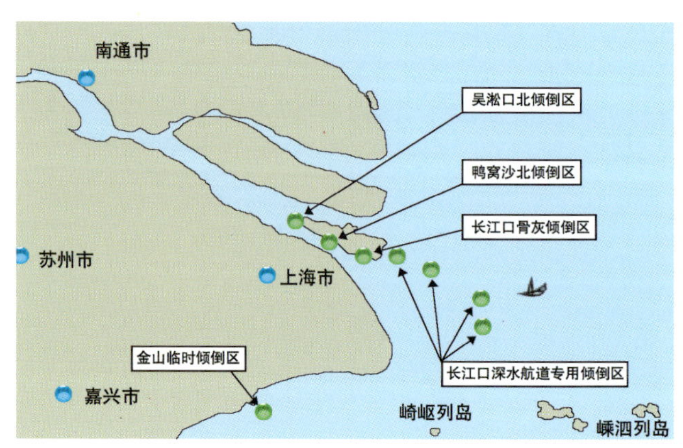

1999-2001年上海海域海洋倾倒区倾倒量直方图

单位：万立方米

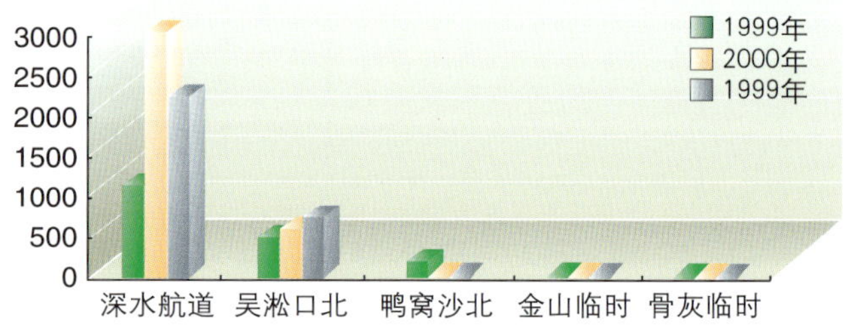

石油平台管理

2001年，东海区海洋石油勘探开发海洋环境保护工作依据国家的有关法律法规的规定施行管理。东海区的海洋钻井平台勘探作业共285天，海洋采油平台作业共为365天，共计650天。勘探作业产生的泥浆1085立方米，钻屑1285立方米，排放含油污水93 立方米（<10PPM ，符合规定排放标准），产生垃圾和不可燃包装材料147.4 立方米，垃圾运回陆地处理。生产原油776065立方米，采出水排放入海量677238.4立方米， 排放入海油量1345公斤，可燃包装材料垃圾64立方米（运回陆地处理），不可燃包装材料44立方米，均运回陆地处理，生活垃圾161立方米。

为有效保护东海海洋环境，加强对东海海洋石油勘探开发作业的监管，批准了上海海洋石油局的“勘探三号”平台的“天外天三井”和“残雪二井”勘探作业的“溢油应急计划”报告，批准了中国海洋石油东海公司租用的平台“丽水35－1－3”井勘探作业的“溢油应急计划”报告。2001年5月23日和6月1日，组织实施了东海区海洋石油勘探开发环保专项检查，登检了上海海洋石油局的位于北纬28

度41分、东经125度05分正在“残雪二井”作业的“勘探三号”平台，和上海石油天然气公司所属的位于北纬29度05分、东经124度50分作业的“平湖油气田”石油天然气开采平台。检查中，上海市海洋局详细了解了平台日常的海洋环保管理制度、试油及防污措施、油污染发生等有关情况，查看了国际防油污证书、溢油应急计划、海洋环境保护计划等文书证件以及防污记录簿的填写情况等，检查了油水分离器、排油监控装置、泥浆和钻屑及残油处理系统的运行状况等，并进行了取样。检查结果表明，上述单位在从事海洋石油的勘探开发中，基本上能够执行《海洋环境保护法》和《海洋石油勘探开发环境保护管理条例》的有关规定。

“勘探二号”平台

海域使用管理

《中华人民共和国海域使用管理法》主要确立了“海域权属管理制度、海洋功能区划制度和海域有偿使用制度”等基本制度，其核心是：海域权属管理制度和海域有偿使用制度。

海域权属管理制度：根据宪法确定的自然资源属国家所有的原则，《海域使用管理法》明确规定：“海域属国家所有，国务院代表国家行使海域所有权。任何单位或者个人不得侵占、买卖或者以其他形式非法转让海域。”这样规定，不

涉外海洋执法监察

中华人民共和国海洋法规选编

仅有利于澄清目前在海域所有权方面存在的错误观念，而且为建立海域有偿使用制度奠定了基础。

海域有偿使用制度：实行海域有偿使用制度，是世界沿海国家的通行做法。《海域使用管理法》明确规定："国家实行海域有偿使用制度。""单位和个人使用海域，应当按照国务院的规定缴纳海域使用金。海域使用金应当按照国务院的规定上缴财政。"

海洋功能区划制度：海洋功能区划是海洋开发与管理的基础，其核心是根据海域区位、自然环境条件和开发利用的要求，按照海域功能标准，将海域划分为不同类型的功能区，确定海域使用的最佳功能顺序，以控制和引导海域的使用方向，为合理使用海域提供科学依据。《海域使用管理法》明确规定："国家实行海洋功能区划制度。海域使用必须符合海洋功能区划。"《海域使用管理法》同时对海洋功能区划的编制主体、编制原则，审批程序和修改、公布等作了具体规定；此外，还明确规定："养殖、盐业、旅游等行业规划涉及海域使用的，应当符合海洋功能区划。""沿海土地利用总体规划、城市规划、港口规划涉及海域使用的，应当与海洋功能区划相衔接。"

2001年，上海市海洋局积极推进上海市海域使用管理证的发放工作，组织开展了对上海市石油化工股份有限公司的3项海域使用的论证、呈报、审核工作，组织开展了对上海化学工业区有限公司码头的海域使用论证工作。

2001年，上海市海洋局还开展了上海市海域使用证申请的咨询工作，7月底，专门接待了VOPAK公司的海域使用咨询，对开展其海域使用项目的论证工作起了积极的作用。

外环隧道废弃土海洋处置管理

上海外环隧道工程是上海市的重大工程，也是国内最大的沉管隧道工程。工程将采用开挖沉管方式进行，开挖中将产生394万立方米的废弃物，需向海洋倾倒。为解决该工程所产生的大量废弃物，支持地方经济建设，经国家海洋局同意，确定在吴淞口北倾倒区附近海域选划一个临时倾倒区，面积0.7平方公里，水深4-6米，用于倾倒外环隧道工程产生的废弃物。2001年4月11日和11月16日，组织了国家、上海有关部门的代表和专家对《上海外环隧道疏浚物临时海洋倾倒区选划工作大纲》和《上海外环隧道疏浚物临时海洋倾倒区选划报告》进行了行政协调和技术论证。论证通过了专家评审，并已报国家海洋局审定。临时海洋倾倒区选划工作解决了疏浚物倾倒对渔业资源、通航环境影响产生的矛盾，保证了该重大工程的顺利进行。

上海市大比例尺海洋功能区划

上海市大比例尺海洋功能区划，是按照国家海洋局《关于组织开展沿海省、市、自治区大比例尺海洋功能区划工作的通知》精神，经上海市人民政府下达任务，由上海市海洋局、上海市发展计划委员会牵头组成的上海市大比例尺海洋功能区划领导小组编制的。编制工作于1999年9月启动，2001年4月完成，6月12日报国家海洋局审核原则同意。2001年12月4日，上海市人民政府以沪府〔2001〕49号文批准实施。

上海市大比例尺海洋功能区划成果一览表

区划面积（平方公里）		6725		
共划分功能区（个）		290		
开发利用类	整治利用类	自然保护类	特殊功能类	保留类
192	24	21	45	8
完成的海洋功能区划成果				

区划报告	1份	基础资料汇编	1套
区划登记表	1套	地理信息系统	1套
纸质图件	1套	区划工作报告	1份
电子图件	1套	区划实施办法	1部

上海市大比例尺海洋功能区划总图

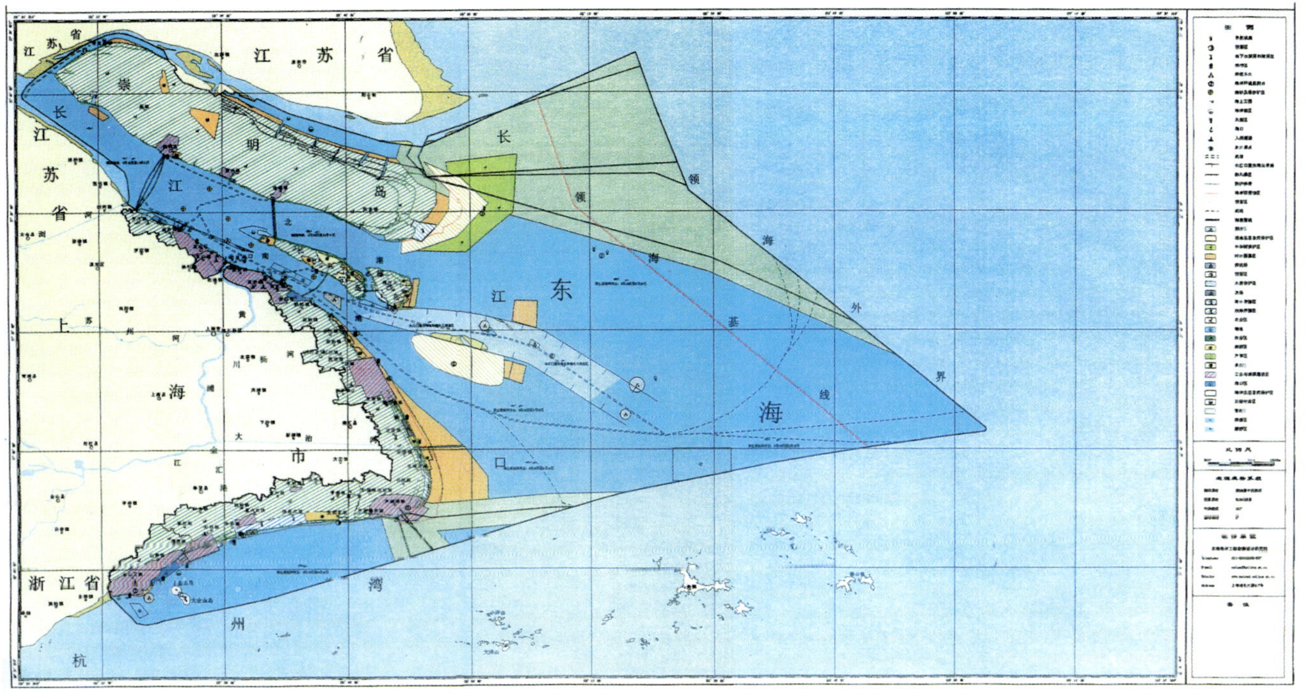

海洋公益服务

海洋预报服务

2001年，上海市海洋环境预报台通过上海电视台发布南黄海、东海区海浪预报365份，东海区表层海温预报36份；通过上海人民广播电台发布南黄海、东海区海浪预报730份，东海区表层海温预报72份；发布热带气旋巨浪警报110份。上海市海洋环境预报台并对0102（飞燕）、0108（桃芝）、0111（帕布）、0121（海燕）向市政府部门和防汛部门等发布风暴潮警报8份，风暴潮消息20份，发送传真210份，平均预报误差仅9.8厘米。准确、及时的预报为有关防汛职能部门的指挥决策提供了科学依据。

APEC会议期间，会议前期正逢0121（海燕）台风和冷空气共同影响，外高桥增水80厘米，给防汛带来了很大的压力。上海市海洋环境预报台及时对0121（海燕）台风的风暴潮过程作了短期预报和中期趋势预测，为防汛决策提供了可靠的依据。事后证明，预报基本准确，24小时的平均误差为7厘米，72小时的平均误差为16厘米。上海市海洋环境预报台每天两次给上级单位及上海海事局、上海海上武警发了海洋环境预报，使APEC会议安排有了可靠的决策依据。

海洋环境立体监测和信息服务系统上海示范区示意图

上海市海洋环境预报台采用国家863-818海洋监测高新技术研究和开发成果，通过遥感卫星、海岸基、地波雷达、大型浮标、石油平台基、测报船舶和布放水质浮标等监视监测系统，覆盖北自32° 10′ N南至27° N的125° E以西海域，实现对以上海经济区为中心的濒临海域进行海洋环境的立体、实时监测和信息处理。上海市海洋环境预报台还通过立体监测系统获取海洋环境的实时和延时数据并进行预处理，建立数据库，运行预报模式、后报模式，对监测数据

海洋监测

进行综合分析处理，制成信息产品，通过信息网络（包括Internet网站、专线、传真等）进行产品分发，为各级政府、防办、企业、科研单位和国际合作交流提供服务。

海洋环境立体监测和信息服务系统
上海示范区示意图

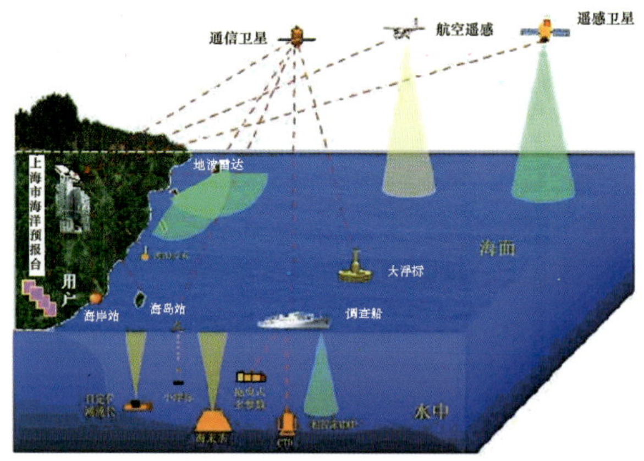

海洋环境预报专业网

上海市海洋环境预报台网站（www.oceansh.org）是上海市海洋环境预报台向社会提供海洋环境预报服务，对外发布海洋预报信息的专用网站。网站设有预报台工作介绍栏目、每日海浪预报和风暴潮预报栏目、东海区海洋实时资料查阅栏目、海洋知识栏目等。网络操作系统采用win2000 advance server+iis5.0，装有瑞星网络版杀毒软件，网站系统与内部局域网在域控服务器上用两块网卡分开，安装在web服务器上的IIS LOCK软件可关闭除80端口以外的所有端口。域控服务器安装有SQL 2000（WEB 专用）数据库软件，网页采用ASP语言编写，采用1M的ADSL接入。

上海市海洋环境预报台网络示意图

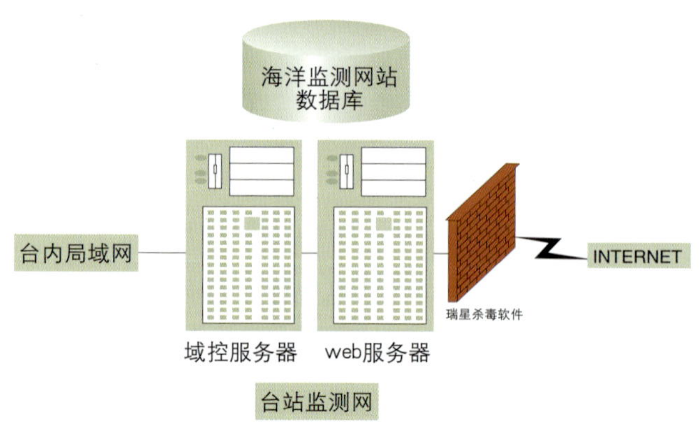

环境管理

创建环境模范城区取得新进展

2001年，上海市创建环境模范城区工作取得了新进展。闵行区建成国家环境模范城区后进一步加强环境基础设施建设和环境执法，提出了建设生态化城区的目标。浦东新区根据创建环境模范城区的要求，重点加强了水污染防治和水环境治理。嘉定区委和区政府经过调研，也提出了创建环境模范城区目标，完成了创模工作方案的编制，各项任务已全部分解落实。为进一步推动市中心区创建环境模范城区工作，市环保局提出了创建上海市级环境模范城区的要求，并与徐汇区环保局合作制定了上海市级环保模范城区的考核指标（试行）。

迎APEC会议强化环境管理

为迎接**APEC**会议的召开，上海进一步强化环境管理。上海制定了全方位的《上海市迎接APEC会议环境综合整治方案》，对涉及16个委办局的32个环境项目进行任务分解，明确责任。为消除冒黑烟问题，全市共整治炉窑7270台，其中清洁能源替代665台，拆除废弃烟囱121座，关停严重污染企业161家。环保部门对燃煤锅炉和工业窑炉冒黑烟加强执法力度，发现冒黑烟现象，当即依法处罚并限期整改。道路保洁改变过去手工干扫的传统作业方式，采用机械洒水清扫的作业方式，减少了地面扬尘。

APEC会议期间，市公安局采取禁止货运车、外地车进入市区，限制车流量等交通运行管理措施，并会同环保局禁止超标车辆上路行驶，有效地降低了NO_x和PM_{10}排放量，使城市环境空气中的NO_2和PM_{10}浓度较去年同期降低了42%和32%。据监测，APEC会议召开期间，上海的空气环境质量指数平均为49，达到国家环境质量一级标准。

上海市河道管理部门于2001年9月初召开河道保洁专项会议，要求各区（县）采取“堵、捞、调”相结合的办法，加强辖区内河道保洁工作。围绕APEC会议主要活动场所，市河道管理部门重点整治了黄浦江、苏州河、洋泾港、白莲港、新泾港等23条（段）骨干河道。9-10月间，各区（县）共出动850车次、11265船次、10250人次，清除垃圾15万吨，确保河道“面清、岸洁、有绿”。防汛墙管理部门在相关区域内对人行道、绿化和灯光设施进行调整和改造，共改建花坛栏杆700米，新铺彩色地坪1600平方米，调整苗木5800株，更换草皮1200平方米，增添灯饰134盏。

上海市城市交通管理局航务管理处把船舶噪声污染防治作为内河环境整治的一个重点，认真规划、积极部署，从2001年5月份开始，在市区段各主要航道上开展了噪声影响情况的调查，同时，推出了部分航段禁止夜间高噪声船舶航行、控制船舶随意鸣放声号、严格限制高音刺叭使用范围等措施，并实施禁止未安装消声器或消声器失效的船舶进港的规定，取得了一定的管理效果。苏州河是上海内河船舶噪声污染防治和管理的重点，APEC会议期间，上海市航务管理处出动检查人员4700多人次，巡逻艇1600多艘次，集中对进出该水域签证的2万余艘船舶中的挂桨机船防污染设施配备情况进行了重点检查，对查出的1400多艘违章船舶进行了处罚。

APEC会议期间，绿化部门对绿化环境进行了全面整治，城市绿化整体水平得到明显提高。迎接APEC会议的绿化环境整治工作，在一线一环8个景观区域和徐汇、卢湾、静安、虹口、闸北、黄浦、浦东、杨浦、普陀、长宁、闵行10个区的主干道和景观区域全面展开。这期间，除了当年建设的一些大型公共绿地和公园外，通过整治，完成计划内外绿地建设（包括临时绿地和零星街道绿地）207.69万平方米，补种行道树4587棵，调整改造绿地132.53平方米。全市新创区级景观道路12条，新创优美景点17块；完成内环线内和主干道沿线破墙透绿25392米，屋顶绿化22795平方米，垂直绿化9496米；开展了新品种宿根花卉和地被植物的推广，建成了14个花境试点，应用花卉品种达60种，其中美国薄荷、兰羊茅、紫娇花、火星花等新品种首次在绿地中种植。APEC会议期间，市区主干道和会议场馆周围还布置了161处花卉景点，全市用花量达到480多万盆（株）。“大地之春”、“海韵”、“秋意”、“凤舞九天”、“爱心放送”等花卉景点分布于淮海路、南京路、四川路、新华路、虹桥路、衡山路、人民广场、徐家汇地区、不夜城地区等地。浦东新区陆家嘴地区、科技城周围、世纪大道等地更呈现出花团锦簇迎嘉宾的喜庆场面，浦东世纪广场的“流金岁月”一处花卉景点就用花近30万盆。

加强环保执法力度

调整部分环保审批事项

2001年，上海市行政审批制度改革工作正式启动。按照“依法设定、切合实际、精简效能、责权统一”的原则，根据市人民政府“关于公布第一批取消和不再审批的行政审批事项的通知”，涉及环保的，被取消和不再审批的行政审批共13项。分别是：(1)建设项目环境影响评价大纲审核，(2)建设项目环保治理措施方案审查，(3)危险废物转移计划审批（改为事后备案），(4)建设项目环保“三同时”审核，(5)填埋危险废物场地的开发利用审批（不再单独审批），(6)单位自行处理、处置危险废物的设施、场所审批（不再单独审批），(7)国家环保总局审批的建设项目环境影响评价报告预审，(8)电磁辐射建设项目或设备申报登记，(9)重点控制化学危险物品使用证审核（市环保局负责审批部分），(10)安装空调设备（5kw以上）审批，(11)机动车排气污染年度检测单位审核，(12)国家级环保产品认定的初审，(13)环境工程设计资质的审核（改由专业机构承担）。

建设项目环保审批情况

2001年，上海市环保系统共审批环境影响报告书138份，其中市审批37份，区、县审批101份。审批建设项目环境影响报告表3204份，其中，市审批项目372份，区、县审批2832份。当年执行“三同时”项目582个，其中，市审批240个，区、县审批342个；“三同时”验收项目的环保投资总额为14.4亿元，其中市审批项目的环保投资总额为13.1亿元，区、县审批项目的环保投资总额为1.3亿元。

7750户企事业单位完成排污申报登记

2001年10月，上海市7750户企事业单位完成了排污申报登记。其中，填报《申报表》6690户、《专项表》3303户；“一控双达标”单位2222户，畜禽牧场526户。

根据对填报《申报表》的6690户企事业单位统计，这些单位2000年实现总产值7269.5亿元，利税486.7亿元，其中环保设施资产为152.0亿元，年交纳排污费1.1亿元。燃料煤用量2803万吨，燃料油用量315万吨，燃料气用量92.8亿标立米。年用水量138.8亿吨，其中新鲜水用量64.5亿吨，重复用水量74.3亿吨；废水排放量10.47亿吨，其中达标量为9.54亿吨，达标率91%。CODcr年排放量为10.24万吨，其中达标排放量为7.18万吨，达标率为71%；烟尘年排放量7.95万吨，二氧化硫年排放量29.89万吨，粉尘年排放量1.95万吨。

上海市7750户企事业单位排污申报登记（户）

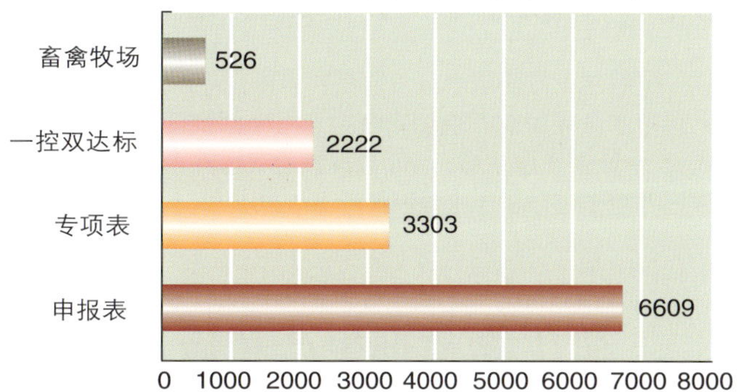

核发排水许可证

根据《上海市排水管理条例》规定，上海市实行排水许可证制度，以规范排水行为，确保城市安全度汛，有效保护水资源，改善水环境。2001年，上海市水务局核发各类排水许可证3409份，其中核发新证1732份，换发到期旧证1539份，发放“临时排水许可证（施工）”138份。

有排水许可证方可排水

取水许可全面换证

按照《上海市取水许可制度实施细则》规定，2001年上海市水务局组织开展全市取水许可全面换证工作，共完成65个地表水取水口、885口深井的取水许可登记换证工作，并在11月13日《文汇报》上予以公告。

微生物菌剂生产和应用的规范化管理

2001年10月12日，上海市环保局发布了《上海市环境保护微生物菌剂应用的环境安全性管理（暂行）办法》，以及相应的“上海市环境保护微生物菌剂应用的环境安全性评价报告书（编制要求）”、“上海市环境保护微生物菌剂应用申报书”及“微生物菌剂环境安全专家评审意见表”。

微生物菌剂环境安全性管理的程序为：企业咨询、企业选定评价单位和检测单位、由环保局或委托单位到企业采样封存、由检测单位对微生物菌剂进行环境安全性检测、评价单位作评价报告、企业填写申报书、环保局组织专家评审、发文批复。

经初步认定，上海市环境监测中心、上海市环境科学研究院生态所、华东师范大学、上海师范大学为微生物菌剂应用的环境安全性评价单位；上海市环境监测中心、上海市环境科学研究院生态所、华东师范大学、上海师范大学，以及具有部级以上同类资质认定的单位上海医药工业研究院、上海市疾病预防控制中心、复旦大学公共卫生学院、复旦大学生命科学院分析测试中心、上海市出入境检验检疫局动植物食品检验检疫中心、中科院北京微生物研究所、中科院植物生理生态所为微生物菌剂应用的环境安全检测单位。

截至2001年底，全市已有7家微生物菌剂生产和经营企业通过了微生物菌剂环境安全性管理的审批。这些单位所经营的微生物菌剂主要用于在构筑物内进行生活有机垃圾处理。

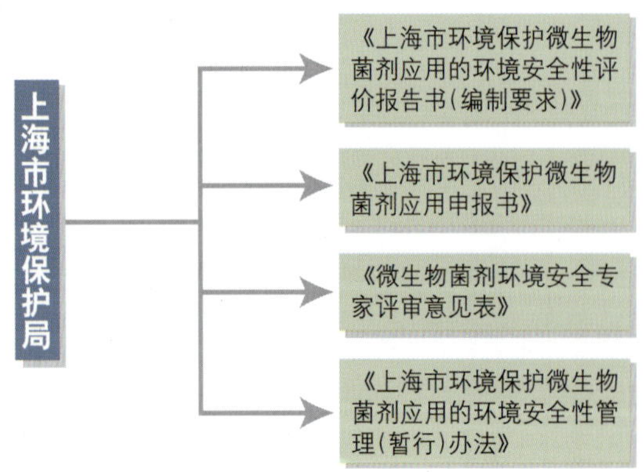

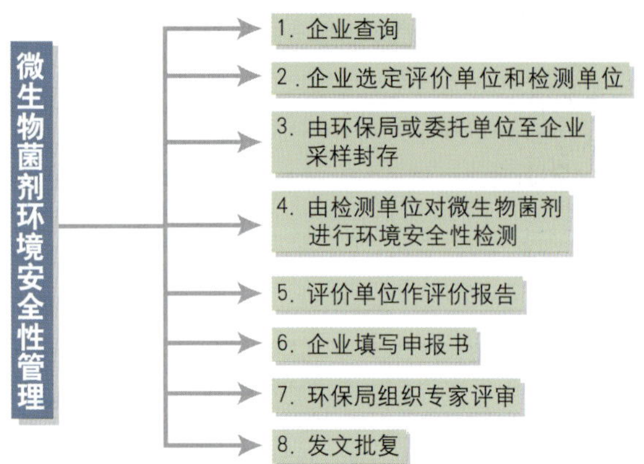

ISO14001贯标推进工作

2001年，上海市ISO14001贯标工作取得新的进展，认证和咨询机构已发展到23家，获认证的企业增加了65家，总计达到155家。上海市环保局在推进生产企业、服务业、区域ISO14001贯标工作的同时，结合自身办公活动和对外服务的特点，坚持污染预防和持续改进，经历了环境管理策划、环境方针制定和文件编制，在局机关内建立了环境管理体系。经过试运行和内审，环境管理评审，环境管理体系于2001年11月通过了香港品质保证局的认证，使环境管理更趋科学化、规范化，为全市实施ISO14001标准推进到政府机关提供了经验。

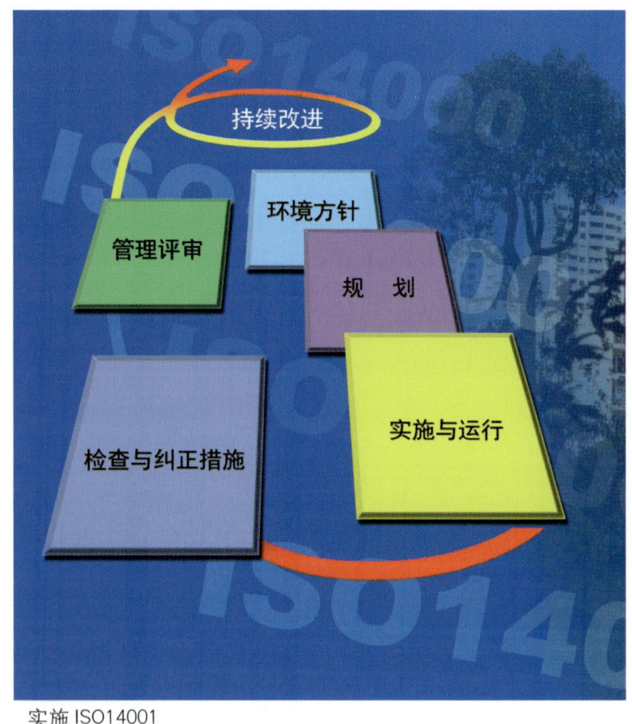

实施ISO14001
环境管理体系

企业在推进ISO14001贯标工作

2001年通过ISO14001认证并备案的企事业单位名单

上海市隧道工程股份有限公司
上海新世纪幼儿学园
上海源贸电路板有限公司
上海联合包装装潢有限公司
上海永新彩电显象管有限公司
上海威尔泰仪表有限公司
上海信谊药业有限公司
上海凯密特化学品有限公司
上海天美科学仪器有限公司
英业达集团电子技术有限公司
吉城光学（上海）有限公司
上海纳铁福传动轴有限公司
上海阿尔卡特智能终端设备有限公司
理光电子技术（中国）有限公司
上海怡标电镀有限公司
上海孙桥现代化农业联合发展有限公司
普陀区曹阳新村幼儿园
上海市宝兴殡仪馆
上海市外高桥保税区管委会
上海湿克威建筑防水材料有限公司
上海电力建设有限责任公司
上海希化成精密马达有限公司
上海中远－太戴维斯物业发展有限公司
伟世通电子(上海)有限公司
上海易初通用机器有限公司
科达影像器材(上海)有限公司
东方协和塑料有限公司
联信涡轮增压系统(上海)有限公司
巴斯夫染料化工有限公司
上海德尔福国际蓄电池有限公司
上海西门子通讯电源有限公司(STPS)
上海耀皮汽车玻璃有限公司
上海申雅密封件有限公司
东芝电脑(上海)有限公司
上海吉列有限公司
上海新业锅炉有限公司
上海电力安装第二工程公司
上海电力安装第一工程公司
华东送变电工程公司
上海城建养护管理有限公司
上海合众企业发展有限公司
上海电力建设启动调整试验所
上海地铁建设有限公司
上海法雷奥汽车电器系统有限公司
上海通汇污水处理有限公司
上海高桥分公司化工厂
上海浦东花木镇由由新村
上海市莘庄工业区
上海市环境保护信息中心
上海市环境保护局机关服务中心
上海市环境保护局
上海百威化工材料制造有限公司
浦东由由小区
上海高桥加德士润滑油有限公司
杰士魅力科电池（上海）有限公司
上海大金空调有限公司
上海通惠－开利空调设备有限公司
上海中益建筑工程公司
上海帕卡兴化工有限公司
上海石油化工股份有限公司塑料事业部
上海雷迪埃电子有限公司
兴亚电子有限公司
上海亚明灯泡厂有限公司
上海华成激光磁盘有限公司
上海新金桥／金加园物业管理有限公司

质量管理

环境监测系统完善质量管理体制

2001年，上海市各级环境监测站在巩固已建立的环境监测质量保证体系的基础上，通过加大技术培训力度，采用更为科学、严密的质量管理手段，进一步提高了监测质量。上海市环境监测中心认真总结通过国家实验室认可的经验，并向全市各区、县环境监测站宣传贯彻、推广国家实验室认可的具体要求和程序。各区、县环境监测站根据自身的实际情况，制定了监测站内部管理方案，规范了监测程序，进一步完善了全市环境监测系统的管理体制，全面提高了实验室的分析质量和人员素质，从而提升全市环境监测的整体水平。主要表现为：

1. 建立和完善质量保证体系。全市各级环境监测站普遍成立了以行政领导（技术负责人）、质量负责人为主体的质量管理小组，从监测工作业务流程、部门设置、职责范围等环节入手，指定和颁发了各站的《质量管理手册》，建立和完善了质量保证体系，确立了各自的质量方针和质量目标，并以较为完善的各项管理制度、齐全的支持性文件和规范的质量记录作为保障，力求使每一项环境监测工作都做到有章可循、有据可依。

2. 全市各级环境监测站进一步提高了对学习和贯彻计量认证技术考核规范要求的认识，全员持证上岗意识不断增强，上岗合格5年换证考核、新进人员培训考核、新开展项目先考上岗合格证等已从被动的强制性行为向主动的自觉性行为转化。

3. 开展质量考核和实验室间比对活动。2001年市环境监测中心针对实际监测工作中反映出来的质量问题，在环境监测系统内组织了多次各种形式的质量考核和实验室间比对活动，使全市各级环境监测站及时了解了自身存在的内部质量缺陷并加以改正。

4. 更新仪器设备，提高监测能力，拓展监测领域。为配合有关国家标准的执行，全市各级环境监测站相继更新或添置了原子吸收分光光度计、电子天平、紫外分光光度计、红外分光光度计、烟尘测试仪、离子色谱仪等仪器设备。同时全市各级环境监测站加强对所有监测仪器设备的严格管理和有效控制，保证其《质量管理手册》中测试能力一览表所列项目涉及到的仪器设备配备完好，其测量范围和准确度能满足测试所采用的方法标准要求。

上海市环科院环境检测实验室获中国实验室国家认可证

2001年6月25日，上海市环境科学研究院环境检测实验室正式通过中国实验室国家认可委员会（CNCL）的中国实验室国家现场评审，取得了中国实验室认可证书（NO.0518），成为中国环保系统中第5家获得《中国实验室国家认可证》单位，获得了进入国际环境样品检测市场的资质。

中国实验室国家认可委员会组成的专家组根据CNACL201-99《实验室认可准则》及相关文件，对质量体系的13个要素、58个环境质量标准和污染物排放标准（包括水、气、土壤、固体废弃物、噪声、生物等方面的环境控制领域）逐条逐款进行评审。现场考核涉及实验项目参数42个、提问26人次、相关问题40个；查阅检测报告27份。环境密码标样测试合格，比对实验结果合格，考核结果符合CNACL201-99《实验室认可准则》要求。专家组认为，环境检测实验室内技术人员的技术能力及相关知识和经验掌握程度居国内同行领先，部分生物检测项目技术达到国际先进水平，确认认可环境检测实验室检测能力及其范围175项，认可检测项目396项。

环保科研管理体制改革

2001年，上海市环保局开展了专题调研，并据此制订了科研管理体制改革方案。其主要内容是：通过上海市环保局、上海环境热线两个网站和中国环境报、解放日报向全社会公开征集环保科技攻关项目。在全国范围内邀请权威专家，对征集到的项目进行综合筛选评估，推荐项目计划，并在专家的帮助下进一步细化项目要求，同时完成项目标书的编制，为招投标和项目的实施做好准备。借鉴建设项目招投标的经验和规范，结合政府型环保科研项目的特点，制定《上海市环境保护科技项目招标实施办法》，确保招投标工作的公正性和规范化，并根据项目特点确定招标方案，通过网上公告与书面通知等形式发布招标信息，使关心环保的科研人员尽可能获得招标信息。通过书面答疑和召开招标答疑会，帮助投标单位理解招标要求。结合环保项目的特点，对投标单位投标书采取专家评议和评分相结合的方式进行评标。对中标单位，不仅要求按专家意见实施方案进行必要的调整完善，健全项目内部管理机制，落实项目实施的保障措施，同时还由管理和技术两方面的项目协调人全过程跟踪、协调，定期评估项目进展及其实施情况。在成果转化应用方面，明确项目要有关键的技术突破和实实在在的成果，同时严把验收和鉴定关。通过采取强化同行评议制度和实际应用部门共同参与验收等措施，确保成果的产出并顺利地转化为应用。

实行全社会征集项目后，共收到来自全国各地的项目建议350多份，集中反映了上海在水环境、大气环境、固体废物、清洁生产和城市生态、能力建设等重点领域战略决策、管理支持、基础研究、污染防治技术等方面的科技需求。公开招标吸引了社会各方力量加入到环保科研中来，引入了竞争机制，促进了“强强联合、优势互补，人才集聚”格局的形成，避免了低水平重复，显著提高了科研水平和综合集成与应用的能力，发挥了政府科技资金投入的效益。

上海市建设项目环保审核受理中心成立

2001年7月，上海市建设项目环保审核受理中心正式成立。该中心主要承担建设项目环境保护咨询服务和项目受理，技术管理，开展建设项目环境影响报告书的招投标，负责对环境影响评价资质单位的日常管理，负责环境保护专家库的推荐和管理等。

环境监测与环境质量

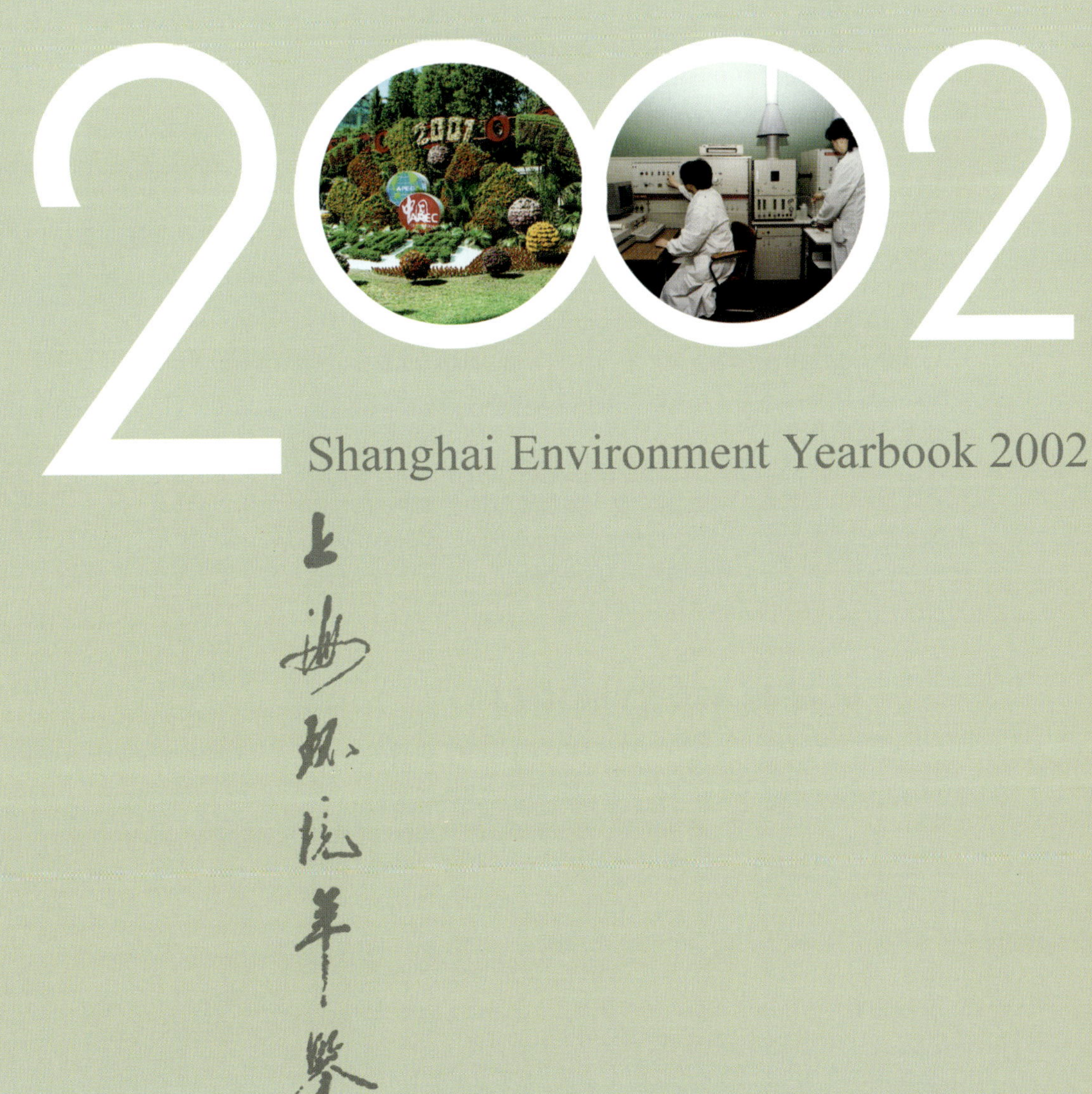

地表水环境质量监测

2001年，上海市地表水水质监测主要水域为黄浦江上游及其上游来水支流（包括太浦河、园泄泾、大泖港）、淀山湖；苏州河及其市区支流（包括申纪港、华漕港、新泾港、木渎港、蒲汇塘、横沥泾、真如港、彭越浦、封浜、小封浜）；长江口；市区河流（包括龙华港、桃浦河、虹口港、杨树浦港、虬江、蕰藻浜及其3条市区支流东茭泾、西弥浦、桃浦河）；郊区河流（包括淀浦河、大治河、练祁河、川杨河、浦东运河、随塘河、南横引河）以及黄浦江的部分二级和三级支流，并对28个郊区（县）主要饮用水源地的水质进行了监测。

所有河流的水质监测均采用人工采样实验室分析方法，黄浦江松浦大桥断面、淀山湖急水港桥断面和大泖港横潦泾交汇口断面同时采用自动连续监测。

在进行地表水水质监测的同时，重点水域还增加了生物监测和底质监测。淀山湖生物学监测的内容包括大型底栖无脊椎动物、浮游动物、浮游植物、生物残毒、叶绿素a、大肠菌群和富营养化限制因子（AGP试验）等；黄浦江松浦大桥、临江和杨浦大桥断面监测水质的生物致突变性；苏州河生物学监测的项目包括大型底栖无脊椎动物和着生生物；长江口潮间带生物学监测的项目为大型底栖无脊椎动物。底质监测的范围包括黄浦江、苏州河和长江口潮下带，监测项目主要为重金属、有机磷农药和有机氯农药。

为配合上海市水污染总量控制的深入开展，2001年对黄浦江、苏州河以及部分入境断面继续实施水文、水质同步监测。所涉及河流断面6个；为配合中、小河道综合整治、虹口港水系调水试验以及苏州河六支流截污纳管工程，2001年新增监测断面24个，为全面、客观地反映全市中、小河道综合整治成果，检验虹口港水系调水试验以及苏州河六支流截污纳管工程效果提供了科学依据。

采样频率和监测项目

根据地表水监测技术规范以及不同水质特征和管理要求，黄浦江松浦大桥、闵行二水厂、临江、吴淞口4个断面，苏州河白鹤、黄渡、华漕、北新泾桥、武宁路桥、浙江路桥、昌化路桥、古北路桥8个断面，长江口陈行水库断面，淀山湖游泳场断面，川杨河北蔡断面，南横引河三沙洪交汇口断面，淀浦河沪松公路断面，张泾河干巷断面，大治河三鲁路桥断面，练祁河蕰川路断面，蕰藻浜塘桥，吴淞大桥，大桥头，蕰川路桥4个断面，浦东运河奉城断面，太浦河太浦河桥断面，5个太湖流域省界断面，苏州河10条支流11个断面，蕰藻浜3条市区支流3个断面每月监测1次；长江口5个断面和13个测点分别在枯、平、丰3个水期各监测1次；其余断面／测点全年均监测6次，逢单月进行监测分析。

上海市地表水水质监测项目为33个，根据上海市地表水的污染特征以及污染物产生的危害程度分为重点监测项目和一般监测项目。重点监测项目共14个，包括：水温、pH、溶解氧、氯化物、高锰酸盐指数、化学需氧量、五日生化需氧量、氨氮、亚硝酸盐氮、硝酸盐氮、挥发性酚、石油类、总磷、总氮，淀山湖各测点还将透明度和叶绿素a列入重点监测项目。一般监测项目共19个，包括：硫酸盐、溶解性铁、非离子氨、凯氏氮、氟化物、硒、总氰化物、总砷、总汞、总铜、六价铬、总镉、总铅、总锌、总锰、硫化物、阴离子表面活性剂（LAS）、总大肠菌群和粪大肠菌群。重点监测项目为每次监测的必测项目，一般监测项目全年监测两次。此外，黄浦江的淀峰、松浦大桥、临江和杨浦大桥4个断面，太浦河太浦河桥断面，园泄泾斜塘交汇口断面以及大泖港横潦泾交汇口断面增加了挥发性和半挥发性微量有机物的监测，黄浦江的松浦大桥断面还增加了有机磷农药和有机氯农药的监测。

实施总量监测的断面把总氰化物、总砷、总汞、总铅、总镉、六价铬也作为重点监测项目。

生物学监测的内容包括大型底栖无脊椎动物、浮游动物、浮游植物、生物残毒、叶绿素a和大肠菌群等，不同的水体选择的监测项目不尽相同。

重点监测项目14个

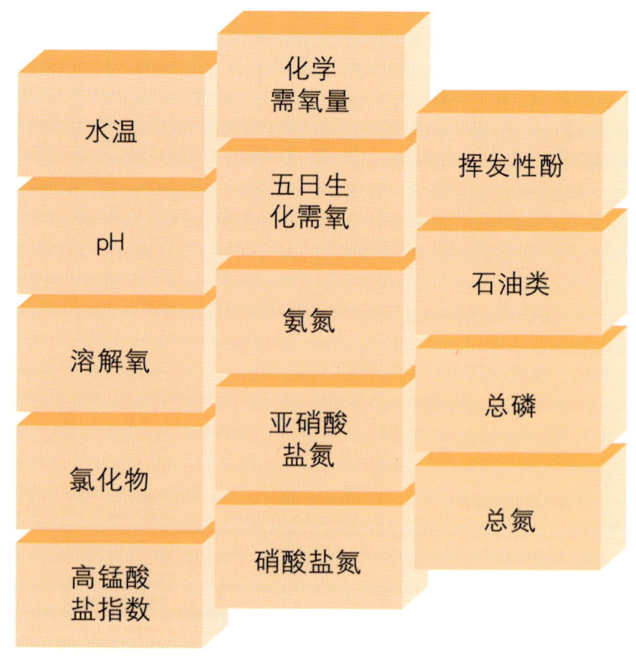

一般监测项目共19个

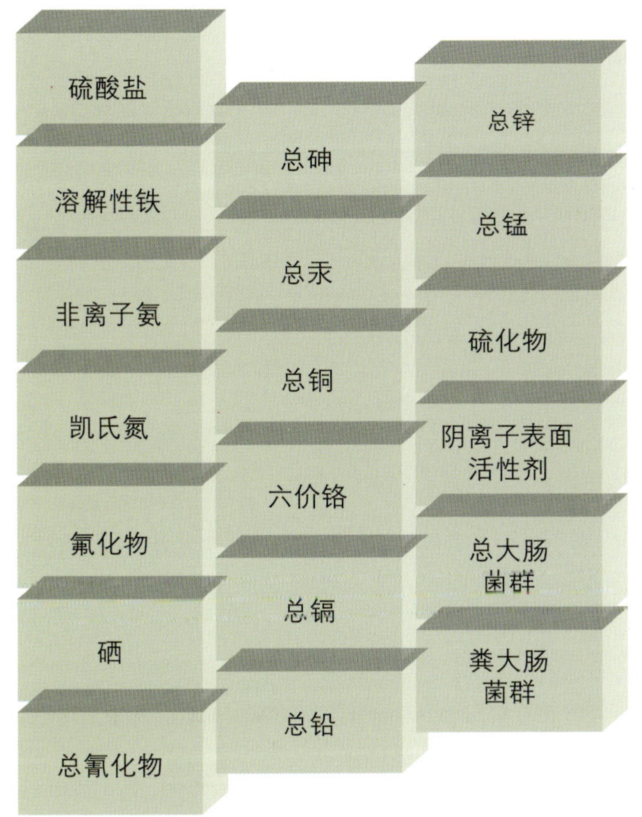

水体功能划分及评价标准

上海市水体功能的划分主要依据水体现有的功能特点、保护目标和水体目前的水质污染现状。基于上述原则，将上海市地表水水体功能作如下划分：

淀山湖、长江口、黄浦江上游段（淀峰和松浦大桥断面）及其支流（太浦河、园泄泾和大泖港）被定为Ⅱ类水体；黄浦江临江和闵行二水厂断面、苏州河赵屯和白鹤断面、郊区（县）主要饮用水源地被定为Ⅲ类水体；

黄浦江中、下游段（南市水厂、杨浦大桥和吴淞口断面）、苏州河黄渡断面、蕰藻浜、郊区一般河流被定为Ⅳ类水体；

苏州河华漕、北新泾桥、武宁路桥、浙江路桥、昌化路桥和古北路桥断面、市区河流（桃浦河、龙华港、虹口港、杨树浦港和虬江）、蕰藻浜市区支流（东茭泾、西弥浦和桃浦河）被定为Ⅴ类水域。

苏州河环境综合整治水质监测

2001年，围绕苏州河环境综合整治，上海各级环境监测部门对该水系的市区断面依照不同潮位开展了每周一次的水质监测，增加了部分相关断面的监测频次，以掌握苏州河支流的水质变化情况，同时，还从水生生物学的角度对苏州河生物群落结构变化及水体的生物毒性进行了探索性的试验监测，以此评估苏州河河水环境生态的进程。

苏州河底泥监测

太湖流域水环境监测

2001年1月、5月和10月，太湖流域水资源保护局在全流域组织开展了3次水文、水质监测，共监测河流200余条，水库6座，湖泊5个，布设断面、测点388个。其中在太浦河沿线支流布设断面、测点44个（上海段19个）。上海地区共监测河流31条（19条为太浦河支流），共布设断面、测点74个。监测项目为：溶解氧（DO）、高锰酸盐指数（COD_{Mn}）、氨氮（NH_3-N）、总磷（TP）、总氮（TN）。

太湖流域水环境监测

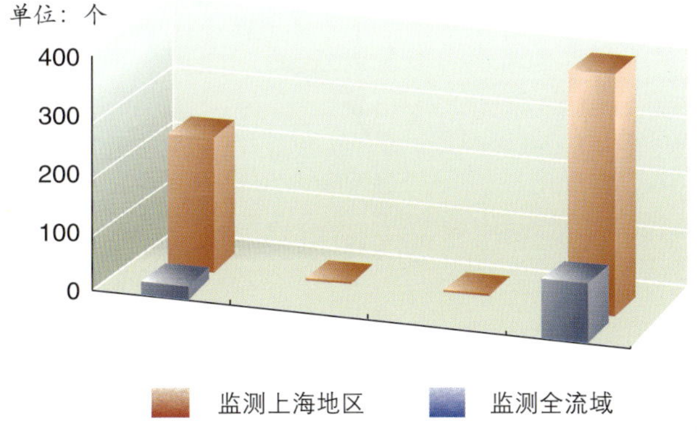

省界主要水体监测

2001年共设监测断面83个，其中省界河流断面20个，分别为沪苏边界河流8个；沪浙边界河流3个，分别位于黄浦江上游边界河流和吴淞江上游；太湖25个，淀山湖3个；出入太湖主要河流断面35个。每月监测1次，监测时间定为每月中旬，并在12月底加测1次。

监测项目为：水温、pH、溶解氧（DO）、氨氮（NH_3-N）、硝酸盐氮（NO_3^--N）、亚硝酸盐氮（NO_2^--N）、总氮（TN）、高锰酸盐指数（COD_{Mn}）、五日生化需氧量（BOD_5）、磷酸盐（PO_4^{3-}－P）、总磷（TP）、悬浮物（SS）、挥发酚及石油类，湖泊站点加测叶绿素（chl-a）；水位、流速、流向、流量、大断面、风速、风向。

环境空气质量监测

环境空气质量监测

上海市环境空气质量监测由连续自动监测和连续采样实验室分析（化学法）两部分组成。监测范围分为上海市城区、郊区、郊县和浦东新区，覆盖面积约6218平方公里。重点监测范围为城市建成区，面积约为550平方公里。监测项目包括二氧化硫（SO_2）、二氧化氮（NO_2）、氮氧化物（NO_x）、可吸入颗粒物（PM_{10}）、总悬浮颗粒物（TSP，包括铅）、一氧化碳（CO）、降尘（包括可燃物）、硫酸盐化速率、氟化物等11项，其中二氧化硫、二氧化氮和可吸入颗粒物为重点监测项目。降水中的监测项目包括降水量、pH、电导率、硫酸根（SO_4^{2-}）、硝酸根（NO_3^-）、铵（NH_4^+）、钙离子（Ca^{2+}）、氯离子（Cl^-）、镁离子（Mg^{2+}）、钠离子（Na^+）、钾离子（K^+）和氟离子（F^-）等12项。

截至2001年底，上海市连续自动监测系统由21个监测子站和1个中心站组成，分布在不同的功能区域，其中10个自动监测子站为环境空气质量监测国控点（含清洁对照点1个），另11个自动监测子站为环境空气质量监测市控点。

上海市区环境空气监测点布置图

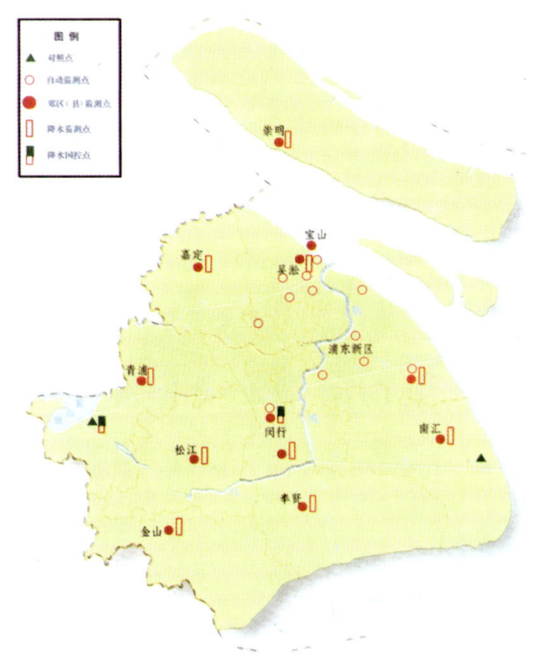

上海市郊环境空气监测点布置图

根据区域不同监测项目不同的原则布设化学法监测点，同时考虑数据的代表性、可比性和连续性。全市布设二氧化硫、二氧化氮、氮氧化物、总悬浮颗粒物监测点各145个，其中19个监测点加测铅；布设降尘（包括可燃物）和硫酸盐化速率监测点各145个；布设氟化物监测点119个。全市布设降水监测点23个，其中市环境监测中心南丹路测点、卢湾区环境监测站测点、闵行区环境监测一站测点和青浦区淀山湖测点（对照点）为降水国控点。各测点逢雨必测pH、电导率和降水量，每月第一场降雨还要增测硫酸根、硝酸根、铵、钙离子、氯离子、镁离子、钠离子、钾离子和氟离子。

各控点连续自动监测任务由市监测中心组织实施，其余各类监测点位的监测任务由点位所在的区、县环境监测站承担。

上海市环境空气质量监测点位分布

各区域采样点数（有动力采样点）				
监测方法	城区	郊区	郊县	总计
自动监测	7	12	2	21
手工监测	11	9	3	23
总计	18	21	5	44

声环境质量监测

环境噪声监测

2001年上海市噪声监测主要包括区域环境噪声、道路交通噪声、高空环境噪声、苏州河航运噪声和功能区噪声监测等。同时市、区（县）环境监测站还组织开展了环境噪声达标区、社会生活噪声、建筑施工噪声和机动车禁鸣效果等监测工作。

城市区域环境噪声标准

单位：dB(A)

类别	昼间	夜间
0	50	40
1	55	45
2	60	50
3	65	55
4	70	55

注：

1. “夜间”指晚上二十二时至凌晨六时
2. 各类标准的适用区域

0类标准适用于疗养区、高级别墅区、高级宾馆区等特别需要安静的区域。位于城郊和乡村的这一类区域分别按严于0类标准5dB(A)执行。

1类标准适用于以居住、文教机关为主的区域。乡村居住环境可参照执行该类标准。

2类标准适用于居住、商业、工业混杂区。

3类标准适用于工业区。

4类标准适用于城市中的道路交通干线道路两侧区域，穿越城区的内河航道两侧区域。穿越城区的铁路主、次干线两侧区域的背景噪声（指不通过列车时的噪声水平）限值也执行该类标准。

3. 夜间突发的噪声，其最大值不准超过标准值5dB(A)。

交通噪声

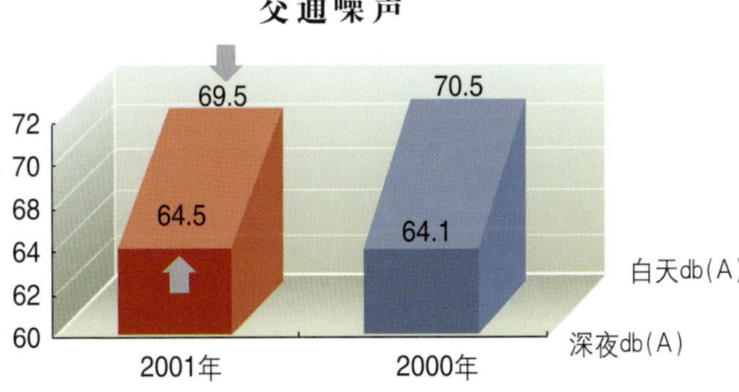

环境噪声

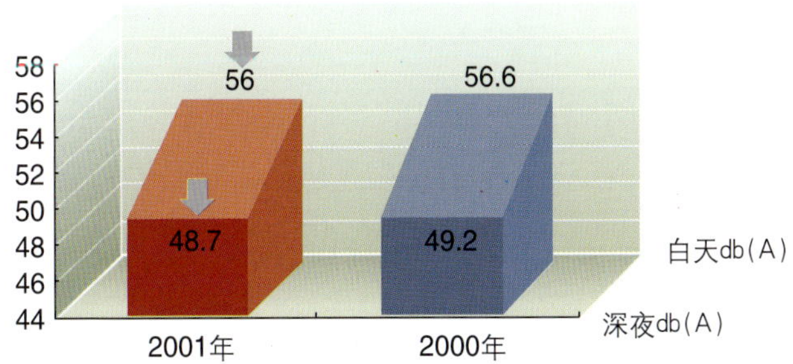

2001年全市共布设区域环境噪声测点222个，其中城考点位214个；道路交通噪声测点133个，其中城考点位125个；高空环境噪声测点11个，中心城区中除黄浦区设2个测点外，其余行政区各设1个测点；苏州河航运噪声测点3个，分别设在曹杨路桥、恒丰路桥和乍浦路桥；功能区噪声测点36个，其中一类区域10个，二类区域和三类区域各13个。

各类噪声测点均按白天和深夜2个监测时段进行监测和统计，评价标准见标准。

固体废弃物处置监测

固体废弃物动物急性毒性试验和危险废物安全性监测

2001年，根据上海市环保局对固体废弃物处置管理的要求，上海市环境监测部门依靠全国环境监测系统首家动物实验室，对固体废弃物进行动物急性毒性试验和危险废物安全性监测，为危险废物的管理和处置提供了有力的技术支持。

微生物菌剂安全检测

为配合《上海市环境保护微生物菌剂应用的环境安全性管理办法（试行）》的实施，2001年，上海市环境监测部门对微生物菌剂在生活有机垃圾和有机废水处理应用中的环境安全性进行了检测，并对从事环保微生物菌剂生产和经营的单位进行了评价。

污染源监测

固定污染源监测

2001年，上海市环境监测部门根据《上海市污染物排放总量复核监测实施细则》的要求，对全市3702家工业企业进行排污总量复核监测，并依据《污染源监测管理办法》对不具备监测能力、但有污染物排放的工业、餐宾业和医疗等行业的固定污染排放源接受委托监测，全年监测重点排污单位4次，监测一般排污单位2次。监测废水、废气等共计14个项目。对全市12家燃煤电厂的监测则以年检的形式实施，以核定电厂二氧化硫、氮氧化物和烟尘排放总量。对工业粉尘监测以核定工业粉尘的排放总量。对全市锅炉、窑炉进行监测的监测因子主要为烟尘和二氧化硫。

2001年，为配合市人大执法检查和环保部门的环境监察，上海环境监测部门还对全市各类排污口开展突击抽查，为向超标排放企业征收排污费提供了科学依据。

流动污染源监测

2001年，上海市流动污染源监测围绕各类机动车尾气排放抽检展开。3支路检执法队伍以随机取样方式，对不同车型进行路检执法，实现了路检执法经常化，全年共路检机动车20350辆。

为严格控制在用车的运行车况，上海市环境监测部门对公交公司、交通运输公司等用车大户进行不定期抽检，促使各大公司和车队建立健全比较完善的机动车维修保养及检测制度，抽检中还兼顾客运车和货运车的比例，使抽检结果更具代表性。

2001年，对大众汽车公司和通用汽车公司等机动车生产企业的监测以出厂新车不定期抽检为主，兼顾国产车型和进口车型，并抽查不同型号的车辆，以掌握出厂新车的排污状况，促使机动车生产企业严格执行出厂新车的企业标准。

2001年，为迎接APEC会议的召开，结合市政府对环境整治的要求，上海市环境监测部门联合车辆管理部门对会议场馆附近主要交通干道、4个公交枢纽站、5条景观道路以及6个区的部分行驶站线上公交柴油车尾气排放情况，采用定点和机动方式进行专项监测，抽查柴油车7123辆。

辐射环境监测

放射环境监测

2001年对上海环境介质中天然放射性核素和人工核素监测结果表明，上海市环境放射性水平稳定，环境介质中的各种放射性核素含量未见异常变化。全市8个监测网点的定期监测结果表明，各点的陆地γ辐射完全吸收剂量率处于正常天然水平。

2001年上海市环境γ辐射剂量率监测结果

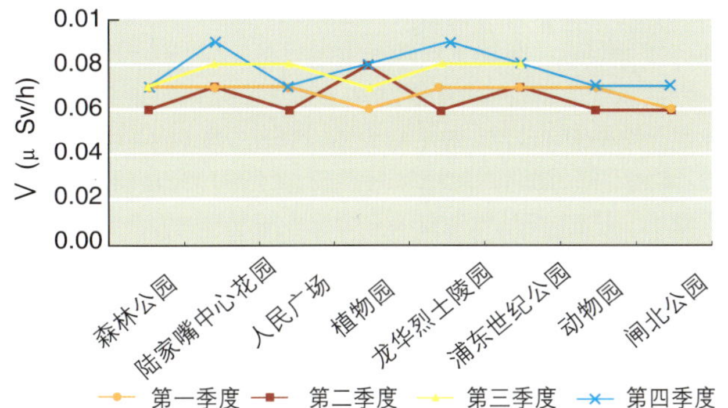

进口石材放射性含量检测

自2000年上海检验检疫局发现进口石材中放射性含量超标问题后，2001年，上海市辐射环境监理所即着手开展对进口石材的放射性含量检测，同时开展了居民家庭放射性含量检测服务。2001年，上海市辐射环境监理所共对约300户居民家庭进行了监测。监测数据表明，绝大多数石材放射性含量合格，个别超标（比例约为1%）。但是，限于样本数太少，尚不能据此断定上海居民所用的石材的放射性含量是合格的。在对石材加工企业所用的石材原料进行放射性含量的分析监测中，不适于用作室内装饰的石材时有发现，但比例不大。

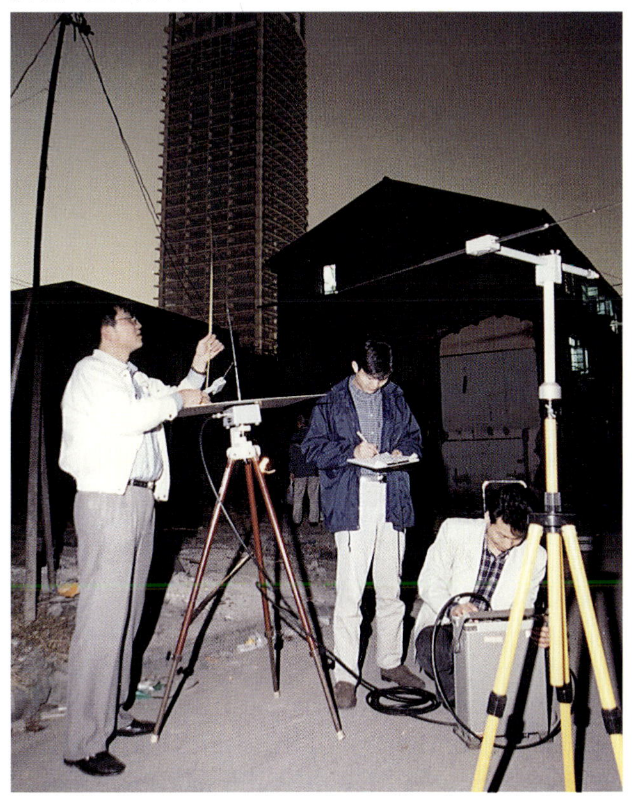
电磁辐射环境监测

电磁辐射环境监测

全市10个监测网点的电磁辐射环境监测结果表明，2001年上海市电磁辐射环境本底水平比较稳定，均低于《500kV超高压送变电工程电磁辐射环境影响评价技术规范（HJ/T24-1998）》推荐的暂以4 kV/m作为居民区工频电场评价标准，和国际辐射保护协会关于对公众全天辐射时的工频限值0.1mT。见下图。

2001年上海市电磁辐射环境监测结果
（高频电场强度，频率范围：0.5MHz-1.5GHz）

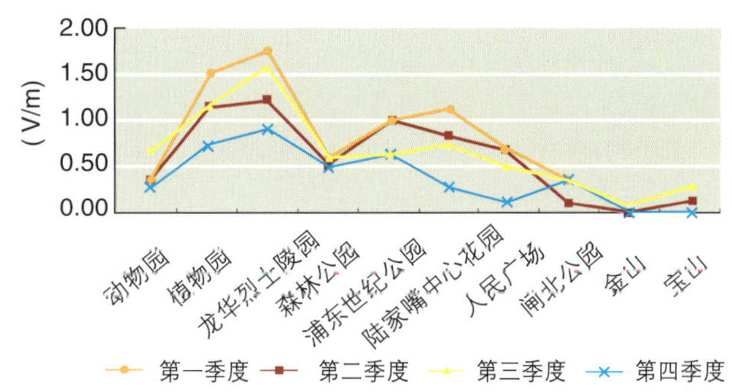

2001年上海市电磁辐射环境监测结果
（工频电场强度，频率范围：50/60Hz）

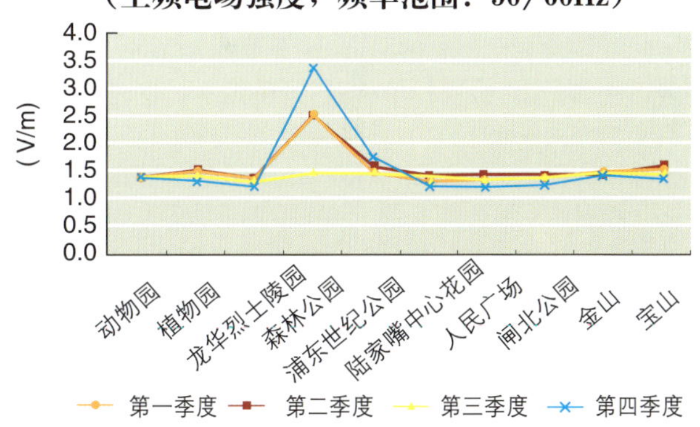

2001年上海市电磁辐射环境质量监测结果
（工频磁场强度，频率范围：50/60Hz）

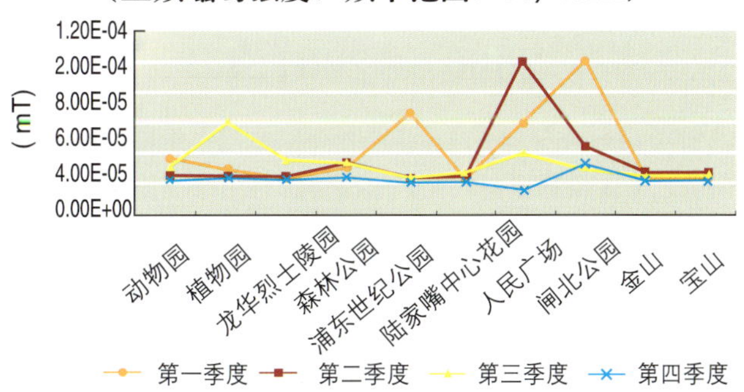

土壤环境质量监测

土壤环境质量普查

2001年，上海市开展土壤环境质量普查，计划在两年内基本完成上海土壤环境质量普查、资料整理和土壤环境质量的各种图件的编制，并在此基础上建立地理信息系统（GIS）的管理决策监控手段，为农业标准化生产的形成和促进，农用土地利用方式在更高层次上的规划和调整，食用农产品安全、无污染生产基地的培育和建立奠定理论基础和提供实践依据，同时，也为土壤环境质量的改良、污染土地的修复提供基础数据。

土壤环境质量普查主要目的是，查清全市范围的土壤环境质量的重金属和农药残留含量的测定，包括理化性状、生产性能和土壤肥力等污染的评价指标。具体普查项目有：(1)统计农林果牧等各类土地和土壤的数量；(2)基地土壤：根据生产基地背景调查情况和国家有关农产品生产基地环境监测方案，检测汞（Hg）、砷（As）、铅（Pb）、铬（Cr）镉（Cd）、铜（Cu）、锌（Zn）、六六六、DDT、pH等10个项目；(3)基地灌溉水：根据生产基地背景调查情况和国家有关农产品生产基地环境监测方案，检测pH、汞（Hg）、砷（As）、铅（Pb）、铬（Cr）镉（Cd）、COD、氟化物等8个项目；(4) 基地空气：以环境空气质量为主要标准，结合实地采样测定部分项目。

普查项目还对低产土壤环境质量妨碍优质农产品生长的因素进行测定调查分析。其中包括：调查分析低产土壤妨碍优质农产品生长的因素及其他障碍层次，调查分析高产土壤的肥力条件、特性和指标。

地质环境监测

监测设施及监测

上海市地质环境监测设施包括地下水监测网络和地面沉降监测网络。随着新一轮地质环境监测网络的修建，至2001年底，上海市地质环境监测设施情况可见上海市地质环境监测设施一览表。

2001年观测水位11096次，测定水温1476次，取水质全分析样252套；分层标相对测量216组次，基岩标联测I等精密水准测量691公里，I等精密水准测量356公里，II等水准精密测量330公里；共取得地质环境监测数据16000余个，提交监测报告计4 份，提交监测简报计18份。所有监测资料已作为定量计算依据，将在编制《2002年上海市地下水开采和回灌方案》以及有关的建设用地地质灾害危险性评估工作中得到应用，为防治地质灾害，保护地质环境提供了技术支撑。

上海市地质环境监测设施一览表

地面沉降监测设施		地下水水环境监测设施			
			水位	水质	水温
基岩标	32（座）	潜水	20	20	20
分层标	27（组）	第二含水层	97	23	23
水准点	410（个）	第三含水层	88	45	45
		第四含水层	103	73	73
		第五含水层	54	26	26
		孔隙水压力测头孔	6		

生物资源监测

上海市陆生野生动物资源监测 2000—2001年

从1996年开始，原林业部在全国范围内组织开展了全国陆生野生动物资源调查。上海市农林局按照原林业部的部署，从1997年开始，用3年的时间对上海地区的陆生野生动物资源进行了全面的调查，形成了50多万字的调查报告，对上海地区野生动物资源的现状及存在的问题进行了详细的阐述。根据国家林业局的规定，在调查结束后，每年要进行野生动物资源监测，弄清野生动物资源的连续动态变化趋势，为野生动物保护和合理利用提供决策依据。

上海历史上第一次的陆生野生动物资源监测工作从2000年开始。监测时间选择了野生动物种群相对稳定期的冬季和夏季，每年进行两次监测调查。通过第一年的监测调查，基本上掌握了上海野生动物资源现状及变化趋势，监测结果可为上海市的城市建设和生态环境保护提供参考，为更好地保护和合理利用野生动物资源提供依据。

监测工作由上海市野生动物保护管理站和华东师范大学生物系有关专业人员组织实施。监测分为冬夏季两次，冬季在11月至翌年3月，主要在划定的监测样带和样点监测冬候鸟和小型兽类，夏季集中在6月至8月，同原来资源调查的时间相吻合；同样，在划定的监测样带和样点监测夏候鸟和两栖爬行类。

野生动物资源监测的范围包括上海市区外环线以外的所有平原、丘陵、湿地和水域。农田区域以样带法进行监测，包括闵行区、嘉定区、宝山区、金山区、南汇区、松江区、青浦区、浦东新区、奉贤区、崇明县等九区一县，抽取17条样带，有效面积约2930平方公里。湿地和丘陵区域以样点法进行监测，范围包括长江口区沿岸、沿海湿地、河口岛屿、淀山湖湿地和天马山等，选取10个样点，有效面积约2204.7平方公里。

监测以1997—1999年的调查数据为基础，用GPS（卫星定位仪）确定位置。样带法中每条样带长3公里，用8×30和7×50望远镜，以每小时1.5平方公里步行观察记录两侧野生动物。样点法是在固定位置作定点观察，用7×50双筒望远镜和15×60倍单筒望远镜，重点观察湿地、水域和丘陵林地鸟类。两栖爬行类调查采用固定样线法，每个样线长600米，在夜间沿样线调查两侧的两栖爬行动物。

水生态环境监测体系

2001年，上海市环境监测中心在全国率先建立起比较完善的水生态环境监测体系。该体系是为检验苏州河治理效果而建立的。上海市环境监测中心在对苏州河主要断面进行生态恢复监测中，除了生物和底栖动物监测外还增加了水生生物毒性试验。生态监测结果表明，苏州河整治前后水生态系统有了显著变化，着生生物和底栖动物群落结构和生物种类多样性有了明显改善。苏州河水整治前，鱼类96小时急性毒性试验表明，鱼类死亡率达100%，整治后死亡率为20%。藻类毒性试验表明，整治后的苏州河水对藻类不仅无毒性抑制作用，相反在一定程度上已表现出促进作用。此外，黄浦江生态监测评价指标体系通过研究也已被正式纳入环境监测体系，为科学直观评估水生态状况和指导水生态恢复和建设提供了重要方法和手段。

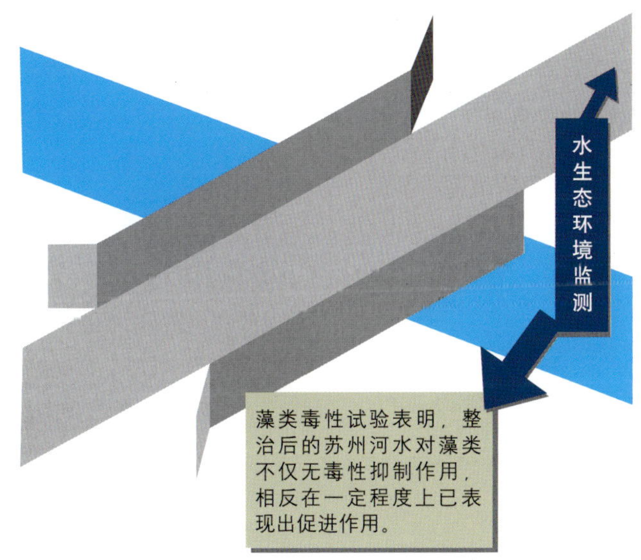

环境质量

地表水环境质量

黄浦江干流

2001年监测结果显示：淀峰和松浦大桥断面分别有6项和4项指标劣于Ⅲ类功能区水质标准；临江断面有5项指标劣于Ⅲ类功能区水质标准；杨浦大桥断面有6项指标劣于Ⅳ类功能区水质标准；吴淞口断面有2项指标劣于Ⅳ类功能区水质标准。与2000年相比，黄浦江上游、下游水质总体水平有所下降，中游水质有所改善。

黄浦江上游

淀山湖、太浦河、园泄泾、大泖港分别有10项、6项、9项、11项指标劣于Ⅱ类功能区水质标准。与2000年相比，黄浦江上游江、浙两省来水水质有所下降。

黄浦江支流

与2000年相比，苏州河上游河段的水质基本稳定，中、下游河段有所改善。黄浦江市区支流部分有机物污染指标劣于Ⅴ类水质标准。

长江口

长江口（徐六泾至河口段）大多数指标达到Ⅱ类功能区水质标准。

太湖流域上海地区31条河流水质评价

太湖流域水质评价以行政区划分为江苏、浙江和上海，从污染（Ⅳ类以上包括Ⅳ类）水体的广度上来看，上海市在1月份和10月份，数量最大；从污染程度上看，上海也为最高。

2001年太湖流域上海地区31条河流水质评价结果（%）

月份	Ⅱ类	Ⅲ类	Ⅳ类	Ⅴ类	劣于Ⅴ类
1	0	4.4	46.7	6.7	42.2
5	0	26.7	20.0	0	53.3
10	0	0	55.6	2.2	42.2

2001年省界主要水体水质评价

2001年省界主要水体水质评价项目为：河流有pH、溶解氧（DO）、非离子氨、高锰酸盐指数（COD_{Mn}）、五日生化需氧量（BOD_5）、总磷（TP）、挥发酚；湖泊有总磷、总氮、叶绿素和高锰酸盐指数。依据GB 3838－88水质标准和《中国水资源公报》湖泊富营养化评价标准，分全年期、汛期及非汛期三部分进行评价。上海边界河流评价期各类水质评价结果见下列所示两表。

上海边界来水断面水质评价结果

界别	河流水系	断面名称	全年期类别	丰水期类别	枯水期类别
	盐铁塘	新星桥	劣于Ⅴ类	劣于Ⅴ类	劣于Ⅴ类
	吴淞江	吴淞大桥	Ⅴ类	Ⅴ类	劣于Ⅴ类
		石浦	劣于Ⅴ类	劣于Ⅴ类	劣于Ⅴ类
沪苏	千灯浦	千灯闸	Ⅴ类	Ⅴ类	Ⅳ类
	急水港	周庄大桥	Ⅴ类	Ⅴ类	Ⅴ类
	元荡－淀山湖	白石矶大桥	Ⅳ类	Ⅴ类	Ⅳ类
	朱库港	朱库港大桥	Ⅳ类	Ⅳ类	Ⅲ类
	太浦河	汾湖大桥	Ⅳ类	Ⅳ类	Ⅳ类
	红旗塘	姚庄大桥	Ⅳ类	劣于Ⅴ类	Ⅲ类
沪浙	上海塘	青阳汇	劣于Ⅴ类	劣于Ⅴ类	劣于Ⅴ类
	广陈塘	六里塘大桥	Ⅴ类	劣于Ⅴ类	Ⅳ类
		湖南	劣于Ⅴ类	劣于Ⅴ类	劣于Ⅴ类
湖泊	淀山湖	湖中	劣于Ⅴ类	Ⅳ类	劣于Ⅴ类
		湖北	Ⅳ类	Ⅳ类	Ⅳ类

沪苏边界河流评价期各类水质评价结果

评价期	Ⅲ类	Ⅳ类	Ⅴ类	劣于Ⅴ类
枯水期	12.5	37.5	12.5	37.5
丰水期	0	25.0	50.0	25.0
全年期	0	37.5	37.5	25.0

海洋环境质量

上海市海洋局分别于2001年5月、8月、11月，对上海长江口及邻近海域进行了海洋环境监测、生态监测。监测共设站位71个，有水质、沉积物、生物（生态）、水文气象等52个监测项目，共获监测数据10135个。海洋环境监测表明：上海近岸海域属于污染海域，为四类海水水质标准，西区、南区、竹园排污口、金山海域污染严重，主要污染物质为无机氮、无机磷、重金属铅、汞和油类等，无机氮超过四类海水水质标准；上海近海海域是轻度污染海域，而上海外海海域则属于较清洁海域。生态监测表明：长江口内浮游植物生物量较低，而长江口外则较高；浮游动物在长江口海域表现为丰富的浮游动物生态类群，生物量较高；底栖生物在排污口附近种类较少，长江口外海域种类多样性增大，基本反映了该海域的环境质量现状。

海域水环境质量

上海市海域海水环境质量以化学需氧量（COD）、油类（Oil）、无机磷（IP）、无机氮（IN）、重金属汞（Hg）、铅（Pb）、砷（As）等作为主要评价指标。结果表明，海水环境中主要污染物依次为无机氮（IN）、无机磷（IP）、油类（Oil）、重金属铅（Pb）和汞（Hg）。

2002年上海海洋环境监测站位示意图

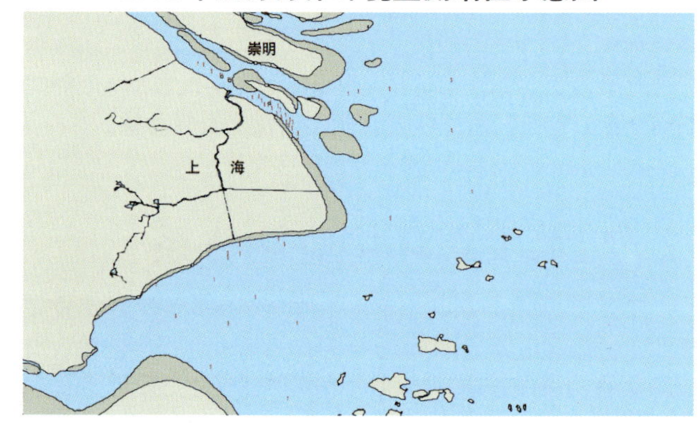

上海海域海水水质状况

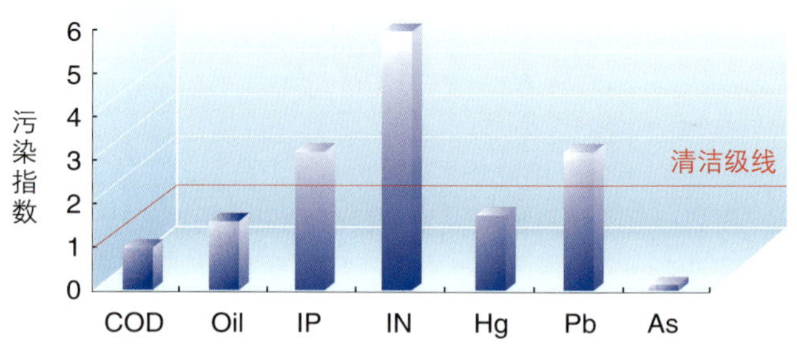

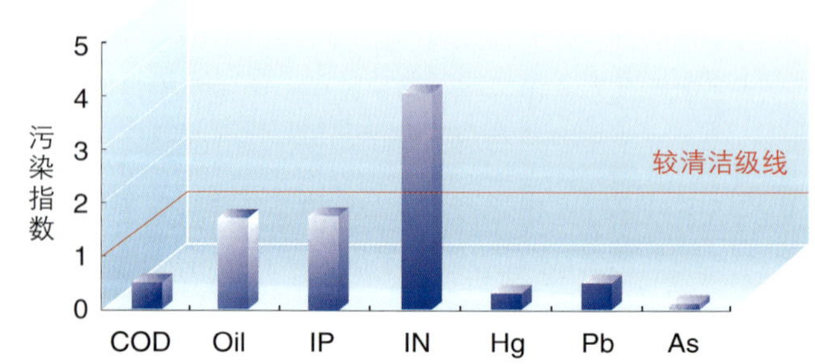

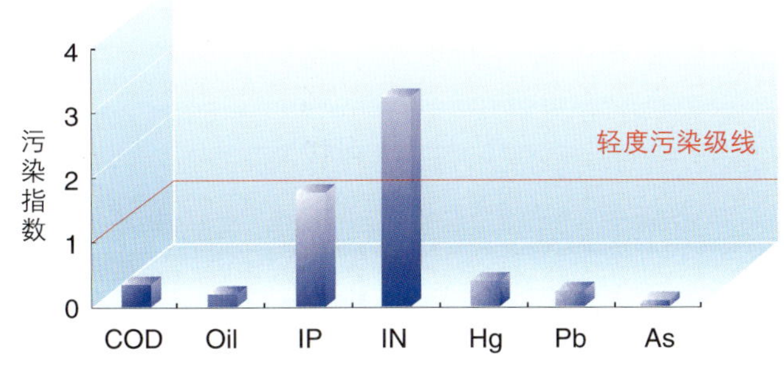

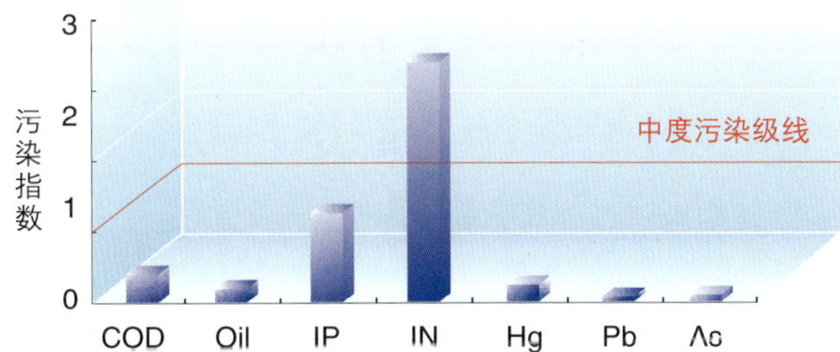

清洁级线：用国家海水水质标准中一类海水水质标准进行评定。

较清洁级线：用国家海水水质标准中二类海水水质标准进行评定。

轻度污染级线：用国家海水水质标准中三类海水水质标准进行评定。

中度污染级线：用国家海水水质标准中四类海水水质标准进行评定。

污染指数：海水环境理化指标的含量水平与相应评定标准的比值。

主要污染物区域分布如下列各图所示

上海各海域无机氮污染程度

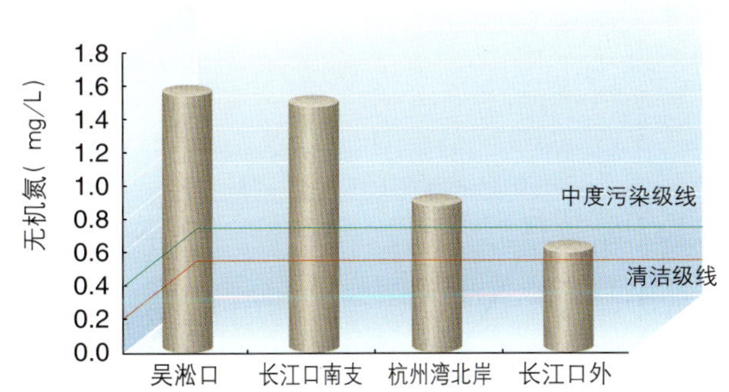

无机氮是上海海域最主要的污染物，整个海域含量水平均超中度污染级线，污染严重。

上海各海域无机磷污染程度

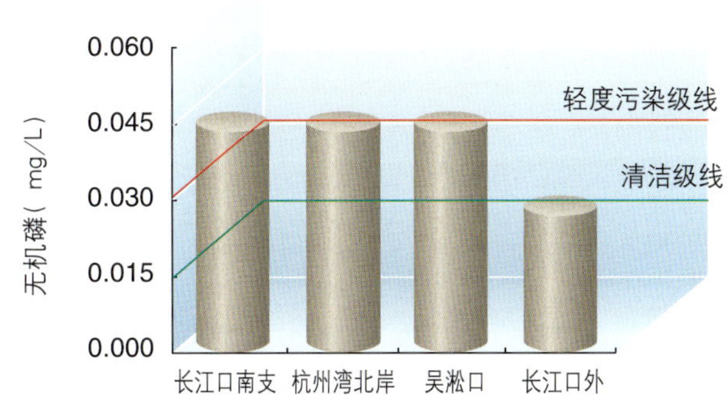

无机磷是上海海域仅次于无机氮的主要污染物，除长江口外海域较清洁外，其余海域含量水平均超轻度污染级线，污染较为严重。

上海各海域油类污染程度

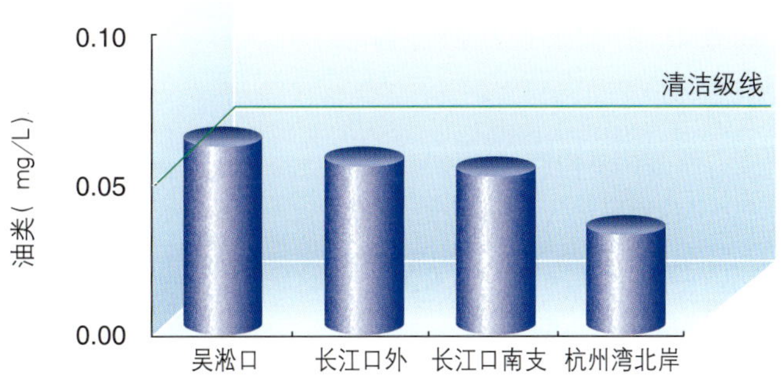

油类也是上海海域主要污染物之一，除吴淞口海域受到油类轻微的污染外，其它海域均属清洁海域。

上海各海域铅污染程度

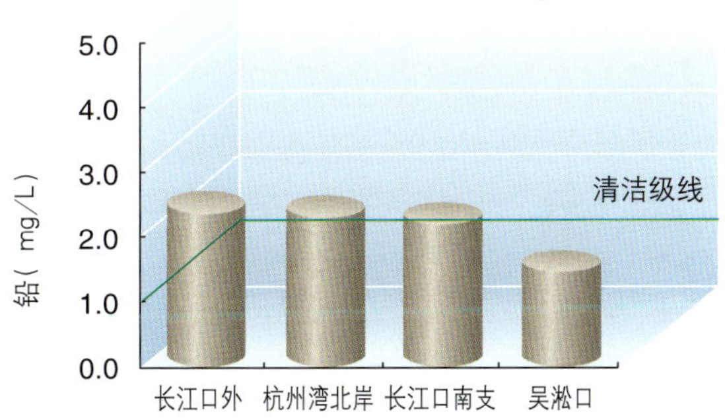

重金属铅（Pb）是上海海域重金属类主要污染物，除吴淞口海域属于清洁级海域外，其余海域含量水平均超清洁级线，属较清洁级海域。

上海各海域汞污染程度

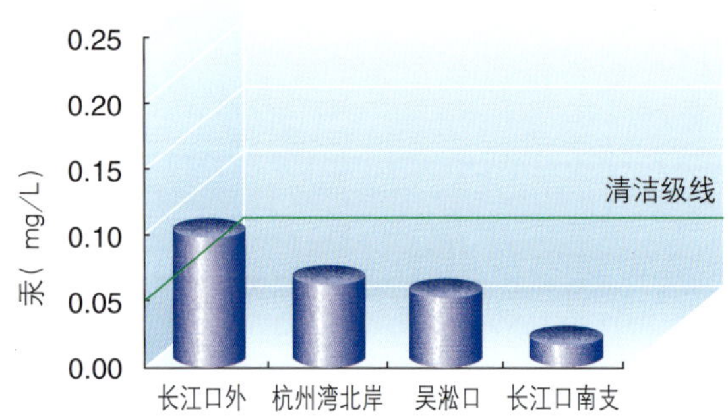

上海各海域沉积物汞污染程度

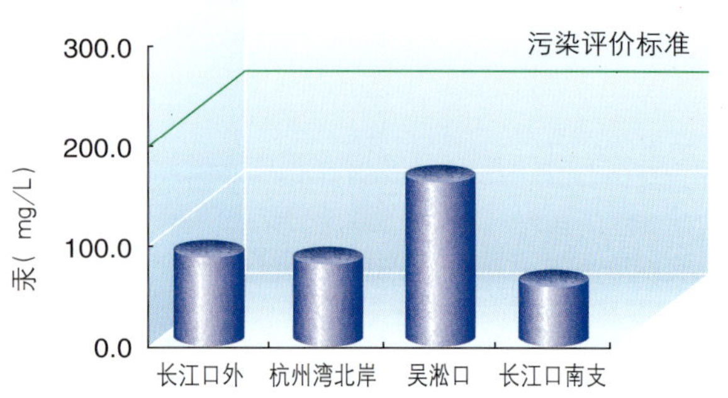

重金属汞(Hg)也是上海海域重金属类污染物之一，除杭州湾北岸海域受到重金属汞的轻微的污染外，其他海域均属清洁海域。

清洁海域：符合国家海水水质标准中一类海水水质的海域，适用于海洋渔业水域、海上自然保护区、珍稀濒危海洋生物保护区。

较清洁海域：符合国家海水水质标准中二类海水水质的海域，适用于水产养殖区、海水浴场、人体直接接触海水的海上运动或娱乐区、以及与人类食用直接有关的工业用水区。

轻度污染海域：符合国家海水水质标准中三类海水水质的海域，适用一般工业用水区。

中度污染海域：符合国家海水水质标准中四类海水水质的海域，仅适用于海洋港口水域和海洋开发作业区。

严重污染海域：劣于国家海水水质标准中四类海水水质的海域。

海洋环境沉积物质量

上海市海洋环境监测部门对上海不同海域进行了海洋沉积物中的总汞（Hg）、铜（Cu）、镉（Cd）、铅（Pb）、砷（As）、多氯联苯（PCB）、滴滴涕（DDT）、硫化物、有机质等项目的监测。监测结果表明，除杭州湾北岸海域沉积环境受到重金属铅（Pb）一定程度的污染外，其他海域海洋沉积环境质量总体良好。具体情况见下列各图所示。

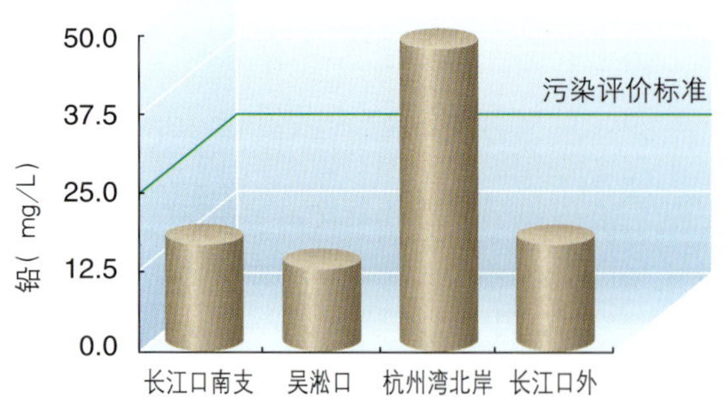

上海各海域沉积物铅污染程度

典型海洋功能区环境监测结果

陆源排污区

上海市海洋环境监测部门对上海西区、南区排污口等进行的监视监测结果表明：上海南区排污口经改造治理后，采用深海埋管排污方式，其排污口周围海域没有污水扩散带，明显提高了该海域环境的自净能力。但西区排污口仍采取随岸排放方式，因而形成较明显黑色污水扩散带，不利于海洋环境自净能力的发挥，对周围局部海域环境可能产生一定的影响。

治理后的南区排污口

倾倒区

上海市海洋环境监测部门对“长江口深水航道1号、5号”专用倾倒区以及吴淞口北倾倒区进行的专项环境监测结果表明：海洋倾倒区环境状况总体并未出现恶化趋势，营养盐类超标严重，但与该海域特定环境的营养盐类分布特征一致，重金属指标仅出现个别超标现象。因此，倾倒区环境对其邻近海域的环境、资源无明显影响，可以继续使用。

疏浚物倾倒船

自然保护区

上海市海洋环境监测部门对金山三岛海洋生态自然保护区、崇明东滩鸟类保护区的湿地生态，九段沙湿地自然保护区附近海域的自然生态环境进行的监测结果表明，海洋自然保护区内生物种类较丰富较多样，同时航空遥感监视监测表明，未发现明显的人为破坏活动。

海洋生物质量

2001年，参照《海洋生物贝类质量标准》(GB18421-2001)评价，上海市海洋环境监测部门对上海市的泥螺和缢蛏这两种经济贝类生物体进行了采样监测，检测项目有石油烃、锌、铜、镉、汞、铅、砷和卫生学指标中的细菌总数和大肠杆菌等。监测结果表明，除缢蛏体内的石油烃、泥螺体内的镉和铜残留量较高外，上海海域经济贝类其他质量指标基本良好。

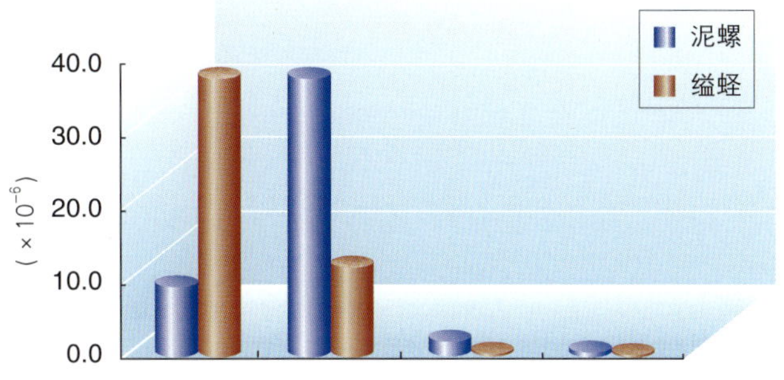

上海海域经济贝类体内污染物残留量比较

海洋生物多样性

2001年上海海洋环境监测部门对上海海域浮游生物、底栖生物、潮间带生物进行了监测。结果见下表。

2001年上海海域的生物多样性

生物类群	数量＼海域	南排口	西排口	崇明东滩	金山三岛	长江口内	长江口外
浮游植物	种类数	7	8	9	19	20	14
	丰度（个/m3）	19166	55400	1622000	76900	11519475	993200
	生物多样性	1.551	1.243	0.077	2.550	2.753	1.014
浮游动物	种类数	5	1	7	12	18	18
	丰度（个/m3）	25	2	36	224	1156	246
	生物多样性	2.48	0.50	2.70	3.22	3.40	3.69
底栖生物	种类数	2	0	2	——	——	10
	生物量（g/m2）	0.184	0	0.252	——	——	10.495
	生物多样性	0.642	0	0.571	——	——	0.806

注：“——”表示样品未采集到。

2001年上海潮间带生物多样性

位置＼指标＼地名	南排口				崇明东滩				长江口外			
	S	N	d	Pi	S	N	d	Pi	S	N	d	Pi
高潮区	1	240	0	0	5	4016	0.334	0.020	2	576	0.109	0.711
中潮区	2	32	0.2	1	2	96	0.152	0.5	4	224	0.384	1.670
低潮区	2	64	0.17	0.81	4	112	0.441	0	13	4784	0.982	2.473

注：S为种类数，N为个体总数（个/m²），d为均匀度，Pi为生物多样性。

上海海域的生物多样性较丰富，但不同区域生物量和物种多样性差异较大。主要表现为长江口外水域的浮游生物和底栖生物多样性明显高于长江口内水域,排污口附近水域的生物多样性较低,而自然保护区崇明东滩和金山三岛附近水域的生物多样性较高。

赤潮监视监测结果

赤潮

赤潮

上海海域赤潮多发区位于长江口外海域。根据长江口外赤潮多发海域的环境特点，上海海洋监测部门有针对性地加大了飞机遥感监视的密度，并在加强飞机遥感监视的基础上，出动“中国海监”船只多艘，对赤潮发生区域的海洋环境状况、赤潮生物种类和毒素等进行了多航次的监视监测，同时与有关涉海企事业单位联系，鼓励参加志愿监视监测赤潮的活动，建立的专群相结合赤潮监视监测网络也发挥了积极的作用。2001年度上海共发现赤潮10起（见附表）。2001年5月10日上午，在长江口附近海域发现面积约1000平方公里的赤潮，上海市海洋局启动应急监视监测程序，组织实施了对赤潮发生海域的应急监视监测，并采取相应的防治措施。同时，市海洋局还派出飞机、船只协助中央电视台焦点访谈节目摄制组制作了海空联合监视监测长江口海域的赤潮现场跟踪报道专题片。专题片于2001年5月15日在中央电视台播出，对加强赤潮防治工作的宣传起到了积极的作用。

2001年赤潮监视监测结果

序号	发生时间	面积	颜色	形状	发现者
1	4月15日	2平方公里	褐红色	条带状	中国海监飞机
2	4月15日	6000米长	褐红色	条带状	中国海监飞机
3	4月16日	15平方公里	红色	团块状	中国海监飞机
4	5月10日-5月17日	1000平方公里	鲜红色	不规则状	志愿观测者
5	5月11日	数十平方公里	褐色	片状	上海市海洋局
6	5月17日	大面积	褐色		志愿观测者
7	6月17日	近百平方公里	褐色		中国海监飞机
8	7月1日	数百平方米	褐色、暗红色	带状分布	上海市海洋局
9	7月17日	350多平方公里	橙色		志愿观测者
10	8月1日	数十平方公里	褐色	带状	上海市海洋局

地下水水环境质量

1. 潜水：水中主要阴阳离子含量与上年基本相近，微量元素除铜、砷、镉、总铬、汞未检出外，其他元素均有检出，但含量极低均未超标。潜水污染因子仍以总铁、NO_2^-、NO_3^-为主，其次是COD、矿化度，检出含量及动态变化见上海市2001、2000年潜水主要离子（组份）含量统计表。2001年度潜水污染除NO_2^-、NO_3^-略大于上年外，其余污染程度有所减弱，仍以轻度污染为主，也未发现污染的扩展或加剧。

2. 承压水：年内经检测，各含水层地下水中阴、阳离子的含量与上年同期相比变化不大，绝大部分地区基本仍处于良好的原始状态，局部地区因井管破裂导致上部咸水渗入，部分离子含量较高，2001、2000年度主要离子对比见上海市2001、2000年各含水层主要离子（组份）含量统计表。

上海市2001、2000年潜水主要离子（组份）含量统计表

离子（组份）	年度	NO_3^-	NO_2^-	NH_4^+	酚	氰化物	耗氧量COD	矿化度
最高含量mg/l	2001年	201.0	5.28	3.55	0.044	<0.01	5.90	1237
	2000年	146.5	3.541	5.33	0.012	<0.01	4.10	1195
最低含量mg/l	2001年	<0.5	<0.004	<0.04	<0.002	<0.01	0.80	393
	2000年	<0.5	<0.009	<0.04	<0.002	<0.01	0.30	301
超标率(%)	2001年	25.0	30	10	40.0	0	10.0	5.0
	2000年	28.6	33.3	10	47.6	0	23.8	14.3

2001、2000年各含水层主要离子（组份）含量统计表（单位：毫克／升）

含水层次	项目	年度	Cl^-	SO_4^{2-}	NO_3^-	NO_2^-	NH_4^-	酚	耗氧量	矿化度
II	最高含量	2001	1775.0	63.8	443.5	5.52	2.64	0.005	3.80	2804
		2000	1765.5	17.5	14.5	3.489	2.80	<0.002	4.40	3061
	最低含量	2001	15.1	1.8	90.6	0.010	0.17	<0.002	1.20	303
		2000	14.2	0.3	<0.5	<0.004	<0.04	<0.002	0.40	300
	超标率(%)	2001	50.0	0	0	25.0	63.0	12.5	25.9	25.0
		2000	57.1	0	0	14.3	71.0	0	28.6	28.6
III	最高含量	2001	932.4	108.0	624.0	39.5	48.4	0.037	15.10	1747
		2000	921.5	26.4	12.0	7.392	4.48	0.040	3.90	1776
	最低含量	2001	3.4	0.3	<0.5	<0.004	<0.04	<0.002	0.8	287
		2000	8.8	0.3	<0.5	<0.004	<0.04	<0.002	0.20	254
	超标率(%)	2001	11.8	0	2.9	38.2	41.0	29.4	17.6	11.8
		2000	19.0	0	0	61.9	33.0	42.9	9.5	14.3
IV	最高含量	2001	911.59	67.8	59.6	11.0	1.75	0.028	4.90	1117
		2000	621.4	244.5	23.0	5.822	2.69	0.010	5.90	2019
	最低含量	2001	15.1	0.3	<0.5	<0.004	<0.04	<0.002	0.01	252
		2000	14.1	0.3	<0.5	<0.004	<0.04	<0.002	0.10	186
	超标率(%)	2001	14.0	1.8	1.8	15.8	12.0	10.5	4.9	5.3
		2000	16.0	0	0	30.0	12.0	26.0	26.0	3.4
V	最高含量	2001	498.3	72.2	7.4	0.634	3.11	0.028	2.50	1207
		2000	907.8	110.4	3.4	4.512	1.03	0.002	3.20	1397
	最低含量	2001	24.5	1.4	<0.5	<0.004	<0.04	<0.002	0.09	352
		2000	20.6	0.3	<0.5	<0.004	<0.04	<0.002	0.01	318
	超标率(%)	2001	40.0	0	0	12.0	3.11	56.0	2.50	24.0
		2000	33.3	0	0	3.3	10.0	3.3	8.0	8.0

人工回灌井水质量

2001年年内监测结果表明，夏用末期地下水中各离子（组份）的含量（除耗氧量外）普遍高于冬灌末期，与上年同期比，各含水层地下水中各项离子（组份）的含量均有不同程度的下降（个别井中有个别离子组份小幅增高），说明尽管人工回灌仍给地下水带来一定的污染，但污染程度有减弱趋势，且仍表现为点状污染。

环境空气质量

2001年，全市二氧化碳平均浓度值为0.044毫克／立方米，其中城区比2000年上升0.002毫克／立方米。全市二氧化碳平均值为0.024毫克／立方米，其中城区比2000年下降了0.002毫克／立方米。全市可吸入颗粒物平均浓度值为0.100毫克／立方米（城区）。

全市降水pH平均值为5.20，酸雨发生频率为25.2%，比2000年下降了0.8个百分点。城区平均降尘量为9.97吨／平方公里·月，比2000年上升了0.16吨／平方公里·月。

2001年，上海市继续发布上海市空气质量预报和日报，预报的指标为二氧化硫、二氧化氮和可吸入颗粒物。市民可通过电台、电视台、报刊和国际互联网（如上海热线）及时了解空气质量的变化。

季度	二氧化碳（毫克／立方米）			可吸入颗粒物（毫克／立方米）	二氧化碳（毫克／立方米）		
	城区	郊区	全市	城区	城区	郊区	全市
一	0.072	0.034	0.047	0.126	0.050	0.017	0.026
二	0.059	0.036	0.042	0.097	0.034	0.014	0.022
三	0.045	0.033	0.036	0.061	0.039	0.013	0.020
四	0.075	0.038	0.051	0.114	0.050	0.022	0.027
全年	0.063	0.035	0.044	0.100	0.043	0.017	0.024

声环境质量

2001年，全市区域环境噪声白天时段的平均等效声级为56.0dB(A)，比2000年下降了0.6dB(A)；深夜时段的平均等效声级为48.7dB(A)，比2000年下降了0.5dB(A)。

2001年，全市主要道路交通干线白天和深夜时段的平均车流量分别为1976辆／小时和1001辆／小时，与2000年相比，白天增加了208辆／小时，夜晚增加了167辆／小时。监测结果显示：上海市交通噪声白天和深夜时段的平均等效声级分别为69.5dB(A)和64.5dB(A)，与2000年相比，白天时段的平均等效声级下降了1.0dB(A)，而深夜时段的平均等效声级上升了0.4dB(A)。

工业固体废物

2001年全市工业固体废物产生量为1605万吨，比2000年增加18.5%。综合利用量1581.7万吨，其中综合利用往年贮存量34万吨。综合利用率为96.5%，比2000年增加3.2个百分点。

生活垃圾

2001年全市清运生活垃圾526.5万吨，比2000年增加0.5%。

辐射环境监测结果

经上海市8个监测网点的定期监测，各点的陆地γ辐射完全吸收剂量率处于正常天然本底水平，环境介质中的各种放射性核素含量未见异常变化。放射性污染源周围地区的环境γ辐射空气吸收剂量率、气溶胶等的放射性水平在天然本底涨落范围内。

城市电磁辐射的环境影响已日益引起公众的注意。检测表明，绝大多数电磁辐射设施（广播、通讯、电力等）周围公众环境的电磁辐射值在国家标准规定的限制之内。

地面沉降

综合地面沉降平面分布情况图

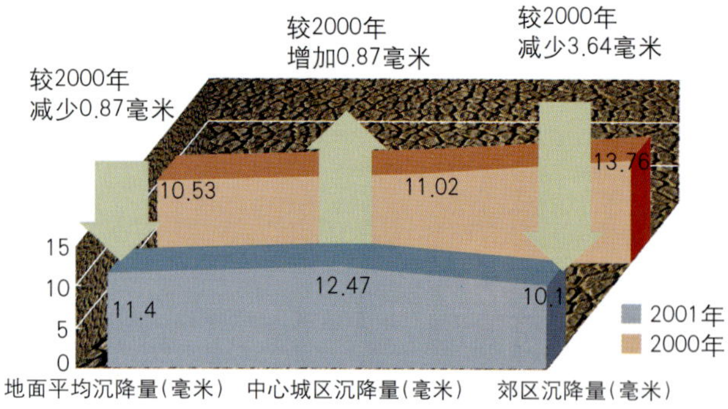

上海地区地面沉降动态变化仍主要受制于地下水的开采和回灌作用，其次，亦受大规模建筑施工的影响。根据2001年年初编制的《2001沉降年度上海市地下水采灌方案》核定，全市地下水开采总量控制在8650万立方米以内，总回灌量不低于1400万立方米。2001沉降年度，全市地下水实际总开采量为8124.5万立方米，实际总回灌量1152.7万立方米。本年度市区（中心城区和近郊区）由开采地下水而产生的地面平均沉降量11.40毫米，较上年度同比减少0.87毫米。其中中心城区沉降12.47毫米，同比微增1.45毫米；近郊区沉降10.12毫米，同比减少3.64毫米。

陆生野生动物资源监测结果（2000—2001年）

2000年上海陆生野生动物资源冬季调查共记录到鸟类66种，2001年夏季调查共记录到鸟类45种。其中国家一级保护鸟类仅1种，即白头鹤。国家二级保护鸟类9种，有黄嘴白鹭、黑脸琵鹭、白腹鹞、苍鹰、红隼、游隼、普通鵟、赤腹鹰、凤头鹏鹛等。上海市重点保护鸟类7种，分别是震旦鸦雀、棕背伯劳、四声杜鹃、白头鹎、八哥、大山雀、喜鹊等。数量最多的是常年留居上海的麻雀，占总调查数量的30.54%。

兽类共记录到5种，分别是黄鼬、华南兔、刺猬、猪獾和貉。其中数量最多分布最广的是黄鼬，平均密度为7.79只／平方公里，比较1997-1999年对上海陆生野生动物资源普查情况进行比较，哺乳动物的种类并没有减少，只是因为监测调查的面积比普查的面积要小得多，因此有些种类在监测中没有被发现。

两栖爬行类在2001年夏季监测调查中，共记录到两栖爬行类动物9种，其中蛙类有黑斑蛙、泽蛙、金线蛙、中华大蟾蜍，蛇类有赤练蛇、乌梢蛇、红点锦蛇、蝮蛇。数量最多的是泽蛙，平均密度为538只／平方公里。黑斑蛙和蟾蜍由于体形较大，常受到人类的捕杀，数量不多，而蛇类则由于生存环境的变化和调查范围的限制本次调查较少见到。

从监测调查结果来看，上海地区的野生鸟类资源有升有降。一些珍稀濒危物种由于本身就比较少，对环境条件要求也比较高，加上监测面积比较小，不可避免地出现没有观察到的现象，例如黑脸琵鹭，在监测点没有发现，但崇明东滩保护区内发现了61只的群体，占世界黑脸琵鹭总数的10%以上。由于1999年开始在杭州湾和南汇东滩的大规模围垦，湿地鸟类总体数量的减少是十分明显的。

监测调查中发现，在农田生境中的雀形目鸟类，一些优势种数量十分丰富，如麻雀、白头鹎、棕背伯劳等种类，不仅数量多，而且分布面也非常广，几乎遍布所有区县。这说明上海的自然环境比较适应这些种类生存。监测调查中，发现猛禽5种8只，种类和数量比1997-1999年普查时要少一些，这与监测的范围缩小有关，也由于它们的食物比较独特，数量一直是比较少的，必须加强保护。未来的情况如何，取决于生境的面积。与普查结果相比，本次发现的哺乳动物种类和数量相差不大。上次普查见到实体和痕迹的有7种，而此次监测调查在样带中见到5种。有少数种类如豹猫未见到。这与本次调查的面积比较小有关。但由于农村建设的发展，农田面积继续缩小，对一些兽类的影响肯定是很大的，需要我们密切的关注。

科学与技术

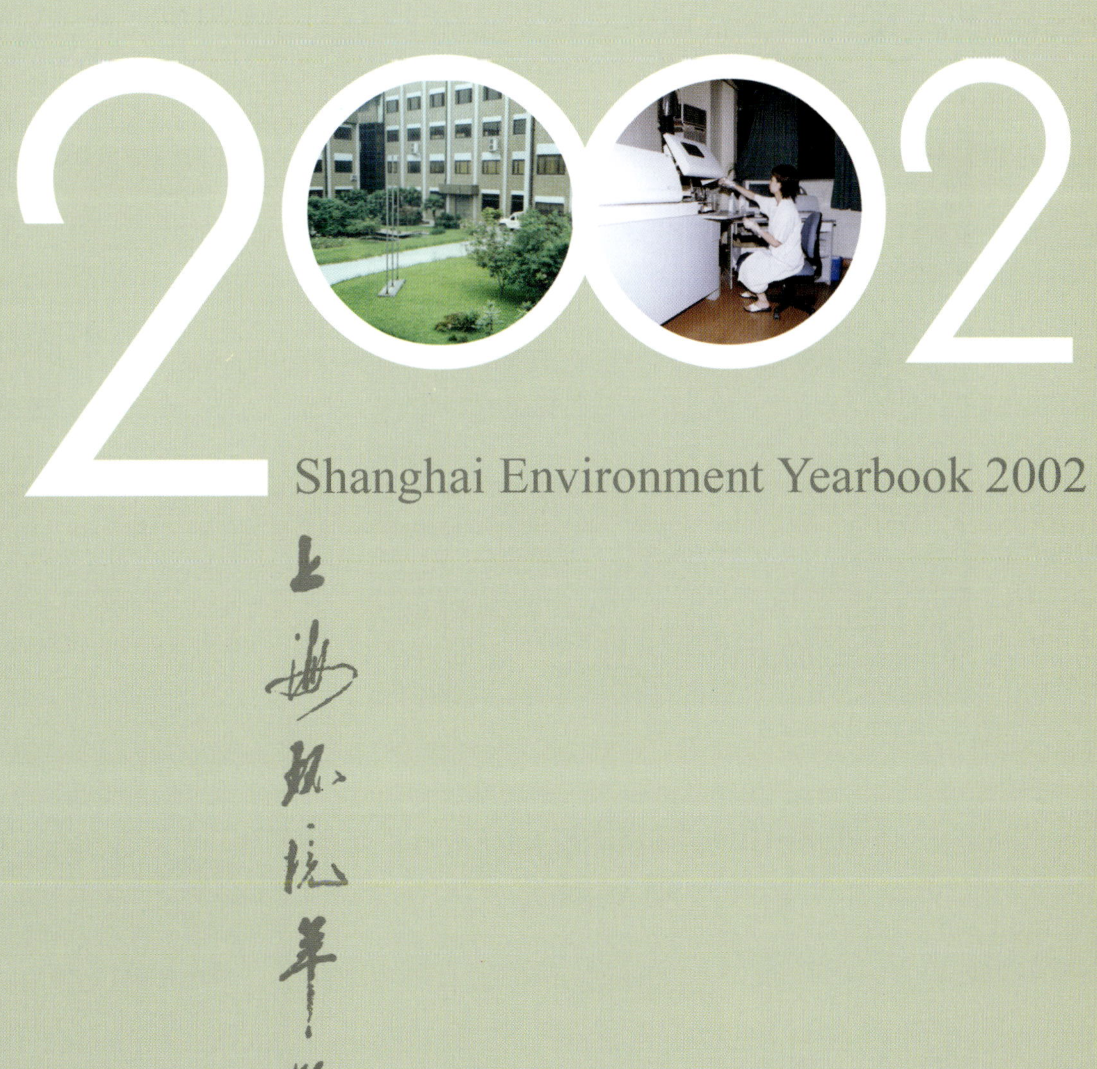

规划编制研究

上海市“十五”环境保护计划研究

上海市“十五”环境保护计划课题研究于2001年完成。课题研究以江泽民同志“三个代表”重要思想为指导，以经济建设为中心，以可持续发展为主题，以提高城市综合竞争力为主线，以改善城市生态环境质量为目标，提出了上海市“十五”环保目标。

到2005年建立适应社会主义市场经济体制的环境保护法规体系；大力削减污染物排放总量，环境污染物排放控制在国家规定的总量指标内；中心城区河道基本消除黑臭，逐步恢复水生态系统；环境空气污染指数达到二级或优于二级的天数达到85%，力争90%；城市总体环境质量明显改善，使之成为布局合理、产业结构优化、生态环境良好、国际国内适宜发展创业和生活居住的地区之一。

为实现“十五”环境目标，该研究课题提出了10项主要举措。

改善城市生态环境质量

上海市大气环境保护“十五”规划研究

上海市大气环境保护“十五”规划研究是由市环保局向社会公开招标，总课题由上海市环境科学研究院中标，8个专项研究子课题分别由本市10个大专院校、科研单位承担。该规划研究于2001年1月至9月完成。

该规划研究以改善大气环境质量为根本出发点，以SO_2总量控制为主线，紧紧抓住西气东输和能源结构调整的契机，将建成区燃煤炉窑灶清洁能源替代、电厂烟气脱硫、机动车污染控制、扬尘污染控制和加强生态建设作为重点，明确提出了上海市“十五”期间大气环境保护的目标、措施和行动方案，以及相应的政策保障与配套措施，充分体现了可持续发展的战略思想。

根据国家“两控区”要求和不同污染源对环境空气质量的影响，该规划研究以“排污总量-环境质量-工程措施-资金投入”为思路，重点研究了SO_2总量控制和机动车污染控制规划方案，通过多方案环境效益和经济效益分析、比较，确定推荐方案。

该规划研究中进一步开发并应用Markal能源预测模型、污染物排放模型、大气环境质量模型、ADMS-机动车环境影响模型、TransferMatrix快速决策模型和上海市大气环境污染源信息系统，客观评价各类污染源在不同区域内（中心城区、内外环线间和外环线）对环境空气质量中的SO_2、NO_x和PM_{10}的贡献率和发展趋势。为规划的编制和政府决策，提供了科学依据。该规划研究得到了中外有关专家的充分肯定和高度评价。

上海市固体废弃物处置发展规划研究

2001年，上海市市容环境卫生管理局完成了上海市固体废弃物处置发展规划研究。该研究在对上海固体废弃物处置现状、问题进行大量调查的基础上，对固体废弃物处置发展趋势作了预测。该研究提出了编制上海市固体废弃物处置规划的指导思想、原则、期限、范围和目标，并提出了主要任务和实施规划的保障措施。

固体废弃物填埋场

上海市野生动植物保护及自然保护区建设工程总体规划研究

2001年，上海市农林局完成了上海市野生动植物保护及自然保护区建设工程总体规划（2001—2050）的编制。总体规划提出了近中期野生动植物保护及自然保护区建设的目标、原则和发展思路，确定了规划建设重点以及城市野生动植物繁育、持续利用和产业化建设的发展布局，并编制了项目投资资金估算、保障措施、政策建议以及综合效益分析等。

根据上海地区野生动植物的分布特点和优势物种集中分布的状况，并兼顾个别珍稀濒危物种栖息地分布的局限性、所面临的威胁以及上海郊区今后建设发展的思路，上海市野生动植物保护工程总体规划划分了3个建设区域：沿江沿海典型湿地区（涉及的行政区域有崇明、宝山、浦东新区、南汇、奉贤、金山等）、低山丘陵地区（涉及到的行政区域有松江、金山等）和农田耕地、人工林网以及湖泊湿地区（涉及的行政区域有青浦、奉贤、嘉定等）。其规划的空间格局为“一带一环两射”。“一带”是指沿江沿海迁徙水鸟重要栖息带，“一环”是指外环绿化带内外，“两射”是指以外环线绿化带为中心辐射青浦淀山湖郊野公园和奉贤庄行獐獾栖息地。其中沿江沿海典型湿地区是重点建设区域，也是 “十五”期间的建设重点，投资规模达3亿元。

总体规划还对野生动物科研监测支撑体系建设和野生动物产业化基地的建设与发展作出安排。今后50年内，上海将增加投入，重点建设上海野生动植物研究与发展中心、野生动植物及湿地监测体系以及河口湾湿地环境教育中心；建立市县两级野生动植物繁育（培育）基地32个，野生动植物专业市场15个，以及野生动植物驯养繁殖和加工利用管理信息系统，以满足城市发展和野生动植物资源可持续利用的需要。

上海市野生动物种源繁育救护中心总体规划研究

2001年，上海市农林局完成了上海市野生动物种源繁育救护中心总体规划的编制。根据规划，建立市级野生动物种源繁育救护中心的主要任务是：(1)为郊区农业结构调整中新发展起来的麝、鹿、鳄类、灵长类、雉类、雁鸭类、鸠鸽类、观赏鸟类、蛇类、龟类、蛙类和珍稀蝶类的驯养繁殖提供优良种源和技术服务，对发展规模化野生动物驯养繁殖业进行研究、规划和指导，繁育推广从各地或国外引进的野生动物，丰富驯养繁殖种类，为经济发展和农民致富服务；(2)开展伤病、倒卖、盗猎、走私野生动物的救护收容工作，为野生动物保护、执法提供工作

鸟类——人类的朋友

基地。

繁育救护中心规划建设的内容包括基础设施，繁育（收容）笼舍、活动场所建设，种源引进及其配套设施，饲料基地建设，必要的科研、救护、疫病防治设备的添置等，建设期限约为两年。

通过繁育救护中心的建设，上海将建立一批稳定的野生动物人工繁育种群，可以根据郊区驯养繁殖业的需要，向社会批量提供野生动物种源，能够承担起正常来源野生动物的救护收容任务。目前，该规划已向有关部门上报审批。

上海市崇明东滩鸟类自然保护区总体规划研究

上海市崇明东滩鸟类自然保护区总体规划（2001—2020）由上海市农林局委托浙江省林业勘察设计院着手编制。

总体规划在综合分析研究崇明东滩自然保护区自然环境、湿地资源状况的基础上，确定了保护区的性质、建设方针和建区目标，提出了各种保护和合理利用的原则和具体措施，并以湿地的恢复和湿地重建工程为重点，对自然保护区各项保护、科研、宣传教育、生态旅游等建设和管理，进行了比较系统的规划。实施年限为2002-2020年。

总体规划明确，今后10年内，崇明东滩将建设成为上海地区生物多样性保护基地、长江河口研究重要集聚地、中小学生环境教育和社会实践的基地以及市民回归自然的休闲基地。上海市人民政府将投资约5000万元，重点建设崇明东滩自然保护区的边界标志工程、管护工程、鸟类栖息地

改进和恢复工程、迁徙水鸟救护保育工程、湿地生态示范区工程和后勤保障基地等。

作为湿地保护和合理利用的一种开创性实践，总体规划还提出了建设崇明东滩国家级湿地生态示范区的构想。以“政府主导、企业运作、科技支撑、市场推动”的模式，推动事业单位与企业合作，与上海实业（集团）有限公司共同建设、管理面积为21平方公里的湿地生态示范区（保护区的缓冲区）。湿地生态示范区的建设将吸收国外湿地公园建设的先进经验，做到高标准、高要求的规划设计和建设。在为迁徙水鸟创造足够栖息地的同时，努力依托湿地这一核心资源，完善湿地生态示范区的保护、科研、教育和休闲旅游等功能，使其充分发挥社会效益、生态效益和经济效益。

崇明东滩自然保护区湿地

政策策略研究

上海市能源与环境协调发展研究

2001年，上海市环境科学研究院完成了“上海市能源与环境协调发展研究”课题。该课题根据上海市社会经济发展、未来能源需求和消费结构的变化，描绘出能源流通现状图，预测了上海市中长期终端能源需求，提出了能源与环境协调发展的大气污染物排放总量控制目标和实现总量控制目标的技术发展策略。

课题组通过大量调查、计算和分析研究，对上海市经济发展、能源需求、能源结构、能源消费、污染物排放与环境质量进行了综合分析，结合能流图对MARKAL能源模型进行改进和优化，根据中长期能源需求预测和大气环境质量目标，提出了SO_2、NO_x和PM_{10}等污染物排放总量控制目标及行业控制目标，为上海市能源与环境的协调发展提供了科学的决策依据。

该课题根据上海市城市总体规划，以能源结构调整为契机，分别从终端能源需求和一次能源供应角度，进行了多情景的污染物浓度空间分布和技术成本分析，从而提出“十五”期间本市应采取的能源环境行动计划建议。其主要成果被有关政府部门制定专项规划所采纳。

上海发展循环经济的地方法规及政策研究

“上海发展循环经济的地方法规及政策研究”课题于1999年6月至2001年6月完成。课题通过对上海循环经济发展现状调查，结合国内外循环经济发展经验，从循环经济对各领域的基本要求、对不同实施对象的基本要求等方面，分析了上海发展循环经济的政策法规需求，从综合性的地方循环经济法规、优先制定专业法规、相关法规的修订补充等方面，提出了促进上海发展循环经济的政策法规基本框架和分阶段推进设想，对推进上海循环经济相应的政策法规体系的建立，贯彻实施《中国21世纪议程－上海行动计划》，促进上海经济、社会、人口、资源与环境协调发展，起到了规划咨询、决策参考作用。

上海跨世纪能源与大气环境可持续发展的技术发展策略

2001年，“上海跨世纪能源与大气环境可持续发展的技术发展策略”研究项目获同年度上海市决策咨询研究成果三等奖。该项目在收集与分析了上海社会经济发展过程中能源供应与消费资料的基础上，根据跨世纪上海社会经济发展的要求，预测了城市功能性调整和产业结构调整后，2005至2020年上海能源需求量及品种以及大气污染物削减量和减排比例，明确了能源结构和消费结构调整带来的环境效果，提出了上海实施大气环境保护的能源技术发展方向，为“十五”期间上海能源消费利用与大气环境保护提供了科学依据。该项目还建议，在“西气”与“西电”进入上海后，将东海油气田逐步转换成上海市的后备能源，以提高上海能源系统的抗风险和抗波动能力，促进能源和大气环境可持续发展。该项目研究成果正在逐步转化为“十五”上海大气污染控制防治规划。

“十五”期间上海大气污染物排放总量控制目标与污染防治策略

“‘十五’期间上海大气污染物排放总量控制目标与污染防治策略”研究课题于2001年12月完成。课题通过Markal模型计算获得了2000年上海市能源消费和污染排放状况，分析了上海市中长期能源环境政策，分部门预测出主要用能设施的SO_2、NO_x、PM_{10}和烟尘排放的

让城市的天更蓝

分析率及浓度率。课题还根据国家对“两控区” 污染物排放总量控制要求，充分利用“西气东输”和“西电东送”等中长期能源政策，结合上海二氧化硫减排技术的经济可行性，提出了区域清洁能源改造、燃煤电厂脱硫、提前实施机动车污染物排放标准等设想，为“十五”期间上海实施SO_2总量控制，NO_x、PM_{10}和烟尘等污染控制提供了理论依据。

上海市城市污水处置方案和对策研究

“上海市城市污水处置方案和对策研究”课题于1997年开始至2001年3月完成。课题充分研究了近10年来上海市城市总体规划及调整城市供水规划、城市污水规划、岸线规划等专业规划，根据上海市污水处置要求的变化，系统地评价了近20年来全市污水处理及排放的格局，提出了研究结论和对策建议，为上海市进一步制定城市污水处置战略提供了科学依据。

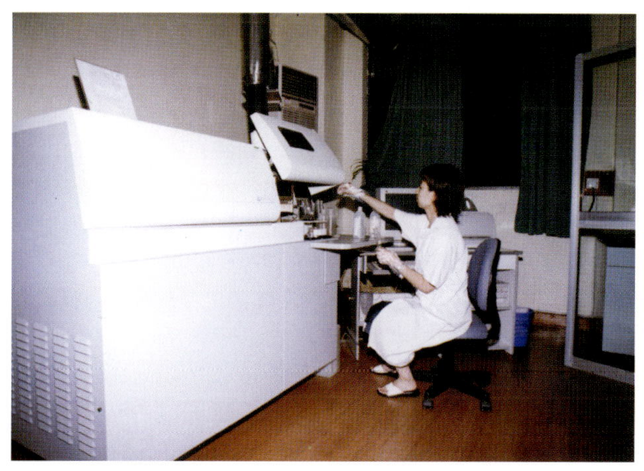

分析测试

上海市崇明东滩自然保护区重要保护动物现状、影响因子和管理对策研究

“上海市崇明东滩自然保护区重要保护动物现状、影响因子和管理对策研究（GEFSRG200006）”课题是2000年1月由国家林业局GEF（全球环境基金）项目办公室下达给崇明东滩自然保护区管理处的小型科研基金研究项目。项目实施期限为2000－2001年。该项课题的主要研究内容涉及6个方面：一是保护区主要鸟类种类和数量变化的调查；二是不同栖息环境中鸟类的数量和选择利用；三是研究迁徙鸟类利用保护区的时间和利用方式；四是影响鸟类在保护

区中停留主要因子分析；五是控制保护区内非法生产活动的管理对策研究；六是崇明东滩自然保护区栖息地改善的措施研究。

该项目由上海市崇明东滩自然保护区管理处、上海市野生动物保护管理站和华东师范大学共同组建课题组协同攻关，采用了植被分类法和GPS技术，以群丛为基本单位，对保护区范围内的各种生境类型进行规范的分类并运用CAD计算机辅助设计技术，确立了迁徙鸟类在崇明东滩迁移的规律以及栖息地选择模式。此外，课题组还采用了CAPS决策系统建立了自然保护区管理方案，为崇明东滩自然保护区的质量型管理奠定了科学基础。

该项课题研究，基本确定了目前崇明东滩自然保护区及其周边地区重要野生动物（主要以迁徙鸟类为主）的种类和数量变化，查清了主要迁徙鸟类的栖息停留时间和对栖息地的选择利用方式。该项课题还针对崇明东滩自然保护区目前存在的问题，提出了崇明东滩自然保护区保护和管理的策略和措施。项目于2001年12月底顺利结束后，向项目管理单位国家林业局GEF项目办公室提交了研究报告，项目研究成果在编制《上海市环境保护三年行动计划（2003-2005）》中得到了充分的运用。

环境污染防治研究

水环境污染防治研究

2001年，上海加大水环境治理力度，重点编制了《上海市水环境治理与保护规划》，运用系统工程理论和方法编制了水污染控制系统规划，建立了全市河网水动力模型、水质数学模型和河网水环境容量数学模型，确定了截污、治污、水利调度、清淤、陆域环境综合整治等各项规划措施。在水环境治理及污水处理技术开发方面，研制成功的“上海市水环境污染源地理信息系统”，采用GIS和信息处理技术进行系统集成，具有污染源数据分析处理功能，实现了各类污染源信息的动态更新和可视化。该系统已应用于水环境治理规划、污染源日常监督管理、污水治理工程设计和苏州河六支流截污工程设计等，提高了水污染治理管理方案的准确性。“苏州河底泥疏浚的生态学研究”，对苏州河底泥的疏浚技术、方法和底泥处置等问题进行了科学论证，并邀请美国环保局第五区局采用集成卫星定位系统、地理信息系统及模型系统为一体的FIELDS技术，测定了苏州河河道底泥的特性、三维空间分布情况，确定了污染底泥的疏浚量以及评估疏浚工程效果。在污水生物处理技术方面，列入科技研究计划项目中的“微生物——蚯蚓生态滤池处理城市污水”研究课题，已通过市科委组织的专家鉴定，取得了具有实用价值的研究成果。该污水处理工艺采用人工设计组合的微生态系统，可高效、低能耗地去除污水中的污染物质，又可减少剩余污泥等二次污染物的产生。该成果对城镇污水的COD去除率达83—88%，BOD_5去除率达91—96%，SS去除率达85—92%，氨氮和总磷去除率达35—65%。“大型源水生物处理工程工艺研究及应用”，对去除源水中的氨氮具有独特功效，已完成了在生产现场长时间的中试研究，并成功地应用于上海张江陆家大桥水厂工程和特大型的广东省深供水源水生物处理工程等生产实践中。在技术进步的推动下，以苏州河环境治理为重点的全市中小河道整治初见成效。苏州河干流和虹口港没有出现黑臭回潮。

上海城市污水外排（长江口、杭州湾）方案的环境可行性研究

2001年，“上海城市污水外排（长江口、杭州湾）方案的环境可行性研究”项目获同年度上海市决策咨询研究成果三等奖。该项目在运用先进的两维环境数学模型对上海市城市污水外排（长江口、杭州湾）方案的环境影响作了系统的研究，首次系统地分析了上海城市污水外排的允许排放量，提出了排污总量在各外排口间的分配方案，为上海城市污水规划、污水外排方案提供了科学的决策依据。该项目研究成果已被上海市环保局上海城市污水处置对策研究课题、上海市排水管理处在上海城市污水排水专业规划的方案编制等方面应用。

大气环境污染防治研究

2001年，上海市采用国际先进的能源模型、空气质量模型、机动车环境影响模型、污染源信息系统等技术，确定了大气环境保护的目标、污染物总量控制和重点污染控制措施，制定了大气环境监测网络优化行动计划，有序地推进和指导全市大气环境治理。采用先进能源利用技术，加大了中心城区燃煤炉灶清洁能源替代力度，外环线内已基本消除冒黑烟现象。针对机动车冒黑烟问题，通过技术替代、改造和检测维护等技术手段，提高了机动车排污达标率。桃浦、吴淞工业区等重点污染源通过生产工艺的调整和就地治理，大幅度降低了粉尘和恶臭气体的排放量。

上海市NO_x污染源调查及分担率研究

2001年，上海市环境科学研究院完成了“上海市NOx污染源调查及分担率研究”课题。该课题在研究过程中，根

据NO_x的产生机理，全面考虑了各种NO_x排放源，同时依据“抓大放小”的基本原则，重点查明电厂、工业炉窑、中小锅炉和机动车污染排放量。在计算确立NO_x浓度分担率时，主要考虑污染源对中心城区、国控点的影响和贡献率。

该课题对上海市1998年工业、商业、农业和生活等各主要行业的用能进行了较为全面的调查，并对燃油、燃煤和燃气锅炉以及钢铁和水泥等行业的工业炉窑进行现场测定，获得了不同燃料的各类燃烧设备的NO_x排放系数和排放量，为上海市进行大气NO_x污染控制和研究提供了第一手资料和数据。在对固定源NO_x污染源进行深入调查和详细统计的基础之上，还扩大了流动源的研究内容，不仅更新和完善了机动车污染排放数据，同时通过借鉴国外的计算模型，补充了火车、飞机和轮船等非道路用车的NO_x排放量及对环境空气质量的贡献。

在确定NO_x排放总量的基础上，该课题进一步按照行业类别、空间分布和排放量对本市NO_x排放源进行了综合分析和比较，确定了上海市NO_x的排放特征；并利用数学模型，研究并开发了上海市NO_x污染排放地理信息系统(GIS)，同时建立了NO_x排放源与空气质量的关系。将污染源调查的结果和市、区县监测部门的NO_x历史监测数据输入GIS系统，在GIS系统中给出NO_x年日平均浓度的分布情况。通过选用线性模型，进一步分析和预测机动车排放对道路两侧空气质量的影响，本次研究结果表明，机动车尾气排放是上海市环境空气中NO_x的主要贡献者，并且是影响中心城区环境空气中NO_x浓度的关键因素。

该课题还结合上海市2010年发展为国际中心城市的总体目标，根据上海市能源消费增长预测及上海市交通发展变化，分别对固定源和流动源的NO_x排放量的变化进行预测，并借鉴国内外先进的NO_x污染综合防治控制技术，结合上海市的NO_x污染特征和污染成因，提出上海市NO_x污染排放总量控制目标，并提供改善环境空气质量的可行性方案框架。

该课题研究不仅初步查明了上海市主要污染源的NO_x排放量和排放分担率，掌握了各种污染源对区域环境空气中NO_x污染浓度的贡献率，建立起污染源排放与上海空气质量之间的关系。更为重要的是，摸索出一套较为完整的NO_x污染源调查和浓度贡献率的研究方法，基于浓度贡献率和预测结果，提出了有效解决本市环境空气中NO_x污染的基本原则，为市政府进行有关NO_x污染控制决策提供科学的依据。该研究项目获得2001年上海市科技进步三等奖。

扬尘污染来源与控制管理研究

2001年，华东师范大学与上海市城市发展信息研究中心合作完成了“扬尘污染来源与控制管理研究”课题。

为了解上海市大气扬尘的基本概况，尤其是近来居民反映十分强烈的由建筑过程和道路交通引起的扬尘，该研究课题首先针对总悬浮颗粒物和降尘的来源进行了综合分析；用化学元素平衡法进行物源的解析，并作了元素分析和磁学分析；在此基础上，用扫描电镜与能谱分析以及X衍射的矿物分析加以验证，初步得出了上海部分地区总悬浮颗粒物和降尘的来源。而后根据2000年遥感影像资料对上海市的道路、在建工地、裸地和煤堆场进行大规模的调查。调查范围包括浦西的黄浦、南市、卢湾、徐汇、长宁、静安、普陀、闸北、虹口、杨浦10个行政区和浦东新区大部分；以及建筑强度较大的宝山、闵行、嘉定的部分地区，此外，还有少量的分散在南汇、松江、青浦等郊县的一些区域，总面积约948.3平方公里。在此基础上，计算了各个扬尘源的起尘量及其地域分布状况，初步建立起上海市扬尘发生源宏观判别的地理信息系统；最后就上海扬尘源控制管理中存在的问题，提出总体管理思路和可行性方案。扬尘源的控制和管理主要集中在两个方面：(1)依靠各级政府和行政部门，针对产生扬尘的企业，采取行政、经济、法律等手段进行管理；(2)同时提高扬尘源的控制和管理的软硬件水平。该研究课题为城市扬尘污染的控制管理提供了可借鉴的科学依据。

长江三角洲及上海地区主要气象灾害短期气候预测系统的研究

“长江三角洲及上海地区主要气象灾害短期气候预测系统的研究”，是国家“九五”重中之重的科技项目，已通过市科委组织的鉴定。该系统已建成了由预测、检索和GIS气候分析三个平台组成的新一代短期气候预测系统，使本区域气候监测、预测能力和可视化程度有明显提高，实现了运行控制自动化，并取得了良好的社会经济效益。该项目在汛期旱涝、热带气旋、夏季高温等方面取得了具有创新意义的研究成果：从海、陆、气及其相互作用等方面揭示了研究区内旱、涝成因及其主要影响因子，揭示了影响研究区热带气旋年频数异常的气候特征和具有动力气候理论意义的预测信号及模型，填补了我国在这方面的空白，得出了上海人口密度等都市化因素与城市热岛效应强度的定量关系，建立了不同时间尺度(月、汛期、年)旱涝、夏季高温、热带气旋的预测方法。

固体废弃物处置技术

上海市科技发展基金项目“工业废弃物(含危险物)焚烧技术和设备”开发的工业废弃物焚烧炉技术和设备，对焚烧对象的适应性较广，无需添加辅助燃料，烟气排放达到国家标准。该成果具有良好的经济、社会、环保效益。

为解决城市垃圾出路难与垃圾处理设施落后的矛盾，上海市经委开展了“垃圾焚烧工程技术及装备的开发与研究”重点项目的立项攻关。该项目是经国家计委批准的国内第一家日处理1000吨城市生活垃圾的现代化垃圾焚烧厂，在消化吸收国外先进技术的基础上，形成了自主的设计开发能力，经过近半年的试运行，环保效果显著，有力地推动了上海环保产业的形成和发展，提升了高新技术改善城市生态环境的能力。

生态系统研究

园林绿化科学技术研究

2001年，上海在园林绿化方面相继开展了园林珍稀动植物的引种与育种推广、病虫害防治、绿地设计与生物多样性保护等研究开发工作，整体上提高了园林绿地的技术含量。

在园林科技开发方面，开展了“几种珍稀观赏花卉人工种子的研究”、“多花性仙人掌引种应用与育种”、“多年生花卉在园林中的开发应用研究”、“散养状态下陕西羚牛的饲养繁育研究”、“上海公园景观水体的富营养化防治研究”、“高分子吸水剂在园林绿化上的应用”和“草坪主要杂草及其综合治理”等多项课题研究。其中，以红鹤芋、铁皮石斛等珍稀植物为材料，通过对培养物进行精心筛选人工胚乳和人工种皮，使研制的人工种子在无菌条件和有菌条件下的发芽率和转株率均高于相关研究的结果；根据上海地区气候特点及育种、应用目标，从国外引种上海未曾栽培过的50余种仙人掌类植物种子，已培育出成苗并扩繁，有30余种已显示出多花、美花的特点；通过建立华南虎基因库、运用DNA分析法确定现存华南虎的亲缘关系、采取合理的人工授精等方法，提高了繁殖效率和防止遗传基因流失，促进了华南虎种群保护工作。

在绿化技术开发方面，上海重点开展了提高绿地设计水平、绿化施工质量，以及增加植物新品种等技术开发和成果推广工作。其中，列为市科委2001年度重大科研攻关项目的“城区新建绿地有害生物疫情检测及生态治理示范的建立”，通过调查汇总城区新建绿地的有害生物数据、对有害生物进行风险评估等研究内容，建立了生态治理示范点，以及有害生物风险评估的系统框架。“现代化国际大都市绿化模式的探索研究”，针对城市绿化建设和管理的需要，开展了探索性研究，并作为政府决策的依据。“上海湿地资源优势在城市绿化建设中的应用途径研究”课题，对于进一步丰富上海城市绿化的植物品种资源、提高绿地生物多样性和优化绿地生态功能具有重要意义。在科技成果推广方面，针对上海地区乔木种植数量居第二位的香樟发生的黄化现象，组织有关单位大力推广应用“香樟黄化病综合防治技术”，先后对虹口、闵行、黄浦等区近万株黄化的香樟进行综合防治，取得了良好效果。为提高绿化行业整体水平，在“上海市城市绿地系统生物多样性信息系统”研究方面，开展了具有地域植被特征的生物多样性检测和评估方法，及其指标评定体系等课题研究，促进了城市绿地系统生物多样性、物种遗传和生态保护。“外环线环城绿带养护技术及机制研究”、“生物防治技术在外环线应用研究”两项课题研究，从环城绿带的特殊性出发，以生态养护为指导，研究符合环城绿带特点的养护、管理以及机制等技术。

三峡工程对长江口及其邻近海域环境和生态系统影响的研究

“三峡工程对长江口及其邻近海域环境和生态系统影响的研究”是国家计委1998年国家高技术应用部的发展项目，研究范围覆盖121°-124° E、31°-32° N的长江口水域，其中河口区和长江冲淡水区为研究重点。该课题分两个阶段进行。第一阶段为1999年丰水期和枯水期外业调查、2000年枯水期长江口水域野外调查、环境生态评价。其研究成果已上报国家计委。第二阶段运用数值模拟等手段，预测了三峡工程投入使用后对长江口水域的生态、环境、海水入侵作用、边滩侵蚀作用的近期影响等。第二阶段研究工作也已完成。

长江口沿岸地区鹤类越冬生态学研究

2000年9月，市农林局会同市野生动物保护管理站、上海师范大学共同组建白头鹤课题研究组，并向上海市科委申报“长江口沿岸地区鹤类越冬生态学研究”课题（2000年10月—2002年5月），同时由课题组通过中国鹤类学会向国际鹤类研究基金会（ICF）申请了“崇明东滩白头鹤越冬生态学研究”配套研究课题（2000年11月—2001年10月）。

研究项目通过全面调查和定点监测相结合的手段，运用专项调查方法获得鹤类在长江口沿岸地区的种类、分布、数量、居留时间、迁徙路线等基础资料；运用3 S技术，掌握长江口沿岸地区鹤类的栖息地，取食地的生境(气候、地貌、水质、底栖动物、植被)状况，继而对鹤类的食性及能量学以及行为生态学展开深入的研究，建立长江口沿岸鹤类数据库；采用统计分析方法对长江口沿岸地区的鹤类的分布成因及制约因子进行探究，分析鹤类所面临的环境压力，并提出相应的保护对策及行动方案。

截至2001年底，研究项目已取得阶段性成果。该研究项目全面系统地掌握了近年来长江口沿岸地区白头鹤的数量、分布、迁徙状况，并对白头鹤的越冬生态学进行了深入的研究：基本上掌握了越冬白头鹤的越冬行为，建立了白头鹤的越冬行为谱；分析了越冬白头鹤的食性，了解了白头鹤的食物组成和摄入量；初步对白头鹤的栖息地选择进行了分析与研究，找出了制约白头鹤分布和栖息的限制因子；通过对越冬白头鹤的越冬行为的变化，分析越冬白头鹤种群的致危因子，提出了越冬白头鹤的保护原则和策略以及具体的保护措施。

资料：白头鹤

白头鹤繁殖于俄罗斯西伯利亚和我国黑龙江北部及内蒙古东北部，主要越冬于日本、韩国、朝鲜以及我国长江中下游地区。据统计，2000年冬季全球白头鹤越冬种群数量大约在12000只左右，其中我国仅有1000余只。因为数量极其稀少，白头鹤被国际自然保护联盟（IUCN）列入世界濒危鸟类红皮书和中国濒危鸟类红皮书名录，属国家一级重点保护野生动物。1997—1999年，上海市农林局在组织上海市陆生野生动物资源调查中，多次在崇明东滩及长江河口滩涂、沙洲岛屿湿地发现国家一级保护动物白头鹤集群越冬、过境；1999年冬季至2000年春季，在崇明东滩自然保护区调查时再次发现125只集群越冬白头鹤种群。

崇明东滩湿地生态示范区湿地恢复和重建研究

国家林业局在2000年12月颁布的《中国湿地保护行动计划》中，将崇明东滩列为全国重点建设湿地生态示范区。2001年，上海市农林局开始着手编制《崇明东滩湿地生态示范区湿地恢复和重建研究》项目方案，作为湿地生态示范区的配套项目和科研支撑项目，并向国家林业局申请立项。

崇明东滩湿地生态示范区的规划和建设是一项非常复杂的系统工程，而示范区中湿地生态恢复区（包括水鸟招引区、草甸灌丛类型湿地区和湿地农业生境区）的建设和管理是该项工程的核心内容，也是探讨崇明东滩自然保护区内已围垦退化湿地大规模恢复和重建技术的试验基地。目前，崇明东滩自然保护区内已破坏或改变栖息地利用方式的湿地面积达8000公顷。在高潮位时，迁徙水鸟在崇明东滩的栖息、逗留和越冬便面临着栖息地选择的困境。因此，在保育好自然滩涂湿地的同时，恢复和重建已围垦退化的湿地，成为崇明东滩国际重要湿地建设和管理的重中之重。

该研究项目着眼于已围垦退化的潮滩湿地的结构重建，结合现有的土地利用方式和景观格局，设置受控的微型实验区，运用湿地生态恢复的原则和相关理论知识，验证崇明东滩湿地生态示范区整体项目设计的科学性和可行性，科学地评估公众服务设施规划布局对迁徙水鸟及其栖息地的影响，进一步修正了有关崇明东滩湿地生态系统设计的参数。该项目还通过受控微型实验区的恢复和重建研究，建立起一系列的生物、基质、化学和水文等技术指标，以指导示范区工程的科学建设，为迁徙的鹤类、鹬类、雁鸭类和鹭类等水鸟创造更多的可以调控的多样化栖息地，提高可调控栖息地生态系统的生产力和自我维持能力，以增加崇明东滩的物种组成、景观异质性和湿地生物多样性，进一步协调区内自然资源合理利用和可持续发展的要求。

崇明东滩湿地恢复和重建研究

扬子鳄再引入崇明东滩栖息地评估研究

2000年8月，国际野生生物保护协会（WCS）的鳄鱼专家John Thorbjarnarson博士和华东师范大学张恩迪教授对崇明东滩作了短期的实地考察和讨论，并根据上海地区曾经是扬子鳄分布区的事实和全国扬子鳄拯救工程的规划，建议在崇明东滩自然保护区内开展扬子鳄再引入工程并提交了考察报告。

2001年4-8月，在国际野生生物保护学会（WCS）、华东师范大学的支持和推动下，上海市农林局着手开展作为国家林业局湿地生态恢复和重建研究项目的有机组成部分和先行试验性项目“扬子鳄再引入崇明东滩自然保护区”的前期准备工作，其中非常重要的一项是开展“扬子鳄再引入崇明东滩栖息地评估研究”。

在崇明东滩开展扬子鳄再引入工程的主要目的为：一是结合崇明东滩已退化生境的恢复工作，在崇明东滩生态系统中重建关键物种（生态或文化意义），形成多物种分享的良好生态格局；二是建立有效的、可行的、具有长期生存潜力的扬子鳄野外种群，为全国重点保护物种拯救工程积累经验。2001年8月，在安徽省合肥市召开的“中国扬子鳄放归自然国际研讨会”上，上海市农林局根据栖息地评估结果编制的《扬子鳄再引入崇明东滩自然保护区方案》获得了世界自然资源保护联盟（IUCN）专家的广泛好评，为推动实施崇明东滩地区再引入扬子鳄工程奠定了科学的基础。

资料：扬子鳄

扬子鳄属于爬行纲，鳄目，鼍科，是全球23种鳄鱼中最为濒危的种类之一，也是我国特有濒危物种，属国家一级重点保护野生动物。国内现存的野生扬子鳄数量不足150头，主要分散生活于安徽南部约20个相互隔离的地点。历史文献记载表明，在19世纪中期，扬子鳄还广泛分布在长江上至三峡山区的湖北省江陵附近，下至长江口的上海沿线。1920至1940年期间，英国博物学家Sowerby曾多次目睹扬子鳄在上海黄浦江被捉住。从上海地区出土的1200多件化石可知，有许多野生脊椎动物曾在上海生存过，其中就包括扬子鳄。

潮滩经济无脊椎动物资源可持续利用研究

2001年6月，在上海市财政局专项资金的资助下，崇明东滩自然保护区管理处组织华东师范大学生命科学学院的无脊椎动物和鸟类研究专家，在崇明自然保护区底栖动物本底调查的基础上，进行了“潮滩经济无脊椎动物资源可持续利用研究”。

该课题对崇明的主要自然资源海瓜子和黄泥螺的可持续利用进行了深入研究，掌握了海瓜子和黄泥螺生物量的周年变化及其种群的变化规律，为有限的资源在不影响其自身繁衍需要、不影响候鸟所需要食物量的基础上，得到科学、合理的开采，提供了科学依据。该项课题的主要研究内容涉及5个方面：一是调查海瓜子和黄泥螺的详细分布区域，弄清其垂直分布和水平分布情况及其分布的规律性；二是研究海瓜子和黄泥螺生物量的周年变化及其周年变化的动态规律；三是探讨人类活动如捕捞等因素对海瓜子和黄泥螺资源量的影响；四是海瓜子和黄泥螺的基础生物学研究；五是制定科学合理开发利用自然资源的技术措施。

该项课题的研究成果对崇明东滩自然保护区以及全国其它沿海地区开展海瓜子和黄泥螺的人工养殖具有重要的实用参考价值。目前，该项研究课题已进入中期研究阶段。

资料：潮滩经济无脊椎动物——海瓜子和黄泥螺

海瓜子和黄泥螺是潮间带滩涂重要的经济软体动物，也是构成迁徙鸟类主要食物的组成部分。每年春、秋两季有大量的迁徙鸟类途经崇明东滩，停留栖息、摄食，作为主要底栖动物类群的海瓜子和黄泥螺资源的缺乏，势必影响迁徙鸟类的种类和数量，同时资源的缺乏，食物链被破坏，原有的良好生态系统随之也会改变。因此，对其自然资源的有效保护和合理的开发利用十分必要。

三项边界工程环境影响研究

在太湖流域管理局的主持下，由上海东南工程咨询有限责任公司组织上海市水文总站、华东师范大学、水利部上海勘测设计研究院于2001年开始进行红旗塘、太浦河及拦路港工程实施后对地区水环境影响专题研究项目。该研究项目预计于2002年完成。

太浦河、红旗塘和拦路港工程是太湖流域综合治理11项骨干工程的重要组成部分，对完成流域防洪保安任务起着重要的作用。由于3项工程都位于黄浦江上游地区，是黄浦江上游主要的来水河道，对黄浦江上游的水文情势和水环境具有一定影响。而黄浦江上游松浦大桥水域是上海市的重要水源地，长期以来一直受到广泛关注。鉴于流域11项骨干工程建设至今已有10年，流域国民经济和土地利用等方面情况发生了较大变化，重新分析和研究三项工程对黄浦江上游地区水环境的影响，对其不利影响提出对策措施，已成当务之急。

项目以提高水资源利用的科学性、安全性和可靠性为原则，以水利工程对水环境影响的主要因素——水量、水质、水生生态为主线，以黄浦江上游地区为中心，通过收集、分析太湖流域综合治理骨干工程实施以来积累的有关资料和科研成果，结合现场监测、调查，查清了黄浦江上游沪、苏、浙边界地区水量、水质、水生生态和主要污染源的现状及变化规律，并利用实测资料分析与模型模拟分析相结合的方法，明确了3项工程实施对黄浦江上游地区水量、水质和水生生态的影响，预测了可能面临的水环境问题，提出了减轻不利环境影响的主要对策措施，将为进一步完善黄浦江上游水资源保护对策，进一步提高上海现代化国际大都市的水资源开发、利用和保护水平提供科学依据。

上海水资源普查

由上海市水务局组织开展的《上海市水资源普查报告》研究，是市政府为全面解决上海市在防汛排涝、水污染防治、水资源可持续利用等方面的问题而开展的一项重大的前期性研究项目。该项目建立了一套全新的水资源普查和分析技术体系，为上海市水资源的科学研究、全面规划和全面管理提供了科学数据和分析工具。该项目采用

GPS和GIS等技术，开创了平原河网水域大密度、高精度水下地形大规模测量的先河；建立了水资源管理的动态分析方法和数据库，为实施水资源的宏观和微观管理创造了条件；在涉水工程技术方面，形成了防洪保安、排水除涝、供水灌溉、资源调度四大体系，为实施工程水利转向资源水利的新战略提供了技术支持，也为区域防洪能力和环境容量分析提供了基础数据。该成果已应用于上海市防洪风险图的研究、上海市水资源综合规划、河道整治、水环境污染源调查分析、水资源的管理等方面。

1:20万上海市环境地质调查

该调查成果共分“地面沉降调查”、“地下水位下降与资源枯竭调查”、“新构造运动与地震活动”、“淤泥质软土及地下工程中的地质灾害调查”、“固体废弃物调查”、“岸滩冲淤与海平面上升趋势调查”、“地下水污染与海水入侵调查”、“开采石材和粘土引起的环境地质问题调查”、“其他环境地质问题调查”九个专题，于2001年10月通过了国土资源部组织的验收。该调查成果不仅对上海地面沉降的防治工作以及地下水资源的合理开发利用具有较强的指导作用，也为本市地质环境保护与管理提供了决策依据。

城市防灾减灾科学技术研究

在消防高新技术开发方面，上海完成的公安部重点项目有“消防过滤式自救呼吸器检测技术及装置的研究”、国家预研项目“驱暴技术的研究”等研究课题。本年度还完成了国家经贸委项目“自行式消防炮工业性试验及应用”、国家科技部项目“化学灾害事故处置技术的开发研究——卫星通信消防指挥辅助决策系统”、国家科技部项目“新型建筑防火阻火材料的开发研究”等技术开发项目。

地震监测

上海在地震监测系统方面有很大进展，在上海佘山地区建成了国内首个地震台阵，使上海的地震监测能力提高10倍以上。佘山地区设置的16台探测器拥有24位分辨率的精密探头，能将“微弱地震信号”分解和叠加后转化为数字信号，通过光缆实时传输到设在市地震局内的地震台阵信息中心分析处理。

实用技术研究

苏州河环境整治实用技术研究

“苏州河环境整治实用技术研究”是2000年立项的上海市科委重大攻关项目，市科委总投入180万元，研究期限为2000年9月至2003年7月。该项目包括7个子课题，由上海市苏州河环境综合整治领导小组办公室牵头，市环保局、市环科院、市城建设计院、市材料研究所等单位分别实施。至2001年底，各子课题已取得的阶段成果如下：

“上海市水环境污染源调查研究”子课题完成了全市水污染源普查和全市水污染源地理信息系统的建立，得出了全市水污染源的数量、水量、污染负荷、分布、排放去向等情况。该课题研究开发的上海市水环境污染源地理信息系统(SHPSGIS)具有很强的查询、统计、图上测算、数据更新和空间分析等功能，提高了研究成果的实用价值，为全市水环境综合整治和监督管理提供了科学依据。该子课题于2000年10月30日通过了专家鉴定，总体达到国际先进水平，并获得2001年度上海市科学技术进步一等奖。

“吴淞路闸桥箱梁及球铰重点受力部位超声监测技术研究”子课题完成了模拟试块(焊缝缺陷)的制作、室内短距离信号传输线实验、相控阵探头的理论设计、实验相控阵换能器的制作及参数的修改、确定等工作。

“苏州河水系污水截流工程收集系统完善研究”子课题完成了苏州河水系污染源资料的收集、分析和汇总、支流截污工程之外范围的截污设施状况调查、支流截污工程之外范围的地区规划资料的收集分析、排水收集系统完善方案草案。

“苏州河固定式充氧站工程性实验研究”子课题进一步研究和完善了苏州河水体需氧量计算模型、计算方法和动力学参数取值范围，并完成了水质模型中耗氧动力学模型及参数的研究，以及苏州河底泥耗氧速率的跟踪监测和研

苏州河岸样板段

充氧曝气船在苏州河上航行

究，得出了苏州河上下游有机物、硝化耗氧动力学参数的变化范围及与水质(CODcr)的关系，以及综合调水后苏州河底泥耗氧速率的变化。

“苏州河水生态系统生态恢复指标体系研究”子课题完成了苏州河生态恢复指标体系的总体框架，即以恢复过程的生物学特征构造指标体系，建立了微生物生态恢复和鱼类生态恢复指标研究的技术程序，进行了关键检测技术实验室研究。在鱼类原位监测、微生物代谢、微量有机物的生物标志等方面就指标的可行性作了现场试验和验证。结果初步表明：研究所选用的指标作为河流生态恢复过程的指示和监控是适宜的，水体和沉积物自净能力的评估、鱼类生存能力的评估和未知生态压力的预警技术在方法学上是先进、有效的。该子课题还进行了苏州河鱼类的历史和现状调查。

“上海市水环境综合整治环境功能区（完善）研究”子课题完成了上海市主要河道水环境资料调研工作，研究建立了上海市主要河道水环境容量计算数学模型，并计算了主要河道的环境容量，针对市级和区级河道划定了功能区，确定了相应的水质目标。

“上海市现有截污治污设施利用研究”子课题完成了现有截污治污设施状况调查和资料收集(包括合流污水一期工程、污水治理二期工程、西干线、苏州河六支流污水截流工程、虹口港、杨浦港旱流污水截流工程和市区污水处理厂等)、污染源资料的分析、汇总；地区规划资料等收集分析；截污治污设施利用报告草案编制等。

苏州河综合治理研讨

优化泵站运行管理，减少苏州河沿岸泵站雨天溢流研究

“优化泵站运行管理，减少苏州河沿岸泵站雨天溢流研究”是1999年上海市科委立项的“上海市苏州河水系水环境综合整治研究”项目的子课题之一，于2001年7月11日通过了市科委组织的专家鉴定。

该项目在收集大量泵站、管网的设计和运行资料的基础上，采用系统分析的方法，开发了泵站运行数据分析专用软件，建立了排水设施计算机水力学模型，通过综合考虑苏州河市区段潮汐影响、现有排水设施的设计标准、现有运行管理能力、排水管网系统的关联性、水文降雨特性、降雨高峰时支线截流泵站对截流干管输送能力的影响等因素，提出了苏州河沿线城市排水设施和相关截流系统的优化运行策略，并在苏州河沿岸37座泵站进行了试验。实际运行结果表明，在可比条件下，优化运行策略可减少泵站初期雨水溢流量20%左右，实现了“环保”与“防汛”功能的协调统一。

利用苏州河底泥生产水泥熟料和特种胶凝材料技术研究

“利用苏州河底泥生产水泥熟料和特种胶凝材料技术研究”是1999年上海市建委立项的重大建设科研项目，于2001年7月12日通过了市建委组织的专家鉴定。

该项目分析研究了苏州河底泥的基本组成和微量成分，进行了苏州河底泥烧制水泥熟料的生产性试验和特种胶凝材料的实验室研究。试验研究确定了水泥熟料配料的组成范围、合理的工艺参数和品质控制指标、工业化生产所需的设备改造方案以及特种胶凝材料的组成体系和工艺参数等内容。产品性能测试表明，用苏州河底泥生产的水泥熟料可满足生产水泥的技术要求，其物理力学性能符合国家标准；用苏州河底泥生产的矿物外加剂的28天活性指数达到74.5%，大于70%的考核指标。用苏州河底泥生产的熟料和复合矿物外加剂的重金属浸出毒性测试也全部达到国家标准。

肇嘉浜雨水污水合建式泵站水力模型试验研究

由上海市排水管理处、河海大学、上海市城建设计研究院联合进行的“肇嘉浜雨水污水合建式泵站水力模型试验研究”于2001年2月由上海市水务局立项，2001年12月31日通过上海市科学技术委员会组织的科学成果鉴定。该课题在广泛调查研究的基础上，对拟建的肇嘉浜雨污水合建式泵站的初步设计方案进行了水流流态、泵机组性能、泥沙淤积等多方面的模型试验研究。研究成果对改进水泵布水条件，改善水流状况，提高水泵效率，节约运行费用等具有较高的实用价值。同时，研究成果所提出的利用排沙廊道防止泥沙淤积的方案，首次将排沙廊道应用于城市排污泵站的建设中，为防止推移质泥沙在进水池中淤积提供了又一种行之有效的措施。

中小燃煤锅炉改造与污染控制实施方案研究

"中小燃煤锅炉改造与污染控制实施方案研究"课题于2001年3月至2001年12月完成。课题通过大量调查、模型计算和分析研究，更新和完善了上海市2001年中小锅炉污染源数据库和地理信息系统，得到上海3800余台中小锅炉的二氧化硫(SO_2)、氮氧化物(NO_x)、颗粒物排放总量等数据，同时，结合宏观能源政策和城市区域规划，预测了多种方案的污染物浓度空间分布和方案实施的经济成本，依据不同改造方案对环境的影响和天然气供应路线，提出"十五"期间上海市中小燃煤锅炉改造方案，为上海新一轮三年环境保护行动计划提供了科学理论依据和参考方案。

学术活动

上海环境科学学会开展系列学术活动

2001年，上海环境科学学会以"生态科技——为了新世纪人类的幸福"为主题，围绕生命科学、生物技术、生活质量等专题，组织开展了一系列学术活动。

生态建设学术报告会，对生态示范区建设的内涵、复合生态系统理论研究进展以及指标体系评价等进行了探讨。报告会还介绍了福建建设生态省的计划与实践经验，并结合上海市城市生态建设的实际开展了学术交流。近100位环保与生态工作者参加了会议。

环境生物技术研讨会，对环境污染治理中生物技术应用的研究进展、典型污水处理生物工程技术以及环境保护中微生物技术应用的风险性及其安全管理政策与技术等进行了研讨。华东师范大学、上海市环境科学研究院等单位的专家、学者、企业界人士共100多人参加了会议。

2001年，上海环境科学学会与上海市科协合作，先后与英国水污染防治学会、日本大气环境学会近畿支部、日本生态系统公司、日本环境会议以及台湾环境工程学会等国家和地区的环境社团、机构，就环境政策与法规、水环境保护、机动车尾气污染控制技术等，开展了双边学术交流。学会还与上海市环保局、交通大学合作，举办了中日环境保护国际研讨会，有关科研、院校专家、企业界人士近300人参加了研讨会。

科研单位与学术团体

上海市环境科学研究院

上海市环境科学研究院是上海市环境保护局直属的综合性环境科学研究机构。它由从事海水提铀研究的上海市"六七一"办公室，由上海市环境化学研究所、上海市环境保护科学研究所沿革而来，目前已成为国内和亚太地区规模最大的综合性专业环境科学研究机构之一。2001年，上海市环境科学研究院现有职工182人，其中具有高级职称46人，中级职称55人，初级职称40人。上海市环境科学研究院是从事公益性环境科学专业研究单位。根据国家对科技事业单位体制改革的要求，2001年制定了《上海市环境科学研究院科研体制改革方案》，以增强科研开发和创新能力，提高科研水平，提升综合竞争能力，同时以市场为导向，科技为依托，调整机构设置，优化科研结构和管理，合理配置科技资源和人才资源，适应市场经济和上海环保事业发展要求。2001年，上海市环境科学研究院承接上海市环保科技攻关项目16项，其中上海市科委项目6项、上海市建委等单位项目5项、上海市环保局项目5项；承接环境影响评价266项，其中环境影响评价报告书项目195项，环境影响评价填表项目71项；承接环境污染及噪声治理工程30项；承接ISO14000咨询10项，注册审核70项，举办ISO14000内审员培训班14期，环保产品检验测试29项；全年完成生态毒理，生态恢复论文4篇，生态风险评价专著1本。

上海市环境工程设计科学研究院

上海市环境工程设计科学研究院于2001年5月通过ISO9001国际质量认证。该院创建于1983年，现隶属于上海市市容环境卫生管理局。该院现持有市政工程设计、环境污染防治工程专项工程设计、环境保护设施运营、工程及科技咨询等多项资质证书，主要从事环境工程领域内的基础研究、工程设计及装备系统设计等科研、设计工作。职工中各类注册工程师及中高级职称人员占70%以上，设计、管理人员的计算机拥有率100%，设计的CAD出图率为100%。该研究院现有环境工程所、环境装备所、环境监测与情报所等3个专业所及办公室、经管部、质控部等3个管理部门，拥有办公楼两栋，总面积4000余平方米，是目前国内市容环境卫生行业从事环境卫生工程设计及科研工作专业设置最齐全、技术水平较高、规模较大的科研设计专业单位。近年来，上海市环境工程设计科学研究院先后与美国、日本、荷兰、德国等国家和港、台地区的许多著名公司和研究、开发及生产机构进行了学术交流。该院在国内两家知名企业设有环卫技术发展基地，联合组建环保技术研发中心，共同开展项目研究。

复旦大学环境科学与工程系

复旦大学环境科学与工程系成立于1996年。历经几年的发展，环境科学与工程系已在教学、科研、应用技术开发等方面初具规模，建有环境科学、环境工程、环境规划与管理3个教研室，建立了一支高学历、年轻化的教学和研究队伍，其中教授7名，副教授8名，具有博士学位的教师11名，博士生导师5名，聘请了6名国内外知名专家学者任顾问教授和兼职教授。目前环境科学与工程系可授予环境科学博士学位。

环境科学专业以培养基础扎实、知识面广、事业心强、具有广泛适应性的科研、管理和教学的人才为目标。环境科学专业包括环境化学、大气环境、环境监测、环境生态、环境规划与管理等专业方向。环境科学与工程系强调基础教学和实践动手能力以及良好的科学素质的培养。1999年，环境教学实验室建设项目被列为学校的重点建设内容。该系目前每年招收60余名本科学生和近30名研究生（含博士研究生）。

环境科学与工程系目前正根据学科建设发展方向并按照当前国家优先发展的高新技术产业化重点领域指南所确定的方向，结合原有的基础和特点进行科研开发，同时加强与国内外企业的产学研合作，现已与国内多家知名企业及地方政府进行了卓有成效的项目合作。当前涉及的科研领域主要有：大气环境、污染控制、清洁生产、环境材料、环境规划与管理、城市景观与生态等。几年来环境科学与工程系申请到国家自然科学基金面上资助项目共8项，“863”课题子课项目1项，福特基金1项，日本万国博览纪念基金项目1项；完成国家自然科学基金项目4项，申请专利8项，已获批准的专利有7项。1999年获教育部科技进步奖二等奖1项，上海市科技进步奖三等奖1项。2001至2002年度，环境科学与工程系承担的主要科研项目有：“战略环境评价（SEA）的框架体系及计算机集成信息支持系统”（国家自然科学基金）、“长江口滨岸微量金属的生物有效性”（国家自然科学基金）、“流动态O_3与CS_2，COS的反应机制研究”（国家自然科学基金）、“沪嘉杭城镇发展的区域生态服务功能及调控”（国家自然科学基金重点项目）、“新型微分光学大气分析仪（DOAS）的研制”、“太湖流域水污染综合治理研究”、“上海市浦东新区环境保护与生态建设规划”等。

复旦大学环境科学与工程系目前已与美国、日本、德国、英国、加拿大、挪威、丹麦、瑞典和芬兰等10多个国家开展科学合作与学术交流。

上海交通大学环境科学与工程学院

上海交通大学环境科学与工程学院成立于1999年，设有环境科学、环境工程两个硕士点、环境工程博士点及环境科学与工程博士后流动站，现有教授10名（含博士生导师8名）、副教授12名，教师队伍中82%有博士学位、56%具有海外工作学习背景。学院汇集了全校环境学科的优势力量，还先后从美、日、德、英、韩以及中科院和国内著名大学特聘引进了一大批优秀人才，使学院在水体富营养化控制与防治、水污染的高级氧化技术、环境生物技术、农业环境保护、少污染工艺与技术、海洋环境保护以及环境功能友好材料诸方向的研究上，均有较高的起点与鲜明的特色。

学院与美、德、日、韩等国建立了正式的国际交流合作，与有关大学及大型企业合作共建研究基地与联合实验室，特别是国家重点建设经费的巨额投入以及5800平方米学院大楼的建设，均为学院的发展与优秀人才的发展提供了优越的软硬件环境。

学院现承担着多项国家自然科学基金、国家攻关、国际合作、省部级科技攻关及大量企业委托的科研项目。

同济大学环境工程学院

同济大学环境工程学院包含环境工程、环境科学和市政工程3个二级学科，2001年被评为国家重点学科。学科现有教授、研究员24名，副教授、副研究员25名，博士生导师14名，目前已培养环境工程学士1200余名、硕士250余名、博士72名、博士后14名，目前研究生和本科生的比例已达到1:1。同济大学环境工程学院是我国环境工程高级专门人才培养和科学研究的重要基地之一。

学院近年来在水污染控制方面承担了国家攻关、自然科学基金等项目。城市污水生物脱氮除磷技术、活性污泥高速吸附/生物氧化技术研究成果获得省部级一、二等奖多项，已经在城市污水处理厂推广应用。城市污水处理尾水扩散排放研究取得省部级科技进步奖多项。上述成果已应用于城市污水处理厂和上海市合流污水工程等。在河流污染控制方面，研究了上海市苏州河水动力学特性，利用现有的水利设施调度，将潮汐河流改变为单向流，从而有效地改善了苏州河黑臭状况。研究开发的具有国际先进水平的源水生物预处理工艺，近年来已迅速推广应用于上海、深圳、广州、合肥等地水厂或工程建设中。

在固体废物处理与资源化研究方向上，学院先后承担并完成了国家自然科学基金及国家攻关项目、省部级项目、联合国世界卫生组织（WHO）和其他国际合作项目。在城市垃圾的好氧堆肥、生态型填埋及填埋场稳定化，填埋场渗透滤液回灌处理、废物焚烧技术等研究领域达到国际或国内先进水平。开发了国内第一套具有完整的烟气净化系统的国产化工业废物焚烧系统，在上海浦东国际机场建设了国内第一个抽测二恶英并达到国家标准的垃圾焚烧厂。

在中小锅炉脱硫除尘、油烟净化技术、污染气体生物净化技术、水处理化学药剂研制、水混凝机理、缓蚀机理、高浓度污水湿式氧化技术、环境污染物形态及结构分析等方面，近年来学院获得国家科技进步三等奖1项，省部级科技进步一、二、三等奖27项，多项研究成果填补了国内空白，在多项重大工程项目中得到了成功应用。

2001年，学院获得国家专利5项，发表论文249篇，专著8部，主持“863”高技术研究发展计划项目、城市生活垃圾生态填埋成套化技术与设备的研究。学院支持了多项国家自然科学基金项目。

东华大学环境工程专业

东华大学环境工程专业成立于1975年，是国内最早设立的环境工程学科之一，具有博士、硕士学位授予权，还具有国家甲级环境工程专项工程和甲级环境影响评价证书。在兼氧技术、简易快速监测技术、资源回收利用技术处于国内先进水平。学校培养的学生从事的技术工作有水污染控制工程、清洁生产过程控制、资源优化利用、工业有害物净化及工程治理、大气环境监测、环境容量与总量控制等。

东华大学近年来承接完成数十项环境治理项目（涉及制药、农药、热电、化工、冶金、食品等行业的污水和烟尘治理）及百余项环境影响评价项目。如：高浓度难降解有机废水治理（国家经贸委技改项目）；印染、化纤等行业清洁生产、废水深度处理、资源综合利用（国家经贸委技改项目）；规模万吨以上的城镇集中污水处理厂的工程设计（世行贷款项目）；陶瓷膜亚滤机的研制与开发（上海市科委1999年度十大创新项目之一）；上海吴泾化工总厂甲醇精馏残液生物处理新工艺（上海市重点实事项目、获国家发明三等奖）；无锡前洲镇工业废水集中处理厂设计（世界银行贷款项目）；水产品废水处理工程（上海市科技进步三等奖）等。

2001年东华大学完成的主要科研成果有：属国内首创、达到国际先进水平的高效亚滤技术及设备的研究开发项目；获2001年上海市科技进步奖三等奖的PA-6单位回收与清洁生产项目等。

华东师范大学资源与环境学院环境科学系

华东师范大学环境科学系创办于1986年，是在原华东师范大学环境科学研究所(成立于1978年)的基础上成立的，现为所系合一的教学科研机构。环境科学系现有4个教研室，该系生态学、环境科学专业拥有博士、硕士学位授予权。生态学科是上海市政府“十五”期间重点建设学科，又是国家重点学科，并且是教育部“长江学者”奖励计划特聘教授设岗单位。全系现有教师28名，其中教授7名，副教授8名，具有博士学位的教师12名，另外还聘请国内外著名学者12名为兼职教授。环境科学系本科设有环境科学和生态学两个专业，学制四年，开设专业必修课25门，包括生态学、环境规划管理、环境生物学、环境监测与污染治理等方面，开设选修课18门（生态学专业27门）。自1986年建系以来，环境科学系共培养本科生410名，硕士研究生125名，博士研究生20名。目前在校本科生、硕士生和博士生共305名，该系的毕业生大多分配到高等和中等学校、研究所、企事业单位以及环境管理和监测等部门工作。环境科学系下属6个教学科研机构：生态学教研室、环境生物学教研室、环境化学教研室、环境地学教研室、环境科学研究所、城市与景观生态研究中心，自1986年以来，已经承担200多项科研项目，产生了一批影响重大的学术成果，并获得数十项省部级以上的科研奖励。

2001年主要科技成果有：完成国家973项目、日本自然保护基金项目、国家自然科学基金项目、教育部优秀青年教师计划项目、上海市教委曙光计划项目、上海市科委、农委、建委和市环保局等项目共计262万元，内容涉及水资源评估、造林规划研究、环境规划、环境影响评价、生物安全性评价、废水处理、生活垃圾处理、珍稀植物群落保护生态学、苏州河治理、城市包装废弃物减量化以及回收体系、珍稀濒危植物优先保护种群确定、畜禽粪便高效微生物筛选及资源化应用技术等。

华东理工大学资源与环境工程学院

华东理工大学资源与环境工程学院成立于1997年初，由学校化学工程、化学工艺、环境工程多个优势学科相互交叉渗透组合而成，学科特色和组合优势显著。

学院下设环境工程系、能源化工系、环境工程研究所和洁净煤技术研究所，具有环境工程、金属材料工程、建筑环境与设备工程和化学工程与工艺四个本科专业，具有环境工程博士学位授予点，环境工程、环境科学、热能工程硕士学位授予点和环境工程领域工程硕士学位授予点，并可招收化学工艺博士和硕士学位研究生。

学院现有教职工82名，其中博士生导师12名，硕士生导师26名。具有正高级职称人员19名，副高级职称人员30名。在校本科生640名，硕士生132名、博士生45名。

学院主要从事大气和水污染控制理论与控制技术研究；工业循环水环境技术研究；固体废弃物处置与资源化技术

研究；洁净煤化学与技术基础研究；煤气化新技术开发和过程控制研究；生物质能源的转化和利用研究。

学院成立5年来获上海市科技进步一等奖2项，“九五”攻关计划优秀成果奖1项和其他省部级奖4项。完成“九五”攻关项目3项，国家自然科学基金项目10余项，省部级项目数十项。科研经费达3000多万元，发表论文数百篇，出版专著近20部，申请专利16项。目前承担着863国家高技术发展计划项目2项，总经费约3700万元；“十五”科技攻关项目2项，总经费450万元；973重点基础研究项目子课题和国家自然科学基金等项目。学院设有“水煤浆气化及煤化工国家工程研究中心开发部”，拥有国家建设部颁发的“环境污染防治专项工程设计甲级证书”、“建设项目环境影响评价证书（乙级）”和“上海市建设项目（工程）劳动安全卫生预评价资格证书”。

上海理工大学环境工程专业

上海理工大学环境工程专业成立于1997年，主要培养水气污染控制工程技术及能源利用中环境等方面的应用复合型高级人才，现具有正教授8名、博士副教授7名。

上海理工大学近6年来承接完成科研项目13项，正在研制的项目9项，其中上海市科委重点大项目各1项，上海市曙光计划1项，有关基金项目7项。如：“小区生活污水处理关键技术与示范”、“工业废水中含氮磷技术研究”、“锅炉中脱硫除尘技术及其应用研究与示范”、“污水流量计和污水流量采集器”、“空气颗粒测试装置”、“能源结构调整及其分配使用中的环境经济效益优化分析”等科研项目，其中获得省部级科技进步奖有多项。

目前，上海理工大学正与美国明尼苏达州环境工程中心、德国斯图加特大学、澳大利亚衡特研究院、新西兰奥克兰大学等国家及香港城市大学和台湾淡江大学建立了良好的长期学术交流与科研合作关系，包括共同培养研究生及共同立项进行环境工程领域内的学术、技术研究及应用示范。

上海大学环境与化学工程学院

上海大学环境与化学工程学院由环境科学与工程系、化学工程与工艺系、上海射线应用研究所组建而成，有正、副教授30多名，其中95%以上具有博士学位和硕士学位。学院设有环境工程和化学工程与工艺两个本科专业，以及环境工程和应用化学两个硕士点，在校本科生700多名，研究生65名。历届毕业生中有中科院院士、工程院院士等优秀人才。

环境工程学科是上海市教委第二期和第四期重点建设学科，也是上海大学“211”重点建设学科，“辐射技术在环境保护中应用”是国际原子能机构指定的亚太地区培训中心。具有特色的研究方向有：辐射技术在环境保护中应用、绿色技术与清洁生产、固体废弃物处置与资源化、水污染控制与治理集成技术、污染土壤的生物修复技术。学院建有辐射应用功能实验室，水污染控制与治理功能实验室，固体废弃物资源化利用功能实验室、化工实验中心。学院分析测试中心配有高压液相色谱、气质联用、原子吸收、气相色谱、分光光度计、红外、差热—热重等大型进口仪器。

近年来，学院获省、部级科技进步二等奖3项，三等奖2项；获准国家自然科学基金12项，省、部级重点项目3项，与工厂合作研发项目100多项，在国内外核心期刊发表论文300多篇，出版专著7部，获准发明专利5项。学院还与英国康州大学、纽约城市大学、法国里莫日大学、日本近畿大学建立了长期合作关系。

上海市环境科学学会

上海市环境科学学会(以下简称学会)成立于1978年8月，是由上海市环境科学技术、环境工程 、环境管理、环境教育、环保产业等方面的专家和工作者，以及从事环境科学研究与教育、环境产品设计与生产等的企事业单位自愿组成的学术性、非营利性社会组织。经上海市社会团体管理局核准登记，取得社会团体法人资格。学会的业务主管部门是上海市科学技术协会，行政挂靠单位是上海市环境保护局，登记管理机构是上海市社团管理局。

学会成立25年来，共组织开展各种形式的学术活动200多次，科普宣传、教育培训活动150多次，编辑、出版论文集及环境类书刊20多种，国际合作、交流活动80多项（次），技术咨询服务70多项（次）。参加活动者逾5万人次。

学会现有会员1000多人，具有高级职称的科技人员占80%以上。会员主要分布在各高等院校和科研、设计单位，有关环保等行政管理部门及技术、产品的研制、开发企事业单位等也有一大批会员。学会分设水环境、大气环境、固废及辐射、环境声学、环境监测、环保工业、环境管理等8个专业委员会。

1978年以来，先后由靳怀刚、陈江涛、吕淑萍担任第一—三届理事会理事长。2001年10月30日学会召开了第四届会员代表大会，选举产生了本届理事会和常务理事会。上海市环保局局长、高级经济师洪浩任理事长。

第四届会员代表大会还通过决议，聘请上海市环保局原局长、教授级高工陈江涛，上海市人民政府侨务办公室主任、高级工程师吕淑萍任名誉理事长，并成立了学会高级专家委员会，由陈江涛、陆福宽、吕淑萍任主任委员，30多位资深环境专家出任委员。

根据章程规定，学会于2001年开展了单位会员发展工作。宝山钢铁股份有限公司、上海市政工程设计院、上海农业科学院环境科学研究所、上海金迪生物技术工程公司、上海市环境监察总队、上海佛欣爱建河道治理公司等24家单位成为学会首批单位会员。

作为上海市大型的环境学术社团，学会将按照上海市人民政府制定的城市总体发展规划和环境保护行动方案，根据本市污染防治、环境管理与生态建设的实际需要，配合环保行政部门当好政府的助手和参谋。

信息化建设

环境信息资源开发和利用

2001 年，上海市环保局与国家环保总局、各省市环保局通过卫星 VSAT 技术实现了互联，与市政府、各委办局互联的“白玉兰”网已运行，成为市民了解政府和环保的政策方针、社会服务、接受监督和公共信息的窗口。全市重点污染企业的在线监控系统已建成，通过网络实现了信息资源共享。

环境保护系统网络建设主要以内部局域网建设和Internet网站建设为重点。上海市环境保护信息化建设已启动了办公自动化的应用。上海市环境保护信息中心作为全市环保信息化建设的职能部门，完成了环境质量数据库、污染源数据库（包括环境统计、企业排污申报、机动车尾气管理等）、环境保护法规、标准数据库等为主要内容的基础库建设工作，在此基础上开发的环境保护管理信息系统（MIS）、办公自动化系统（OA）、环境地理信息系统（EGIS）、环保应急指挥系统、污染源在线监测监控系统、上海地区 SO_2 总量控制计算机支持系统、总量控制管理信息系统、环境噪声地理信息系统以及多媒体技术反映环境保护工作的 CD-ROM 等软件，已被政府机关、执法监管、科研院所、产业机构和宣传教育部门应用。

重点污染源在线监测监控系统

重点污染源在线监测监控系统是上海市为巩固“一控双达标”成果，提高环境实时监控能力而开发的实用性应用系统。该系统由网库技术、远程通讯技术、GIS 技术组成。该系统包括在线监测和监控分析两个子系统。在线监测系统的主要功能是利用先进的在线监测仪器，对污水流量、pH、COD 等主要污染物等进行实时监测，并把监测结果分送企业控制室和市监控中心。监控系统通过有线或无线方式对企业环保设施运行状况进行远程监控，对污染防治设施非正常运转或超标排污情况具有 GIS 定位报警功能，并能根据管理需要生成污染物排放的日、月、年报及各类查询汇总，还具有排污总量审核、污染大户筛选等多种分析管理功能。使用这套系统，上海市 2001 年完成了对重点排污企业在线监测监控的试点工作。

在线监测监控系统网络结构图

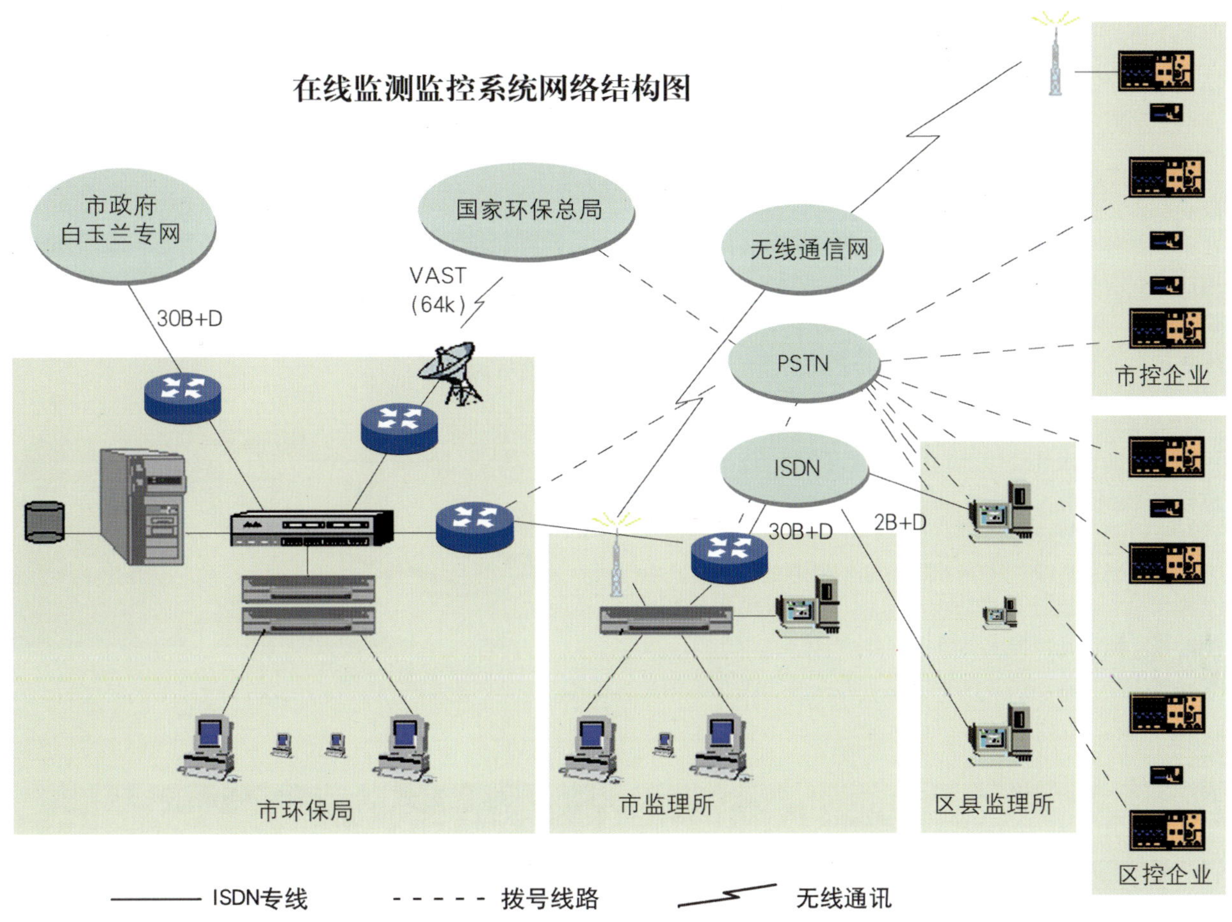

企业废水处理流程图

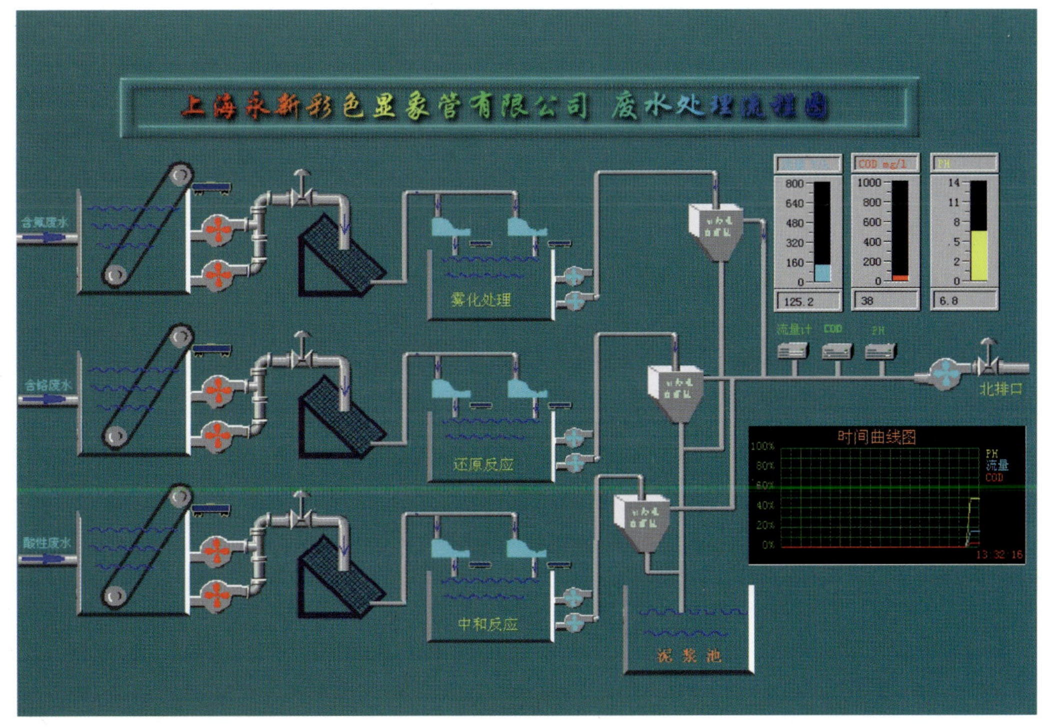

环保应急热线
环保绿色“110”

“环保应急热线”（62863110）应急指挥系统是上海市环保局为在政府和公众之间建立一种快速反应机制，以接受公众对环保工作的监督及有关部门对环境事故快速反应处理而建立的信息管理系统。该应急指挥系统由3个子系统即接报系统、指挥系统和信息管理系统组成。接报系统：具有接报排队等候，语音信箱：包括遇忙排队应答、转接语音答复、受理结果查询、受理单处理分发和受理结果查询等功能。 指挥系统：具有举报点GIS辅助搜索，车辆GPS定位，最短路径辅助指挥等功能。信息管理系统：具有取证多媒体信息管理（包括输入、查询、汇总、分析功能）， 行政处罚管理和行政复议管理等功能。

“环保应急热线”是24小时开通的紧急处理网络，由一个指挥中心和22个处理分中心组成。市环保局在上海市环境监察总队设立环保应急热线中心。市环境监测中心、市辐射监理所、市危险废物处理中心、各区县环保局设分中心。热线中心由受理系统、指挥调度系统、信息反馈及数据查询等部分组成，负责统一受理电话。指挥和调度中心及分中心应急执法队伍，协调和组织处理重大和跨辖区环境污染事件。分中心为二级受理，接受中心指派的任务，也自行受理居民举报和投诉。

环保应急热线指挥中心

应急车辆上的GPS定位系统显示的车辆实时位置

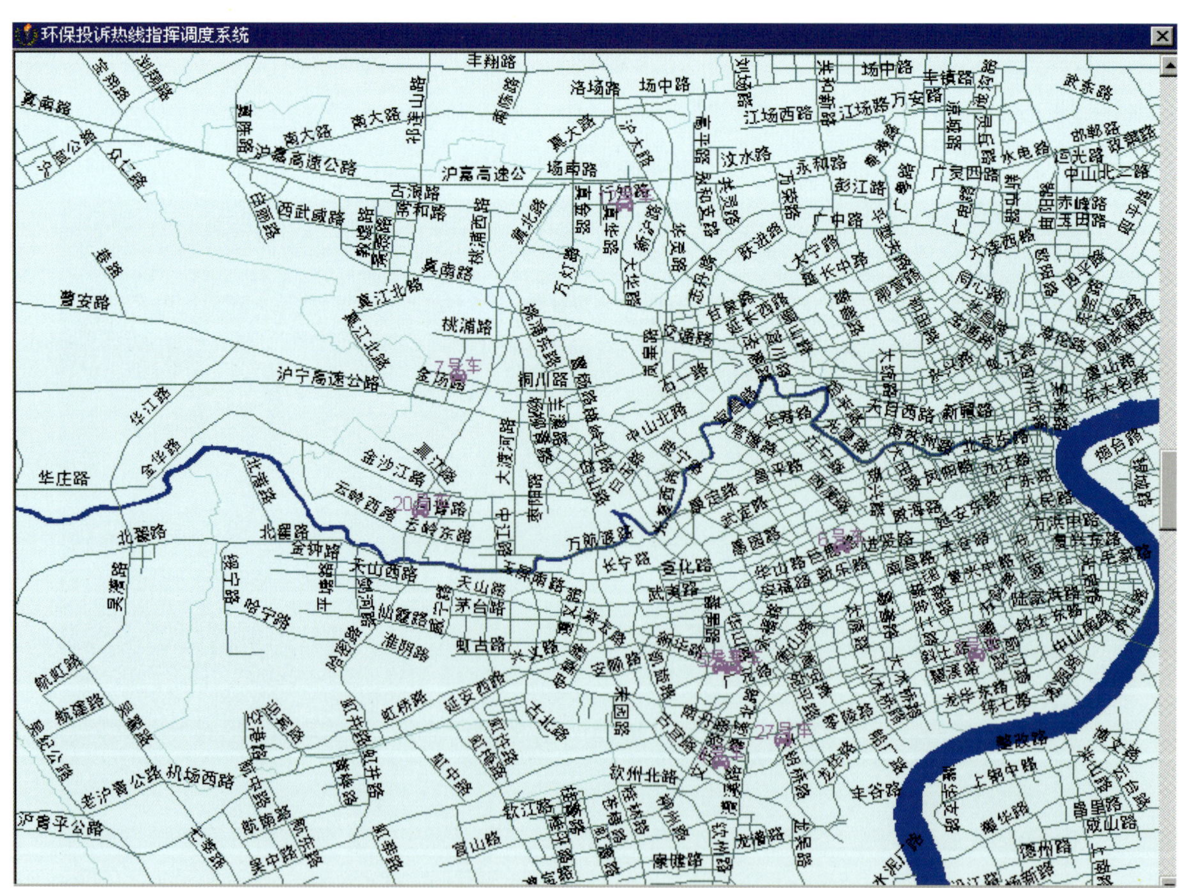

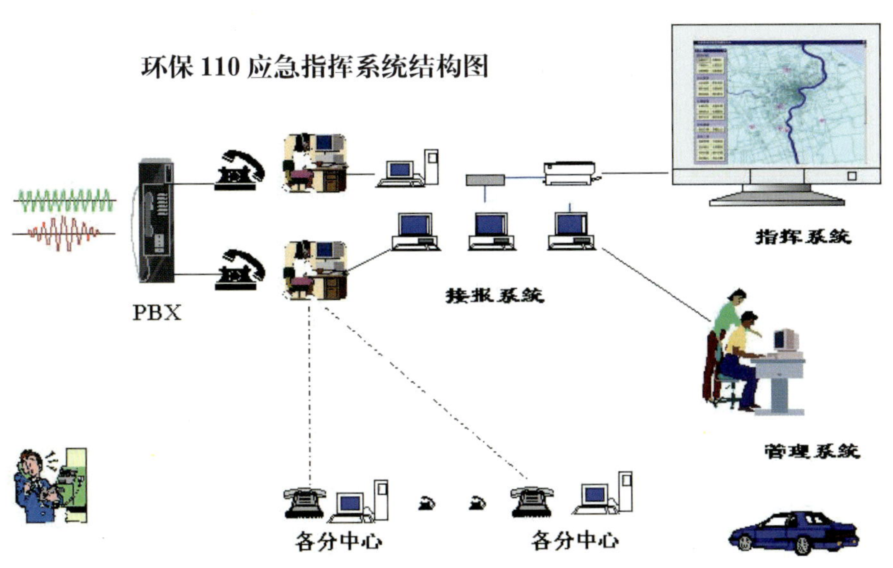

环境信息网站

“上海环境”信息网站

“上海环境”信息网站（http://WWW.sepb.gov.cn）是市环保局的政务网站，由上海市环境保护信息中心主办。“上海环境”信息网站的主要栏目有：市环保局各职能部门的职责介绍、政务公开、环境标准、环境科研、环境法规、环境知识、环境热点新闻以及每日空气质量预报等。2001年9月，“上海环境”信息网站完成了与上海市政府门户网站“中国——上海”之间链接，“上海环境”网站应用服务功能有所提升，面对更广泛的公众层面，增加了政务公开信息及便民服务的内容，包括及时发布科研项目、建设项目招投标信息及其他政务信息。科研项目建议书和“三同时”建设项目审批表格等可以在网上直接下载，提高了环保行政办事效率，同时也便于企业、公众了解、查询相关信息，成为社会各界了解环保信息和政府对外宣传、服务社会、接受监督的信息窗口。

上海市环境保护局信息中心工作室

上海环境热线与相关网站

截止到2001年12月，作为公众环境网的“上海环境热线”(www.envir.online.sh.cn)全年首页访问量达到170万人次，净增约60万人次。2001年，“上海环境热线”完成了WEB服务器更新、电子邮件服务器、软件更新，新增新闻约2000万字，平均日访问量达1500人次左右，页读数(pageview)超过5000页／日。

上海人大信息窗

http://www.spcsc.sh.cn/

上海市人大常委会主办，主要内容：人大简介，地方法规，信息总汇。

上海建设网

http://www.shucm.sh.cn/

由上海市建设和管理委员会主办，主要内容有：上海市建设和管理委员会机构设置，办事公开，相关局及综合信息、建管信息、工程信息等内容。

上海农业网

http://nyw.sh.gov.cn/

上海市农业委员会主办，内容有专家咨询，农业标准化，放心农产品等。

上海市绿化管理局（网站）

http://www.shylj.gov.cn/

内容包括机构职能，办事指南，古树名木，植保等信息。

上海市容环境卫生

http://www.sh1111.gov.cn/

内容有上海市容，便民服务，政务公开等。

上海规划

http://www.shghj.gov.cn/

城市规划信息，历史保护建筑，办事指南等。

上海水务网

http://www.shanghaiwater.gov.cn/

上海市水务局主办，内容有政务公开，防台防汛，水环境治理，水资源开发，用水供水服务等。

上海农林

http://nlj.sh.gov.cn/

农林信息，野生动物保护等。

上海气象

http://www.meteo.online.sh.cn/

上海气象局主办，城市气象及城市空气质量预报。

水利部太湖流域管理局（网站）

http://www.tba.mwr.gov.cn/

主要内容：太湖要闻，工作动态，引江济太及水利信息化。

上海植物园

http://www.shbg.net.cn/

园区概览，热带雨林，花卉盆景介绍。

上海环境科学

http://www.sesmag.sh.cn/

上海环境科学杂志社主办，《上海环境科学》杂志网络版。

复旦大学环境科学与工程系

http://environment.fudan.edu.cn/

科研、教学等信息。

上海市市容环卫协会设备专业委员会

http://www.srhwsb.org/

机构介绍、行业信息。

上海环境节能工程有限公司

http://www.shhj.com.cn/

介绍环境工程及产品。

上海室内环境治理网

http://www.shioie.com/

致一企业、东华大学环境科学与工程学院主办，介绍室内环境治理产品、技术。

资源保护与利用

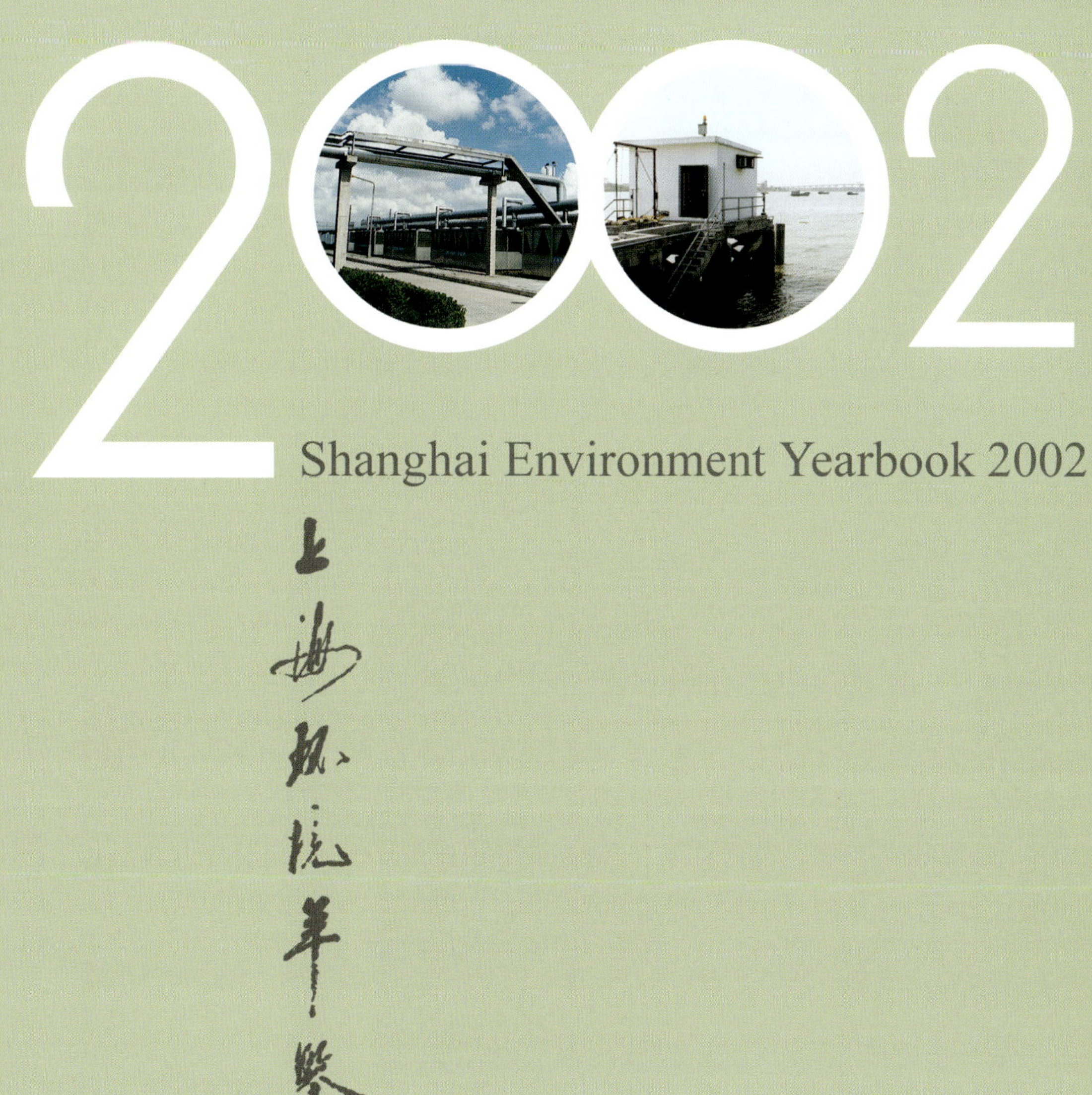

水资源保护与利用

上海市水资源普查工作全面完成

经上海市政府沪府办秘（98）006345号文批复，被列为市政府重大项目的全市水资源普查于1999年3月开始进行，556个普查单位的4093名工作人员参加了普查工作，共完成10000多条河道约17000公里的断面测量工作，进行了2900多个水质控制断面和580多个底质控制断面的监测，填写表格61000张，绘图25000套（张），完成各类普查分报告37份。

两年中，通过对河道、水资源供需平衡、水质和底质、污染源、水工程和地下水等6大方面的普查，基本摸清了全市水资源各要素的属性和空间分布，为切实进行水资源合理调度，实现水资源长效管理，逐步改善和解决上海水质型缺水问题，提供了有价值的第一手信息资料。普查工作于2001年5月全面结束，9月《上海市水资源普查报告》通过专家鉴定。

保护好上海的水资源

土地资源保护与利用

基本农田保护

2001年，上海开展了基本农田调整划定、建立标志和档案等工作，进一步加大基本农田的保护力度。

调整划定

按照各级土地利用总体规划，逐级分解下达基本农田保护面积的指标，并明确基本农田保护区的布局安排、数量控制和质量要求。区县政府组织镇乡政府按照依法批准的土地利用总体规划，在1:10000的规划图的基础上，通过实地对照核查，进一步完成了1:2000的规划操作图。

加大农田保护力度

在1:2000规划操作图上划定了基本农田保护区范围，并对地块作了编号。在确定基本农田保护区时，有关部门对基本农田保护区与建设用地区等其他类型土地利用分区的关系问题进行了重点考虑。凡铁路、公路等交通沿线的耕地，以及《基本农田保护条例》规定应当划入基本农田保护区的其他耕地，都依法优先划入了基本农田保护区。

基本农田保护区在图上确定后，各区县政府组织镇乡政府依据规划进行了实地划区定界，并按照《基本农田保护条例》规定予以公告。同时将基本农田保护区的资料、图件实地核实后，汇集成图、表、册，建立起档案。

围绕区（县）、镇（乡）两级规划修编，郊区积极推广运用土地利用规划信息系统。郊区各区县基本上都建立了1:2000的土地利用规划信息系统（Lupis），将依法批准的镇乡土地利用总体规划中划定的基本农田保护区界线、面积等各类要素输入电脑，作为监督、检查、审核、补划、变更基本农田等的基础和依据，为基本农田保护区的动态监测提供了良好的保障。

各级政府逐级签订基本农田保护责任书，确保规划确定的本行政区域内基本农田的数量不减少，质量不降低。基本农田保护工作作为主管部门领导任期目标责任制的一项内容，已被作为领导干部政绩考核的内容之一。

建立标志和档案

2001年，上海市郊区乡镇根据新一轮镇（乡）级规划，对1992年编制的第一次土地利用总体规划、基本农田保护区标志和基本农田档案件袋进行了补建和更新。

土地整理

2001年，上海市在金山区干巷镇、松江区新浜镇和奉贤区齐贤镇分别成立了三个市级土地整理示范区。各区县依据土地利用总体规划，结合地区发展，采取多种方式开展土地整理，促进了土地的集约利用，初步形成了从规划编制、计划制订、确定地块、项目立项的前期管理，到中期土地整理项目实施以及验收确认、资料归档的后期管理的全程管理制度，并运用土地利用规划信息系统对新增耕地指标确认、使用核销、结余储备实施全程动态管理。

上海市房屋土地资源管理局建立起耕地补充指标储备库。区县之间异地有偿使用耕地补充指标，依据土地利用规划和年度计划，由市房地资源局统一安排，形成了耕地补充指标有偿使用的激励机制，进一步推动了土地整理工作，实现了全市耕地占补平衡。

地质资源保护与利用

地下水开采和回灌

2001年上海市地下水总开采量为8124.51万立方米，较上一年度减少1416.22万立方米；回灌量1152.68万立方米，同比减少87.57万立方米；全年净开采量为6971.83万立方米，减少1328.65万立方米。2001年地下水开采和回灌保持上年格局：全市开采量时间分布的季节性差异已不明显，具常年开采特点；全市地下水开采仍以第IV承压含水层为主，回灌则以第II承压含水层为主。开采仍主要集中于浦东、宝山等地区，而回灌则集中于中心城区。

2001年度地下水开采量除崇明以外，其余地区较上年均有不同程度减少，其中浦东、宝山、闵行、嘉定减少显著，但浦东新区与宝山区年度开采总量位居全市之首，两地占全市地下水总开采量的60%；全市地下水人工回灌有所减少，其中中心城区较上年减少近90万立方米，而崇明县则增加80万立方米。

2001年度上海地下水采灌量及与上年度统计对比

单位：万立方米

地区	总开采量			总回灌量			净开采量		
	2001	2000	水量差	2001	2000	水量差	2001	2000	水量差
全市	8124.5107	9540.7318	-1416.2211	1152.6838	1240.2511	-87.5673	6971.8269	8300.4807	-1328.6538
中心城区	254.5891	306.2468	-51.6577	446.3392	534.0401	-87.7009	-191.7501	-227.7933	-36.0432
浦东新区	2664.4519	3219.4848	-555.0329	214.1648	232.9202	-18.7554	2450.2871	2986.5646	-536.2775
宝山	2193.9788	2535.7514	-341.7726	81.4176	115.7173	-34.2997	2112.5612	2420.0341	-307.4729
闵行	386.8887	579.3123	-192.4236	5.8657	6.7596	-0.8939	381.0230	572.5527	-191.5297
嘉定	467.8427	626.2481	-158.4054	101.0730	114.7000	-13.627	366.7697	511.5481	-144.7784
金山	248.9733	275.9809	-27.0076	3.5304	4.2793	-0.7489	245.4429	271.7016	-26.2587
松江	54.7253	69.1492	-14.4239	3.3809	4.7549	-1.374	51.3444	64.3943	-13.0499
青浦	450.1665	482.8997	-32.7332	3.5835	3.5484	+0.035	446.5830	479.3513	-32.7683
奉贤	408.8889	454.8406	-45.9517	22.3388	30.1826	-7.8438	386.5501	424.658	-38.1079
南汇	615.6972	652.0294	-36.3322	22.9674	25.4482	-2.4808	592.7298	626.5812	-33.8514
崇明	378.3083	343.9949	+34.3134	248.0225	167.9005	+80.122	130.2858	176.0944	-45.8086

注：水量差“+”为增加、“-”为减少。

全市地下水采灌量时间分布

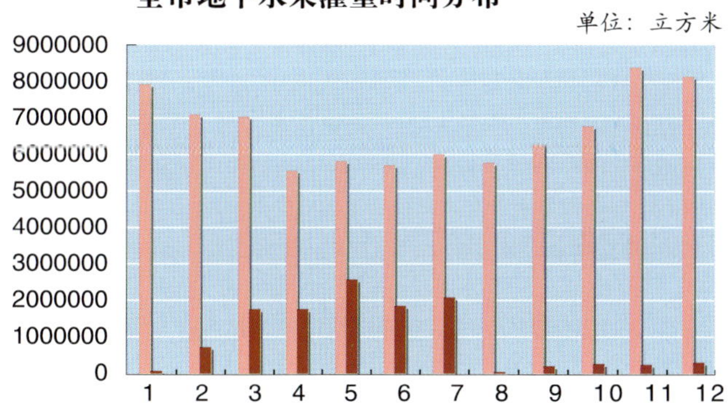

全市地下水采灌量层次分布

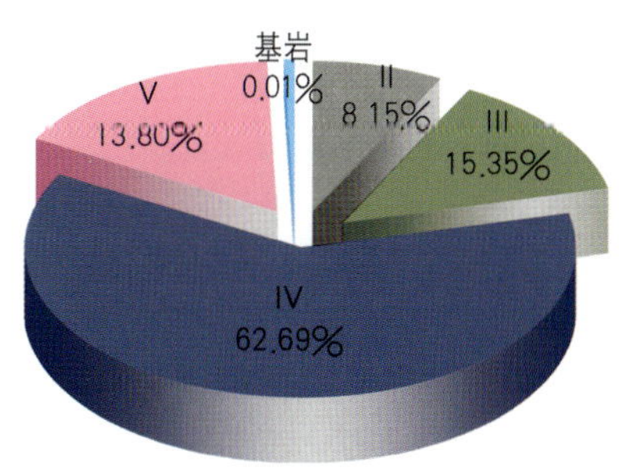

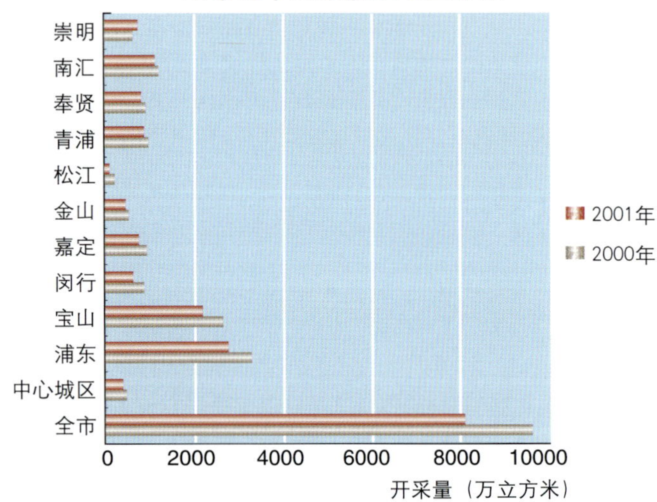

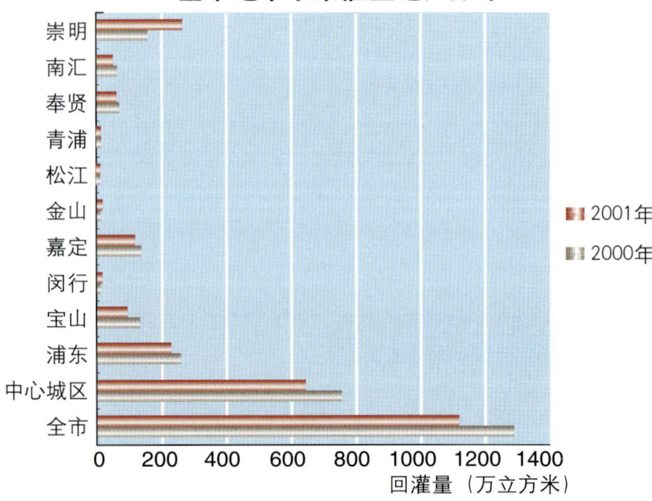

地下水开采仍集中在深部的第IV含水层，占年度开采总量的62.69%，上年度为63.30%。其他层次所占比例依次为第III含水层15.35%、第V含水层13.8%、第II含水层8.15%、基岩岩溶裂隙含水层0.01%，上年度分别为14.51%、14.28%、7.90%、0.01%。人工回灌则集中于浅部的第II含水层占65.66%；其他层次所占比例依次为第III含水层20.68%、第IV含水层13.66%；而上一年度四个含水层回灌比例分别为60.11%、21.17%、18.07%、0.65%。地下水开采和回灌的层次与地区分布见2001沉降年度上海地下水采灌量分层分区统计表。

2001沉降年度上海地下水采灌量分层分区统计表

地区	含水层	开采			回灌		
		水量（万米3）	百分比（%）	占全市比率（%）	水量（万米3）	百分比（%）	占全市比率（%）
全市	II	662.1460	8.15	100	756.8831	65.66	100
	III	1246.9842	15.35		238.3614	20.68	
	IV	5093.2929	62.69		157.4393	13.66	
	V	1121.2945	13.80				
	基岩	0.7931	0.01				
中心城区	II	110.3495	43.34	3.13	177.3510	39.73	38.70
	III	85.7522	33.68		133.7010	29.96	
	IV	50.8724	19.98		135.2872	30.31	
	V	6.8219	2.68				
	基岩	0.7931	0.32				
浦东	II	160.8301	6.04	32.80	125.5883	58.64	18.60
	III	323.4216	12.14		71.1222	33.21	
	IV	2129.6748	79.92		17.4543	8.15	
	V	50.5254	1.90				
宝山	II	170.3272	7.76	27.00	51.8879	63.73	7.06
	III	289.5908	13.20		27.3764	33.62	
	IV	1391.4413	63.42		2.1533	2.65	
	V	342.6195	15.62				
闵行	II	2.1096	0.55	4.76	3.3212	56.62	0.50
	IV	339.8038	87.83		2.5445	43.38	
	V	44.9753	11.62				

（续表）

地区	含水层	开采			回灌		
		水量（万米3）	百分比（%）	占全市比率（%）	水量（万米3）	百分比（%）	占全市比率（%）
嘉定	II	38.8638	8.31	5.76	101.0730	100	8.77
	III	176.4114	37.71				
	IV	52.3710	11.19				
	V	200.1965	42.79				
金山	II	1.7746	0.71	3.06	3.5304	100	0.31
	III	192.0613	77.14				
	IV	55.1374	22.15				
松江	II	1.6543	3.02	0.67	3.3809	100	0.30
	IV	53.0710	96.98				
青浦	II	46.3355	10.29	5.54	3.5835	100	0.31
	III	138.6357	30.80				
	IV	53.6571	11.92				
	V	211.5382	46.99				
奉贤	II	9.7450	2.38	5.03	22.3388	100	1.94
	IV	399.1439	97.62				
南汇	II	6.4658	1.05	7.58	16.8056	73.17	1.99
	III	41.1112	6.68		6.1618	26.83	
	IV	568.1202	92.27				
崇明	II	113.6906	30.05	4.67	248.0225	100	21.52
	IV						
	V	264.6177	69.95				

地下水水位

上海主要开采和回灌含水层地下水位

地区	地点	含水层	观测井	水位标高（米）				年水位变幅（米）	
				2001 年		2000 年		2001 年	2000 年
				4 月	9 月	4 月	9 月		
中心城区	东区	II	杨 F6	−4.76	−8.25	−4.49	−6.93	3.49	2.44
		III	杨 C246−1	−5.15	−7.74	−4.82	−7.10	2.59	2.28
		IV	杨 G34−1	−32.57	−34.59	−32.92	−35.22	2.04	2.30
		V	杨 C223	−31.82	−32.42	−32.53	−33.02	0.60	0.49
	西区	II	F10−2	−5.29	−7.50	−4.95	−6.74	2.21	1.79
		III	F10−1	−7.27	−9.54	−6.92	−9.01	2.27	2.09
		IV	黄 59−1	−31.71	−33.73	−32.34	−34.26	2.02	1.92
		V	普 C322−5	−47.99	−47.40	−50.21	−49.59	0.59	0.62
郊区	宝山区	III	宝 44−3	−5.84	−6.86	−5.31	−6.37	1.02	1.06
		II	宝 44−6	−5.56	−7.23	−5.63	−6.71	1.67	1.08
		IV	宝 S1−1	−40.43	−42.74	−41.14	−43.61	2.31	2.47
		V	F16−1	−48.32	−47.52	−48.86	−48.78	0.8	0.08
	浦东北	II	浦 C218−1	−5.93	−6.95	−5.39	−5.91	1.02	0.52
		III	浦 9−3	−9.76	−10.35	−8.56	−9.83	0.59	1.27
		IV	浦 75−2	−37.81	−39.45	−38.31	−39.37	1.64	1.06

（续表）

地区	地点	含水层	观测井	水位标高（米）				年水位变幅（米）	
				2001 年		2000 年		2001 年	2000 年
				4 月	9 月	4 月	9 月		
郊区	浦东南	II	浦 46-1	-5.06	-5.13	-4.22	-6.64	0.07	2.42
		III	浦 F15-2	-5.60	-8.55	-5.17	-7.27	2.95	2.10
		IV	浦 F15-1	-30.11	-32.36	-30.56	-32.36	2.25	1.80
	嘉定区	II	嘉 S54-3	-6.04	-7.50	-6.37	-7.86	1.46	1.49
		III	嘉 S54-2	-10.77	-12.36	-11.27	-12.19	1.59	0.92
		IV	嘉 C276-1	-11.14	-14.36	-17.7	-16.91	3.22	0.79
	闵行北	II	海 F14-2	-4.68	-5.22	-4.55	-5.36	0.54	0.81
		III	海 C266	-9.40	-9.35	-9.21	-9.75	0.05	0.54
		V	海 47-3		-49.29	-50.79	-51.69		0.90
	闵行南	II	海 F17-3	-4.89	-4.92	-4.96	-4.80	0.03	0.16
		III	海 F17-2	-6.41	-6.31	-6.44	-6.47	0.10	0.03
		IV	海 F17-5	-19.75	-19.18	-22.85	-22.58	0.57	0.27

2001 年度全市地下水位总体与上年相比：第 II、III 含水层地下水位有所下降，第 IV、V 含水层水位有所抬升；水位年变幅 0.03-3.49 米，变化幅度大于上年。中心城区地下水位在冬灌期末(4 月份)与夏用期末(9 月份)浅部第 II、III 含水层水位标高低于上一年度的同期水平，在东、西区的代表性水位观测孔中分别下降 0.27-0.35 米、0.53-1.32 米；而深部第 IV、V 含水层水位标高则高于上一年度的同期水平，在东、西区的代表性水位观测孔中分别抬升 0.35-2.22 米、0.53-2.19 米。

郊区地下水位总体情形与中心城区一样，在冬灌期末(4 月份)与夏用期末(9 月份)浅部含水层水位标高总体分别低于上一年度，下降幅度分别为 0.13-1.20 米、0.12-1.28 米；深部第 IV、V 含水层水位标高则高于上一年度，抬升幅度分别为 0.03-6.56 米、0.87-3.40 米。

矿山环境整治

天马山采石坑

2001 年，上海市重点对松江区佘山国家旅游度假区的 7 个采石坑进行整治监督并印发了《关于做好佘山国家旅游度假区的采石坑环境整治工作的通知》。有关单位与部门已作出积极响应，研究探讨了可行的治理方案，且大多已采取了临时性保护措施，以防产生崩塌、滑塌等次生的地质灾害。

地热水勘探

地热水喷出瞬间

2001年9月，浦东新区三甲港地区的地热勘探井在1200米的设计深度，抽出水温35℃、日出水量840立方米的温泉。经水质检测，三甲港温泉水中矿物质和微量元素含量丰富，硫和氟含量也均达到医疗热矿水的国家标准，有一定的浴疗保健作用，极具明显的开发利用价值。目前正往第二设计深度2300米钻探。

天然矿泉水资源管理

上海不仅矿产资源极为匮乏而且又是水质型缺水城市，因此，天然矿泉水资源开发利用与环境保护显得尤为重要。2001年经多方调研，上海市房屋土地资源管理局编制了《上海市饮用天然矿泉水资源管理规定》，对矿泉水资源的勘查评价、鉴定审批、开发利用与环境保护等的整个管理过程作了进一步规范，为提高市民的饮水质量提供了保证。

2001年上海成立了新一届上海市天然矿泉水资源技术鉴定评审专家委员会。全年开采企业24家，开采井26口，开采量64万立方米。全市24家天然矿泉水开发企业的26口深井通过了水源地水质复核并换发市级矿泉水技术鉴定证书。此外，嘉155-1井矿泉水勘查评价报告通过了鉴定审批。

水源地水质复核合格的饮用天然矿泉水企业及深井一览表

序号	单位名称	井编号	鉴定证书号
1	上海乳品三厂	汇 9-15	沪矿水鉴字[2002]01 号
2	上海航宇矿泉水厂	松 6-6	沪矿水鉴字[2002]02 号
3	上海天宝矿泉水厂	B48	沪矿水鉴字[2002]03 号
4	上海鹤源饮用水有限公司	川 711-1	沪矿水鉴字[2002]04 号
5	上海上菱天然矿泉水厂	浦 107-1	沪矿水鉴字[2002]05 号
6	上海联华实业有限公司	嘉 148-1	沪矿水鉴字[2002]06 号
7	上海冠生园天厨食品有限公司	普 94-7	沪矿水鉴字[2002]07 号
8	上海天乐矿泉水公司	B45-2	沪矿水鉴字[2002]08 号
9	上海国奥工贸实业公司绿茵饮料食品厂	宝 174-1	沪矿水鉴字[2002]09 号
10	中国人民解放军第四七二厂海鹰机械厂	宝 102-1	沪矿水鉴字[2002]10 号
11	上海沪峰矿泉水饮料厂	海 98-1	沪矿水鉴字[2002]11 号
12	上海思源天然矿泉水有限公司	普 113-1	沪矿水鉴字[2002]12 号
13	上海中孚饮品有限责任公司	嘉 139-1	沪矿水鉴字[2002]13 号
14	上海源丰天然矿泉水有限公司	青 5-1	沪矿水鉴字[2002]14 号
15	上海银杏树矿泉水厂	嘉 96-2	沪矿水鉴字[2002]15 号
16	上海锦江麒麟饮料食品有限责任公司	宝 173-2	沪矿水鉴字[2002]16 号
17	三得利啤酒（上海）有限公司	海 94-1	沪矿水鉴字[2002]17 号
		海 94-2	沪矿水鉴字[2002]18 号
18	上海三和饮料有限公司	川 62-1	沪矿水鉴字[2002]19 号
19	上海天益矿泉饮料厂	B3	沪矿水鉴字[2002]20 号
20	上海正广和饮用水有限公司	杨 147-1	沪矿水鉴字[2002]21 号
21	上海高热实业有限公司美凌饮用水厂	浦 66-3	沪矿水鉴字[2002]22 号
		浦 66-4	沪矿水鉴字[2002]23 号
22	上海申丰矿泉饮料有限责任公司	奉 18-1	沪矿水鉴字[2002]24 号
23	上海九峰矿泉水厂	松 19-1	沪矿水鉴字[2002]25 号
24	上海川崎食品有限公司	川 34-1	沪矿水鉴字[2002]26 号
25	上海嘉定区外岗镇第二自来水厂	嘉 155-1	沪矿水鉴字[2001]01 号

新能源开发与利用

太阳能利用

2001年，上海大力推广应用各种太阳能热水器2万台，约4万平方米，比2000年增加40%，历年累计6.5万台，约13万平方米。

2001年，上海太阳能光伏电池生产量为0.8兆瓦，产值3600万元，占全国总产量（0.4万千瓦）的20%。其中上海空间电源研究所、上海太阳能科技有限公司的生产量为400千瓦，包括多种航天器专用太阳能电池；上海交大国飞绿色能源有限公司的生产量为400千瓦。上海除能生产多种航天器专用太阳能电池外，还能生产各种卫星电源系统和地面用太阳能电池。上海正计划在莘庄、闵行等地建立规模更大的太阳能电池生产基地。

沼气生产与利用

2001年，上海市郊共有家用沼气池11564个，年产气量为75.24万立方米，大中型沼气池30个，总池容为1.76万立方米。废弃物处理量为13.13万吨，年产气量为393.00万立方米，供气户数为6576户。近几年，上海沼气业呈萎缩之势，其原因一是上海粮食作物面积减少，大型畜牧场和养殖场也在减少，造成生物质资源总量降低；二是市郊用能结构调整，液化石油气等逐步替代沼气。

前卫村太阳能沼气站

风能利用

上海电力部门利用世界银行贷款在崇明东旺沙东海岸和南汇县大治河口北侧，建设2万千瓦的风力发电示范场，该项目已上报国家计委。

上海申新风力发电设备有限公司研制成功2台600千瓦风力发电机，于2001年12月底在辽宁省营口市安装运行，现已接受国内外600千瓦风力发电机订单4台，大型风机国产化正在起步。

燃料电池研制

2001年，上海燃料电池研制工作又取得重大进展。上海神力科技有限公司已开发出30千瓦级质子膜燃料电池，并已通过市科委和国家科技部的验收和鉴定。5千瓦可移动电池组用于南京路步行街电动车的示范试验。中国科学院上海硅酸盐研究所研制成800瓦级固体氧化物燃料电池，由80个面积为100毫米×100毫米的平板型单体电池组成。电池组运行中最高功率达810瓦，功率密度达到115毫瓦／平方厘米，属国内首创。上海交大研制的熔融碳酸盐型燃料电池，其功率为1000瓦级，由30个单体组成，每个单体有效面积为300平方厘米，功率密度为140毫瓦／平方厘米-150毫瓦／平方厘米，连续发电400小时，已通过鉴定。

综合利用与节能

上海市能源消耗概况

按当年价计算，2001年上海市万元国内生产总值能耗为1.18吨标准煤，比2000年下降3.8%。按不变价计算，2001年上海市万元工业产值能耗为0.5吨标准煤，比2000年下降10.2%。2001年上海市万元工业增加值能耗为1.84吨标准煤，比2000年下降7.6%。

按不变价计算，2001年本市万元工业产值电耗为581.28千瓦时，比2000年下降10.2%。

2001年，本市万元工业增加值电耗为1878.57千瓦时，比2000年下降6.5%。

电力设施

上海国内生产总值能耗和工业产值能耗

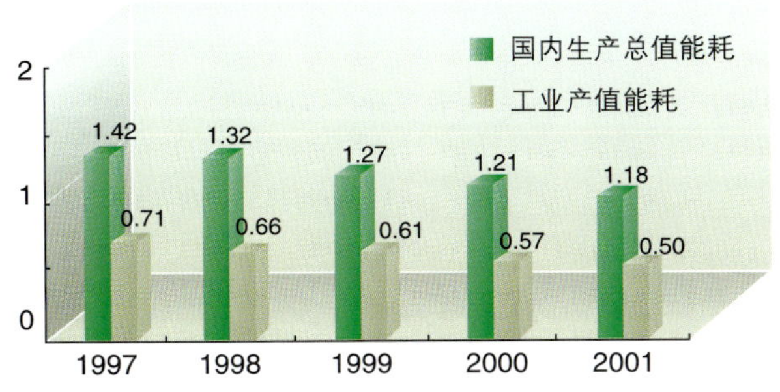

上海工业产值电耗

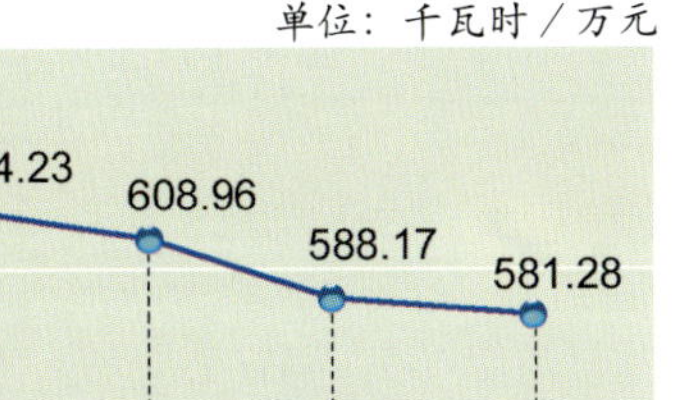

2001年，上海主要产品单位能源消耗情况如下表。

上海主要产品单位能源消耗

序号	主要产品能耗	单位	2001年	2000年	增减率%
1	吨钢综合能耗（宝钢股份）	千克标准煤／吨	699	713	-1.9
2	供电标准煤耗	克标准煤／千瓦时	350	351	-0.3
3	线路损失率	%	6.83	6.77	+0.9
4	原油加工综合能耗	千克标准煤／吨	139.79	137.82	+1.4
5	原油加工单位能量因数能耗	千克标准煤／吨·因数	18.79	18.96	-0.9
6	乙烯综合能耗	千克标准煤／吨	1039	1054	-1.4
7	电石综合能耗	千克标准煤／吨	2214	2134	+3.7
8	烧碱综合能耗	千克标准煤／吨	1155	1170	-1.3
9	水泥综合能耗	千克标准煤／吨	129.51	165.35	-21.7
10	纸和纸板综合能耗	千克标准煤／吨	647.98	606.50	+6.8
11	合成氨综合能耗（小型）	千克标准煤／吨	1926	2100	-8.3

工业资源综合利用

2001年，上海工业固体废弃物排放量1070万吨，利用量1065万吨，利用率达到99%，创历史最高水平。上海废旧物资回收总量（废钢铁、废有色金属等）达到80万吨，回收价值20亿元。对20家资源综合利用发电企业进行认证。7家企业享受到资源综合利用优惠政策，减免税1620万元，综合利用各种资源总量2903吨。

节约能源成效

2001年，全市能耗5823万吨标煤，比上年增加6%，其中工业能耗3976万吨标煤，比上年增加5.2%；万元GDP能耗1.18吨标煤，比上年下降3.8%；万元工业总产值能耗0.51吨标煤，比上年下降10.2%；万元工业增加值能耗1.81吨标煤，比上年下降6.4%。

在各控股公司、集团公司申报的基础上，通过综合平衡，上海编制下达了2001年节能技术改造项目计划，这批项目共61项，总投资3.50亿元，其中节能专项贷款5443万元，节能基金贷款929万元，节电技措专项贷款100万元，企业自筹2.85亿元，形成年节约标准煤14.4万吨，实现经济效益2.38亿元。

上海市节能监察中心继续对固定资产投资工程项目、供能质量、用能单位进行监察，对违规行为落实整改，取得了一定的经济效益和社会效益，获得了社会肯定。特别是在2001年9月份，开始对电能质量进行监察，重点检查了浦东新区APEC会议场所以及重点用户的供电质量，引起了社会的普遍关注，打破了长期以来电能质量由电力行业自行监测评价的局面，使电能评价有了公正方。2001年10月23日，市人大常委会副主任沙麟在《上海市节约能源条例》实施三周年时，对节能监察工作予以肯定，指出一定要从抓标准化、抓规范、抓制度、抓能源政策出发，走依法节能的道路，使节能监察成为一个覆盖全社会的体系。

1999-2001 年监察情况一览表

	固定资产投资工程项目的监察	供能质量的监察	用能单位的监察
监察数量	178 家设计院 685 个项目	170 次	225 户
监察情况	监察项目涉及投资金额413亿元，建筑面积870万平方米。监察中查获违规事实785项，对存在问题较多的23家设计院签发了责令改正通知书。	监察了24.4万吨煤炭，其中9%的抽样检验不合格，1.01万吨原煤含硫量超标，5800吨工业锅炉配煤质量不合格。	

集中供热、热电联产

上海在1+3+9工业开发区相继建成杨树浦、南市、吴泾、金山、石洞口、高桥、星火、青浦、金桥、桃浦、张江、外高桥、胜康、莘庄、纺织热力等15条热网。2001年全市供热机组装机容量为1617兆瓦，占全市发电装机容量的17%，供热量为4455.71万百万千焦，比上年同期减少1.2%；供热煤耗为37.90千克标煤／百万千焦，比上年下降0.14千克标煤／百万千焦。

上海积极推进天然气燃气轮机的热、电、冷三联供。继黄浦中心医院、浦东国际机场之后，上海闵行中心医院投资250万元，选用2台400千瓦天然气内燃机，配有热水换热器、废气锅炉，实现热、电、冷三联供，预计可实现每小时发电400度，供70℃热水5吨，供6公斤／平方厘米蒸汽300公斤。该项目单机运行调试已结束，2002年可实现并网商业运行。

浦东新区金桥开发区的集中供热

环保产业与市场

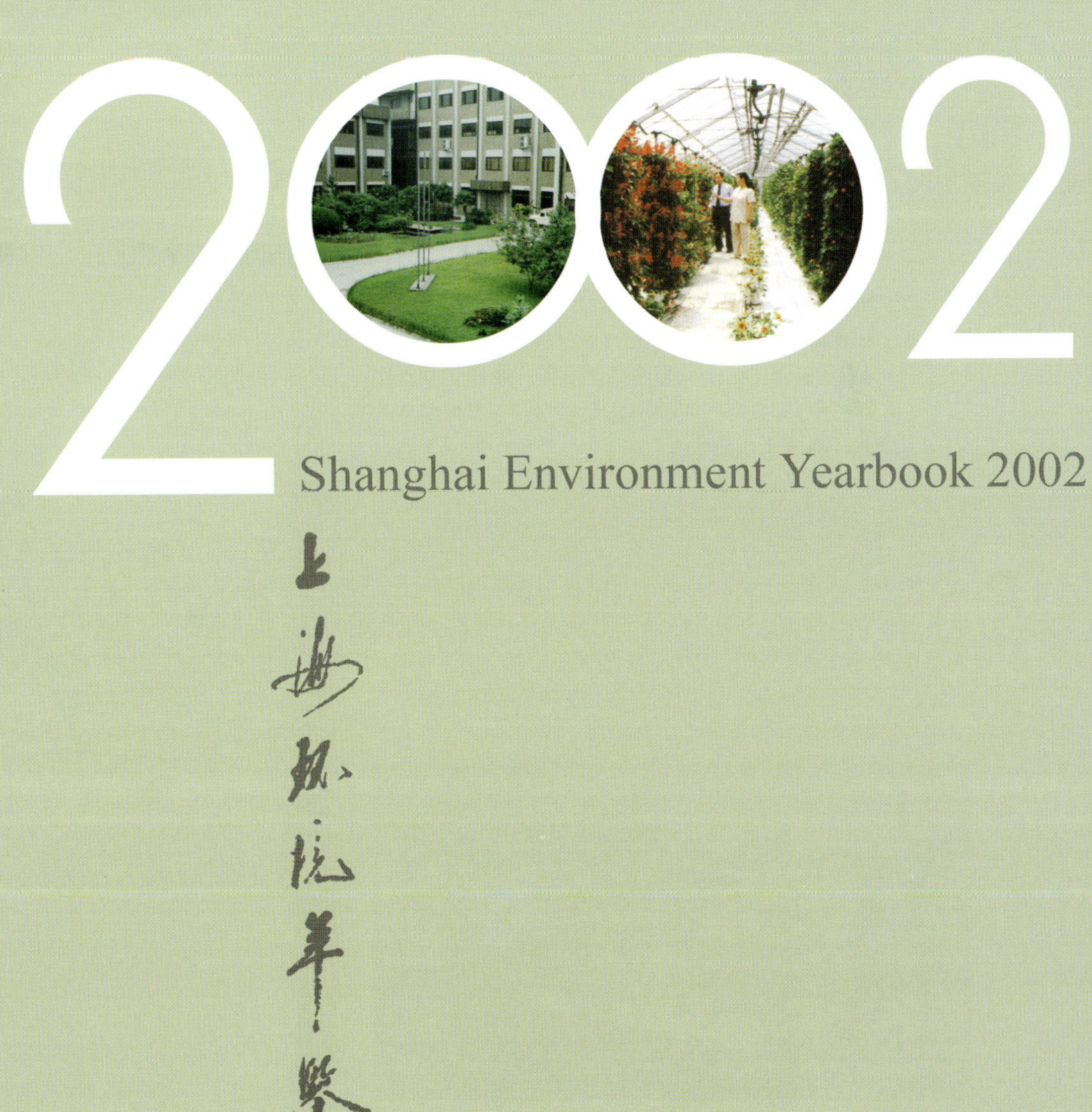

环保产业

环境保护相关产业基本情况调查

根据国家环境保护总局环发［2001］号文《关于开展2000年全国环境保护产业基本情况调查的通知》的精神，2001年由上海市环境保护局、上海市经委、上海市统计局、上海市环境保护产业协会组成调查工作领导小组，按照全国调查的统一布置和要求，制定了上海市调查工作实施方案。上海市环境保护局为本次调查工作组织领导部门，上海市环境保护产业协会为本次调查工作具体组织实施部门。各区、县环境保护局分别为本区、县调查组织实施部门。按照国家环境保护总局规定的调查范围和调查内容以及进度要求，对全市19个区、县从事环境保护相关产业的企事业单位进行了调查工作。本次调查自2001年4月开始至8月底结束，历时5个月。调查基准年为2000年。

根据上海实际情况，本次调查工作分四个阶段进行。

第一阶段为宣传动员、学习文件、明确要求、掌握方法、组织试点阶段。由11名工作人员组成上海市环境保护相关产业调查工作组，负责调查工作的具体组织实施和日常工作。填表辅导由上海市环境保护产业协会统一安排和组织。江苏路街道、静安区环境保护局为本次调查工作的试点。

第二阶段为各区、县组织实施阶段。4月中旬，各区、县调查工作相继启动，全面展开，至6月底结束。区、县环境保护局参考1994年调查填表名单，由区、县属工商、民政、科委、环卫等有关部门提供有关企业名录，作为调查对象，再组织按调查单位填表。

第三阶段为完善调查工作，争取做到调查无漏阶段。在核对各区、县环境保护局调查结果基础上，由市环保产业调查工作组，通过市工商局公布的材料、市环境保护局、市市容环境卫生管理局、市科委、市苏州河整治办等市属机构提供的企事业单位名录，同时上海市环境保护产业协会全体人员在查阅近年来报纸、名片、参加展览会的名录、书刊、广告，发动会员提供线索等多种渠道查询了解环保相关产业的企事业单位，上门访问、落实填表。

水质净化船

第四阶段为整理汇总、录入软盘、组织审核、编写报告阶段。全部调查工作8月底完成。

调查结果表明：全市环保相关产业已具备一定基础，共有企事业单位746个，总职工人数8.9万人，拥有固定资产181.3亿元，年产值103.9亿元，年利润11.2亿元。环保产业由环保产品生产、洁净产品生产、环境保护服务业、资源综合利用、自然生态保护等领域构成。环境保护服务业和小型企业是上海市环保相关产业的主体。

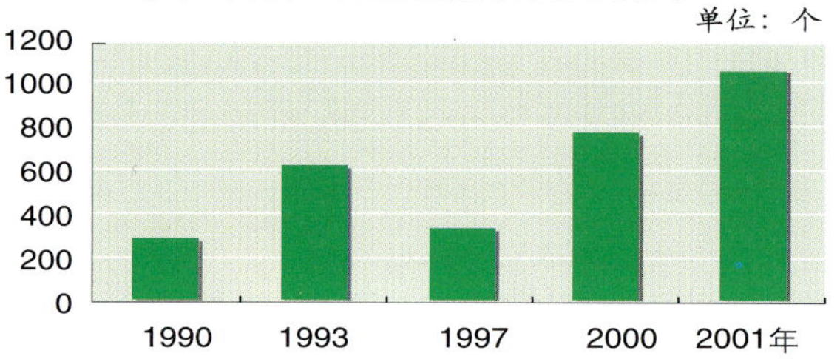

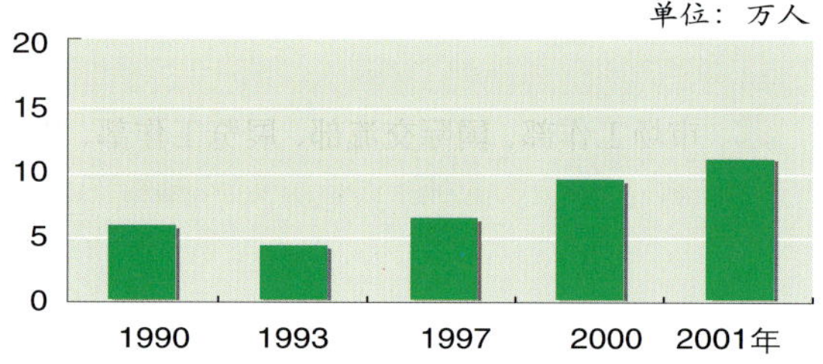

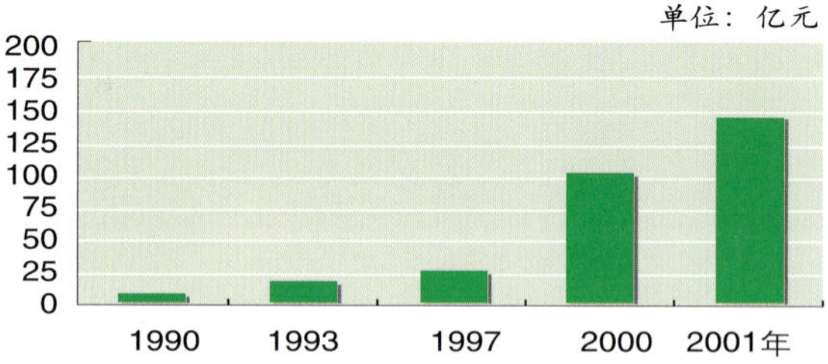

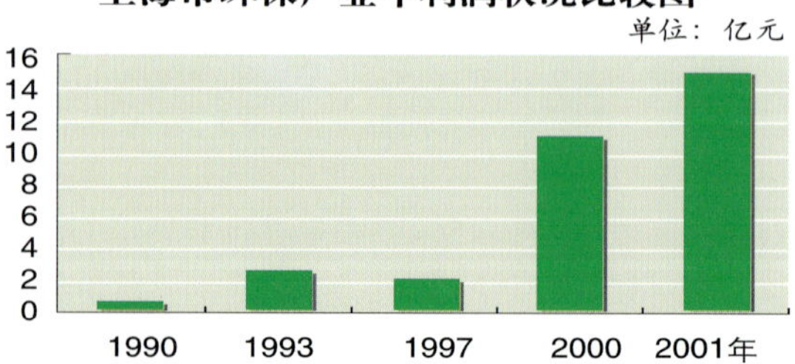

2001年上海环境保护相关产业领域构成

项目	环保产品生产	洁净产品生产	环境保护服务业	资源综合利用	自然生态保护	合计
单位总数(个)	216	77	409	101	23	826
职工总数(个)	9874	10146	8006	4351	1399	33776
固定资产总值(万元)	82547.1	417092.1	——	131192.5	——	——
年产值(万元)	139958.2	764104.7	——	135465	——	1039527.9
年营业收入(万元)	——	——	171652.9	——	6936.7	178589.6
年销售产值(万元)	113570.7	512223.3	——	125241.3	——	751035.3
年利润(万元)	19999.8	65864.2	11010.4	14971.1	791.9	112637.4
出口总额(万元)	306.2	3521.5	750.9	9.8	0	4588.2

上海市环境保护产业协会

上海市环境保护产业协会成立于1984年，前身是中国环境保护工业协会上海分会，1993年8月正式更名为上海市环境保护产业协会。协会经上海市民政局核准登记，属行业性质的社会团体，具有法人资格，业务主管单位是上海市环境保护局。

上海市环境保护产业协会历经18年的建设与发展，现有会员单位387个、个人会员1120人，专职工作人员28人，由92名理事组成协会理事会，由45名常务理事组成常务理事会。协会下设协会办公室、会员工作部、专家工作部、技术服务部、市场工作部、国际交流部、展览工作部、生态环境部（办公室）、绿色产品推广办公室等职能服务部门。

上海市环境保护产业协会设立了由上海知名的科研设计单位、大专院校中具有广泛代表性和社会威望、学识水平高、卓有业绩、热心于环保事业的高级专家组成的高级专家技术委员会：大气净化专业委员会、水处理专业委员会、固体废弃物资源化专业委员会、环境工程设计咨询专业委员会、噪声与振动控制专业委员会、防治白色污染专业委员会、饮水与净水专业委员会、环境绿化专业委员会、环境监测专业委员会、农业生态专业委员会、节能与清洁能源专业委员会、室内环境污染治理专业委员会等分支机构。

上海市环境保护产业协会创办了中国环保工业第一本专业技术刊物《中国环保工业》（现更名为《中国环保产业》），引导会员联合创办了我国上海环保成套技术工程（集团）公司和上海环保工业技术研究所，举办了“中外环保技术装备交流交易会”，并先后多次组织了多种形式的国内、国际环保技术产品展览和交流活动，倡议并承办了在上海举办的“积极发展我国环保产业研讨会”。受政府委托，协会组织开展了全市环保相关产业调查。协会还与美国、英国、韩国、日本、德国、澳大利亚、法国、加拿大、芬兰、意大利、瑞士、新加坡、丹麦、泰国、以色列、印度等国的企业行业组织、政府部门开展了友好往来和交流活动，为企业引进技术、开发产品、发展市场创造了良好的条件。

上海市环境保护产业协会办公所在地

市场规范和行业自律

环境保护设施“三化”运营管理

为推动环境保护设施运营社会化、市场化、专业化，1999年5月，国家环保总局在全国范围内开展环境保护设施运营资质认可工作，上海第一批申报的31家单位中，有17家单位经上海市环保局初审合格后上报国家环保总局，分期分批获得了国家环保总局颁发的环境保护设施运营资质证书。

到2001年底，上海已获得国家环保总局颁发的环境保护设施运营资质证书的企、事业单位有26家，共计33张运营资质证书，其中工业废水类18张，生活污水类10张，有毒气体类1张，生活垃圾类2张，工业固废类2张。

上海市环保局于2001年5月28日在闵行区召开环保设施专业化运营试点工作现场会，并核发了上海焦化环保运营公司、上海闵行电力实业有限公司、上海星月环保服务有限公司、上海闵欣环保设备工程公司、上海威正工贸有限公司、上海依迪环保工程有限公司、上海泾洁水处理有限公司、上染环保技术服务公司、上染双翼实业公司、上海正海活性炭活化有限公司、上海申电理日水务工程有限公司、上海东兴电力实业有限公司、上海闵行电气工业园区企业管理咨询有限公司、上海驰欣实业合作公司、上海山榕环保工程有限公司、上海标正环保工程有限公司、上海昀达环境工程有限公司等17户25张运营资质证书。

绿化建设市场管理

上海绿化建设市场的日益规范保证了绿化建设的健康发展，2001年中完成绿化工程项目交易582个，工程量13.84亿元，其中公开招标项目115个，邀请招标项目45个；受理绿化工程项目申报1224个，工程量12.94亿元，施工面积2066公顷；对1225个绿化工程进行了质量监督，工程量13.64亿元。从规范绿化建设市场出发，新办理了17家绿化施工企业资质申请，通过年检淘汰了一批不合格企业，全市施工企业达到218家。其中34家企业首批获得绿化养护资质。

环保产品质量监督管理

上海环保产品质检中心通过国家级资质认可

2001年7月7日，上海环境保护产品质量监督检验中心（原“国家环保局上海水污染处理设备质量监督检验中心”）正式通过国家环保总局环保产品检验机构资质认可评审专家的现场评审，评审结论定为A级。2001年8月13日，国家环保总局发出《关于上海环保产品质量监督检验中心等单位通过环境保护产品检验机构资质认可的通知》，授予上海环境保护产品质量监督检验中心产品认定“第三方质量检验资质”。

上海环保产品质量监督检验中心获得22大类（包括水、气污染处理）的环保产品认定检验资质，是目前上海唯一同时获得“计量认证合格证书”和“国家级环保产品检验机构资质认可证书”的部门，同时也是上海及江苏地区唯一的“饮食业油烟净化设备”检验机构。

上海市环境监测中心

上海市环科院获准室内环境检测机构资质试点

2001年12月，国家环保总局批准上海市环境科学研究院等全国53家单位为开展室内环境检测机构资质试点单位。市环科院早在1989年就已进行上海室内环境空气污染状况的调查及对策研究，1997年开始承接服务性室内环境检测工作，主要检测因子有：CO、SO_2、甲醛、三苯、可吸入颗粒物（PM_{10}）、O_3、NO_2、CO_2、BaP、NH_3、细菌等19种。

服务性室内环境检测机构的资质试点

针对日益突出的室内环境污染问题已成为当前社会热点问题的状况，国家环境保护总局根据《环境保护产品检验机构资质认可管理规定》的规定，于2001年在全国范围内开展服务性室内环境检测机构资质试点工作。

经国家环保总局评审，综合平衡后，在上海申请参加开展服务性室内环境检测机构资质试点的5家单位中，上海市环境科学研究院、上海市环境监测中心、上海市辐射环境监理所3家单位被批准开展服务性室内环境监测机构资质试点工作。

试点工作内容是：开展室内环境检测工作；协助编写《室内环境检测技术细则》；协助制订《室内环境检测机构认可指南》。

地质灾害防治单位资质管理

2001年上海市房屋土地资源管理局对全市地质灾害防治工程勘查、设计、施工、监理单位资质进行了认真全面的复查。地质灾害防治单位资质管理进一步规范。经过复查，全市至2001年底现有地质灾害防治工程单位各类资质情况。

2001 年底上海市地质灾害防治工程单位资质情况一览表

序号	资质类别	单位	资质等级	证书号码		单位地址	联系电话
1	勘查	上海地矿工程勘察院	甲级	国土资(环)	0911003	上海市灵石路 930 号	56613419
2		上海市岩土地质研究院	甲级	勘资字	0911004	上海市灵石路 930 号	56614718
3		上海市地质调查研究院	甲级		0911005	上海市灵石路 930 号	56951134
4		上海海洋石油局第一海洋地质调查大队	甲级		0911001	上海市浦东东塘路 240 号	58716271-304
5	设计	上海地矿工程勘察院	许可级	国土资(环)	0924004	上海市灵石路 930 号	56613419
6		上海市岩土地质研究院	许可级	设资字	0924003	上海市灵石路 930 号	56614718
7		上海市地质调查研究院	许可级		0924005	上海市灵石路 930 号	56951134
8		上海海洋石油局第一海洋地质调查大队	许可级		0924001	上海市浦东东塘路 240 号	58716271-304
9	施工	上海市地质调查研究院	甲级	国土资(环)施资字	0931001	上海市灵石路 930 号	56951134
10	监理	上海市岩土地质研究院	许可级	国土资(环)	0944003	上海市灵石路 930 号	56614718
11		上海市地质调查研究院	许可级	监资字	0944004	上海市灵石路 930 号	56951134

绿色标志及绿色产品认证

上海市环保产品认定

经上海市环境保护局和上海市环境保护产业协会组织评审推荐，报经国家环境保护总局、中国环保产业协会组织评审，2001 年上海有 19 个产品通过国家认定。产品目录如表所示。

序号	产品名称	生产企业	批准文号	有效期
1	华理牌 LH-I 汽车排气催化转化器 (OEM)	上海华理环保发展有限公司	HR-2001-033	1 年
2	HA65-5.0 可变孔曝气软管	上海石化环保器材厂	HR-2001-046	3 年
3	TL-150 型弹性立体填料	上海石化环保器材厂	HR-2001-047	3 年
4	ZV-150-80 型组合纤维填料	上海石化环保器材厂	HR-2001-048	3 年
5	R-120-60 型软性纤维填料	上海石化环保器材厂	HR-2001-049	3 年
6	BR-150-80 型半软性填料	上海石化环保器材厂	HR-2001-050	3 年
7	LY-II-4800 型低压喷吹脉冲袋式除尘器	上海市凌桥环保设备厂	HR-2001-068	3 年
8	LL2/6-9600 滤筒式除尘器	上海市凌桥环保设备厂	HR-2001-069	3 年
9	LMQ-7 × 96-A 气箱脉冲袋式除尘器	上海市凌桥环保设备厂	HR-2001-070	3 年
10	YJ-D8BW 静电式饮食业油烟净化设备 (风量 ≥ 6000- ＜ 12000m3/h)	上海申榕环保设备有限公司	HR-2001-095	1 年
11	JTU-TY2 湿式饮食业油烟净化设备 (风量 ≥ 2000- ＜ 6000m3/h)	上海英垒环保动力机械工程有限公司	HR-2001-096	1 年
12	YYJ-L50 机械式饮食业油烟净化设备 (风量 ≥ 6000- ＜ 12000m3/h)	上海市普陀区环境保护科学研究所	HR-2001-097	1 年
13	ZT 型阻尼弹簧减振器	上海市青浦县淀山湖减振器厂	HR-2001-112	3 年
14	DH 型吊式阻尼弹簧减振器	上海市青浦县淀山湖减振器厂	HR-2001-113	3 年
15	WHS 型吊式阻尼弹簧减振器	上海市青浦县淀山湖减振器厂	HR-2001-114	3 年
16	GD1 型可曲挠橡胶接头	上海市青浦县淀山湖减振器厂	HR-2001-115	3 年
17	路德牌 JQ2D2 型汽油车排气催化转化器 (OEM)	上海路德汽车尾气净化器制造有限公司	HR-2001-125	3 年
18	CJD 型复合式饮食业油烟净化设备 (风量 ≥ 12000- ≤ 20000m^3/h)	上海昊元净之王环保设备有限公司	HR-2001-140	1 年
19	YGL-1 型机械式饮食业油烟净化设备 (风量 ≥ 6000- ＜ 12000m^3/h)	上海鸿程环境工程有限公司	HR-2001-141	1 年

被确认为国家重点环保产品的电热锅炉

经过国家级环保产品认定的用于污水处理的半软性填料

环境标志产品认证

2001年，上海有25家企业获得环境标志产品认证，产品涉及13大类，包括冰箱、水性涂料、人造木质板材、再生纸制品、无磷洗涤剂、防虫蛀毛纺织品、生态纺织品、低辐射彩色电视机以及可降解塑料包装制品等。

我国环境标志产品认证制度始于1994年。中国环境标志产品认证委员会是我国对环境标志产品实施认证的唯一合法机构。环境标志认证实质上是对产品从设计、生产、使用到废弃处理、处置全过程实施环境行为控制。它重视资源的回收和产品的环境性能，要求尽可能地把污染消除在生产阶段，最大限度地减少产品在使用和处置过程中对环境的危害程度。环境标志产品于1977年起源于德国。目前世界上已有近40个国家和地区推行了环境标志制度。

中国环境标志

绿色食品和优质农副产品

主副食品流通安全防范检测网络

上海市商委会同有关部门于2001年5月16日联合颁发《关于抓紧实施市政府实事项目，建立主副食品流通安全防范检测网络的通知》，要求从建立流通检测网络、健全市场准入制度、完善产品标准体系着手，建立起检测网络比较齐、制度法规比较健全的主副食品流通安全防范体系。2001年，上海粮油制品质量监督检验站等28家单位被确认为“上海市食用农产品流通安全检测点”。

《通知》确定：2001年的流通领域主副食品安全防范检测网络的商品范围为粮食（大米、面粉）、食油、猪肉、蔬菜、水产品、食盐和豆制品等7类商品。重点检测的指标是：市民比较关心的农药、激素、添加剂、重金属残留物，以及产品质量带有普遍性和倾向性的问题，如蔬菜中的甲胺磷、呋喃丹残留，猪肉、牛肉中的“瘦肉精”残留和注水肉，水产品中的激素、抗菌素残留，面粉中的增白剂氧化苯甲醛等。

上海市主副食品流通安全防范检测网络示意图

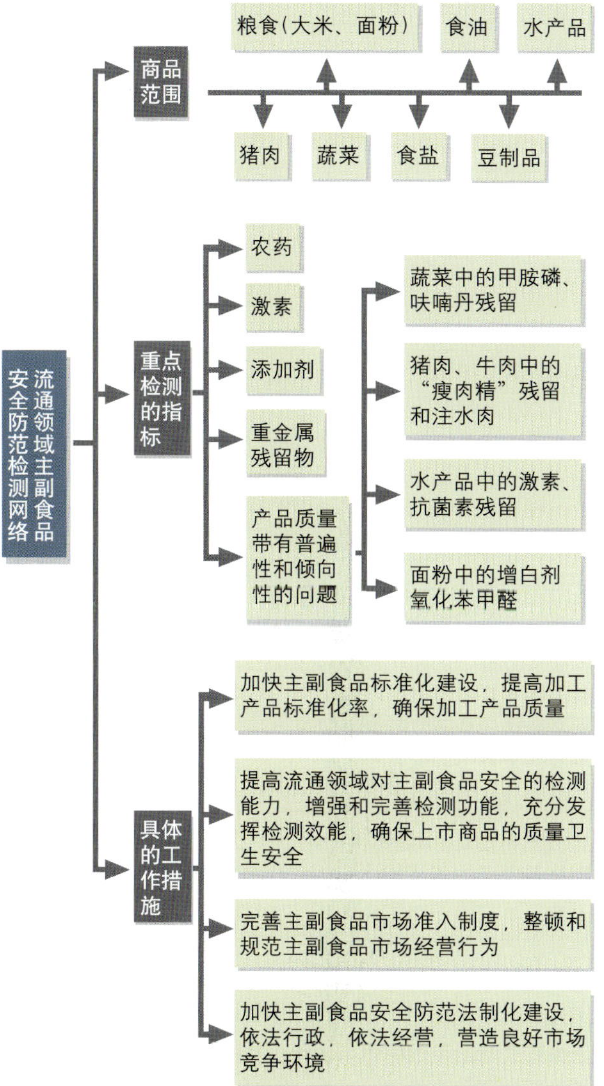

农林部门加强食用农产品安全监管

2001年9月，上海市政府召开食用农产品安全监管工作会议，并颁布政府令。上海市农林局据此制订了《上海市瓜果生产基地质量安全监管工作实施方案》、《上海市食用农产品安全监测工作实施方案》和《上海市食用农产品安全监管执法工作实施方案》。这些文件明确了重点监管的瓜果对象和监管区域，农药残留监测的重点作物以及安全监管执法查处重点等。上海市农林局还承担了农业部下达的农药残留量定点监测任务，以及市有关部门委托的农田环境质量检测和产品安全质量检测任务。2001年，市农林局共监（检）测蔬菜、土壤和灌溉水样品 5200多个，取得监（检）测数据1.5万余个。农业行政部门开展了农药市场检查等执法工作，进行了两次较大规模的执法检查统一行动，查处无证或无照经营单位46家、经营违禁农药1家、经营限制使用农药品种8家，收缴违禁农药2000公斤。由新组建的农业生产、科研等部门植保专家组成的上海市农药新品种推荐委员会负责新农药的评审与推荐。

安全卫生优质农产品认证及目录

上海市农产品质量认证中心2001年初开始对上海市安全、卫生、优质农产品申报的认证。截至年底，全市通过认证企业有6家，认证安全、卫生、优质农产品共19只，具体企业产品如下：

企业名称	品牌	产品名称
上海东泰鳖业有限公司	东泰牌	中华鳖
上海农工商名厨水产食品有限公司	名厨牌	罗氏沼虾
上海农工商名厨水产食品有限公司	名厨牌	冻罗氏沼虾
上海农工商名厨水产食品有限公司	名厨牌	蝴蝶虾
上海农工商名厨水产食品有限公司	名厨牌	美味虾球
上海上实现代农业开发有限公司	采莱牌	籼米
上海上实现代农业开发有限公司	采莱牌	粳米
上海上实现代农业开发有限公司	采莱牌	粳米
上海农工商集团海丰总公司	海丰牌	粳米
上海浦东天厨菇业有限公司	天厨牌	纯白金针菇
上海农工商肉食品有限公司	爱森牌	带皮冷却片猪肉
上海农工商肉食品有限公司	爱森牌	分割冷却猪肉
上海农工商肉食品有限公司	爱森牌	分割冷却猪瘦肉
上海农工商肉食品有限公司	爱森牌	托盘小包装冷却肉
上海大江（集团）股份有限公司	大江牌	肉用光鸡系列
上海大江（集团）股份有限公司	大江牌	肉用分割鸡翅
上海大江（集团）股份有限公司	大江牌	肉用分割鸡胸
上海大江（集团）股份有限公司	大江牌	肉用分割鸡脚
上海大江（集团）股份有限公司	大江牌	肉用分割鸡腿

安全卫生优质农产品标准简介

安全卫生优质农产品标准是上海的地方标准，由上海市质量技术监督局颁布，在总体上高于国家同类标准。上海市安全卫生优质农产品是以该标准为依据，经上海市农产品质量认证中心严格按照认证程序认可的产品。安全卫生优质农产品要求有毒有害物质（指重金属、农药、兽药、渔药、激素、亚硝酸盐等）含量控制在上海市安全卫生优质农产品标准允许的范围内；农产品的操作技术规范、产地环境和产品质量符合上海市安全卫生优质农产品标准，并经上海市农产品质量认证中心认可。

安全卫生优质农产品标志及含义

上海市安全卫生优质农产品标志是以三种市民日常食用较多的农产品外形和颜色构思而成。俯视像包心菜，形、色似淡绿色的盘子；平视似蘑菇、大白菜，又极似一可爱的小猪头；全视似放在盘中的家常菜，造型简洁，色彩美观。中央由三条鱼组成的大白菜与上海市花白玉兰具有相互呼应之感，充分体现了上海特点和现代化农业的特征。

绿色食品认证及目录

截至2001年底，经上海市绿色食品发展中心认证有绿色食品标志企业24家，绿色食品共59种，具体企业和产品如下：

企业名称	品牌	产品名称
上海水产（集团）公司	龙门牌	鱼糕
上海水产（集团）公司	龙门牌	虾肉鱼圆
上海水产（集团）公司	龙门牌	虾球
上海水产（集团）公司	龙门牌	百粒虾球
上海水产（集团）公司	龙门牌	冻虾仁
上海水产（集团）公司	龙门牌	鱿墨卷
上海水产（集团）公司	龙门牌	鱿墨块
上海水产（集团）公司	龙门牌	鱿墨片
上海水产（集团）公司	欧星牌	鱼排
上海水产（集团）公司	龙门牌	去足蟹块
上海真元乳业有限公司	琳琳牌	消毒鲜牛奶
上海真元乳业有限公司	真元牌	真元奶
孙桥农业联合发展有限公司		黄瓜（有机质栽培）
孙桥农业联合发展有限公司		番茄（有机质栽培）
孙桥农业联合发展有限公司		甜椒（有机质栽培）
上海正广和饮用水有限公司	正广和牌	纯净水
上海正广和饮用水有限公司	正广和牌	矿泉水
上海正广和饮用水有限公司	正广和牌	蒸馏水
上海市东美航空食品有限公司	东玫牌	野山核桃果仁
上海市东美航空食品有限公司	东玫牌	香榧子
上海加州斯柏克林有限公司	斯柏克林牌	纯蒸馏水
波力食品工业(昆山)有限公司	波力牌	波力海苔
上海国福龙凤食品有限公司	龙凤牌	刀切馒头
崇明县东风粮油管理站	华丰牌	华丰大米
崇明县团结沙农场	瀛绿牌	大米
上海天绿茶业有限公司	嘉然牌	龙井
上海绿缘食品厂	绿缘牌	冬瓜酱
上海松江五库农业园区	绿源牌	西瓜
上海松江五库农业园区	绿源牌	番茄
上海正龙茶叶有限公司	马口牌	炒青
上海正龙茶叶有限公司	马口牌	毛峰
上海正龙茶叶有限公司	马口牌	龙井
上海正龙茶叶有限公司	马口牌	碧螺春
上海未来企业有限公司	未来一号	消毒杀菌剂（生产资料）
上海快大生物工程有限公司	快大牌	氨基酸微肥（生产资料）
上海久泰生物工程有限公司	久泰牌	复合微生物肥（生产资料）
上海农工商集团海丰总公司	海丰牌	优质大米
上海伊利爱贝食品有限公司	伊利牌	滚绣球雪糕
上海伊利爱贝食品有限公司	伊利牌	黑白双雄冰淇淋
上海伊利爱贝食品有限公司	伊利牌	花无敌冰淇淋
上海伊利爱贝食品有限公司	伊利牌	凤椰菠萝蜜雪糕
上海伊利爱贝食品有限公司	伊利牌	星星雨雪糕
上海伊利爱贝食品有限公司	伊利牌	青橄榄棒冰
上海绿瀛农业开发有限公司	绿瀛GF牌	冬瓜
上海绿瀛农业开发有限公司	绿瀛GF牌	崇明金瓜
上海绿瀛农业开发有限公司	绿瀛GF牌	茄子
上海绿瀛农业开发有限公司	绿瀛GF牌	白扁豆
上海绿瀛农业开发有限公司	绿瀛GF牌	芦笋
上海市东海蔬菜示范基地	金蓝牌	黄瓜
上海市东海蔬菜示范基地	金蓝牌	番茄
上海市东海蔬菜示范基地	金蓝牌	甜椒
上海市药材有限公司神象分公司	神象牌	生晒人参
上海旭洋绿色食品有限公司	旭洋牌	绢豆腐
上海虹大园艺有限公司	虹大牌	黄瓜
上海虹大园艺有限公司	虹大牌	番茄
上海虹大园艺有限公司	虹大牌	生菜
上海虹大园艺有限公司	虹大牌	大白菜
上海虹大园艺有限公司	虹大牌	洋葱
上海虹大园艺有限公司	虹大牌	南瓜

绿色食品必备条件

绿色食品必须具备以下条件：(1)产品或产品原料必须符合农业部制定的绿色生态环境标准；(2)农作物种植、畜禽饲养、水产养殖及食品加工必须符合农业部制定的绿色食品生产操作规程；(3)产品必须符合农业部制定的绿色食品质量和卫生标准；(4)产品外包装必须符合国家食品标签通用标准，符合绿色食品特定的包装、装潢和标签规定。

绿色食品标志及含义

绿色食品标志由三部分构成，即上方的太阳、下方的叶片和中心的蓓形，象征自然生态；颜色为绿色，象征着生命、农业、环保，图形为正圆形，意为保护。绿标图形描绘了一幅明媚阳光照耀下的和谐生机，显示绿色食品是纯净、良好的生态环境下生产的安全无污染食品，能给人们带来蓬勃的生命力，同时还提醒人们要保护环境，通过改善人与自然的关系，创造自然界新的和谐。

第一条绿色水产品链运作

2001年，上海市第一条绿色水产品链通过验收并开始运作。在水产品流通链的基础上，绿色水产品链由绿色原料、绿色加工、绿色包装、绿色贮运、绿色销售等各个环节组成。这些环节串连成先进、科学、安全、健康的水产品绿色链系统，保障了水产食品在系统中各个环节的品质控制。水产品绿色链项目的建成，使上海水产品市场基本形成了“从海洋到餐桌”的水产品绿色链系统。它包括：由远洋渔船加工车间、养殖基地和水产品加工厂组成的绿色食品加工基地，由加工操作规程、加工工艺和产品标准、绿色包装卫生标准组成的完整的质量标准体系，由质量监督检查站和二级检测系统组成的绿色链全程质量监测系统等。

绿色水产品销售呈上升趋势

2001年，上海市绿色水产品销售呈上升趋势。上海商业部门通过媒体宣传和举办郑州“上海商品博览会”、北京“渔博会”、昆明“全国绿色食品博览会”等形式，推出“来自深海无污染的绿色水产品”，使水产品绿色消费理念逐步被市场所接受。 2000年，上海水产（集团）总公司被认定的10种绿色水产品销售额达7220万元，超过原定5000万元的指标。2001年1月份这10种绿色产品的销售额就达到985万元，同比增长24%，成为上海市场水产品销售中的一大亮点。绿色水产品具备“安全和营养”的双重质量保证和“环境与经济”的双重效益，融合了加强环境保护、有效利用资源、提高生活质量的新理念，在生产和消费领域形成了追求社会效益、经济效益和生态效益相统一的新发展趋势。

环境技术与装备展览会

环保及其相关产品展览会、环境技术交流会

中国国际环保展一角

2001年是上海环境产业相关的交流和展览活动较多的一年。据不完全统计，2001年在上海举办环境保护及其相关产业的各种形式与规模的国内、国际技术交流、学术报告、论坛会和展览会近40个，稍具一定规模的产品为主的展览会一般包含一个小型技术交流，稍具规模的技术交流会，一般都附设有产品配合展示。据不完全统计，2001年全市有组织地参加外省市举办的国内、国际交流展出活动共6次，其中上海市环保局、上海市环境保护产业协会组团（63家企业）参加了2001年6月12-15日在北京由国家环保总局举办、中国环境保护产业协会承办的第五届全国环保产业暨第七届国际环保展和交流活动，上海展团展出面积735平方米，占全部参展总面积的十分之一，是迄今为止最大的一次赴外地参加的交流活动，荣获全国组团参展第一名（特等奖）。其余5次参展活动是：由市环保局组织企业参加由国家环保总局和青岛市政府共同主办的全国城市环境保护成果展览会；市环境保护产业协会组织企业参加2001中国桂林国际环境博览会、河南中原首届国际环保技术与设备博览会；市经委组织参加陕西省环保交流会；上海园林局组织参加中国（厦门）国际城市绿色环保博览会。

这些展览和交流活动，对于沟通信息，增进了解，交流技术，发展合作，促进环境保护相关产业市场开发起到了一定的作用。

国际中国环境基金会与上海环保企业交流

2001 年在上海举办的与环保产业相关的大型展出、交流活动

时　间	地　点	名　称	主办单位
2001/2/8	上海市环保产业协会会议室	NEPLOS 化学研磨(环保、节能)产品研讨会	上海市环境保护产业协会 沪东造船集团新事业发展总公司 上海珊金食品包装机械有限公司 上海来雪科贸发展有限公司
2001/3/21-23	上海光大会展中心	上海国际环保及水处理技术、设备展览会 上海国际排水及泵阀管道展览会	上海市净水技术学会 同济大学规划设计研究总院
2001/4/10	浦东永华大厦	新世纪国际环保技术交流会	上海市环境保护产业协会、 中美合资朗泰克环保科技有限公司
2001/5/31-6/2	上海光大会展中心	2001 上海国际环保技术设备展览会	中华人民共和国建设部 中国环境科学学会环境技术分会 上海外服国际展览广告公司
2001/6/6-8	上海光大会展中心	2001 上海国际废弃物处理及资能源再利用展览会	中华人民共和国建设部信息中心
2001/6/6-8	上海光大会展中心	2001 上海国际城市绿化园艺花卉展览会	中华人民共和国建设部信息中心
2001/6/26-29	上海光大会展中心	2001 年中国国际水处理及水资源利用技术装备交流展览会	国家机械工业局环境与资源装备发展中心，中国技术引进咨询公司
2001/6/27-29	上海国际展览中心	2001 （上海）国际新材料产业展览会	上海材料研究所
2001/7/12-14	上海世贸商城	中国国际造纸工业设备展览会 中国国际造纸化学品博览会 中国国际纸品、纸板交易会	上海国际展览中心有限公司 上海邦达展览服务有限公司
2001/9/17-20	上海千鹤宾馆	2001 年膜技术应用国际会议	中国科学院、中国膜工业协会、 上海市经委
2001/9/18=19	上海锦江宾馆	中加环境保护技术与商贸合作洽谈会	上海市环境保护产业协会 加拿大科学院
2001/9/19=22	上海光大会展中心	国际精细与专用化学品及装备展览会	中国石油和化学工业协会
2001/10/26=27	上海交通大学	第三届中日环境科学技术交流会	上海交通大学、上海市环境保护局、 日本通产省地球环境产业技术研究机构、日中企业风险投资促进交流中心
2001/10/27	上海市环保局	污水处理技术研讨会	上海市环境保护产业协会 能邦科技贸易股份有限公司
2001/11/8=14	上海动物园	上海绿色环保产品展示活动	上海市环境保护产业协会 长宁区科协
2001/11/15	上海市环保局	美国国际微生物公司治水技术研讨会	上海市环境保护产业协会 美国国际微生物公司
2001/11/21-24	上海国际展览中心	第四届中国（上海）国际环保技术与装备展览会	上海市环境保护局、中国国际贸易促进会上海市分会、上海市环境科学学会

国际合作与交流

Shanghai Environment Yearbook 2002

上海环境年鉴

世界银行贷款项目

合流污水二期工程浦东地区收集系统

合流污水二期工程浦东地区收集系统工程于2000年7月开工，2001年年底建成。该工程是为收集污水治理二期工程服务范围内浦东新区的污水、改善黄浦江及其浦东地区河道的水环境，更好地发挥二期工程应有的社会效益而实施的。浦东地区收集系统收集范围北起赵家沟，南至外环线（建平路以西），东自外环线，西临黄浦江，同时包括外环线以外的建成小区。总面积约225平方公里，规划旱流污水量为150万吨／日（包括南干线32.8万吨／日），近期污水排放量约65.5万吨／日。该收集系统埋设Φ1000－Φ2000污水管9.2公里，Φ300－Φ1000污水管道7.1公里，Φ300－Φ800污水管道7.1公里；新建污水提升泵站1座、纳管泵站3座、雨水泵站11座；共收集32家工厂的污水。工程投资近3亿元。

长桥自来水厂改造工程

长桥自来水厂改造工程项目于2001年7月动工，计划于2002年年底竣工投产。该工程系世界银行贷款的“上海环境项目”的一部分。项目批准的总投资额为4.81亿元人民币，其中利用世行贷款1840万美元。经改造后水厂的供水能力将从目前的140万吨／日提高到160万吨／日，水质的稳定性将得到进一步保证。

南区污水输送干线改造工程

南区污水输送干线改造工程于2001年10月启动，计划于2003年年内竣工。项目系世界银行贷款“上海环境项目”的一部分，总投资额为2.5亿元人民币，其中利用世行贷款692万美元。项目服务面积为16.7 平方公里，规划污水量32.8万立方米／日。工程包括对5座泵站及部分污水管道的改造。

市区分流制地区雨污水混接改造工程

市区分流制地区雨污水混接改造工程于2001年7月启动，计划于2003年上半年竣工。项目系世界银行贷款“上海环境项目”的一部分，总投资额为1.1亿元人民币，其中利用世行贷款240万美元。工程实施后，可充分利用现有污水处理设施，每天将减少近50万立方米的污水直接排入河道，从而进一步改善上海地面水环境的污染状况。

亚洲开发银行贷款项目

苏州河环境综合整治一期工程

苏州河环境综合整治一期工程于1998年获国家计委批准立项，计划总投资额86.5亿元人民币，其中向亚洲开发银行贷款3亿美元（折合人民币24.9亿元），实施期限为1998-2002年。一期工程分为三类10个项目。

1. 以改善水质为目的的工程（6个项目）

苏州河支流污水截流工程——针对彭越浦等支流的污染，在苏州河北片、南片分别建设截流管线，北片污水纳入西干线，南片污水近期纳入吴闵截流总管，远期计划纳入污水治理二期南干线。

支流建闸控制工程——在木渎港及上游6条支流建闸，控制、削减进入苏州河的污染负荷。

苏州河综合调水工程——通过水利调度增加苏州河水流量，增大河道输送容量，加快流速、调活水体。

底泥疏浚处置工程——挖掘并合理处置苏州河底泥，由此减少底泥再悬浮造成的河水黑臭和底泥耗氧量加剧。

河道曝气复氧工程——在华漕－长寿路桥18公里沿河设置移动式人工曝气复氧系统，提高水体溶解氧浓度，加快恢复河道生态系统良性循环。

石洞口城市污水处理厂建设工程——在西干线排放口建造处理量40万立方米／日的污水处理厂，避免污水排放对长江大水体造成的环境污染。

2. 以改善陆域环境为目的的工程（2个项目）

环卫码头搬迁及水域保洁工程——搬迁原苏州河长寿路桥以东沿岸的环卫码头，改变现有垃圾清运方式，建设粪便排放站、生活垃圾中转站及相应设施。

苏州河两岸整治工程——改造苏州河防汛墙，使之在满足防汛、泄洪排涝的同时，与两岸绿化景观相协调。

3. 以改善相邻水系为目的的工程（2个项目）

虹口港、杨树浦港地区旱流污水截流工程——截流两港旱流污水，近期进入合流污水治理一期污水总管，远期纳入污水治理三期工程。

虹口港水系整治工程——包括河道疏浚、泵站建设和防汛墙改造，并实施虹口港两岸的环境治理。

通过苏州河环境综合整治一期工程的实施，要达到消除苏州河干流水体黑臭的目标，改善长寿路桥以东沿岸环境状况，保持水面整洁。

国际合作项目

黄浦江上游水质改善项目

新西兰政府资助的“黄浦江上游水质改善项目”于2001年9月正式启动。项目围绕影响上海松浦大桥取水口水源水质的各项因素，就黄浦江上游水质改善和污染控制工程、社会经济发展规划、宣传培训及能力建设等方面提出项目建议和措施。

大桥水厂

苏州河环境管理技术援助项目

苏州河环境管理技术援助项目始于2000年4月12日，至2001年11月提交最终报告草案，项目基本完成。该项目以环境管理和污染控制为核心内容，深入开展了以排污许可证交易制度、提高公众意识及水质模型为技术支撑的研究。

在环境管理与污染控制方面，该项目建议对现行的排污收费制度进行改革，包括对所有排污的多项指标进行收费，并以排污总量和排污许可证（包括浓度单位及总量）作为收费依据。项目建议，在水环境规划方面，由上海市环保局负责制订水环境保护目标、水污染控制目标及政策；由上海市水务局负责制订水资源保护规划，并根据市环保局的目标和政策制订相关的水污染控制规划。此外，项目还提出了环保部门加强环境管理、建立完整的环境监测计划、完善现有法规条例等方面的建议。

在排污许可证交易制度方面，项目分析了美国、拉丁美洲与加勒比海地区、英国以及中国的许可证交易现状、经验与存在问题，提出了上海建立许可证交易系统的基本步骤和主要任务，以及近期的完善措施。

在公众参与方面，项目设计进行了认知、态度及实践（KAP）调查，并在上海部分社区开展了提高公众意识试点工作。根据调查与试点工作结果，项目提出了上海每年开展KAP调查来跟踪公众的环境意识和环境态度，更有针对性地开展宣传工作以及对环境课程的教育标准进行监控等建议。

在水质模型方面，项目应用MIKE11模型，建立了苏州河及黄浦江水系决策支持系统(DSS)模型，并进行了模型率定和案例分析。项目建议上海市苏州河综合整治办公室收集长期的数据资料（1年或1年以上），对模型作进一步率定。

项目还制订了具体的改善环境管理行动计划，提出了上海改善环境管理和实施排污许可证交易的必要步骤。

上海市环境监测能力建设项目

上海市环境监测能力建设项目于2001年初起与美国TDA（美国贸易发展署）接触洽谈，7月经国家外经贸部正式批准，7月底与美国TDA 正式签约，获28万美元赠款用于项目的可行性研究。项目年内完成了工作大纲的审定及项目招标、评标与中标公司的谈判签约工作。项目将在2002年完成，项目的完成将为上海环保局系统的环境监测网络扩建提供科学依据。

环境监测

美国国际集团捐赠苏州河整治曝气复氧船

2001年4月26日，上海市政府举行美国国际集团向苏州河整治捐赠曝气复氧船仪式。上海市市长徐匡迪和美国国际集团主席格林伯格先后在仪式上致词。

曝气复氧船8月30日下水，11月2日举行了投入运行的仪式。

为满足在苏州河浅水窄道航行和曝气的条件，曝气复氧船船体总长26米，宽6米，总高度3.6米，吃水深度1.4米；船身为钢质，单底、单壳、单甲板。曝气船的最大航速5节，续航能力48小时；柴油机总功率450千瓦，制氧能力每小时150标准立方米，氧纯度>90%，压力0.25MPa，清水中充氧在3米深度时氧气溶解及混合效率可达70%。

曝气复氧船的核心部分是制氧系统，包括现场制氧系统和曝气系统，达到国际先进水平。动力部分是最新的环保型柴油发动机，废气排放满足国际海事组织新规则TMO的标准。工作时噪声在离船10米处<65分贝，符合国家有关技术标准。操纵系统合理配置了先进的变频电力推进装置及配套360°全回转舵桨，使曝气船可原地调头。曝气复氧船线形简洁、流畅，是我国目前现代化程度最高、充氧能力最大的一艘曝气复氧船。

国际学术交流

上海城市环境与可持续发展国际研讨会

为学习国际大都市在城市可持续发展和环境建设管理方面的先进技术和经验，在世界银行和德国西门子公司支持下，上海市政府于2001年6月27日至29日主办了“上海城市环境与可持续发展国际研讨会”。来自包括美国、德国、日本、英国、法国、挪威和荷兰等发达国家和印度、墨西哥、泰国、越南、巴西和印度尼西亚等发展中国家的300多名官员、专家、学者以及企业代表参加了研讨会。上海市市长徐匡迪、副市长韩正和市政府秘书长姜斯宪参加了开幕式，国家环保总局王玉庆副局长专程来沪参加闭幕式。

会议研讨的热点问题是：水资源保护和水环境整治、交通污染治理和改善城市空气质量、工业污染防治战略和清洁生产、城市固体废物处置与管理、城市可持续发展战略和城市环境质量改善范例、大都市环境管理和环境经济政策、城市基础设施融资机制、环境法规和环境执法等。

上海城市环境与可持续发展国际研讨会

第三届中日上海环境科学技术会议

为推动中日两国学术界、企业界在环境科学技术领域进行学术、技术、产业及相关决策与管理进行交流和合作，由中方上海交通大学、上海市环境保护局与日方日中创造开发型企业交流促进中心、地球环境产业技术研究机构联合主办的第三届中日上海环境科学技术会议于2001年10月26日至27日在上海召开。日方60多名、中方120多名代表参加了会议。会议共收到日方论文35篇、中方论文48篇。

中法城市空气质量上海研讨会

由法国国家科研中心、同济大学、上海市环境保护局等单位联合主办的中法城市空气质量上海研讨会于2001年11月14日至16日在上海同济大学召开。会议主题主要包括：城市空气污染监测网络和污染源调查、城市空气质量管理、空气质量测试方法和仪器、城市空气污染物的迁移转化、空气污染物的扩散传输和空气质量预报模型、污染源减排和空气污染净化工艺。由法国国家科学院组织的14位科学家和工业界代表，与来自上海、江苏等地的环境管理和研究机构及大专院校的20多名专家进行了研讨交流。

中英水与环境事务交流

2001年9月20日，上海市水务局科技处、上海市排水管理处等部门与英国水与环境管理方面的主要职业机构——英国皇家特许水务及环境管理协会进行座谈，旨在加强专业技术交流，推进一种完整的、可持续的环境管理策略，以促进对水与环境事务的理解。座谈中双方愿意就有利于环境，包括可持续发展等共同关心的方面开展交流与合作。

水与环境数学模型及其应用国际研讨会

水与环境数学模型及其应用国际研讨会于2001年5月24-25日在上海举行。会议由上海交通大学和丹麦水力研究所(DHI)共同举办。研讨会就利用数学模型研究河流流域、湖泊、河口和海岸地区诸多问题，尤其是涉及环境保护、洪水预报、水资源管理和沉积物输移等领域的问题进行了广泛交流和讨论。上海市水务局科技处、上海市水文总站、上海市水资源办公室、上海市水利工程设计研究院参加了本次研讨会。

公众参与

Shanghai Environment Yearbook 2002

上海环境年鉴

人大议案、政协提案处理

市人大代表环境问题议案、建议、批评、意见全部办复

2001年，上海市人大常委会加大对代表建议、批评、意见的督办力度，及时分析办理情况，督促承办单位提高办理质量。上海市十一届人大四次会议期间，主席团交付市人大专门委员会审议的代表议案共17件，其中涉及环境内容的代表议案有2件（沈建华等13位代表提出的"关于尽快完成《上海市环境卫生管理条例》修改工作的建议"和蔡永葆等14位代表提出的"建议制定《上海市食用动植物污染防治条例》"）。有关专门委员会经过调查研究提出了审议结果报告，经常委会会议审议通过后，交市有关部门办理。有关部门在法定时间内向常委会提出了议案办理情况的报告。市十一届人大四次会议以来，代表共提出建议、批评、意见686件，其中涉及环境内容的建议、批评、意见101件，已经全部办复。

市人大代表对本市实施《水污染防治法》情况进行视察

市农委处理市人大意见、政协提案情况

上海郊区的环境建设和保护工作越来越受到市人大代表和市政协委员的关注。2001年，上海市农委办理的市十一届人大四次会议代表书面意见中，有9件涉及农村生活环境、农业生产环境和水环境建设和保护，占需要办理书面意见的50%。办理市政协九届四次会议委员提案中，有7件涉及环境建设和保护的情况，占需要办理提案的27%。市农委高度重视郊区环境建设工作，根据市人大代表意见、市政协委员提案，对郊区的环境问题作了专题调研和全面梳理，提出郊区环境建设和保护工作的重点为"三治理一建设"。其主要内容包括农业污染治理、工业污染治理，生活污染治理和郊区环境净化、绿化、美化建设4个方面。其中涉及畜禽粪便治理、农业面源污染治理、秸秆综合利用、加强工业污染防治、控制工业污染源、推进质量环境双优工业园区建设、推行清洁生产加强资源综合利用和开发、生活垃圾治理、生活污水治理、河道整治、道路整治、绿化造林、城镇村宅建设等十三项内容。

市环保局办理市人大、政协意见、提案满意率均达100%。

2001年，上海市环保系统共收到市人大代表书面意见、市政协委员提案291件。其中市人大代表书面意见137件、市政协委员提案154件。所有意见提案均按要求提前完成办理工作，办结率、满意率均达到100%。

上海市环保局办理意见、提案（件）

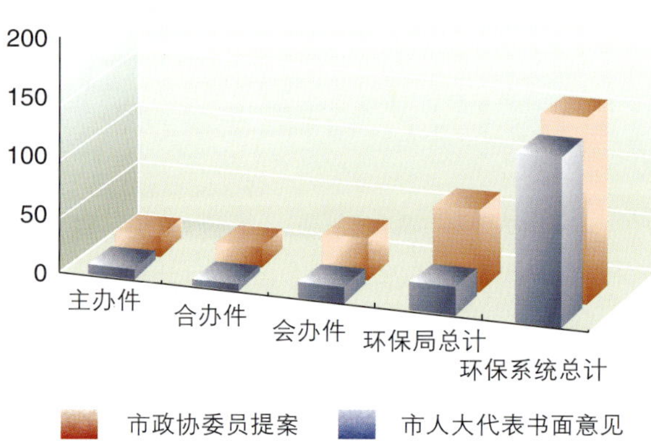

在市环保局收到的意见、提案中，关于水环境方面的意见提案有8件，内容主要反映对生活废水、工业废水、截流雨水、水资源保护、河道治理等方面提出的意见和建议；关于大气环境方面的有19件，内容主要反映对工业区生产性废气、机动车尾气的治理提出的意见和建议；关于城市环境噪声方面的有7件，主要涉及到环线高架道路、轨道、航运交通噪声污染等方面的意见和建议。有30件意见和提案被市环保局直接采纳。

市海洋局对市政协提案的答复

上海市海洋局对市政协九届五次会议第108号提案提出的"关于发展海洋经济，促进上海经济与社会可持续发展的建议 "作出办理情况答复。

1. 关于"成立海洋产业规划发展领导小组"的建议。根据陈良宇市长的指示和市政府第121次常务会议的有关精神，拟建立"上海市海洋经济发展联席会议制度"，由市海洋局和市计委牵头，各涉海部门参加。市政府领导担任联

席会议主席，办公室设立在市海洋局。市海洋局和市计委已经对该制度的方案（草案）进行了会签，目前正在进一步征求意见阶段，将在二季度召开第一次会议。

2. 关于“制订《上海海洋经济发展规划》”的建议。根据上海市“十五”纲要中有关发展海洋经济的内容，市政府第121次常务会也确定了由市计委、市海洋局牵头编写《上海市海洋经济发展规划》。目前编写大纲经多方讨论已基本确定，准备邀请市有关部门和资深专家召开讨论会，具体落实编制任务。

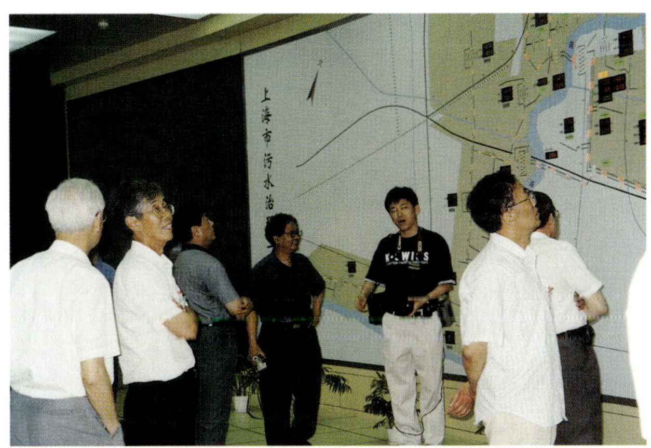

政协委员就保护水资源问题进行视察

3. 关于“认真做好海域勘查划分工作”的建议。市海洋局根据国家海洋局国办发[2002]12号文及上海市政府收文办字BJA2001212的有关要求，成立由市海洋局、市民政局牵头的上海市海域勘界工作联席会议制度，目前正在进行落实之中。

4. 关于“尽快制定《上海市海域使用管理办法》”的建议。市海洋局积极配合市政府法制办、市建委法规处，正在起草《上海市海域使用管理办法》和《上海市海域使用金征收管理规定》。

上海市海洋局对市政协九届五次会议第139号提案提出的“关于健全本市海洋管理机构，加强海域管理的建议”作出办理情况答复。

依据《海洋环境保护法》、《国家环境保护“十五”计划》、《中国21世纪议程——上海行动计划》及《上海市海洋功能区划》，上海市海洋局为充分发挥政府的海洋环境监督和管理职能，控制陆源污染物对海洋环境的损害，制定了《上海市海洋资源保护、开发、利用“十五”计划和到2015年规划（纲要）》和《上海市环境保护和建设三年行动计划（2003-2005年）——海洋环境保护计划》，以逐步改善上海市海域海洋环境状况，保证海洋资源和环境的可持续利用。

根据近年来赤潮频繁发生而对海洋生态环境、海洋渔业造成严重危害的现象，上海市成立了赤潮防治领导小组，由市领导担任组长，各涉海委、办、局为小组成员，统一指导调控赤潮监视监测、预报预警方案的制订与实施。

上海“两会”代表为苏州河整治出谋划策

2001年，在上海市十一届三次人大和九届四次政协会议期间，市人大代表提出书面意见4份，市政协委员提案5件。意见和提案主要的内容是：要求禁止苏州河的货运，消除船舶噪声；加强对苏州河支流的整治力度；加强宣传教育和保护苏州河桥梁及沿岸特色建筑等。对书面意见和提案的办理，代表和委员全部表示满意。

关于苏州河禁止货运的问题。早在1998年5月，上海市政府批准的《苏州河环境综合整治方案》就已明确，苏州河从长寿路桥至河口约5公里的河段将禁止货运，并实施了码头的搬迁工作。为切实实现苏州河下游段禁止货运的目标，市苏州河环境综合整治办公室会同市交通局进行了“苏州河航运功能结构调整方案的研究”。根据研究成果，采取了三方面的措施：

（1）制订苏州河水上交通管理办法，做到依法行政，从根本上解决挂桨机船的噪声污染；

（2）按“西进西出”的方案，在苏州河莫干山路处建设航务管理码头，落实对船只的监督管理；

（3）加强苏州河进出港船舶的作业报港制度和检查，禁止苏州河下游段水域空船停泊，驱赶非法收旧船只。2001年，苏州河市区河段过往船舶已从1996年的2000艘下降到700多艘，确保了整治效果。

苏州河样板段

公众来信、来访、来电及处理

市人大受理涉及环境内容的群众来信、来访情况

2001年，上海市人大常委会及其办事机构共受理人民群众来信、来访16458件次，其中涉及环境内容的人民群众来信、来访370件次。反映工厂、酒家排放“三废”的综合性污染问题的108件；反映噪声污染问题的88件；反映大气污染问题的39件；对环境保护工作提出建议的35件；反映水污染问题的32件；反映电磁污染的10件；反映其他污染如光污染、塑料废弃物污染等问题的12件；反映侵占绿地问题和对上海市绿化工作提出建议意见的46件。市人大常委会通过受理来信、来访，进一步密切与人民群众的联系，维护人民群众的利益，努力化解人民内部矛盾，推动政府部门依法行政，促进了社会稳定。

市环保系统公众信访办理结案率

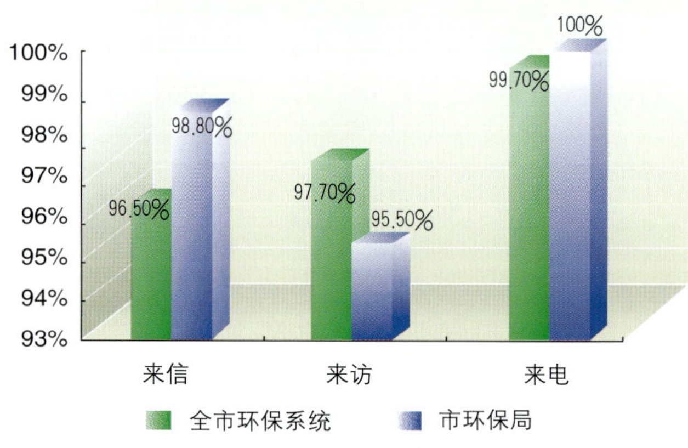

市农委积极解决来信、来访问题

2001年度，上海市农委信访接待室接待郊区5个区县的群众为环境问题上访和来信共计27件次。其中，对郊区环境问题的意见建议共18件次，对于环境污染的举报共9件次。这些来信来访中有人大代表、政协委员对环境问题的关注和呼吁，也有普通市民对环境问题的关心。对来信、来访反映的环境问题，市农委高度重视，积极落实解决。如青浦区人大代表关于牛奶公司第十牧场污染环境问题，经协调提出了解决问题的方案，计划2002年底前完成全部奶牛的搬迁工作。市民对身边发生水体、大气、噪声等环境污染的举报，市农委要求有关部门加强治理，杜绝污染。如崇明县港沿乡电镀厂污染问题，市县有关部门及时作了处理。

来信、来访、来电投诉内容

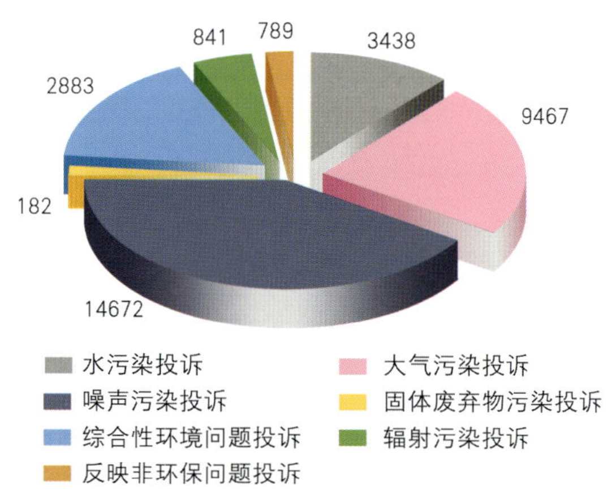

市环保系统公众信访办理结案率96%以上

2001年，全市环保系统共收到来信3880件/28580人次，与2000年相比增加170件，办理结案3746件，办结率为96.5%；受理来访1066批/2496人次，与2000年相比增加206批，办理结案1041批，办结率为97.7%；受理来电27326人次，与2000年相比增加11248件，办理结案27255件，办结率为99.7%。

热情接待群众来访

在全市环保系统受理的32272件来信、来访、来电投诉中，市环保局收到来信1100件／10809人次，与2000年相比减少146件，办理结案1087件，办结率为98.8%；受理来访68批／142人次，与2000年相比减少31批，办理结案65批，办结率为95.5%；受理来电4121人次，与2000年相比减少166件，办理结案4121件，办结率为100%。

来信、来访、来电内容属水污染投诉为3438件，大气污染投诉为9467件，噪声污染投诉为14672件，固体废弃物污染投诉为182件，综合性环境问题投诉为2883件，辐射污染投诉为841件，反映非环保问题投诉为789件。

苏州河整治和管理成为市民关注热点

2001年，上海市苏州河环境综合整治办公室收到人民来信73件，其中反映问题的有32件，提出建议的39件，其他2件。来信无论是反映问题，还是提出建议，都表达了对苏州河整治的极大热忱和主人翁态度。反映的问题比较集中的主要是对水葫芦、船舶噪声和两岸市容环境管理等；提出的建议主要有底泥疏浚、防汛墙改造、畜禽粪便治理、旅游和景观建设等。

市容环境卫生投诉

市容环境卫生投诉及处理情况表

单位：件

单位	受理数			环卫处理数	处理结果						时效			突击清除		
	小计	环卫	环卫外		满意	基本满意	不满意	满意率(%)	联系未果	无效投诉	及时	超时	及时率(%)	垃圾(t) 生活	垃圾(t) 建筑	粪便(起)
黄浦区	750	366	384	361	48	202		100.00	111		361		100.00	39	15	44
卢湾区	222	123	99	123	95	25		100.00		3	123		100.00	24		4
徐汇区	1214	1074	140	1071	380	301	1	99.91	368	21	1028	43	95.99	5216	45	59
长宁区	1033	680	353	680	396	47		100.00	203	34	680		100.00	430	248	79
静安区	419	263	156	263	226	17	3	98.86	6	11	263		100.00	912	54	23
普陀区	1104	603	501	603	185	125		100.00	279	599	4		99.34	6775		103
闸北区	1020	626	394	626	269	356		100.00		1	516	110	82.43	6750		3
虹口区	1123	713	410	713	266	208		100.00	213	26	713		100.00	18500	15600	332
杨浦区	593	463	490	461	39	414	1	99.78	7	461			100.00	32	10	28
闵行区	766	466	300	462	322	8	1	99.79	123	8	462		100.00	676	705	21
宝山区	761	447	314	447	216	199	26	94.18		6	419	28	93.74	1943	647	21
嘉定区	122	89	33	80	33	32	3	96.63	9	3	76	4	95.00	42	22	8
浦东新区	1345	835	510	835	356	343	14	98.32	134	1	821	14	98.32	44532	4226	82
金山区	28	14	14	12	2	7	3	78.57			12		100.00	5		
松江区	38	12	26	11	6	5		100.00			11		100.00	15	2	
南汇区	47	30	17	26	14	10		100.00	2		26		100.00	15	13	
奉贤区	33	24	9	22	9	10	1	95.83	2		22		100.00	10	4	4
青浦区	26	17	9	16	7	5	1	94.12	3		15	1	93.75	7	2	1
崇明县	9	6	3	4	2	2		100.00			4		100.00	5		
废管处	7	7		4		4		100.00			4		100.00			
渣管处	154	154		152	52	61	1	99.35	28	10	130	22	85.53	126		
水管处	21	21		21	4	10		100.00	4	3	20	1	95.24			
市容总队	12	12		12	5	6		100.00	1		11	1	91.67			
其他	24	21	3	11	1	6		100.00	3	1	11		100.00		2	
合计	11231	7066	4165	7016	2933	2403	55	99.22	1489	135	6788	228	96.75	86054	21595	812

市容环卫投诉热线扩大受理范围拓展服务功能

2001年，上海市容环卫投诉热线本着为民办实事，把城市环境管理与市民居住环境相结合，树立现代化城市由政府管理、社会管理和市民参与有机结合的理念，扩大了投诉受理范围，拓展了服务功能，从平面扩大到立面，从市区扩大到郊区，从过去受理环卫问题的投诉和行风问题的举报拓展到受理全市灯光、灯箱广告、黑色污染等市容环卫问题的投诉，为推动市容环卫管理发挥了应有的作用。

截至年底，市容环卫投诉热线共受理市民投诉11621件（其中市容环卫外投诉4868件），涉及环卫问题的处理率达到99.6%，市民满意和基本满意率达到99.2%，共接到市民表扬信、电话24件，解决粪便满溢投诉795件，督促整治各类垃圾1万余吨。

绿色社区创建

32个小区开展绿色创建工作

截至**2001**年底，普陀、闸北、闵行、徐汇、黄浦5个区完成32个绿色社区创建，还有9个区已制定创建计划，落实试点单位。上海市已创建的绿色社区已初步形成有效的管理体系，开启了丰富多彩的活动，取得了明显效果，为全市全面推开绿色社区创建活动树立了榜样，提供了经验。

中共中央宣传部、国家环保总局、教育部在《2001-2005年全国环境宣传教育工作纲要》中要求在全国47个环境保护重点城市逐步开展创建绿色社区活动，并明确了绿色社区的主要标志是：有健全的环境管理和监督体系；有完备的垃圾分类回收系统；有节水、节能和生活污水资源化举措；有一定的环境文化氛围；社区环境要安宁，清洁优美。绿色小区的创建工作被列入上海市“三年行动计划”（2000-2002年）宣传教育工作内容。

市委组织部、市委宣传部、市教委、市环保局共同制订了《上海市环境保护和建设2000-2002年宣传教育工作实施意见》，提出了创建绿色小区的具体目标：2000年，提出绿色小区（社区）环境保护指标，并组织部分街道乡镇试点；各区至少创建2个绿色小区，并逐年在全市范围内推行，到2002年全市要建成100个绿色小区。

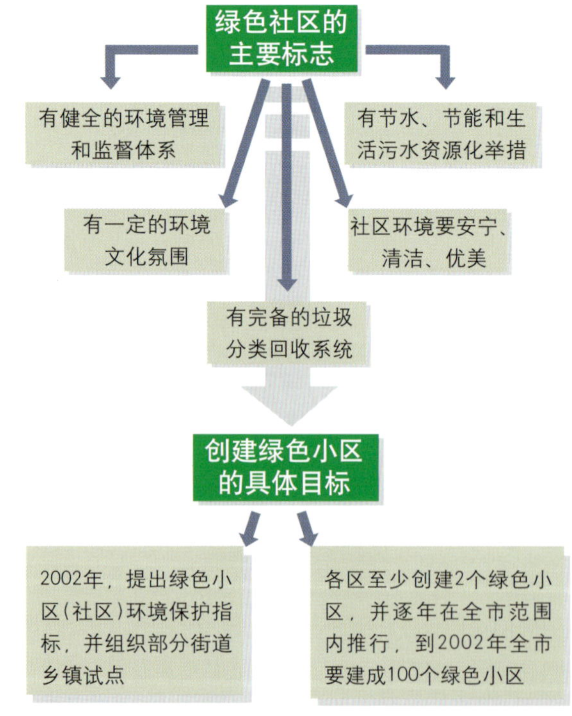

整洁优美的居住小区环境

绿色志愿者行动

上海各界掀起义务植树高潮

植树节前后，上海市社会各界市民纷纷加入义务植树行列，以自己的双手，为上海栽下一片绿色的希望。

2001年是邓小平同志倡导的全民义务植树活动20周年。2月下旬以来，上海市绿化局义务植树的报名电话铃声不断，要求参加延中绿地、太平桥绿地等大型公共绿地植树的单位和个人，更是应接不暇。据统计，全市参加义务植树的市民已超过万余人次。

3月12日，上海5000市民来到位于杭州湾畔的奉贤海湾旅游区植树播绿，营造“世纪林”。市委副书记、市文明委常务副主任龚学平为这项活动题写碑名:“海湾世纪林”。

400余名义务植树者自己掏钱买树苗，在闸北共康高压林带亲手种下大叶樟、杜英、重阳木、水杉等树木。市绿化建设的主力军——上海园林集团公司、上海绿地集团等全市100多家园林绿化施工企业筹资120万元，在植树节期间组织职工义务建设318国道青浦段两侧宽20米面积达7万平方米的绿化样板段。众多社会各界人士和市民来到奉贤世纪森林公园，参加已连续3年的义务植树活动。上海市绿化委员会已将此辟为市民常年报名的市级义务植树点，将用3年的时间，建设20万平方米的义务植树林，成为上海义务植树活动的纪念林之一。

植树造林从娃娃抓起

植树节期间，上海不少企事业单位还以各种形式为上海绿化作贡献。捷强连锁公司组织会员顾客代表，在共青森林公园认养水杉树。徐家汇花园大型绿地在植树节收到有关单位捐助的绿化建设资金近百万元。有关部门还在南京路步行街开展绿化宣传咨询活动。不少市民表示，要用自己的双手，美化家园和社区，让上海这座现代化大都市到处可见生机盎然的绿色小景。

新婚伉俪义务植树

首块“市民林”建成

2001年6月17日，上海首块面积3000平方米的“市民林”在延安中路公共绿地内落成。2001年3月，94岁高龄的窦光盐老人给上海人民广播电台写信，愿意从自己的退休金中拿出1000元钱支持绿化建设。得此信息后，上海市绿化委员会办公室、上海市绿化管理局、黄浦区人民政府、上海人民广播电台联合发起了“绿化新上海，共建市民林”的活动。3个月里，400多名市民和企业参加了捐款，共募集资金16万元。主办单位用这笔资金专门在延安中路公共绿地辟建了这块“市民林”，并将募捐者名字刻在石碑上以资褒奖。在“市民林”落成仪式上，市委常委、副市长韩正还亲自为窦光盐老人颁发了荣誉证书。“市民林”的建成，既为上海市中心增添了一道怡人的自然风景，更成为展示上海市民素质和精神文明建设成就的一道标志性人文景观。

申城首块“市民林”

19棵百年古树被认养

2001年，上海绿地（集团）有限公司、上海鹏欣集团星特浩房产公司、中华企业股份有限公司等10家单位，出资62万元保护古树名木，认养了19棵树龄在100年至200年的古树名木，使这些植物"寿星"有了"娘家"。被重点保护的19棵古树名木是银杏、雪松、朴树、皂荚、麻栎、五针松等，分别生长在江西中路绿地、黄浦公园、闵行区和嘉定区城厢镇，其中嘉定区由10棵200年树龄的银杏树组成的古树名木群将得到重点保护，建成上海不可多得的古树景观。

绿色志愿者

上海青年绿色志愿行动

2001年5月10日，由上海市环境保护局团委主办的上海首家“环保青年”网站通过专栏向社会公开招募“青年绿色志愿者”，旨在倡导青年保护环境，关爱地球，自觉遵守各项环保行为规范，大力宣传环境保护知识以提高公众的环保意识。

2001年12月9日，上海首次“青年绿色志愿行动暨绿色家居宣传咨询活动”在徐家汇港汇广场成功举行，60余名青年绿色志愿者参加了志愿行动。青年绿色志愿者们通过分发自己整理并印制的有关宣传资料、解答市民的各类咨询等形式，向广大市民宣传营造“绿色家居”的重要性和如何避免、解决室内污染的知识。青年绿色志愿者们还当场邀请市民填写调查问卷234份，了解大家对环境保护的认知程度。国家环保总局副局长王玉庆和上海市环保局党委书记徐建民参加现场活动并慰问了青年绿色志愿者们。

截至2001年底，上海共有423名青年注册成为上海青年绿色志愿者。他们中有大学生，也有在职人员，有上海的，也有外地的，还有两名是国外留学生。

“绿色志愿者”授旗仪式

宣传、教育、培训

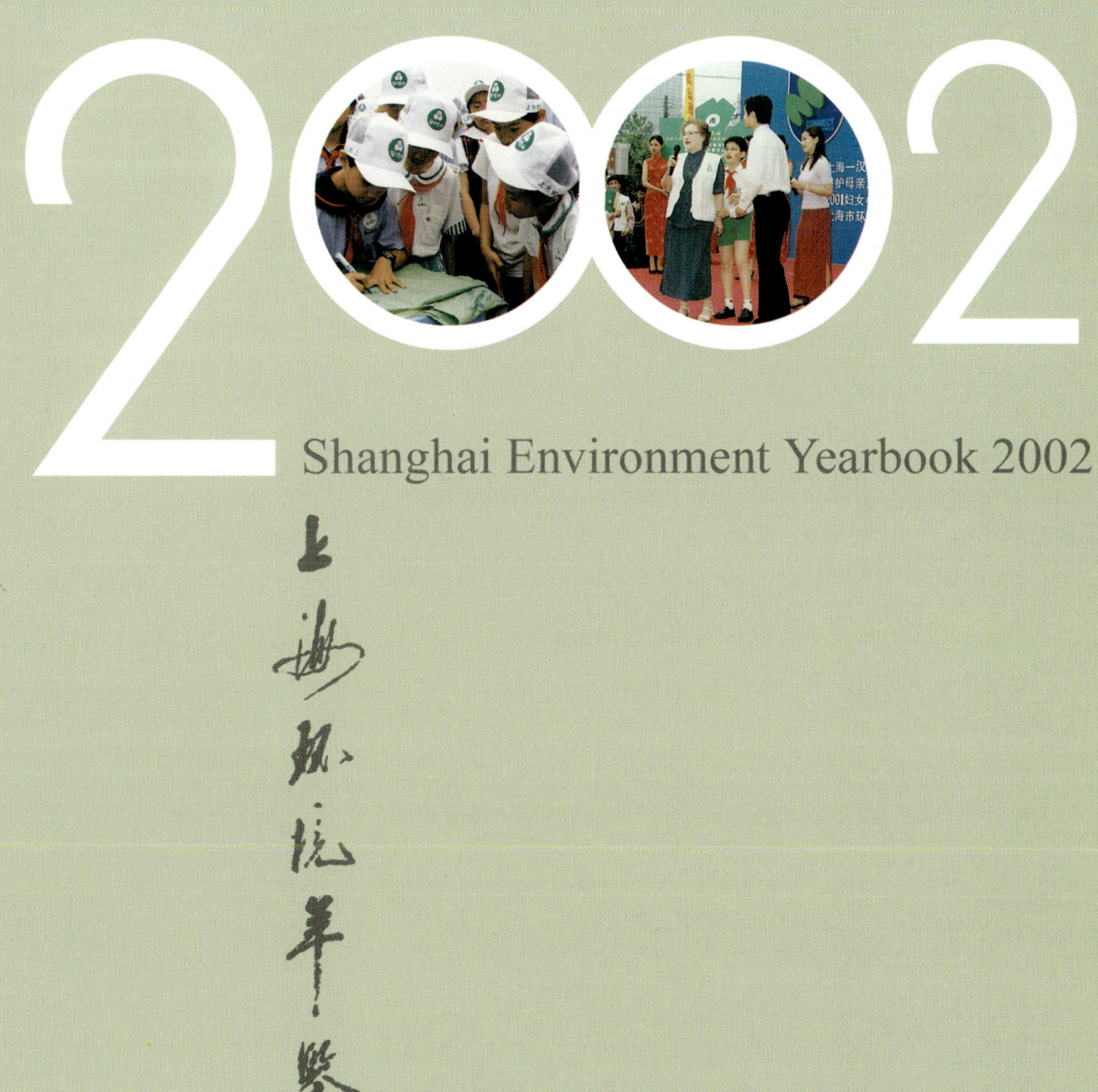

苏州河整治宣传和沿岸社区居民的环境意识教育

2001年，上海市苏州河环境综合整治办公室制作了六支流截污纳管工程等专题录像片，并对苏州河出现的浮萍、水葫芦和鱼群等现象，通过媒体作了适度报道，解答了一些市民的疑问；还接待新华社、中央电视台及部分省市新闻媒体的采访，配合上海市第五次“中华环保世纪行”的采访活动，开展了苏州河整治宣传。

根据市政府的要求，上海市苏州河环境综合整治办公室配合国家科技部和国家环保总局等部门，完成了在意大利和北京等地的布展和宣传工作；接待了国内外领导和团体的访问，扩大了苏州河整治的影响。

2001年，上海市苏州河环境综合整治办公室在静安、闸北、普陀三区的部分居民小区，配合苏州河整治，以市民关心的污水处理、节约用水和垃圾处置为重点，通过发放宣传材料和板报展示、实地参观、专家讲课、居民座谈等形式，开展了“增强公众环境意识”的调查和宣传教育活动。宣传教育活动前后对2000个居民的调查结果对比显示，把宣传教育活动深入到居民小区，以居民身边的小事为切入点，对于增强公众环境意识和提高环保行为自觉性，产生了很好的效果。

环境警示教育

2001年，根据国家环保总局关于开展“环境警示教育”的通知，上海市制定了开展环境警示教育活动的通知，各区县环保局作了专门部署，结合严肃查处环境违法行为专项行动，有计划、有步骤地开展了形式多样的环境警示教育活动。12月，上海市环保局与中共上海市委组织部联合举办了由上海市环保局局长洪浩主讲的面向社会各方的环境警示教育专题报告会，现场听讲人数约300人次，反响良好。

“纪念世界水日和中国水周”宣传

2001年3月26日，水利部太湖流域管理局开展了“纪念世界水日和中国水周”宣传活动，中央电视台、东方电视台、文汇报、解放日报及水利部网站等重要媒体对活动作了系列报道，有关材料还被水利部《水利简报》选用。水资源问题已成为扼制太湖流域经济社会可持续发展的瓶颈。太湖流域因水污染引起的水质型缺水状况已引起了社会各界的广泛关注，太湖局水政水资源处和水保局向与会媒体介绍了太湖流域水资源的现状和工作思路。太湖局副局长叶寿仁就太湖流域节约用水的意义作了重要讲话。他指出，“节水就是减污，水乡亟须节水”，并强调了“水资源统一管理、统一配置、统一调度”的重要意义和措施。

世界环境日宣传

2001年世界环境日的主题是“世间万物·生命之网”。6月5日晚，中共上海市委副书记、市长徐匡迪发表电视讲话，呼吁全社会倡导和树立生态环境意识和绿色文明意识，切实加强环境保护和生态建设，实现资源循环利用，让世间万物和谐共存。

上海市环保局与上海市文明办、上海市总工会、东方电视台联合主办了“共同的家园”大型寓言综艺剧，并于6月5日晚在东方电视台播出。该剧分春、夏、秋、冬4幕，以4个中国古典神话为载体，用综艺手段分别表现了“水的治理”、“人与动物”、“人与植物”和“维护自然生态平衡”4个环保主题。中共上海市委常委、副市长韩正和上海市人大常委会副主任刘伦贤等领导出席观看了大型寓言综艺剧。

由中华环保世纪行（上海）组委会、市环保局等多家单位共同主办的“世间万物·生命之网”世界环境日广场宣传活动于6月3日分别在南京东路五卅广场、静安区恒隆广场、卢湾区淮海公园、徐汇区港汇广场、长宁区天山商厦等中心地段举行。主会场五卅广场开展了保护母亲河青少年环保监督岗命名授牌仪式，2001年妇女参与节水主题倡议活动，绿色小区和部分上海市百佳“环境之友·绿色卫士”的授牌（奖）仪式，上海城市环保艺术博览会启动仪式。秦怡、乔奇等10位上海著名老艺术家和少先队员同台倡议，并在以“绿色文明”为主题的市民承诺卡上签名。由上海市环保局、德国汉堡市驻上海友好城市联络处及德国SOF环境基金会共同合作的友好城市项目——环境教育流动车（海豚车）交接启动仪式也在五卅广场举行。德国汉堡市前市长舒兹先生、德国驻上海副总领事鲁悟刚先生和上海市环保局局长洪浩为启动仪式剪彩。主会场活动还有著名书画家参与的绿色笔会、市环保局有关业务部门为市民设立的环保法规咨询与投诉、触摸屏电脑进行的“环保知多少”环保知识有奖问答、上海市8所著名高校的大学生志愿者及上海演艺界著名演员的环保文艺宣传等活动。

全国人大环境与资源委员会主任委员曲格平和上海市环保局局长洪浩与市民网上交谈

据统计，世界环境日期间，全市共设立宣传点135个（包括咨询点），开展环保培训讲座90余个，环保研讨会35次，专题活动79次，宣传横幅13000余条，张贴宣传画1000余幅，宣传图板及黑板报6122块，散发各类宣传品、宣传资料13000余份，文艺演出49台。

在“6·5”世界环境日活动期间，东方网、上海热线、解放日报网站、上海环境热线和上海环境5个网站联合邀请了全国人大环境与资源保护委员会主任委员、中华环保世纪行组委会主任曲格平和上海市环保局局长洪浩，在上海市环保宣教中心演播室的直播现场，通过国际互联网与广大网民就新世纪中国环境与发展问题进行交流，并就网民关心的有关新世纪中国环境保护政策和远景规划等几十个问题作了现场解答。

2001年6月5日－2001年7月5日，上海环境热线联合东方网、解放日报网站共同主办了“2001环境保护知识大赛”，全国各地共有11600多人次参加了竞赛活动。

世界环境日宣传活动表

活动项目	主办（负责）单位	地点	时间
市领导电视讲话	市政府办公厅、市环保局	上视、东视	6月5日晚，新闻节目后
上海2001年世界环境日特别节目《共同的家园》（上海市百佳“环境之友·绿色卫士”颁奖仪式）	市精神文明办、市总工会、市环保局	东方电视台33频道	6月5日晚，黄金时段
“世间万物·生命之网”上海市2001年世界环境日主会场宣传活动（上海文艺届著名演员宣传“绿色文明”签名承诺、环保咨询服务、大学生环境志愿者行动、绿色产品展示活动等）	市总工会、市文明办、黄浦区人民政府、世纪行（上海）组委会办公室、市环境教育协调委员会、上海“保护母亲河·绿色希望工程”领导小组办公室	上视、东视、有视 解放日报、文汇报、新民晚报、上广、东广等	6月3日晚新闻 6月4日新闻
上海—汉堡　环境宣传车启动交接仪式	市府外办、市环保局国际合作处	上视、东视、有视 解放日报、文汇报、新民晚报、上广、东广等	6月3日晚新闻 6月4日新闻
“世间万物·生命之网”“6·5”世界环境日电视公益广告	上海市环保局、上海市绿化管理局、上海市水务局	上视、东视、有视、卫视	6月2–7日每天播出两次
全国人大环资委主任委员曲格平与市民网上交流活动	世纪行（上海）组委会办公室、上海东方网	上视、东视 解放、文汇、新民晚报、上广、东广等	5月29日晚新闻 5月30日新闻
“拥抱绿色家园”——“英特尔杯”首届上海市中学生环保辩论邀请赛决赛	上海市环境教育协调委员会 英特尔科技（中国）有限公司 上海教育电视台	上海教育电视台	6月1日晚7:00
《有话大家说》——“绿色行动”	上海电视台《有话大家说》栏目、市环保宣教中心	上海电视台14频道 上海卫视	6月3日晚9:00（首播） 6月7日下午4:00（重播） 6月7日10:30（重播）
市局领导与市民对话节目	上海人民广播电台《市民与社会》栏目、宣教中心	上海人民广播电台（990千赫）	6月4日早新闻预告 6月5日12:10播出 6月6日早新闻选播
《红茶坊》——“无形杀手”	上海电视台《红茶坊》栏目、市环保宣教中心	上海电视台8频道 上海卫视	6月8日晚8:00（首播） 6月9日中午11:00（重播） 6月10日15:00（重播） 6月11日8:30（重播）
《老娘舅》——“手下留情”	东方电视台《老娘舅》栏目、市环保宣教中心	东方电视台20频道	5月27日晚8:00（首播） 6月2日12:45（重播）

活动项目	主办（负责）单位	地点	时间
“环境之友·绿色卫士”先进事迹纪录片	上海电视台《纪录片编辑室》、市环保宣教中心	上海电视台8频道	6月11日晚7:00
百佳“环境之友·绿色卫士”事迹专版	新民晚报、市环保宣教中心“五色长廊”	新民晚报	6月4日
“6·5”世界环境日专刊	新民晚报、市环保宣教中心“绿色家园”	新民晚报	6月3日
百佳“环境之友·绿色卫士”有关事迹	中国环境报、市环保宣教中心	中国环境报	6月5日期间
百佳〞环境之友·绿色卫士〞有关文章	《新上海人》杂志社、市环保宣教中心	《新上海人》	6月8日
百佳“环境之友·绿色卫士”专辑	上海环境导刊、市环保宣教中心	上海环境导刊	6月中旬
百佳“环境之友·绿色卫士”名单及事迹	上海环境热线、市环保宣教中心	上海环境热线	6月6日

市容环境卫生社会宣传

环境卫生社会宣传表

单位	群众性宣传							各种宣传阵地（载体）						新闻报道		
	设点（处）	宣传品（份）	横幅（条）	黑板报（块）	整治（吨）	参与人数（人次）	其他	户外广告数	环卫设施广告数量	媒体广告数量	小区设施数量	娱乐场所数量	其他	总体（篇）报道	专题报道种类	专题报道数量
黄浦区	26	8000	35	75		760			40		65			8	2	8
卢湾区	20	12000	18	115	12000	866								23		18
徐汇区	2	25929	21	41	715	1033								102		7
长宁区	26	30000	20	274	1059	2600					168			63	1	6
静安区	18	50000	20	130	3600	5000								180		14
普陀区	10	50000	25	85	7500	4000								68		5
闸北区	16	41600	22	108	28412	16728		2200	39	60	35	177		75	8	15
虹口区	10	20000	50	120	10000	2500								18		2
杨浦区	24	6000	108	680	3345	8000		1089	10					30		
闵行区	5	1000	10	20	500	1000										
宝山区	36	10000	57	110	13508	27532		220	158	11	21			43		24
嘉定区																
浦东新区	25	10000	30	55	27300	2500										
金山区	6	10500	15	24	753	560										
松江区																
南汇区																
奉贤区	3	2	18	15	80	830		2	3	1				61	5	29
青浦区	2	1500	10	2		60								138	3	22
崇明县	6	650	36	22	3200	1530			8		12			32		20
废管处	3	40000		12		93								12	2	20
渣管处	5	3000			13600	4500								17	2	3
水管处	38	50000	125	280	120	2000								30		
市容总队	50	100000	75	1000	31640	100000								180		
合计	331	470181	695	3168	157332	182092	0	3511	258	72	301	177	0	1080	23	193

注：空白处未列入数据采集范围

第20届“爱鸟周”宣传教育活动

上海市农林局和华东师大于2001年4月8日联合召开上海市第20届“爱鸟周”宣传大会，来自全市19个区县的43所野生动物保护特色学校、15个大学生环保社团、各区县野生动物保护站、上海市野生动物保护协会、上海动物园、上海野生动物园、上海青少年科技教育中心、国际野生生物保护学会、国际爱护动物基金会等单位的代表共400多人参加会议。

由上海市野生动物保护协会、上海动物园联合举办的“提倡不食野生动物，树立饮食新观念”图片展览在华东师大校园展出，近千名师生观看了40多幅图片展板。

为提高广大中小学生野生动物保护意识，推动青少年开展观鸟识鸟活动，由上海市野生动物保护协会主办的上海市第三届青少年观鸟识鸟竞赛在第20届“爱鸟周”期间进行。来自全市43所野生动物保护特色学校的240多名中小学生参加了竞赛活动。经过野外观察、记录和鸟类专家的评选，南洋模范中学等9个学校观鸟队获得优胜奖，黄浦区第62中学等9所学校观鸟队获得参赛奖。

由上海市野生动物保护协会、上海市林学会、上海动物园、上海市青少年科技教育中心以及9家面向青少年的媒体联合举办的上海市2001年“爱鸟周”知识竞赛于3月底在上海9家媒体同时刊出竞赛题，共收到参赛来稿近20000份。经组委会组织评选，1000位参赛者获奖。

野生生物守望者网站顺利开通

为广泛宣传野生动植物保护法律法规、方针政策，传播野生动植物保护的科普知识，2001年4月，由上海市野生动物保护协会、国际野生生物保护学会等策划、建设的大型公益性宣传网站——野生生物守望者网站(www.wildlifewarden.net)开通。网站拥有强大的、自主开发的野生动植物保护宣传教育平台，以宣传野生动植物保护法律法规、国际公约，普及生物多样保护知识，交流传播国内外野生动植物保护管理动态为主要目的。野生生物守望者网站主要由守望者首页、守望者联盟、守望者行动、守望者服务、守望者视线、守望者搜寻和守望者论坛等七部分组成。网站开通一年多来，已有3万多人次上网浏览，为及时了解我国、上海野生动植物保护进展，监督野生动植物保护机构依法行政，参与保护行动，提出意见和建议，提供了宣传交流平台，也为各级政府部门及时了解政策法规、政务公开、掌握最新保护动态、制止违法行为和完善各部门、单位联系开辟了新的窗口。

媒体宣传

中华环保世纪行“保护长江生命河”宣传采访活动举行出发仪式

2001年5月29日上午，中华环保世纪行“保护长江生命河”宣传采访活动出发仪式在上海举行。全国人大环境与资源保护委员会副主任委员李蒙主持了出发仪式。全国人大常委会副委员长邹家华出席出发仪式并讲话，还向记者团授旗。全国人大环境与资源保护委员会主任委员曲格平、上海市人大常委会主任陈铁迪、水利部副部长翟浩辉也出席了出发仪式并讲话。全国人大环境与资源保护委员会委员蔡仁山、张宏仁出席了出发仪式。

“保护长江生命河”宣传采访活动从2001年5月29日起，历时3个多月，途径上海、江苏、安徽、江西、湖南、湖北、重庆、贵州、云南、四川、陕西、甘肃、青海等13个省市。2001年5月29日至6月1日，记者团在沪开展宣传采访活动。期间，记者团听取了副市长韩正对上海市生态环境保护情况的介绍、市环保局局长洪浩关于上海市长江入海口水质、生态环境保护、建设生态示范区等情况的介绍、市水务局副局长汪松年关于上海市长江入海口湿地、滩涂保护情况的介绍和市环保局副局长、市苏办副主任徐祖信关于上海市苏州河环境综合治理情况的介绍。记者团还现场采访了竹园口排污工程、石洞口污水处理厂、崇明岛国家生态示范区、东滩候鸟保护区、九段沙湿地保护情况、苏州河及其6支流水环境治理情况。

中华环保世纪行（上海）第四次记者集中采访报道

10月9日，上海市中华环保世纪行组委会办公室组织2001年中华环保世纪行（上海）宣传活动第4次记者集中采访宣传活动。记者们听取了市绿化局，市市容环卫局，杨浦区、虹口区、静安区市政委，普陀区建委、浦东新区环保局等有关部门对市绿化建设和管理、市容环卫综合整治情况的介绍，并实地采访了破墙透绿后的空军上海基地和大学城周边环境、文化名人特色街多伦路以及市容环境整治后以欧陆建筑为立面的常熟路巨鹿路、上海科技城周围、普陀区长寿绿地、卢湾区延中绿地的绿化建设和长效管理情况。市人大城建环保委员会副主任委员陆福宽、市环保局党委副书记徐建民、市绿化局副局长陈敏参加了活动。

上海市“中华环保世纪行”宣传活动组委会成员调整

经上海市人大常委会、上海市政府研究决定，调整上海市“中华环保世纪行”宣传活动组委会成员。调整后的组委会由上海市人大常委会副主任刘伦贤、上海市副市长韩正担任主任。

市人大城建环保委、市人大常委会法工委领导与市民交流

2001年5月8日，上海市人大城建环保委副主任委员陆福宽在东方广播电台直播室作为“人大之窗”节目嘉宾，通过电波就市人大常委会第二十七次会议初审的《上海市实施〈中华人民共和国大气污染防治法〉办法（草案）》的有关情况与市民进行交流，并听取市民的意见和建议。陆福宽就制定《上海市实施〈中华人民共和国大气污染防治法〉办法（草案）》的意义、《上海市实施〈中华人民共和国大气污染防治法〉办法（草案）》包括的内容以及当前饮食业污染和燃油助动车排放污染等问题作了详细介绍，同时就市民提出有关噪声的检测、大气指标的显示、城郊结合部地区的工业污染以及办法出台后如何加大整治力度等问题听取了市民的意见，还就有关问题向市民一一作了回答。

6月14日，上海市人大常委会法制工作委员会副主任吴振贵作为上海人民广播电台“市民与社会”节目特邀嘉宾，通过电波就市人大常委会第二十八次会议初审的《上海市市容环境卫生管理条例（草案）》有关情况向市民作了介绍，并听取市民对《条例（草案）》的意见和建议。吴振贵详细介绍了制定《条例（草案）》的宗旨、《条例（草案）》的主要内容以及《条例（草案）》登报公布向社会广泛征求修改意见的情况，同时就市民普遍关心的市容环境卫生管理责任制、垃圾收费处理、黑色广告乱招贴、白色污染、车身流动广告规范设置、占路经营堆物、城郊结合部地区的市容环卫管理漏洞以及《条例（草案）》通过后，如何加大执法力度等问题听取了市民的意见，并与市环卫局领导就有关问题向市民一一作了回答。

有关媒体开展环境宣传

“上海环境热线”主页面

上海市环保局2001年共组织4次广播、电视台和报刊新闻记者参加的集中采访宣传活动、16次环保会议报道、7次环保专项执法采访报道。市环保局领导和有关处室人员共有35人次接受电台、电视台采访或应邀作为嘉宾与市民对话。上海市环保宣教中心编辑出版的内部刊物《上海环境导刊》的“环境与发展综合决策能力专题研修班专辑”、“上海市百佳环境之友·绿色卫士事迹专辑”分发到市政府、市人大、市委宣传部、市教委有关部门。全年还制作了3条电视环保公益广告，分别在上海电视台、东方电视台、有线电视台及上海卫视播出。

上海媒体开展环保专题宣传

集中采访宣传活动	4次
环保会议报道	16次
环保专项执法采访报道	7次
领导与市民对话	35人次
电视环保公益广告	3条
编辑出版的内部刊物	《上海环境导刊》

2001年上海十大环境新闻

上海市中华环保世纪行宣传活动组委会评选出**2001**年上海十大环境新闻是：

1. 全国人大中华环保世纪行“保护长江生命河”采访团首次在沪举行出发仪式。全国人大常委会副委员长邹家华出席仪式并讲话。记者采访团在沪期间采访了上海市长江口生态环境建设和保护等情况。

2. 中共上海市委、上海市政府召开人口资源环境工作座谈会，提出以迎接APEC会议为契机，全面改善上海环境质量的目标。

3. 上海市加强环境法制建设。市人大常委会制定《上海市实施〈中华人民共和国大气污染防治法〉办法》和《上海市市容环境卫生管理条例》。

4. 2001年中华环保世纪行（上海）宣传活动主题为：“美化上海，保护生态”。组委会通过组织新闻记者专题采访、“环境之友·绿色卫士”评选、“使世界清洁起来”等活动，进一步加强公众环境宣传，提高市民环境意识。

5. 上海市水环境治理效果明显。苏州河六条支流截污纳管等多项治理项目取得进展，苏州河水生态系统正在好转，污水治理二期浦东收集系统和中线西段污水系统建设工程基本完成。

6. 上海市大气环境进一步得到改善。上海空气达到二级或好于二级的天数为309天，其中一级的天数为73天。

7. 上海市生活垃圾处置水平上新台阶。浦东御桥垃圾焚烧厂点火，中心城区30%的地区实行生活垃圾分类收集。

8. 截至2001年底，上海市市区人均公共绿地面积达5.5平方米，绿化覆盖率达23.5%，新建绿地总量超过1200公

顷。

9. 市民关注本市环境保护，积极参与环境监督。“环保110”开通1年来，共接听投诉电话25000余件，对其中450余件实施了行政处罚。

10. 上海市有近150家企事业单位通过ISO14001环境管理体系认证。在政府机关中，上海市环境保护局率先通过认证，成为“绿色机关”。

其他宣传活动

上海评选百佳“环境之友·绿色卫士”

“环境之友·绿色卫士”颁奖仪式

2001年，中华环保世纪行（上海）组委会、上海市精神文明办和上海市环境教育协调委员会联合举办了上海市百佳“环境之友·绿色卫士”的评选及宣传活动。通过市区（县）及有关部门的推荐，经过1个多月的评选，来自教育、文艺、新闻、企业、社区的100位同志光荣当选。5月30日，在东方电视台“共同的家园”综艺节目的颁奖仪式中，市领导为百佳代表授奖，上海电视台“纪录片编辑室”、《新民晚报》“五色长廊”、“绿色家园”栏目、《城市导报》、《中国环境报》等分别对这些热爱环保、关心环保的百佳人选的先进事迹进行了报道。

环境教育流动车“海豚车”驶上街头

2001年6月5日，在上海市世界环境日宣传活动主会场，德国汉堡市原市长舒兹先生和上海市环保局局长洪浩为“海豚车”（环境教育流动车）项目揭幕。至此，中国上海和德国汉堡友好城市的合作项目之一——“海豚车”项目正式启动。项目由上海市环境保护宣传教育中心（SEEC）与德国“拯救我们的未来”基金会（SOF）合作实施，合作期为两年。

上海、汉堡都是沿海城市，海洋中海豚的形象非常可爱，深受人们喜欢，故取名为“海豚车”。“海豚车”是一辆车身绘有海豚形象的白色面包车，车上配有系列的教学用具，包括测试水质和对生物进行观察的简单仪器，车尾还安装了电视机、VCD。

截至年底，“海豚车” 38次走进学校、社区及环境教育基地，参加教学活动的人数超过2000人，7-8月还在环境教育基地上海动物园开展了3期环保夏令营活动。形式多样、内容丰富的宣教活动受到了市民和学生的普遍欢迎。

6月5日，上海市环境保护局举办了“海豚车”环境教育流动车教师讨论会，50多名教师出席会议。会上，德国环境教育专家介绍了德国的环境教育活动，北京的郝冰老师介绍了“羚羊车”的工作情况。

8月，应德国汉堡市环境部的邀请，上海市环保局组成以党委书记徐建民为团长的环境教育交流考察代表团，赴德国汉堡进行为期14天的访问。考察代表团考察了汉堡市环境部、环境与废弃物管理信息中心、学校生物与环境教育中心等单位。

“水务杯”龙舟赛

2001年3月31日，由上海市水务局和上海市体育局在世纪公园联合举办上海市“水务杯”龙舟赛。市人大常委会副主任刘伦贤观看了比赛。本次比赛是“水和上海城市发展”系列活动之一。赛后刘伦贤为龙舟“点睛”，并为获奖者颁奖。

“环保青年”网站

2001年5月10日，由共青团上海市环保局委员会主办的“环保青年”网站成功开通。该网站是上海首家环保青年网站，由团员青年自行设计、编辑、管理。栏目设置主要有：青年绿色志愿者——在全市环保系统开展绿色青年志愿者活动，通过绿色青年志愿者活动扩大影响，并在全社会进行招募会员，组织网上讨论，设计志愿者的活动，开展咨询调查；环保法制大家谈——通过生动活泼的公众参与形式，探讨环境事件的法律解决办法，并定期对社会上较热门的环保事件进行法律分析，并提供有关环保法律咨询；环境前沿——介绍环保知识和新技术，剖析环保热点问题等。

“全国城市环保成果展”上海展区

2001年9月，全国城市环保成果展在青岛举行。上海展区的外形犹如振翅欲飞的海鸥，预示上海的环保事业不断腾飞。上海展区运用模型、多媒体演示、电脑等高科技手段，突出展示了上海贯彻“环保三年行动计划”、苏州河综合整治、绿化建设、环保科技、环保宣教、创建绿色学校等方面的成果。

“全国城市环保成果展”上海展区

学校环境教育

上海高校环境类专业设置

2001年，上海高等教育设置了各层次的环境类学科专业：普通高校的研究生教育层次有环境科学博士学位授予点3个（复旦、同济、华东师大）、硕士学位授予点6个（复旦、同济、华东师大、上海交大、华东理工、上海师大）；环境工程博士学位授予点4个（同济、上海交大、华东理工、东华）、硕士学位授予点5个（同济、上海交大、华东理工、东华、上大）、环境法学硕士点1个（华东政法学院）。普通高校本科教育层次设有环境科学、环境工程、环境法学、资源环境与城市规划管理、农业资源与环境、建筑与环境设备工程等共6个环境类专业、21个专业点。普通高校的高等职业技术教育和大专教育层次设有环境治理工程、环境监测与治理、环境艺术设计、城市园林等4个环境类专业。成人高校也设置了环境艺术与城市管理、环境艺术设计、环境监测、城市园林等环境类专业。上海市高等教育已形成了学科专业比较齐全的环境教育体系。

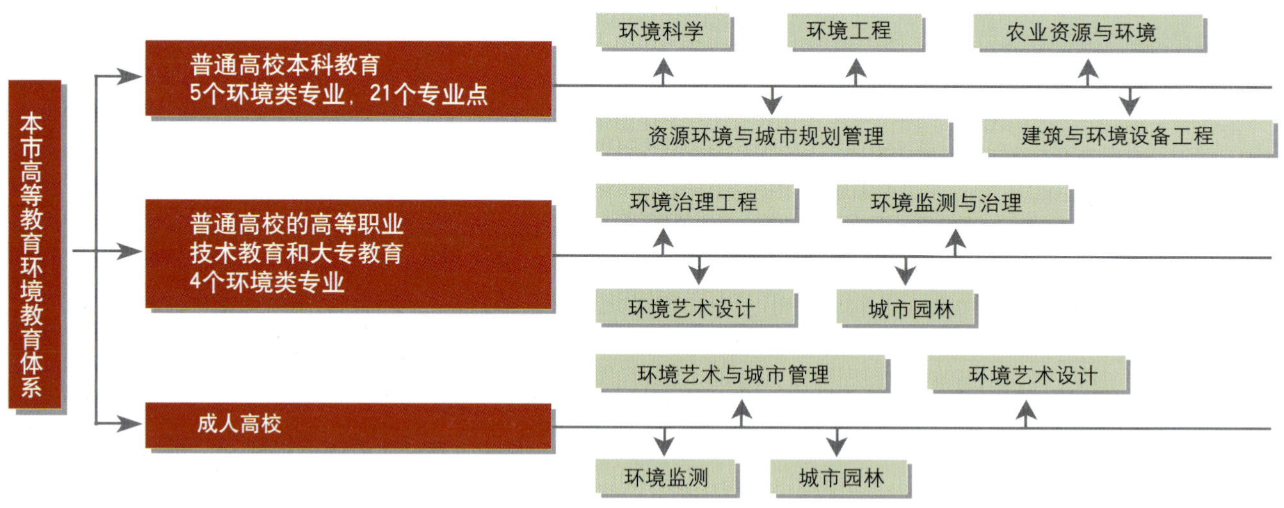

中小学环境教育课程与教材建设

2001年，在上海进入中小学第二期课程改革的进程中，上海中小学环境教育的课程建设着眼新世纪对学生素质的时代需求，按照“基础型课程、拓展型课程和研究型课程”的新结构，从课程目标、课程内容到课程实施都有了新的发展。

环境教育虽然可以有多种多样的实施渠道，而在学校中，最基本的渠道是课程，或是课程化的教育活动。1989年始，上海进行了第一期的中小学课程改革，在探索确立中小学环境教育渠道的过程中，以“可持续发展”战略思想为教育目标定位，分主渠道、辅渠道两大块，分别涵盖必修课程、选修课程及活动课程，设置若干科目或项目来进行。上海在这项工作中注意体现了以下几个特点：一是列入主渠道的学科教学目标与环境教育目标有响应性；二是通过课程的多领域和全过程来发挥主渠道的作用；三是挖掘课程潜力，开发新的科目，通过设专题、开选修课来进行环境教育，同时编写一套相应的教材。

目前使用的中小学环境教育的教材主要由两类要求、四个品种所组成。一是要求全体学生或教师使用的有两种：（1）相关必修课（小学社会、自然，中学地理、生物、化学等）渗透环境教育内容，并有大纲规定、课时安排和教学要求；（2）分学段的环境专题教育教材，小学为《环境与卫生》，初中为《环境保护常识》和高中的《环境教育》。二是供不同学生选择使用的教材也有两种：（1）选修课教材，如《环境保护》、《STS课程》等；（2）活动课教学资料，如《环境调查》、《环境科学实验手册》等。

上海中小学环境教育的目标以注意加强德育这一核心，以及创新精神和实践能力这两个重点为培养要求，进一步发展特长、完善个性，使学生提高环境保护的观念，形成良好的环境公德、态度与习惯。为实现这一目标要求，课程不再按传统环境教育课程的“灌输——接受”基本方式来实施，而是提倡让学生通过体验来领会感受，突出通过“研究型课程”来提升环境教育的水平要求。根据环境教育的知识内容具有跨学科、综合性的，上海中小学环境教育既强调发挥小学的自然、社会，中学的地理、生物、化学、物理、历史、综合理科等各学科基础型课程的环境教育功能，更强调综合，包括自然科学、人文科学的交叉、综合、相互迁移，提倡知识内容与实施途径与社会生活的实际更加密切地联系，尤其是按研究型课程的特点，注重结合学生身边的环境问题或课题来进行综合的探究，使中小学的环境教育在内容和实施形式上有更大的发展。上海中小学环境教育的课程体现出与信息技术的整合。新的环境教育课程充分注意“数字文化”带来的巨大影响，以及信息化社会和知识经济时代的发展需要，实施环境教育各项教学活动的转型。环境教育通过基础型课程、拓展型课程和研究型课程，共同开发和相互利用丰富的信息资源，在享受信息的平台上，中小学的环境教育和新的课程改革，发挥着一体化和整合性功能。

中小学环境教育教材

上海市绿色学校建设

至2001年底，上海市有202所学校成为区、县级绿色学校，其中36所学校（含幼儿园）被评为市级绿色学校，3所学校被评为国家级绿色学校。绿色学校的建设已成为上海环境教育发展的一个新亮点。

上海在20世纪90年代初开始，就通过市和区、县环境教育协调委员会逐级推荐，参照“上海市中小学环境教育考评方案”综合评价方法，评选了17所市“环境教育特色学校”，35所区县“环境教育特色学校”，成为全市中小学开展环境教育的示范学校。

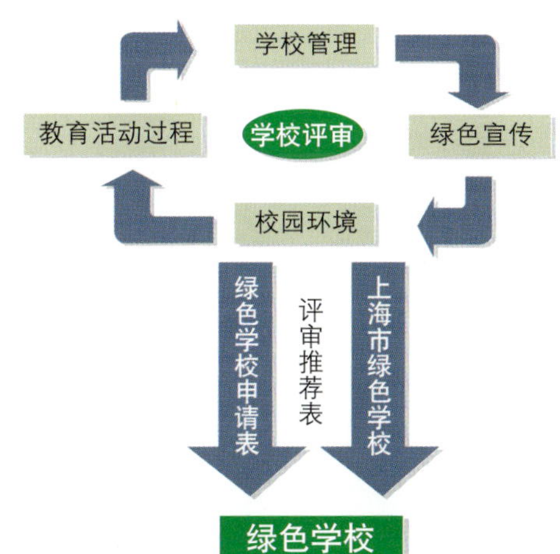

1999年，根据原国家教育委员会和国家环境保护总局关于开展“绿色学校”创建工作的指示，以及上海市委组织部、宣传部、市教委、市环保局关于“加强环境保护宣传教育工作意见”的通知要求，由上海市环境教育协调委员会发文，提出在2000年前要创建百所绿色学校的目标，并实施“环境教育特色学校”评选与“绿色学校”创建的并轨。

评审绿色学校，引起了学校办学思想的转变。为适应和促进社会发展、公民素质提高的需要，加强学校环境教育、营造学校绿色氛围，已成为树立学校新形象的需要。同时，提高了教师环境教育的教学水平。广大教师注意从培养学生环保的态度与情感、知识与技能、方法和策略等多方面着眼，广泛联系学生的生活与社会实际，设计出生动有趣的教学过程，运用信息技术和网络资源来体现环境教育的时代要求。

课外教育活动及载体

上海市第六届青少年生物和环境科学实践活动

由上海市科协、市教委、中国福利会、共青团市委、市环保局、市绿化管理局、市农林局、市畜牧办公室共同主办的上海市第六届青少年生物和环境科学实践活动于2001年11月8日结束。全市19个区县的70万中小学生参加了此项活动。活动共征集各类申报项目1000多项。经14个学会42位专家的几轮评选，共评出市级优秀项目一等奖22项，二等奖27项，三等奖36项；先进学校奖36项；优秀组织奖7项。在全国的评选中，上海选送的10篇科学论文共获得了6个一等奖，4个二等奖，其中四个一等奖获得者还同时获得英特尔公司特设的英才奖。此外，上海市参赛队还获得了全国十佳科普示范活动奖、优秀组织奖、最佳展区设计奖等。与以往几届相比，本届活动更注重体现科学性、普及性、参与性、实践性，不仅论文数量多、学科面广、质量也明显提高。

学生们积极参与环保宣传活动

13万小学生争当环境小卫士

按照国家环保总局等四部委联合发出的《在全国小学生中开展争当环境小卫士活动的通知》要求，2001年，上海市环保部门与上海市教委、团市委积极配合，制定了上海市小学生争当环境小卫士活动计划。全市参加此项活动的小学生和预备班学生近13万人。在该项活动中，上海市小学生获全国一等奖1名，获二等奖2名，获三等奖3名。上海市还获全国“十佳”优秀组织奖。

学生们关注身边的环境

中小学生“壳牌美境行动”

“壳牌美境行动”是壳牌公司一项旨在提高中小学生环保意识的奖励项目。这一项目从1998年至2001年在上海中小学生中已实施了三届，其中1998至1999年为第一届，1999至2000年为第二届，2001年第三届始为一年一届制。4年中，广大学生以创新、实践为标志，以行动为准则，以素质教育为目标，积极投入和创造设计“壳牌美境行动”方案，并付诸行动。历经三届的壳牌美境行动，已吸引了全市400多所学校近31万人次学生的参与，共有1500多个项目被送到上海市环境教育协调委员会中小学办公室参与评优角逐。

“壳牌美境行动”的奖励分为方案设计和方案实施两项，评审过程采取区县和市两级进行。在评委们按照“科技含量”、“实践效果”、“创新程度”等指标，认真审阅、比较和讨论的基础上，小学学段、初中学段和高中学段产生了不同等第的获奖项目。三届“壳牌美境行动”中，获一等奖有34项，二等奖有120多项，三等奖有220多项。这些获奖方案项目内容涉及生态保护、水质检测、空气净化、噪声控制、垃圾分类、废物利用、绿地规划、宣传设计等；方式包括社会调查、实验观测、取样分析、创意设计、网络应用、动手操作等。更有不少项目已经同上海中小学新一轮课程改革中的“研究型课程”、“探究型课程”的实施相结合。

大学生绿色志愿者暑期参与浦江上游水质改善项目调查

2001年暑假期间，来自上海交通大学、同济大学、东华大学、上海外国语大学、上海财经大学和上海师范大学等6所高校的18名大学生绿色志愿者，参加了世界银行环境项目办公室“黄浦江上游水质改善”项目调查。该项目调查采用最新的PRA方式，即农村参与式调查方式。按规定，8月25日至30日，所有参与人员接受了PRA培训，结业时获得了国际咨询资格证书。8月31日至9月4日，18名大学生绿色志愿者开始对黄浦江上游水系的准水源保护区的水环境保护开展PRA（公众参与农村社会评估调查）作业，且利用假日进行民意抽样调查，顺利完成了调查工作。

大学生绿色营社会实践考察活动

2001年，上海市大学绿色营组织了以“溯三江文化源，探生态发展路”为主题的绿色新长征——赴青海的考察活动。上海市大学绿色营于1998年由上海师大城市小组发起，来自全市各高校学生环保社团的大学生参加的一项暑期大学生社会实践活动。2001年的营长单位是同济大学绿色之路环保协会。

2001年5月1日，绿色营50人赴上海市环境教育实践基地——浙江省安吉县龙王山，进行体能训练和测试，同时，进行了沿山植被情况调查和黄浦江源头丰水期的水质调查，并在自然保护区海拔700米的龙王山腰栽种了绿色志愿者林。8月1日至19日，绿色营完成了赴青海考察的学习与宣传实践活动，并与青海玉树州团委草签了“长江首尾共建绿色文明”的协议。回沪后，绿色营按活动计划，编写了一套三江源生态白皮书、青海动植物冠军录和青海生态旅游建议书。

大学生绿色营社会实践考察活动

大学生绿色信使活动

2001年5月12日下午，上海市大学生绿色志愿者联席会议暨志愿者绿色信使活动启动仪式在市民防信息中心举行，并通过了题为“编织生命之网、共创绿色家园”的绿色志愿者宣言。上海大学生志愿者绿色信使活动，是为响应团中央关于开展青年志愿者活动年的通知精神，利用信息网络技术，致力于城市防灾、减灾和绿色信息收集以及民防、环保知识和理念宣传的志愿者活动。该活动以上海市大学生绿色论坛——绿色营成员为基础，主要由上海师大、复旦、同济、上外、上海交大等上海10余所高校的17个绿色社团中的在校大学生志愿者为主体，以互联网为交互平台，通过上海民防网站传播绿色减灾信息，组织相关活动。

巴斯夫上海高校环保演示大赛

2001年4月19日，由巴斯夫(中国)有限公司、上海市环境保护宣传教育中心和上海市环境教育协调委员会高等院校办公室共同举办的“我心中的21世纪绿色化工企业——首届巴斯夫高校环保演示大赛”在上海的巴斯夫-华源尼龙有限公司举行。来自复旦大学、上海交通大学、同济大学、华东理工大学、东华大学和华东师范大学的6支大学生代表队参加了比赛。参赛队通过话剧小品、演讲、多媒体演示等多种形式，充分表达了当代大学生关于绿色化工企业与社会及生态环境的理念和独到见解。经过激烈的角逐，复旦大学代表队的小品“Pursue——道法自然”获得第一名，上海交通大学和华东理工大学分别获第二、第三名。

大学生环保社团联合灭蚊

为创造一个绿色无蚊环境，迎接APEC会议在上海召开，2001年4月22日，复旦大学环保协会、复旦大学人与自然环保协会、上海交通大学绿色之友环保协会、上海交通大学蓝色空间环保协会、同济大学绿色之路环保协会、华东理工大学环保协会、华东师范大学OB环保协会、东华大学环保协会、上海财经大学牵手社、上海外国语大学绿色之窗环保协会、华东政法学院环保协会、上海理工大学ES环保协会、上海第二医科大学环保协会、上海师范大学城市小组、上海外贸学院环保协会和中国人民解放军第二军医大学蓝月亮环保协会共14所高校的16个学生环保社团，联合向全市大学生发出了“共创绿色文明环境，迎接APEC会议”的倡议，号召全市大学生积极行动起来，利用课余和双休日时间在学校和社区里控制一切可能孳生蚊子的环境，投放微生物药剂，将蚊子消灭在幼虫期，为创造绿色无蚊环境，迎接APEC会议贡献自己的一份力量。

5月23日，倡议发起者特邀生物灭蚊专家、江苏省农业科学研究院戴承镛教授来沪为高校的绿色志愿者进行生物灭蚊技术培训，上海各高校的爱国卫生运动委员会负责人出席了会议。培训结束后，有关高校积极开展了生物灭蚊行动，取得了很好的灭蚊效果。

上海庄臣青少年环境教育基金

上海庄臣青少年环境教育基金（以下简称“庄臣基金”）由上海庄臣有限公司资助，设立于1994年。基金理事会由上海市教育委员会、上海市环境保护局、上海市环境科学学会以及上海庄臣有限公司的有关领导人士和专家组成。庄臣基金通过上海市环境教育协调委员会中小学办公室与上海庄臣有限公司联合运作，主要资助上海中小学生开展环境保护宣传及教育活动。

庄臣基金的使用主要在于支持青少年学生参与的环境实践活动和若干专题性活动。如每年举行的学生环保夏令营，不定期的中小学生环境论文（知识）竞赛及编辑专集，以及学生环保文艺宣传活动等。近年来，庄臣基金主办了中国沿海开放城市青少年环境保护与可持续发展科学论坛、迈向新世纪——上海中小学绿色志愿者行动、上海市青少年环境教育园地“庄臣世纪林”营造与领养活动等数次影响较大的全市学生环保专题活动项目，为上海市青少年环境教育事业作出了贡献。

上海市青少年环境科学爱好者协会

上海市青少年环境科学爱好者协会（以下简称“爱好者协会”）成立于1984年12月，挂牌于中国福利会少年宫，有近1000名会员，以后在22所中小学校建立了分会，目前分会会员已超过6000名，被誉为活跃在东海之滨的一支青少年环保生力军。协会得到上海市环境保护局和上海市教育委员会的支持和上海市环境科学学会的具体指导。

上海市青少年环境科学爱好者协会成立以来，开展了63项全市性颇具社会影响的青少年环保活动，不少活动项目还走出上海在全国产生了较大的影响，主要有“我爱苏州河”系列活动、“中国青少年网上论坛”活动、“周六护绿保洁”行动、推进废电池回收行动等。2001年，协会获得首次青少年集体项目的“地球奖”。

专题研修班

上海党政领导干部“环境保护与综合决策”专题研修班

2001年5月17日至25日，中共上海市委组织部、上海市环境保护局、中共上海市委党校联合举办了上海市领导干部“环境保护与综合决策”专题研修班，共53人参加了学习。上海市副市长韩正出席了开学典礼并作报告，全国人大环资委主任委员曲格平等领导、专家分别作了专题报告。学习期间，研修班考察了江西共青城和鄱阳湖国家自然生态保护示范区。

上海党政领导干部“环境保护与综合决策”专题研修班

在研修班开学典礼上，上海市副市长韩正作了“加强环境保护工作，实施可持续发展战略，提高上海综合竞争力”的专题报告。其主要内容是：

（1）从上海跨世纪目标的高度，深刻认识环境保护的重要战略意义；坚持环境保护与经济建设协调发展，是上海实现“十五”发展目标的关键；实施可持续发展战略，是上海建成现代化国际大都市的重要保障。

（2）以“三年行动计划”为抓手，加强生态环境建设，提高上海的城市综合竞争力；治理和保护水环境，是上海城市建设与环境保护的重中之重；优化能源结构、严格控制机动车尾气排放，是“十五”期间有效改善上海大气环境质量的重要措施；加快绿化建设，对上海经济发展和环境保护具有重要的作用；减量化和资源化，是上海解决垃圾问题的一个重要指导思想。

（3）各级领导干部要切实认识环境保护的重要性，在经济发展中提高决策能力。重点要树立正确的发展观，强化依法行政意识，必须考虑环境保护的计划预算，在工作中切实重视解决环保问题。

区县环境保护

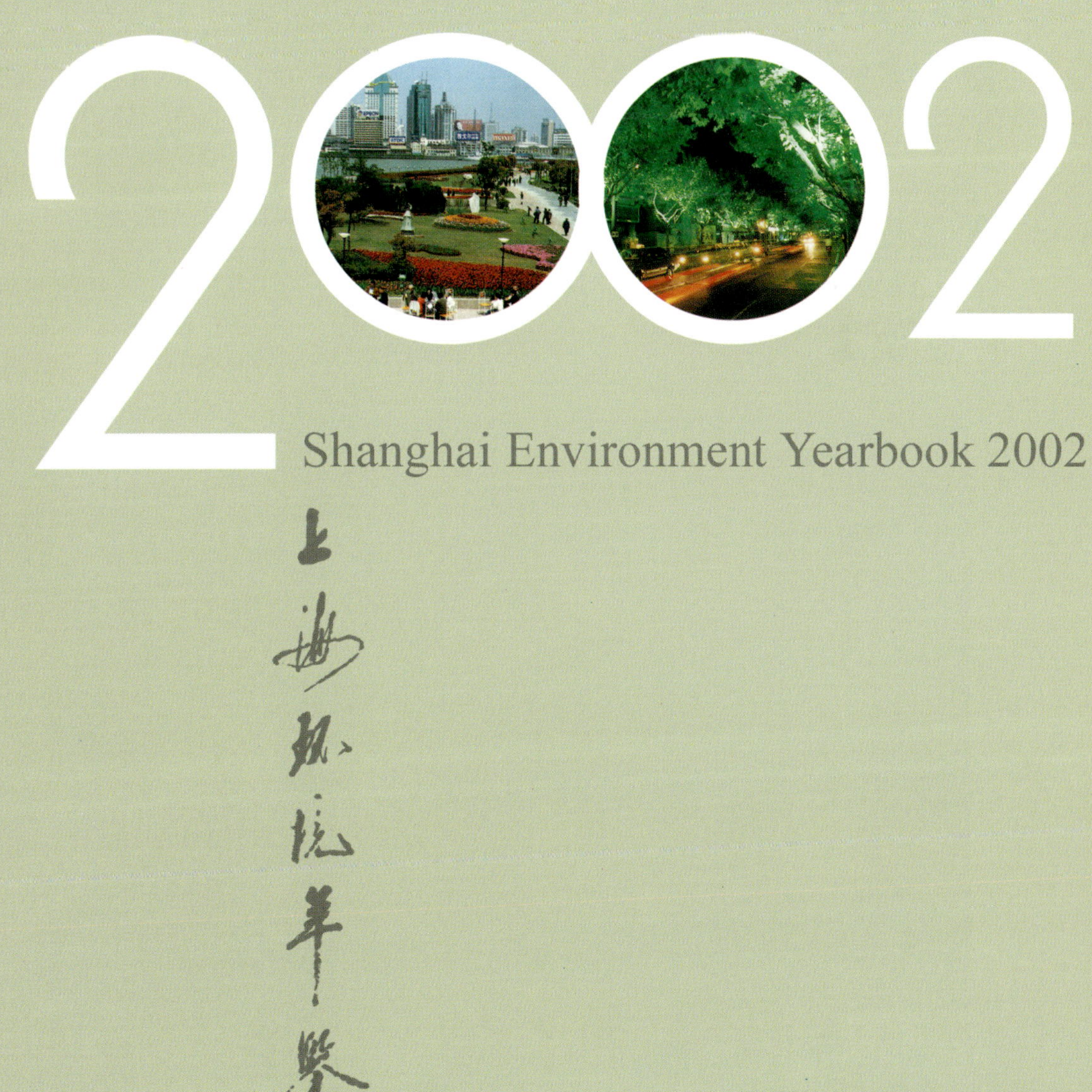

浦东新区

综述

浦东新区，位于横穿上海市区的黄浦江东面，面积533平方公里，人口168.45万。2001年国内生产总值为1082.36亿元，人均国内生产总值6.4万元；其中第二产业占47.3%，第三产业占52.2%。固定资产投资总额416.18亿元，其中城市基础设施投资105.36亿元，占投资总额25.3%。

2001年，新区认真实施市环境保护和建设“三年行动计划”，稳步推进国家环保模范城区创建进程，出色地完成了APEC环境综合整治的各项任务，以“绿、洁、亮、畅、美”的城市形象，向党和人民交上了一份满意的答卷，新区的环境质量与上年相比取得明显的改善，尤其是环境空气质量，可吸入颗粒物日均值由2000年的0.091毫克/立方米降为0.081毫克/立方米，全年二级及二级以上空气质量天数达到80%。

重要活动

2001年2月18日，副市长周禹鹏在《九段沙简报》上就如何加强九段沙保护与管理问题作了重要批示，区长胡炜、副区长臧新民也作了重要指示。

3月19日，副区长臧新民对《青年报》关于九段沙湿地生态保护的文章作出批示。

4月11日，召开专题会议，贯彻落实区政府领导的指示精神，提出了具体要求。

4月16日，区长胡炜主持的新区常委会，分析研究了九段沙保护区的保护与管理问题。

4月19日，副区长臧新民率新区有关委、办、局50多人上九段沙视察工作。

5月20日，市人大城建环保委副主任委员陆福宽及其他常委和市环保局有关领导上九段沙视察。

6月11日，新区政协主席李佳能带队，政协部分领导和部分院校专家参加，上九段沙视察，并作了重要讲话。

2001年通过公开招标的方式，编制完成《浦东新区环境功能区规划》，确立了新区“十五”环境目标，并提出了2015年远景规划。

环境综合整治

2001年，全区完成“煤改气”192台（眼），拆除烟囱41根，全区减少煤耗13567.3吨，基本完成了内环线以内1吨以下小炉灶的清洁能源替代改造；对4567辆机动车尾气实施监测，对尾气超标的车辆采取了停驶、整改措施；新创建了4个大气污染达标街道和3个基本无燃煤街、镇。

为实现把新区建成“绿色水都”的目标，“点、线、面”全面出击，河道整治工作取得新的进展。全年疏浚河道土方352.11万立方米；清捞河面垃圾2.07万吨；取缔“三无”船舶43艘；封堵排污口75处，对花木地区的咸塘浜、郁家浜等18条河道进行了重点整治，并与所在街镇落实了长效管理措施。继张家浜等4条河道被评为2000年全市优秀样板河道后，川杨河等3条河道被评为优良河道。在全市迎APEC会议河道整治评比中，新区整治工作被评为全市第一。

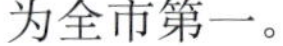

浦东新区滨江大道

绿化建设

2001年，新辟绿地373.24公顷，新区绿地总量达4259公顷，公共绿地总面积1838公顷，人均公共绿地面积为13.12平方米。

新区绿化工作形成了城乡融合、内外渗透、互成网络的格局，初步形成“点、线、面、网、片、环、廊、楔、园”相结合的复合型绿地体系。以“一道三区”绿化建设为重点，先后实施了道路绿化、广场绿化、路口绿化、河岸绿化以及生态林建设、公园建设等绿化系统工程建设。

自然生态保护

九段沙湿地自然保护区位于浦东国际机场以东，由上沙、中沙和下沙三部分组成，保护区总面积（离海平面负6米以上）约450平方公里，是上海重要河口型潮汐滩涂湿地。为切实保护好上海这块不可多得的自然生态区，2001年，新区根据《全国生态环境保护纲要》的要求，遵循“高标准、高起点、高要求”的原则，完成《九段沙湿地自然保护区总体规划》的编制工作，制定了《九段沙湿地自然保护区管理办法》，并分别通过专家论证，已上报市有关部门审定。为了加强对九段沙的管理，还着手抓紧九段沙管理队伍的建设。按照管理工作的需要，向社会公开招聘管理人才，目前，已招聘法学、生态学、地理水文专业人才计5名。

环境管理

2001年新区审批环境影响报告书47份、环境影响报告表859份，核发“三同时”审核通知单228份，批准试生产项目70个，竣工验收110个项目。

新区全面开展排污申报工作，通过污染源调查确定需排污申报登记单位1007家，调动了13个镇、有关街道、市属企业的环保干部及有关技术人员，进行调查、登记、审核、统计分析，规范程序，严格把关，这项工作于当年8月14日全面完成，受到了市环保局的高度评价。

2001年新区对308家违法单位进行处罚，处罚金额126.19万元，其中，不执行环境影响评价和“三同时”制度及违反夜间施工管理规定占较大的比例。

环境监察

为迎接在浦东召开的贸易部长会议和五国首脑会议，新区环保监察队伍从6月中旬开始坚持每天从早晨7点到晚上8点连续13个小时加强对重点区域、敏感地区进行全面监控，严禁冒黑烟现象的发生。

在迎“APEC”环境综合整治期间，近一个月内环境监察队伍出动车辆140车次，检查户数1879户，当场制止焚烧垃圾33起，冒黑烟现象50起。通过环境综合整治，取得了显著效果，会议期间，环境空气质量之好为历史之最，受到外宾的一致赞誉。2001年共下发限期整改通知书278份，其中，限期清洁能源替代通知书70多份；对72家冒黑烟单位进行了现场处罚。对290户污染企业进行重点监管，并完成了68户企业的105个排污口的立标工作。

环保“110”指挥中心基本建成，烟尘远程自动监控仪和污染源在线监测仪先后投入使用，强化了污染源在线监测；完成了多媒体显示系统的硬件施工，利用GIS地理信息系统，对监测点实施空间管理，进一步增强了服务功能。

在高考期间，开展了“绿色护考行动”，出动车辆57次，参加人员185人次，检查单位414家，处罚19家。

2001年，新区共征收排污费2231.6万元，其中征收二氧化硫排污费818.1万元。

环境监测

2001年6月5日起，新区将空气质量周报改为日报，完成了空气自动监测系统扩建工程，增加了六里、金桥、高桥、张江高科技园区等子站，扩大了监测范围；启动环境监测“国家实验室”认可工作，完成了相关文件的编写和业内资料的准备。2001年，对地表水、空气、噪声等环境要素进行监测，共取得地表水监测数据7150个，环境空气质量监测数据5224个，环境噪声监测数据5224个，全年共获得污染源监督监测数据118809个，其中废水监测数据51540个，工业炉窑废气监测数据11124个；验收监测数据38138个。

环境科技成果

2001年，新区开展了“污染物总量控制及排污交易”、“高技术产业环境污染及管理对策研究”、“新区危险废物产生及管理”等课题的研究，为提高新区的环境管理水平起到了积极作用。

宣教活动

2001年，新区举办“浦东——美丽的家园”大型“6·5”环境日宣传活动；举办处级以上干部环保讲座，有400多人参加；开展《上海市实施〈中华人民共和国大气污染防治法〉办法》宣传活动。组织了街道、镇环保分管领导、环保干部和重点污染企业环保干部共90余人参加的宣传培训班；社区宣传廊张贴1000份宣传资料，主要地段设摊宣传。组织了“罗氏杯”中学生环保专题作文比赛；组织“爱河护河、放养活动”，放养200公斤鱼苗；在孙桥现代农业开发区、由由社区和张江高科技园区推进ISO14000认证工作，其中，孙桥现代农业开发区已通过验收；每周定期在新区人民广播电台播出环保节目。

2001年6月，新区社会发展局、新区环保市容局分别向新区少年宫授“浦东新区青少年环境活动教育基地”、向新区教育学院授“浦东新区中小学校环境教育师资培训基地”的铜牌。

信访处理

2001年新区环保局收到群众反映环境污染的来信2548件。其中反映噪声污染的有1009件，废气污染的有957件，全部及时进行了处理，办结率达到95%。

徐汇区

综述

徐汇区位于上海市中心城区西南部，占地面积54.76平方公里，其中陆地面积50.94平方公里，水域面积3.82平方公里。区境内铁路、航道、地铁、轨道交通、高架道路纵横交错，交通发达。

2001年，区域经济快速健康发展，全年实现地区增加值58.88亿元，比上年增长12.26%；完成财政总收入27.26亿元，比上年增长31.65%，其中区级财政收入20.61亿元，比上年增长33.86%；完成工业总产值77.47亿元，比上年增长9.86%；实现社会消费品零售总额97.10亿元，比上年增长11.35%；完成固定资产投资50.49亿元，比上年增长3.73%。区产业结构日趋合理，"支柱产业走强，多种产业并进"的产业发展新格局正在形成。

2001年，徐汇区全面启动创建"上海市环境保护模范城区"工作，进一步巩固"一控双达标"的成果，全面推进清洁能源替代，创建"基本无燃煤街道"；以迎接APEC会议为契机联合有关部门开展各项整治工作；加强环境监管和执法力度，行政处罚案件数量比上年增长148%，使区域环境质量得到进一步的改善，地面水水质达标率为68.1%，环境空气质量中总悬浮颗粒浓度为0.150毫克／立方米，二氧化硫为0.020毫克／立方米，氮氧化物为0.054毫克／立方米，区域环境噪声平均值57.5分贝(A)，部分指标达到并优于国家二级标准。

上海八万人体育场一角

创建市级环保模范城区

为进一步改善区域环境质量，提升综合经济实力，发扬可持续发展实验区品牌特色，提高区域综合竞争力，经2001年5月22日第123次区长办公会议决定，徐汇区于2001年6月开始创建"上海市环境保护模范城区"（以下简称"创模"）。区环保局会同其他部门编制了创模计划，该计划涵盖了社会、经济、环境以及卫生、绿化、城建等多方面的内容，确定了公众宣传、绿色行动、环境建设、污染防治、为民排忧五大主题共58项任务；提出本区四种不同功能区环境保护"静、净、清、景"的工作思路和目标。经区政府批准后下发《徐汇区创建"上海市环保模范城区"实施意见》的文件，要求各单位认真贯彻执行。区政府于2001年11月8日召开"创模"动员大会，与21个委办局和13个街道、镇分别签订了目标责任书，并按照目标明确、责任明确的原则进行分解实施。创建工作均处于稳步推进之中。

环境综合整治

2001年，徐汇区围绕"水清、岸洁、有景"的目标，逐步实现"三个转变"：即由单一河道治理向流域治理、工程建设向生态环境建设、标本兼治向治本为主的转变。2001年以龙华港水系综合整治一期工程为重点，完成张家塘港（沪闵路箱涵－张家塘泵闸）工程建设，漕河泾港康健公园至蒲汇塘景观段建设。实施截污工程，全年通过张家塘港、龙华机场地区纳管截污，共截污1500万吨，为历年之最。配合市调水工程，实施区河道畅通工程，完成淀浦河以北地区主要河道的清淤和张家塘港、漕河泾港、龙华港、西上澳塘、蒲汇塘、北潮港、三友河和梅陇港8条河道的疏浚，累计长度17公里，总土方量25万立方米。组织及参与淀北片调水试验，初步形成区境河网系统，利用黄浦江、淀浦河清水，调水改善水体水质的可行性方案。强化管理职能，积极推进河道长效管理机制，完成《水资源普查报告》；启动并完成水情遥测自动站一期工程，在全区黄浦江沿线的水情及中心城区徐家汇、湖南、天平地区建立监测网站；完成上澳塘、张家塘港、北潮港、春申港4条河道的里程桩丈量和设置；在9个街道中积极开展创建管理型样板河道活动，把文明社区创建与河道整治结合；重点实施机场河段、梅陇港、张家塘港、淀浦河、龙吴路码头等样板河道段的建设。

迎APEC会议各项整治工作。作为全年工作的重中之重，出色完成迎APEC会议各项整治工作。一是精心制定各种整治计划和预案，多次动员提高认识，并组织了一次夜间突发污染事故演习，进一步锻炼了队伍，提高了能力。二是采取高层瞭望和多频次巡逻相结合的全方位、立体式检查。对主要景点、道路沿途污染源加强污染监管和整治工作。APEC会议期间，共出动执法人员75人次，检查单位811户次，对重点单位进行逐家逐户督促和检查。促使全区83台（眼）炉、窑、灶得以整治，其中60台（眼）炉、灶改为清洁能源；7家企业实施了关、停；8根烟囱被拆除；44家重点污染单位，采用停产、停炉或调整生产时间等措施，确保APEC会议期间，无污染事故和烟囱冒黑烟现象发生。三是集中整治主要道路两侧违章安装的空调设备。将区内9条一类道路两侧8家单位25台违章安装的空调设备全部整治到位。本区获市局APEC环境综合整治一等奖。

优化能源结构，年内重点是本区内环线内2—4吨燃煤锅炉和全区所有1吨以下燃煤炉灶的清洁能源替代，2001年共完成108台（眼）燃煤炉灶的改造项目，超额140%完成市府实事。天平、湖南、徐家汇、康健、斜土等5个街道，创建为“基本无燃煤街道”。

全区危险废物“五联单”制度和经营许可证制度执行率达82%。同时，开展了全区易燃、易爆、易泄漏化学危险源调查，并对数据进行分析，研究危险源监控的措施和对策。

加大了对餐饮业废弃油脂处置的检查力度。向各餐饮单位进行逐户宣传，督促其将产生的废弃食用油脂定向、集中处理。在宣传教育的同时，局执法人员还对违法单位严格按照《上海市废弃食用油脂污染防治管理办法》进行处理。

绿化建设

2001年，绿地建设和管理坚持突出特色、提高品位，大型绿地与小型绿地同步发展，全年新辟公共绿地30.16公顷，种植大树2273株，建成徐家汇公园一期工程、漕溪路好饰家绿地、柳州路轻纺市场绿地、虹梅南路凌云轻纺市场绿地、邹容公园、梅陇二期高压林带延伸段等3000平方米以上绿地6块。截至2001年底，全区拥有公共绿地298.15公顷，行道树34656株。城区人均公共绿地达到3.43平方米，城区绿化覆盖率达到20.62%.

环境管理

2001年，本区实施项目审批制度的改革，并加强项目管理，逐步向批管结合转变。共接受送审项目1213项，其中环境影响报告表310项、环境影响登记表172项、“三同时”481项，试生产（营业）105项、项目验收105项，建设项目“三同时”检查85项。同时，根据行政审批制度改革的要求，已逐步开展了小企业并联审批工作和市环保局权限下放的有关工作，并开展了入世后政府职能转变和行政制度相应对策的研究。

年内，全面开展申报登记工作。对象包括在区域内直接或间接排放废水、废气（包括粉尘）和产生固体废物（不包括建筑垃圾、生活垃圾）、噪声、辐射污染，以及产生或使用消耗臭氧层物质的企、事业单位，此次排污申报分排污申报登记表和排污申报专项表，2001年填报申报登记表单位为640家，专项表176家单位共816家。通过这项工作加强了污染源监督管理，全面掌握污染现状，为核发排污许可证奠定了坚实的基础，为区建立健全环境管理的网络信息系统，实施动态管理创造了必要条件。

全年共进行行政处罚114 起，金额119.46万元，较上年增加148%。其中对萃众毛巾厂违反环保法行为，在媒体曝光，社会反响很大。

环保信息化建设

环境管理计算机信息系统的开发项目作为“区域环境质量动态监管神经网络系统”的一期工程，被列入徐汇区第一批可持续发展优先项目。同时，项目开发还被列入全市区县计算机管理信息系统开发试点项目之一。经过各方努力，计算机环境管理信息系统已初具规模，开发完成了办公自动化系统、WEB发布系统、业务管理信息系统、地理信息系统、系统管理五大模块，基本涵盖了日常的环境管理工作。

环境监察

建立了现场监理责任制。采取年度监察计划与月度监察计划相结合的方式进行多层次的监察活动，扩大日常检查的范围，增加了巡查和突击抽查的频次，对重点污染源及污染治理设施现场监察596户次，对一般污染源及污染治理设施现场监察1076户次，对建设项目现场监察244户次，组织“一控双达标”单位废水抽查62户次，“二同时”项目联合检查 96户次。此外，还坚持每周对交通噪声违章鸣号进行专项整治，禁鸣区域鸣号率已控制在3%以下。在开展打击环境违法行为的专项行动中，对萃众毛巾厂等一些违反环保法律、法规的单位进行调查取证。

全年共征收超标排污费和二氧化硫排污费650万元。

环境监测

2001年，区除完成日常的大气环境监测、污染源监测任务外，还完成了配合迎接APEC会议的各项整治、创建“基本无燃煤街道”、河道治理、水质、大气、噪声等各项监测工作。共获取大气环境数据1758个，地面水13个断面水质数据3340个，环境噪声数据5168个。在污染源监测中，共获取数据64278个，监测废水804厂次、工业废气（包括油烟气）130厂次、噪声930厂次、锅炉344厂次，为环境管理工作提供了依据。

环境宣教

“6·5”世界环境日期间，徐汇区在港汇广场举办纪念世界环境日大型宣传活动，并集中报道市、区环境建设和环境保护成就。建立了3个“徐汇区青少年环境保护教育基地”，不断提高广大青少年的环境保护意识。

制订了环保知识培训计划，加强环境日常宣传，普及环保知识，年内共举办了7次环保知识培训班，并组织区执法人员参加听证制度和法律文书执法考试。此外，还成立了一支由35周岁以下团员青年为主的志愿者队伍，成为了徐汇环保宣传的一支生力军。志愿者倡导“内树形象，外强素质”，积极参加社区文明共建活动，开展社区护绿除草、节水节电和无烟日活动，并组成计算机信息小组，承担了推进区环保局基础信息化的工作。志愿者还采用多种形式，大力开展环保宣传。分别在4月22日地球日、6月5日世界环境日向全区青年发出倡议，提倡绿色生活方式，又在全区科技节活动中继续发挥环保讲师团作用，到各中小学校大力宣传环保知识。环保志愿者的活动，紧紧抓住了环保特色，不断向广度和深度延伸，使区环保宣传呈现出一个崭新的局面。同时，积极筹备在徐家汇商城地区设立大型LED三原色真彩显示屏，在线显示区域大气、噪声质量。

信访处理

为鼓励公众参与，本区进一步完善了“环保热线”和各类信访的处理机制，确保“环保热线”24小时畅通，全年共处复信访1557件，其中：来信416件，来电1063次，来访78次。按种类分，在各类信访中，噪声736件，占信访总量的47.3%，其中建筑工地夜间施工噪声307件，占噪声信访件总量的41.7%；餐饮479件，占信访总量的30.8%；废气258件，占信访总量的16.6%；另有污水53件，固废4件，其他27件。

区人大和政协“两会”期间，共受理书面意见和提案23件，满意率达100%，其中特别满意率达75%，受到区政府嘉奖，并被区政府评为2000年－2001年度“两会”提案和书面意见处复的先进单位。

长宁区

综述

长宁区位于上海市中心城区的西部，东与静安区接壤，南与徐汇区毗连，西交闵行区，北靠吴淞江（苏州河），西段以吴淞江为界与嘉定区隔河相望，东段以万航渡后路为界，与普陀区相接。长宁区边界线全长39.61公里，总面积37.19平方公里，辖9个街道、1个镇，总人口60.69万人。

2001年，全区实现增加值45.14亿元，比上年增长13.2%，区财政收入16.9亿元，同比增长23%，全年商品房销售面积167.2万平方米，成交金额112.9亿元，比上年增加19.4%；全年合同外资总额1.59亿美元，同比增长44.99%，

2001年环境空气质量监测结果：二氧化硫浓度年日平均值0.028毫克／立方米；氮氧化物浓度年日平均值0.062毫克／立方米；二氧化氮浓度年日平均值0.047毫克／立方米；总悬浮颗粒物浓度年日平均值0.159毫克／立方米。二氧化硫和总悬浮颗粒物达到国家二级标准，氮氧化物和二氧化氮略有超标。降尘量月平均值为10.84吨／平方公里·月，降水pH值6.47，全年酸雨频率为0。地表水监测结果：新泾港北翟路桥断面可评价的30项指标中，全年达到五类水质标准的项目有亚硝酸盐氮、硝酸盐氮、挥发性酚、氰化物及重金属等24项，超标的有溶解氧、五日生化需氧量、化学需氧量、磷、阴离子洗涤剂等6项；新泾港虹桥路桥断面可评价的30项指标中，全年达到五类水质标准的项目有亚硝酸盐氮、硝酸盐氮、氰化物及重金属等22项，超标的有溶解氧、五日生化需氧量、化学需氧量、挥发性酚、磷、阴离子洗涤剂等8项；周家浜等其他十个断面可评价的12项指标中，全年达到五类水质标准的项目有亚硝酸盐氮、硝酸盐氮、挥发性酚及石油类等7项，超标的有溶解氧、高锰酸盐指数、五日生化需氧量、化学需氧量和磷5项。噪声监测结果表明：功能区环境噪声中，一类功能区昼间平均噪声值53.0分贝（A）、夜间43.4分贝（A）；二类功能区昼间平均噪声值53.3分贝（A），夜间45.2分贝（A）；三类功能区昼间平均噪声值56.6分贝（A），夜间49.5分贝（A）。区域环境噪声昼间平均值54.4分贝（A），夜间49.0分贝（A）；道路交通噪声昼间平均值70.0分贝（A），夜间55.0分贝（A）；高空环境噪声昼间平均值63.5分贝（A），夜间57.0分贝（A）；航运噪声昼间平均值69.6分贝（A），夜间62.9分贝（A）。

整洁有序的新华路

重要活动

1月31日，区委副书记、区长薛潮到区环保局进行工作调研。

2月15日，举行程桥街道创建生态型文明社区动员大会，区委副书记张丽丽、各委办局领导参加会议并讲话。

3月11日，长宁区举行“伊莱克斯”杯环保知识竞赛，全区 1200人参加了竞赛。

4月27日，区委、区政府召开人口资源环境工作座谈会，区四套班子领导以及区机关各部门、街道镇和重点企业主要负责人出席会议。会议传达了市人口资源环境座谈会工作精神。区长薛潮主持会议，区委书记姜梁作重要讲话。

5月19日，长宁区首台有机垃圾生化处理机在天山街道纺大小区举行启动仪式。

5月30日，区委组织部、宣传部、区教育局、环保局联合在天山街道召开环保志愿者队伍建设经验推广会。副区长应名勇、市环保局党委书记徐建民出席会议并讲话。

6月3日，长宁区纪念“6·5”世界环境日活动在天山

商厦广场举行。市环保局领导王树道、长宁区四套班子领导以及有关部门负责人参加活动。会上公布了长宁区十佳"环境之友·绿色卫士"名单。

9月6日，区十二届人大第34次会议听取了区环保局局长任职3年以来的工作述职报告并对其进行了评议。

环境整治

区政府将59台（眼）燃煤炉灶改用清洁能源列为政府实事项目，全年投入经费1058.5万元，实际完成85台（眼），减少年用煤量25276吨。

虹桥路街道、天山路街道、仙霞新村街道、程家桥街道建成"基本无燃煤街道"，并通过市级验收。至此，全区9个街道中有7个建成基本无燃煤街道。

先后投入9700万元整治中小河道，共新建、改建防汛墙6730米，疏浚底泥20余万立方米，新增加面积3050平方米，种植绿化4.6万平方米。完成苏州河支流截污总管和收集管工程，5家企业单位实行污水纳管。新泾港（新渔路—可乐路）进行综合整治，建成周家浜、午潮港样板河道及周家浜－新渔浦环通工程，全区水环境状况有了明显的改观，骨干河道基本达到"面清、岸洁、有绿"。

为配合APEC会议的召开，加强了环境综合整治，对虹桥路、延安路、中山路等主要道路沿线和太平洋、扬子江、虹桥等宾馆附近的环境进行了治理。会议期间，对会议场所及经过的路段等重要地域的污染源实行严格监控。

结合产业结构和区内工业、居住区布局的调整，年内共关停并转迁企业33家，超额完成原定目标65%。

严格管理废弃食用油，先后召开4次会议，与180多家用油单位签订回收协议，全年回收废弃油脂350吨。

绿化建设

2001年，新创建虹桥公园等公共绿地24万平方米，外环林带、凯桥公园等公共绿地40万平方米，全区累计建设公共绿地316万平方米，人均公共绿地5.1平方米，累计绿化覆盖面积达932万平方米，绿化覆盖率24%。

通过在新建商住区内增绿，小区内绿化面积保持35%以上；天山社区普遍破墙透绿，华山路破墙透绿4509米；大型绿地绿化由种草和栽种灌木改为栽种大型、经济、观赏型乔木；重点建设凯桥、华山高品位的大型公共绿地。凯桥、华山两块公共绿地总面积为81500平方米，总投资5.5亿元。华山绿地被评为上海市十大优美景点之一。

环境管理

全年开业项目612项，建设项目审批60项，"三同时"验收65项。对建设项目审批制度进行了改革，环保审批由原来的18项改为10项，审批时间改为一般5-7天完成。

根据国家环保总局要求，对"九五"期间污染物排放单位的废水、废气、固废、噪声、辐射污染、消耗臭氧层物质排放情况进行申报。全区242家单位作了申报。经初审、评审和终审，并按照工作规范要求，完成编制排污申报技术报告、工作总结，建立了数据库。申报结果表明，全区9项工业污染排放总量控制目标值均有下降，8月下旬，排污申报工作通过市环保局验收。

全年对54件违反环保法律法规的行为给予行政立案调查处理，累计罚款37.45万元。

环境监察

全年污染源现场监察931户（次）；建设项目监察115户，298次。

绿色护考期间，共出动监察人员330人次，现场监察建筑工地、餐饮娱乐场所496户次，对11户行政处罚单位进行调查取证。

全年征收超标排污费393.2044万元。

环境监测

全年完成监测数据共35067个。其中：环境要素监测数据5869个。地表水监测：市控断面新泾港（北翟路桥、虹桥路桥）和区属周家浜等10个断面，全年监测12次，获得监测数据3360个。环境空气质量监测：大气连续监测点（市控点）1个，降尘监测点10个，降水监测点1个，获得监测数据1433个。环境噪声监测：区域环境噪声监测点17个，交通噪声监测点12个，功能区环境噪声监测点3个，机动车禁鸣效果监测点4个，高空噪声监测点1个，航运噪声监测点1个，共获得监测数据1076个。

污染源监测数据28370个。废水监测426单位（次），监测数据17976个；噪声监测535单位（次），监测数据5922个；烟气监测313单位（次），监测数据4472个。

"三同时"验收监测 33 单位（次），监测数据780个；信访矛盾监测 13单位（次），监测数据48个。

宣教活动

2001年，根据《长宁区环境保护和建设2000—2002年宣传教育工作实施意见》，对全区环境教育宣传工作作出了具体的部署和组织实施，围绕"6·5"世界环境日开展了系列宣传活动。与市环保宣教中心在《城市导报》联办了纪念"6·5"宣传专版；在《长宁时报》开辟了宣传专栏；在区有线台开设了宣传专题；组织GLOBE学校学生开展环保调查实践活动，小学生环保想象画展示活动，开展绿色生活、绿色产品、绿色装潢咨询活动；开展"环保之友·绿色卫士"评选活动以及各个层面的环保知识竞赛。新华路街道组织归侨侨眷制作1000只废电池收集袋挂入居民楼。华阳街道统一制作废电池回收箱。英特尔公司上海分公司与全区中小学在上海动物园举行共创绿色家园宣传活动。

全年4次对环保执法人员和企事业单位领导、环保干部进行了《大气法》、《噪声法》等环保法律法规培训和排污申报培训，累计培训600人次。

全年在区报、《中国环境报》、《文汇报》、《解放日报》、《新民晚报》、《城市导报》、东方电台、上海有线台等10余家新闻媒体作了宣传报道43篇。

天山街道在1999年建立了首支环保志愿者队伍后，2001年华阳、周桥、虹桥、仙霞等街道分别组建了200人的环保志愿者队伍。环保志愿者主动参与社区环保宣传、环境治理、环境纠纷调解，取得了明显成效。

2001年新编环保教育课本，培训环保师资力量，邀请专家学者、环保干部到学校进行讲课、辅导，并利用爱鸟周、植树节、地球日、世界环境日等时机，开展形式多样、内容丰富、声势较大的宣传教育活动，推进学校环境教育和绿色学校创建工作，创建了延安、娄山、市三女中、东延安中学4所市级绿色学校和愚一小学、江五小学、天一小学、天五小学4所区级绿色学校。

信访处理

全年受理群众来信（电）来访1578件（2374人次）。市、区领导批办件51件，处理率100%，办结率100%。

区人大代表、政协委员书面意见提案共19件（转办件4件），办结率均为100%。

普陀区

综述

普陀区是上海市的中心城区之一。位于上海市中心区西北城郊结合部，东以沪太路、彭越浦、吴淞江与闸北区交界；西至西浜、金沙江路、沪宁铁路和真南路中槎浦桥与嘉定区接壤；南沿吴淞江及万航渡后路、长寿路、安远路与长宁区、静安区毗邻；北达灵石路、新村路、走马塘与宝山区相连。区域面积54.99平方公里，共有户籍人口839373人。普陀区是上海西部的水陆交通要道。沪宁、沪杭两条铁路线会合于区境，沪嘉高速公路与沪宁高速公路分别从西北部与西部进入境内。境内南部的吴淞江，西连太湖流域，东通黄浦江、长江，是天然的运输水道。区下辖6个街道3个镇，分别是长风新村、长寿路、甘泉路、石泉路、宜川路、曹杨新村街道以及长征、桃浦、真如镇。

2001年，普陀区经济继续保持持续、快速、健康发展的良好势头，实现增加值45.74亿元，比上年增长10.03%；完成财政总收入22.32亿元，其中区级财政收入16.31亿元，同比增长28.45%；完成工业销售产值77.4亿元，同比增长21.77%；完成商业营业额228.4亿元，同比增长8.1%；完成市场成交额263.8亿元，同比增长14.32%；完成出口成交额14.9亿元，同比增长15%;直接出口1.1亿美元，同比增长18%。以房地产、工业、物流业、商业为主体的产业结构框架初步形成，产业结构在改革开放中不断调整和优化，质量和效益有了新的提高。

2001年普陀区积极推进市环境保护和建设三年行动计划的实施，加大整治力度，有力促进了水环境治理、清洁能源替代、固废处置、绿化建设、桃浦工业区整治等各项工作的落实，确保年度各项目标任务的顺利完成。组织开展了大规模的环境整治和各类创建活动，进一步加强环境监管和行政执法，环境质量得到改善。

空气环境质量：本区环境空气污染性质和全市基本一致，同属石油型和煤烟型并重的复合型污染，其中煤烟型污染得到了一定控制。空气环境质量中二氧化硫平均浓度为0.023毫克／立方米，比2000年下降了0.003毫克／立方米，低于全市（城区）0.020毫克／立方米，总悬浮颗粒为0.151毫克／立方米，比2000年下降了0.022毫克／立方米；氮氧化物为0.044毫克／立方米，比2000年上升了0.007毫克／立方米，但仍远低于全市（城区）0.019毫克／立方米。总悬浮颗粒污染负荷明显下降，但氮氧化物污染负荷重新上升为第一位。说明随着机动车辆保有量增加，控制机动车、助动车的尾气排放量任务仍然很重。

地面水水质：本区地面水污染属有机污染，主要污染物是化学需氧量和氨氮，苏州河武宁路桥断面、曹杨环浜杏山路桥水质基本达到Ⅴ类水标准，其余断面水质劣于Ⅴ类水标准。与上年度相比，本区苏州河段及中小河道水质进一步得到改善，但水质污染状况尚未根本好转。

环境噪声质量：区域环境噪声，2001年本市区域环境噪声白天时段的平均等效声级为57.6分贝(A)，比2000年下降了0.05分贝(A)；深夜时段的平均等效声级为46.4分贝(A)，比2000年下降了1.23分贝(A)。道路交通噪声，2001年本市主要交通干线道路交通噪声白天时段的平均等效声级为71.07分贝(A)，比2000年下降了0.53分贝(A)；深夜时段的平均等效声级为60.67分贝(A)，基本与2000年持平。

工业废水排放：2001年全区工业用水总量8564.6万吨，占全市排放总量的12.59%，其中工业重复用水率为72.94%。工业废水排放达标量为1866.69万吨，排放达标率为99.03%，比2000年上升了3.7百分点。全区万元产值工业废水排放量为17.56吨，低于全市的20.3吨。

废气排放：2001年全区燃煤消耗量为21.54万吨，2001年工业废气排放总量为37.42亿标立方米。

固体废弃物：2001年工业固体废弃物产生量为15.70万吨，比2000年稍有增加，综合利用量为15.48万吨，综合利用率为98.58%，基本与上年持平。

创建绿色小区

重要活动

2001年9月6日，市委书记黄菊、副市长韩正等视察区中远两湾城亲水景观建设工程。

2001年9月，在苏州河段成功举办上海市龙舟邀请赛。

环境综合整治

全年共完成居民区34台（眼）1吨／时以下燃煤小炉灶和内环线内4吨／时以下燃煤锅炉清洁能源替代工作，街道、镇主要交通干线和景观道路两侧燃煤流动摊贩取缔率为100%。进一步加强烟控工作，全区炉窑灶林格曼黑度合格率为96%以上，锅炉烟尘排放达标率为93%以上，工业炉窑灶达标率为100%，全区燃煤含硫率控制在1%以内，宾馆、饭店、餐饮、金融等行业燃煤炉灶清洁能源化率达到60%。

完成宜川、真如“基本无燃煤社区”创建的区府实事项目，并超额完成了曹杨街道的创建工作，创建面积10.39平方公里；长征镇“大气污染物排放达标镇”创建面积11.4平方公里；桃浦、真如、长风“环境噪声达标街道(镇)”创建工作顺利通过市级验收，全区整治固定源噪声830个，治理率100%，达标率99.3%，全年投入整治资金142.2万元，区境建成区范围内环境噪声功能区全部达标。

以改善水质为目标，全面开展截污、疏浚等工程。一是以苏州河六支流截污工程实施为契机，全面开展河道污水直排口封堵工作，全区63家污染源单位中除3家外，其他单位都按时完成了截污任务，并通过市水务局的验收。增加河道监测断面，加大监测频次，为六支流截污工程效益评估和后续工程设计提供依据。二是开展了曹杨环浜水质富营养化治理。三是督促单位内部自管河道整治。四是开展了外浜疏浚等工程。开展苏州河景观岸线建设。中远两湾城和上海知音苏州河景观岸线建设基本完成，其中中远两湾城投资4000万元建设的1800米景观岸线已成为苏州河畔一大亮点。继续开展河道工程建设，改善两岸环境，开展了西虬江、横港的整治，完成护岸工程2100米，动拆迁1万平方米。启动桃浦河整治工程，已完成8万立方米的底泥疏浚和30%的护岸工程。

2001年全区建设苏州河景观岸线2060米，新建河道护岸25576米，种植河道绿化面积48040平方米，疏浚河道底泥49168立方米，拆除违章建筑18628平方米，全区全年投入河道整治资金为7475.49万元，区域河道做到“面清，岸洁，有绿”。曹杨环浜、朝阳河、三面浜等三条河道被评为市优秀样板河道，外浜、蔡家浜被评为市优良河道，名列全市各区、县前茅。

继续推进桃浦工业区新一轮整治，进一步加强对工业区企业污染整治工作，完成工业区内雨污水分流改造工程和14台95.5吨燃煤锅炉拆除，实行集中供热。积极敦促有关企业落实整治计划，加强废水治理，推广清洁生产。督促香料厂、嘉华精细化工有限公司和染化八厂开展废水治理项目，其中染化八厂有色废水治理处于方案论证阶段，嘉华精细化工有限公司废水治理设施已接近竣工。月季化纤有限公司采用新技术淘汰老产品试验已进入实质性阶段。第六制药厂的化工原料药生产已停止，阿波罗化肥厂已完成氨气吸收治理。同时，督促桃浦污水处理厂全面完成调试，COD_{cr}进水浓度控制在500mg/L以内，出水浓度控制在200mg/L以内，其他污染因子排放均达到国家规定标准。

2001年全区共关、迁污染企业7家。

年内，区开展餐饮业环境污染整治工作，共治理餐饮业固定源噪声150个，达标率99%，投入整治资金23万元。进一步规范了废弃食用油脂回收管理，完成了餐饮业和食品加工单位废油脂排放的申报登记工作、定点回收和加工企业的认定工作，初步实现定点定人收集废油脂。全年回收废弃食用油脂170吨。

绿化建设

2001年新建绿化61.2公顷，其中公共绿地35.8公顷，专用绿地25.4公顷；建成大型公共绿地11块，破墙透绿2169米，新种、补种、更新行道树3147棵，垂直绿化5082米；基本建成金光公园和祥和大型绿地。2001年普陀区建成区绿化覆盖面积为797.43公顷，比上一年度增加了95.06公顷。全区人均公共绿地面积3.04平方米，绿化覆盖率14.5%。绿化工程的特点：加快绿化建设步伐，连续数年以每年40至50公顷的速度发展，其中公共绿地增量均在20公顷左右；规划具有超前性、严肃性、科学性，公园、大型绿地、林带等布局合理，扫除盲点；大力辟建垂直绿化和实施破墙透绿工程。

环境管理

2001年全年共审批环境影响报告书11项，环境影响报告表300项，环境影响登记表402项；特殊行业并联审批项目共104项，否决建设项目32项。“三同时”审核共66项，竣工验收39项，严把审批关，从源头控制污染源产生，同时加强建设项目中后期管理，将环评阶段、竣工验收阶段与现场监督有机结合起来，当年全面清理1996-1998年期间审批的“三同时”项目，重点检查1999年、2000年审批的一些污染项目；突击检查桃浦、长风和长征地区未经环保审批但已生产的企业，对违反“三同时”规定的单位，严格按照《建设项目环境保护管理条例》进行处理。

全面开展新一轮排污申报登记工作。全区共有364家单位进行了排污申报登记变更，面广、量多，并顺利通过市级验收。

区政府对上海市超高压送变电公司高噪声污染进行限期治理，该项目当年如期完成。

2001年，普陀区对89家违法单位进行了行政处罚，处罚金额81.88万元。其中申请区人民法院强制执行4家，维护了环保法律、法规的严肃性。参加应诉民事诉讼案件1起，并取得有利于区环保局行政行为的判决。处理污染事故2起，即上海创业树脂厂碳十重芳烃油泄漏污染西虬江、上海中科合臣化学公司氨气泄漏，共处罚7万元。

环境监察

2001年，区环保局会同区监委制定了《关于对违反环保法规人员追究行政责任的若干规定（试行）》。并与区监委、建委、纪委、工商局联合开展了严肃查处环境违法行为专项整治活动。

对全区12户重点污染单位、18户主要污染单位和68户一般治理单位进行了监察，出动监察人员627次/3477人次，监察单位2935户次。

加强专项执法检查工作。全年开展废水污染源治理设施运转情况、建筑工地夜间施工和烟尘专项执法检查47次，对89家单位进行了调查取证。对长风地区27家企业的“厂中厂”情况进行了调查，发现共开设了82家“厂中厂”，对未办理过环保审批手续擅自开办的依法处罚。此外对近几年审批的中小型建设项目开展了“三同时”专项执法检查工作，总体执行情况良好，合格率为91.8%。

普陀区依托“环保110”，进一步提高执法队伍应急能力，推出一系列便民利民措施，接受居民24小时投诉，并向社会公开承诺：一般信访投诉24小时内到现场处理，及时、有效地为民排忧解难。我区始终将社会稳定当作工作目标，把居民满意当作工作方针。2001年，“环保110”热线共接听投诉310件，出动执法人员322人次，对44家严重违法单位进行了调查取证。

中高考期间，精心组织了“绿色护考行动”。摸清各考场周边噪声污染源情况，超前介入，严格管理，白天巡查考场19次/62人次，夜间巡查13次/34人次，检查各类建筑工地和娱乐场所513个次，查处违章单位22户次。APEC会议期间，加强巡查，严防意外噪声、锅炉冒黑烟等现象的出现。

针对新形势下产业结构的变化，努力挖掘新的收费增长点，扩大开征面，将排污费征收重点转至中小发廊、美容院、商务楼等。全年新开征579户，共征收超标排污费453万元，清理欠款5万余元，并为市水务局代收桃浦地区排水费160.19万元。

环境监测

环境质量监测，全年取得的监测数据为：地面水22个断面/7400个数据，大气1470个数据，典型交通路口环境空气调查542个数据。

污染源监测，其中废水419厂次/33968个数据，炉窑灶230厂次/351台次/457个数据，噪声195厂次/2200个数据，废气27厂次/1620个数据。

另外噪声达标街道监测92家厂次；网格点、建筑工地施工噪声监测62家；机动车禁鸣、功能区噪声、道路交通噪声、区域环境噪声、高空环境噪声监测共2510多次。

全年共获得各类监测数据约97000个。

环境科技成果

1. 上海市电子科学研究所

《上海市吴泾-闵行等地区污水外排工程区域监控系统》此项目获得2001年度上海市科学技术进步二等奖。

该监控系统是上海市重点工程项目，对吴泾-闵行地区的8座污水泵站的供配电系统、机泵等设备的运行进行远程监测和控制，是一个具有中央监测和控制、系统调度功能、数字化、分布式多极SCADA系统，同时是上海市污水治理二期工程多极监控系统的一个子系统，具有远程站（泵站）无人值守功能。

本系统可广泛运用于城市污水收集、排放、调度；原水和自来水的输送、调配；水利枢纽工程；城市煤气输送、调配；工厂生产调度以及电力调度等众多领域。

2. 上海丰业生物科技发展有限公司

《分解生活有机垃圾菌种（FD-1-FD-22）及处理机（YLC-200、YLC-300型、YLC-120型）》为2001年度上海市高新技术成果转化项目。

该成果是分解生活有机垃圾的有效菌种和机电设备融为一体的高新技术产品。通过在自然界分离、筛选得到一组能分解有机垃圾的微生物，经分类、鉴定后将其归类，根据菌种特性运用物理、化学因子诱变、细胞融合等微生物遗传技术获得数十株具有分解各类生活有机垃圾能力的微生物，能对鸡鸭鱼肉的废弃物、蔬菜皮、泔脚等进行有效分解。将菌种投入到有菌种基质的微生物有机垃圾处理机中，再投入生活有机垃圾，12-20小时后基本完成分解。分解后绝大部分作为气体排出，消除率为95%以上，分解效果达到国外先进国家水平。

该技术符合上海垃圾处理的发展方向，对城市生活垃圾的无害化、资源化、减量化有积极意义。

3. 上海天耀化工技术有限公司

《人造板环保（捕捉甲醛）防水剂》为2001年度上海

市高新技术成果转化项目。

相对于传统工艺中添加石蜡防水剂的产品，该技术可提高人造板的结合强度，是人造板防水材料和防水处理技术的一大突破。

使用新型防水剂可彻底消除板材生产中氨水的污染，同时大量吸收生产过程中各种胶所含的游离甲醛，有效降低成品人造板的甲醛释放量，降低生产和使用过程中的环境污染。

宣教活动

区环保局加强了与区组织部、宣传部、教育局、科委、河道所、苏州河办公室、团区委、计生委、妇联等部门合作，运用多种宣传阵地、宣传手段，全方位、多层次地开展形式多样的全民环保教育活动。

结合市、区府环保实事工程，举办了1期50家单位参加的企业法人环保知识培训。

组织了以“保护苏州河，保护母亲河”为主题的“6·5”世界环境日宣传活动，全区共设9个专场，进一步倡导绿色生活行动，提高社会公众的环境意识和参与意识。

发动街道、镇，深入里弄、工厂、学校，全年共举行宣传讲座18场，千余人次参加。积极开展“绿色学校”、“环保绿色小区”创建活动。2001年全区共创建7所“绿色学校”和1个“环保绿色小区”，曹村一幼成为全区第一个通过ISO14000环境质量体系认证单位。桃浦热力公司、曹杨水质净化厂被命名为区首批环境教育基地。

协调申真涂料厂赞助25万元帮助曹杨二中建立起全市一流的环保实验室。

与区妇联联合开展十佳“绿色家庭”评选活动，并为全区妇女干部开设环保系列讲座，取得良好反响。

信访处理

2001年全区环保系统共接待来电、来信、来访等一般信访1578件，较上年的934件上升了65%，信访受理率、办结率均为100%，满意率为95%以上。

受理区人大、政协书面意见和提案议案10件，其中“两会”期间现场受理4件，办结率和满意率均为100%。

随着经济的不断发展，工业企业与功能区要求不相容问题、桃浦工业区恶臭气体、夜间施工噪声扰民、餐饮业油烟气等成为区环保投诉的热点。

闸北区

综述

闸北区位于上海市中心区北部，东与虹口区、宝山区为邻，西与普陀区、宝山区毗连，南与黄浦、静安两区相望，北与宝山区接壤，总面积29.2平方公里。人口707986人。

2001年，全区实现增加值38.37亿元，同比增长12.3%；完成区级财政收入14.36亿元，同比增长20.8%；引进外资6100万美元，同比增长10%；完成出口交货值9.08亿元，同比增长10.2%；三产销售收入完成157.78亿元，同比增长20.4%；完成固定资产投资20.64亿元，同比增长8.6%。

2001年环境空气质量监测结果为：二氧化硫浓度年日平均值0.018毫克/立方米；氮氧化物浓度年日平均值0.058毫克/立方米；二氧化氮浓度年日平均值0.041毫克/立方米；总悬浮颗粒物浓度年日平均值0.182毫克/立方米。二氧化硫、二氧化氮和总悬浮颗粒物3项均达到国家二级标准，氮氧化物略微超标；降尘量月平均值为9.95吨/平方公里·月，降水pH值7.12，全年酸雨频率为0。地表水监测结果：苏州河浙江路桥断面可评价的30项指标中，全年达标的项目有溶解氧、高锰酸盐指数、石油类、氰化物和重金属离子等23项，超标的有化学需氧量、生化需氧量和氨氮等7项；彭越浦断面可评价的30项指标中，达标的有挥发性酚、氰化物和重金属离子等20项，超标的有溶解氧、高锰酸盐指数、化学需氧量、生化需氧量、石油类和氨氮等10项；走马塘、西泗塘两个断面可评价的24项指标中，挥发性酚、氰化物和重金属离子等15项达标，溶解氧、高锰酸盐指数、化学需氧量、生化需氧量、石油类和氨氮等9项超标。噪声监测结果表明：一类功能区昼间平均噪声值47.6分贝（A）、夜间41.9分贝（A）；二类功能区昼间平均值55.1分贝（A）、夜间51.1分贝（A）；三类功能区昼间平均噪声值57.7分贝（A）、夜间50.9分贝（A）。区域网格点平均噪声值昼间55.0分贝（A）、夜间46.8分贝（A）；区域交通点平均噪声值昼间70.9分贝（A）、夜间70.5分贝（A）。

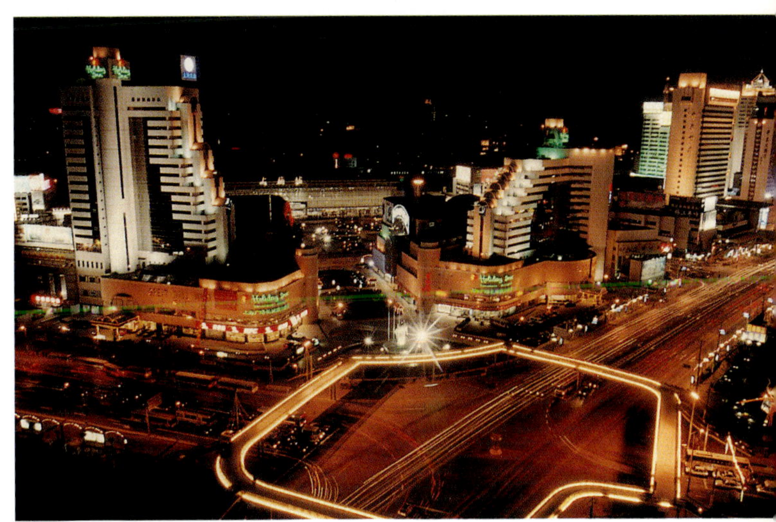

精心打造的“不夜城”

重要活动

1月4日，市委副书记、市长徐匡迪，市委副书记、常务副市长陈良宇视察闸北区苏州河沿岸2000年新建绿化段。

3月12日，区委、区人大、区政府、区政协领导和公安干警、部队官兵及自发报名捐款植树的市民共3000余人，共赴“三自”休闲林责任区植树，共康中学的藏族学生用省下的零用钱种植了一片民族团结林。

4月2日，市委常委、副市长韩正视察闸北区大宁—灵石绿带。

5月23日，区委、区政府召开人口、资源、环境工作座谈会，区四套班子领导，以及区级机关各部门、各街道、镇，各人民团体，区管重点企业的党政主要负责人出席会议。会议传达中央、市人口、资源、环境工作座谈会精神，区委副书记、区长郭天成作重要讲话。

6月2日，闸北区2001年世界环境日主题宣传咨询活动在白玉兰广场举行，区四套班子领导、区有关部门领导参加活动。

12月2日，市委常委、副市长韩正到闸北区大宁—灵石绿带参加秋季植树活动。

12月26日，区委副书记、区长丁薛祥到区环保局进行工作调研。

环境整治

清洁能源替代。区政府将36个单位55台（眼）燃煤炉灶推广实施清洁能源改造列为实事项目。实际完成44个单位的64台（眼）燃煤炉灶的改造任务。通过改造，燃煤量年减少29400吨，烟尘年排放量减少138.87吨，二氧化硫年排放量减少602.11吨。

创建“基本无燃煤”街道。按照市环保局的要求，北站街道、芷江西路街道和临汾路街道完成创建“基本无燃煤街道”工作。3个街道辖区内的清洁能源替代、第三产业使用清洁能源率、民用煤气普及率、燃煤密度、清洁能源、一次性能源率，均达到规定指标，符合基本无燃煤街道的各项标准，12月上旬通过市级验收。

河道综合整治。年内，拆除河道蓝线内建筑1万多平方米，清除垃圾500多吨，清淤土方量26万立方米，新建防汛墙5726米，改建防汛墙1501米。

完成虹口港水系（闸北段）疏浚二期工程。工程于8月15日开工，12月底完成。工程范围包括俞泾浦、西泗塘和走马塘（部分），长度7500米，共投资1300万元，疏浚河道淤泥土方量22万立方米。疏浚后，河道淤浅状况得到明显改善。

完成夏长浦（闸北段）河道整治工程。工程于1月开工，年底竣工。工程范围自彭越浦（白遗桥）起至沪太路（鲍家桥）止，全长1700米。新建防汛墙2800米，排涝泵站一座，疏浚河道淤泥土方量4万立方米，总投资1300万元，彭越浦到原平路一段建成景观河道。

苏州河沿岸环境综合整治进一步加强。结合开展创建“四无”活动，出动558人次，各种车辆96辆，集中取缔苏州河沿线废品回收点11处，收缴废品14吨，清理垃圾62吨，取缔拾荒点25处，取缔乱设摊、违章建筑43次，清除非法码头装卸1处。通过综合整治，进一步发挥了苏州河沿岸景观效应。

完成迎APEC会议环境综合整治工作。为迎接APEC会议召开，加强环境综合整治，对燃煤炉灶进行清洁能源改造；对机动车冒黑烟现象进行整治，对2300辆机动车尾气进行监测，扣证复检248辆；加大执法工作力度，对27个严重违反环保法规的单位进行立案处理；开展建筑工地夜间施工执法检查；联合工商、公安部门取缔3家无证经营饮食店。

关停并转企业。全年共有10家污染企业结合产业结构调整实行了关、停、并、转，累计废水年排放量削减42万吨，燃煤量年削减1625吨，烟尘年排放量削减1.625吨，二氧化硫年排放量削减33.28吨。

绿化建设

年内，共完成各类绿地16.7万平方米，其中公共绿地4.3万平方米，居住区绿地10万平方米，专用绿地2.4万平方米，破墙透绿3174米，建成临时绿地5500平方米，引进植物新品种20余种共2万余株。完成三级升二级绿地9695平方米，二级升一级绿地600平方米。全区人均绿地面积2.06平方米，绿化覆盖率13.99%。

完成不夜城地区十路十景绿化建设。十路十景分别为：天目路“绿蔓长廊”，西藏北路隧道口“西域风情”；天目中路乌镇路口“春意盎然”；民立路“岭南椰风”；恒丰路民立路口“竹影婆娑”；恒丰路口“春满申城”临时绿地；长寿路桥堍“诗情画意”；海宁路山西北路口“花溪浏香”；白玉兰广场内“孔雀开屏”；秣陵路梅园路绿化连接带。其中，“绿蔓长廊”是全市第一条棕榈街，“花溪浏香”景点受到市绿化局专家好评。

环境管理

全年审批环境影响报告书（表）365项，审批“三同时”项目184项，竣工验收53项。加强对项目审批的中后期管理，对116个进行执法检查，对其中6个未执行“三同时”的单位给予行政处罚。

完成排污申报工作。根据国家环保总局要求，对“九五”期间污染物排放单位的废水、废气、固废、噪声、辐射污染、消耗臭氧层物质排放情况进行申报，全区187家单位进行了申报，经初审、评审和终审，并按照工作规范要求，编制排污申报技术报告、工作总结，建立数据库。申报结果表明，区九项工业污染排放总量控制目标值均有下降。8月下旬，排污申报工作通过市环保局验收。

限期治理。全年对禄富门酒家等13家单位发出了限期治理和限期整改通知书，被整改的单位积极采取措施，落实资金，在限期内完成了治理任务。

行政处罚。全年对33个违反环境法律法规的单位给予行政立案处理，累计罚款18万元。

环境监察

全年污染源现场监察320户次，建设项目监理139户次，限期治理项目监理17户次，对彭浦化工厂将遗留下的化工下脚料（苯酚脚子）提供给无经营许可证的单位处置，造成下脚外泄，使过路车辆及人员损伤的污染事故立案处理，给予行政处罚。现场110投诉受理428次，"绿色护考"活动中出动50人次，对210个建筑工地（户次）进行现场监理，派出20人次进驻中、高考考场。

全年共征收超标排污费435万元。

环境监测

环境要素监测数据5056个。地表水监测对苏州河、彭越浦断面，全年监测12次，走马塘、西泗塘河断面，全年监测6次，获得监测数据1314个；大气环境监测对大气监测点（市控点）1个，降尘点7个，降水点1个，获得环境空气监测数据1282个；环境噪声监测、机动车禁鸣效果监测点4个，功能区环境噪声监测点3个，区域环境噪声网格点15个，道路交通噪声监测点10个，高空噪声监测点1个，共获得环境噪声监测数据2460个。

污染源监测数据44587个。废水监测443单位（次），监测数据37493个，噪声监测468单位（次），监测数据5388个，烟气监测210单位（次），监测数据1634个，"三同时"验收监测44单位（次），监测数据50个，信访矛盾监测22次，监测数据22个。

助动车尾气监测8046辆，监测数据8046个。

宣传教育

宣传活动。2001年，区环保局会同区委组织部、宣传部、区教育局等部门制定了《闸北区环境保护和建设2001-2002年宣传教育工作实施意见》，对全区环境教育宣传工作提出工作重点、具体目标和主要措施。在6月5日世界环境日前后开展系列宣传活动：郭天成区长发表电视讲话；出版《闸北报》环保专版；在中小学生中开展环保书法、绘画、板报竞赛；在白玉兰广场举行大型宣传咨询活动，区四套班子领导、区有关部门领导出席活动。8月份，开展闸北区环境警示活动；与团区委共同组织环保夏令营活动。9月至10月，与团区委联合开展中学生校际环境保护知识竞赛，五个学校分获一、二、三等奖；同时，还与教育局共同组织全区小学生积极参加全国"绿色小卫士"评选活动，全区43所小学2万余名小学生参加了全国小学生环境保护知识竞赛，发动面、参与率在全市名列前茅。

教育培训。全年组织局系统执法人员专业法、基本法的培训，组织企事业单位排污申报培训，累计参加培训人员500人次。

宣传报道。全年闸北有线台、闸北报、上海电视台、东方电视台、《新民晚报》、《城市导报》等新闻媒体，对闸北区"6·5"宣传主题、环境保护实事项目、创建绿色环保小区、环境执法监理等活动，进行30余次宣传报道。

创建"环保特色文明小区"试点工作。区环保局、芷江西路街道和上海大学环境化学学院环境系在芷江西路街道洪南山宅居委会康乐小区，共同开展创建"环保特色文明小区"试点，制定绿色环保小区和绿色家庭标准，开展系列适合小区居民特点，寓教于乐的环保宣传教育活动，创办《社区环保》简报，组织青少年环保知识竞赛和环保夏令营。建立"银发"环保读报剪报小组，面向小区居民开设"环保与生态"、"环保与生活"系列环保讲座，在小区内设立废电池回收箱和分类收集垃圾箱，通过这些活动，提高居民的环保意识。

继续开展"绿色学校"的创建工作。把环境教育向课堂渗透，向德育渗透，把环境教育与校园文明建设和学习型社区的创建相结合，年内，组织60多所学校1200多名同学参加了"环保书法"、"环保摄影"、"环保绘画"比赛，"世界环境日"组织400多名学生和市民一起进行"绿色承诺"签字仪式，9月份，组织学生参加第二届壳牌美境方案设计，共和中学获市一等奖。10月组织23110名小学生，参加了小学生环保知识大赛，取得全国优秀组织奖1个，先进集体5个，先进个人1个。10月份在市绿色学校保德路小学召开环境教育课程建设现场交流会，12月份在共和中学召开了创建绿色学校工作研讨会。在各个学校申报绿色学校、创建绿色学校成果展示及交流验收的基础上，评出了17所学校为第二批区级绿色学校，至此，区共有市级绿色学校1所，区级绿色学校27所。

信访处理

全年，受理群众来信来访535件/1240人次。其中：市、区领导批办件数15件，处理率100%，办结率95%。

区人大、政协书面意见和提案有16件（协办件4件）。5月中旬完成了办理工作，办结率、满意率均达到100%。第三季度，根据区政府的要求，对办理工作进行了复查，复查结果满意率为100%。

虹口区

综述

虹口区位于上海市中心城区东北部，南端处于黄浦江、苏州河交汇处，西与闸北区相连，东北与杨浦、宝山接壤。全区面积23.449平方公里，人口79.98万人。全年实现区级财政增加值43.6亿元，比上年增长12.3%。全年完成三级财政收入22.79亿元，比上年增长15.9%。区级财政支出17.84亿元，比上年增长19.4%。

2001年，区环境质量状况进一步改善。大气总悬浮微粒年日平均值0.195毫克／立方米；二氧化硫年日平均值0.045毫克／立方米；氮氧化物年日平均值0.059毫克／立方米；区域环境噪声平均值一类区域53.6分贝(A)，二类区域56.7分贝(A)，三类区域57.7分贝(A)；城市交通干线噪声平均值66.5分贝(A)；机动车鸣号率0.7%。

整治后的河岸成为居民休闲的好去处

重要举措

1. 第一轮环保“三年行动计划”2001年目标完成情况良好，“一控双达标”工作全面完成，虹口港水系整治初见成效，大气环境质量明显改善，绿化建设力度加大，固体废弃物处置有进展，环境噪声有所好转。

2. 迎接APEC会议召开，进行环境综合整治，主要做到9个结合：一是与日常监督、监理、监测工作相结合；二是与环境宣传教育工作相结合；三是与环境信访和稳定工作相结合；四是与本区环境建设相结合；五是与强化执法相结合；六是与环境实事工程相结合；七是与实施环保“三年行动计划”相结合；八是与行风队伍建设相结合；九是综合整治与实施长效管理相结合，使虹口的环境保护工作更上一个台阶。

3. 加快能源结构调整，促进能源结构调整与环境保护相结合、能源结构调整与产业结构调整相结合，积极推进燃煤炉窑灶的清洁能源替代。

重要活动

6月5日。虹口区召开纪念“6·5”世界环境日高级座谈会。市环保局局长洪浩、区四套班子领导和中科院、同济大学等单位领导参加。会上对获得上海市百佳“环境之友·绿色卫士”称号的3位市民进行了表彰和颁奖。

5月17日区人口、资源、环境工作会议召开，会议由区长薛全荣主持，区委书记孙卫国要求经济发展要与人口资源环境综合协调，要充分认识新世纪人口资源环境工作的重要性、迫切性、长期性，努力开创区人口资源环境工作新局面。区各委办局、各街道、镇及区属单位党政负责同志近百人出席会议。

完成编制虹口区“十五”水环境规划的编写。

环境综合整治

2001年区完成47台2-4吨／时燃煤锅炉清洁能源替代改造，完成计划数的134%，至此，环线内已基本消除4吨／小时以下的燃煤锅炉。为此区投入改炉费用100万元，市局下拨款198万元，各企业投入总计1845万元。截至2001年，虹口区共拆除改造燃煤锅炉、窑炉、灶、茶水炉1114台（眼），用煤量由原来的20.03万吨／年下降到3.01万吨／年，烟尘控制区覆盖率100%。

在巩固大气污染物排放达标区基础上，年内创建乍浦、欧阳、四川北、新港、提篮桥、嘉兴6个“基本无燃煤街道”。区内现存固定噪声源192个，其中达标固定源为190个，达标率为98.96%。道路交通噪声昼间时段为67.2分贝（A），夜间时段54.8分贝（A），交通噪声平均值为66.5分贝（A），鸣号率控制在0.7%范围内，全区环境噪声达标区覆盖率100%。

年内，完成虹口港综合整治3项实事工程、河道清淤泥20万立方米；新辟河道两侧绿地36块，计13734平方米；改建防汛墙9300米；完成5座水系桥梁改建。两港截流工程顺利竣工通水。工业废水排放达标率从“九五”期间的80%左右上升到2001年末的96.76%。

2001年，区内中国铅笔一厂、上海电器成套厂、上海开林造漆厂、上海胶带股份有限公司、上海毛巾一厂、上海长阳生化制药厂、上海耐火材料二厂等7家污染工厂（车间）完成搬迁和拔点，大大提高周围居民的生活质量。

绿化建设

全年新增绿地面积10.38万平方米，年末实有公共绿地面积115.80万平方米，比上年增长4.7%；人均公共绿地1.45平方米，比上年增加0.07平方米；行道树2.0万株，绿化覆盖率15.4%。

环境管理

年内新办企业380个，审批环境影响评价195家。“三同时”项目审批59个，其中已竣工验收32项。

2001年1月，全区开展污染物排放申报登记工作，195家企事业单位参加申报填表，其中“一控双达标”单位43家，其他企业33家，医院22家，研究所、学校、宾馆及餐饮业单位97家。以上四类申报单位中，填写专项表40家。基本摸清全区各种污染物排放总量，为污染控制提供了第一手资料。

全年执法检查1030批，行政处罚81件，累计罚款额达42.7万元。

环境监察

污染源现场监察212户（次）；建设项目监察769件；限期治理项目监察17件。现场监察结果表明：污染防治设施运行率100%；工业废水排放达标率96.76%；工业固体废物综合利用率100%。

受理“环保应急热线”投诉1117件，出动夜间应急60余次。

组织落实中、高考期间的“绿色护考”行动。夜间执法检查8次，出动执法人员115人次，检查各类单位254户（次），对11家违法施工的单位进行了处理。

全年共征收超标排污费366万元。

环境监测

2001年，对区内1396家（次）排污单位实施监测，提供各种监测数据61105个；获得市级重点污染源监测数据4560个，其中水环境监测3360个；工业炉窑、废气数据660个，噪声监测数据300个。对80户工业排污申报单位进行复核监测工作，实施突击抽查监测20次，对190家单位进行了监测，获得监测数据5.4万个。

宣教活动

围绕“6·5”世界环境日开展了以“世界万物·生命之网”为主题的系列宣传活动。召开环保、专家及分管领导的高级座谈会；开展市百佳“环境之友·绿色卫士”的评选活动；开展“环境与生存”系列讲座；在全区初、高中生中举办环保网页设计大赛；开展“环保之家”评选活动；成立虹口区首家环境保护教育基地等。

结合科技节开展“环境科技”互联活动，以“绿色生活，环保选购”为主题，从“生命、节能、环保”3方面为切入点设置14个展区，展示了包括绿色家电，绿色食品，节能、节电、节水产品，居室绿化，航天登载、高科技环保产品等科技与环保成果，使消费者在追求生活舒适的同时，注重环保、节约资源和能源的绿色消费。

积极支持、配合学校开展环境教育，在全区提倡“绿色生活”、“绿色办公”。与区科协、区青少年活动中心共同参加了第六届“上海市青年生物和环境科学实践活动”评选活动，力求把“知识、技能、意识”相结合，推进环境教育，积极支持创建“绿色学校”10所。

信访处理

2001年区环保局共受理信访件1166件，同比上升129%。按信访来源分：受理来电992件，其中环保热线来电650件；来信137件(联名信51件)；来访37批/171人，按污染类型分：受理噪声类861件，同比上升185%；大气类190件，同比上升25%；综合类72件，同比上升125%。所有的信访件中反映噪声、大气污染占90.1%，其中又以噪声为多，占73.8%，而噪声投诉中，以夜间施工扰民为主。信访件处理情况：办复率100%，满意率96%。

受理的人大代表书面意见、政协委员提案共9件，办复率、满意率均100%。

杨浦区

综述

2001年，杨浦区围绕建设“安居乐业”新型城区目标，经济实现了快速健康发展，增加值完成48.86亿元，同比增长13.3%；工业总产值完成46.65亿元，比上年增长13.9%；税收收入完成17.46亿元，同比增长19.7%；财政收入14.21亿元，同比增长23.3%。

2001年杨浦区的环境保护工作以巩固“一控双达标”工作成果为重点，着力推进落实“三年行动计划”分解的目标任务，使本地区的环境质量比上一年明显改善，全年空气质量指数二级和优于二级的天数达到86.2%，全区可吸入颗粒物（PM10）浓度为0.138毫克/立方米，降尘为12.84吨/平方公里·月，二氧化氮平均浓度为0.029毫克/立方米，二氧化硫为0.01毫克/立方米；城区水环境进一步向面清、岸洁、有绿发展，杨树浦港河道水质明显改善。全区工业废水排放量为6327.34万吨，比2000年减少5.7%，工业污染源废水达标排放率达到96.57%；2001年全区区域环境噪声白天时段的平均等效声级为57.8分贝(A)，比2000年下降1.1分贝(A)；深夜时段的平均等效声级为49.5分贝(A)，比2000年下降了2.2分贝(A)，全区噪声达标区域覆盖率为100%。2001年全区工业废弃物产生量为67万吨，比2000年增加36.4%，综合利用量65万吨，综合利用率为96.7%。

住宅群内的“绿肺”

绿化建设

2001年，杨浦区政府继续加大绿化建设力度，城区绿化继续改善，绿地系统点、线、面、环相结合的新格局基本形成，城区绿肺功能增强，生态环境有了进一步改善。全年全区新建公共绿地15万平方米，新建专用绿地11.9万平方米，种植各类大树1000棵，实施破墙透绿9388米。截至2001年底，全区绿地总面积789.56公顷，其中公共绿地308.29公顷，专用绿地472.33公顷。绿化覆盖总面积957.76公顷，绿化覆盖率15.50%。人均公共绿地面积2.85平方米，人均绿地面积7.32平方米。拥有绿化合格单位171个，花园单位27个。6月1日黄兴公园建成对外开放。同时还抓好杨浦大桥桥荫绿化建设，建成绿地面积1.45公顷。

重要活动

2001年5月15日，区委、区政府召开全区人口资源环境工作会议，传达贯彻全国和上海市人口资源环境工作会议精神。会议由区长岑富荣主持，区计生委、区环保局、区房地局主要负责同志发了言，区委书记杜家豪作了重要讲话，会议提出要实现把杨浦区建成“安居乐业”新型城区的奋斗目标，一定要坚持把环境保护工作放在十分重要的位置，在发展中加强环保，以环保促进发展，努力实现经济建设和环境建设的协调推进。

环境综合整治

2001年，杨浦区大气环境整治紧紧围绕清洁能源替代和杨浦电厂热网推进工作展开，完成建成区内120台（眼）4吨/时以下燃煤锅炉和小炉灶改用清洁能源或拔点拆除，推进了半径为4.2公里的集中供热管道的实施。督促上海第一印染厂漂染分厂等4家污染企业（车间）的搬迁（停产）。创建延吉新村街道为“基本无燃煤街道”。杨浦区创建大气污染物排放达标区和噪声达标区通过上海市环保局的复验。

2001年杨浦区水环境综合整治取得显著成效，疏浚清淤11.5万立方米，引清冲污1.1亿立方米，完成走马塘（国定路－密云路）河道箱涵清淤工程，新建达标防汛墙2710米，2001年的疏浚清淤、调水冲污、建设驳岸、绿化河岸等各项主要工作目标都超额完成了任务，新建成的兰州路滨河休闲街成为上海市命名的特色景观街。杨树浦港旱流截留工程全面完工，周边企业排污纳管工作基本完成，杨树浦港水质基本消除黑臭。

2001年，杨浦区环保局根据《上海市废弃食用油脂污染防治管理办法》和上海市环保局的工作布置，对废弃食用油脂的回收处理加工单位进行了清理整顿，确认了其中一家较具有收集资质、运营规范的回收处理加工单位，为规范管理创造了条件。

环境管理

2001年区环保局共审批环境影响评价表160余份，审批各类建设项目环保“三同时”140多项，现场勘察200余次。2001年杨浦区环保局还结合审批制度改革，加强了建设项目的中期检查和竣工验收工作，组织力量对35个市批和区批项目进行了检查，克服了以往对建设项目重审批轻管理的弊端。

2001年杨浦区环保局完成了区域内250家企事业单位的申报登记工作，通过了市环保局的验收。通过排污申报登记工作的开展，对全区的污染现状有了进一步了解，为管理模式由浓度控制转向浓度和总量控制相结合打下了基础，也为建立本地区完整、规范的污染档案和信息网络系统创造了必要的条件。

2001年，区环保执法部门坚持严格执法，严格查处各类环境违法行为。全年共对10余起违法案件进行处罚，处罚金额20万多元。

环境监察

2001年，杨浦区环境监察支队成立，加强了对污染企业的现场检查，全年重点污染企业监察100户（次），主要污染企业监察180户（次），一般企业90户（次）。区域内重点和主要企业完成了排污口标志牌立标工作后，对67家一般污染企业的127只排放口完成规范化标志牌立标。

2001年区集中力量开展了严肃查处环境违法行为专项行动、工业污染源达标排放执法检查、机动车尾气和公交柴油车冒黑烟专项整治、“绿色护考”行动、废油脂专项检查、APEC会议专项环境整治与检查等活动，有力地维护了环保法律法规的严肃性。为期两个月的严肃查处环境违法行为专项行动，共组织大规模的夜间专项检查执法行动11次，出动人员100余人次，检查了50余家排污单位。

2001年对各类排污单位依法开征排污费2602户（次），征收排污费1326万元，其中区属征收231万元。

环境监测

2001年，杨浦区环境监测部门共监测污染单位1134家次，获得数据13608个。在2000年的基础上拓展了监测面，特别是首次全面开展了对街道医院排放废水的监测工作，填补了污染源监督管理的空白点。

除了完成地面水（黄浦江、杨树浦港、虬江）、大气、环境噪声的监测任务外，区环境监测部门从5月份起逢单月出一期《杨浦区水质简报》，把杨浦区主要河道的水质状况通过简报形式报送区领导及有关部门，为区政府领导决策提供水环境质量信息。

环境科技成果

2001年，完成了“M8线地铁振动与噪声对沿线地面环境的影响及防治对策”课题并获上海市科协系统第八届科技优秀项目奖。该项目提出了国内先进的地铁振动预测计算模式，通过对规划中的杨浦M8线地铁走向沿线地区的环境、社区、商业、交通、学校、医院及房地产状况等进行勘察，利用类比实测的振动衰减模式对M8地铁线对应的主要敏感点与相似点进行预测计算，找出了主要敏感点与特殊保护目标，对M8线从路线走向、隧道深浅、站台定位、轨道减振、降噪措施以及敏感点振动处理等方面提出了相应的防治措施和建议，同时进行了环保、经济效益分析，为领导决策和M8线地铁的设计、施工、管理提供了有益的参考意见。

宣教活动

2001年，杨浦区开展了形式多样的环保宣传活动。紧紧围绕“6·5”世界环境日“世间万物·生命之网”的主题，在五角场朝阳广场组织了“畅想世纪绿色旋律，共绘杨浦美好明天”青少年绘画表演活动，同时还组织了绿色画板宣传及废旧物品小制作，运用画板形式宣传环保小知识，利用小制作展示废物利用的小构思、小设想。还开展了“万人环保大签名”和环保法规咨询活动。6月5日，在杨浦大剧院隆重召开了杨浦区纪念“6·5”世界环境日暨“环境之友·绿色卫士”颁奖文艺晚会，赵志刚、茅善玉、毛猛达等著名演员结合环境保护工作演出了精彩的文艺节目。“6·5”世界环境日期间，杨浦有线电视台集中播放有关环保的专题内容，制作了“舒兰绿色小区创建”、“杨浦区废油脂管理工作”等节目，并在环境日期间插播环保宣传口号，在《杨浦时报》、《民风报》等报刊杂志开辟专栏，在“沪东网”上开辟环境保护窗口，宣传普及环保法律法规及环境科学知识，起到了良好的宣传作用。

12月29日，区环保局还会同各街道（镇）在五角场地区举办关于《上海市实施〈中华人民共和国大气污染防治法〉办法》的宣传咨询活动。

2001年组织了企事业单位污染物排放总量控制讲座、《上海市实施〈中华人民共和国大气污染防治法〉办法》培训和排污申报培训等各种环境教育培训讲座，参加培训的企事业单位环保管理人员及街道环保干部达850人次。

杨浦有线电视台关于杨浦区“6·5世界环境日”、《上海市实施〈中华人民共和国大气污染防治法〉办法》宣传咨询活动等内容的报道有8次。12月份《杨浦时报》出专版，介绍宣传《上海市实施〈中华人民共和国大气污染防治法〉办法》。

信访处理

2001年，杨浦区环保局共收到信访总数1459件（人次），其中市环保局转来181件（人次），区环保局直接收到1278件（人次）；来信213件，来电1209件，来访37件（59人次）。

已办结市环保局转来信访件181件（人次），办复率为100%。区信访件1178件（人次），办复率92.18%。

2001年“两会”期间，杨浦区环保局共收到区人大书面意见、区政协提案13件，比2000年下降了6件。意见、提案均按时、按要求完成，办复率和满意率均为100%。

黄浦区

综述

黄浦区位于上海市中心，区域面积12.47平方公里，其中陆地面积11.12平方公里。水域面积1.34平方公里。2001年底全区户籍人口62.2314万人，人口密度52061人／平方公里。

2001年，全区经济稳步增长，完成增加值72.5亿元，同比增长7.1%，完成区级财政收入26.2亿元，同比增长19.6%，完成固定资产投资总额60.0亿元。重点工程建设顺利展开。延中大绿地二期、苏州河综合整治三期工程（乌镇路桥－新昌路段）亲水平台等工程竣工，明珠线二期和复兴东路隧道建设相关工作按进度推进，老城厢环城绿带样板段、古城公园建设进展顺利，老西门和新昌路两个聚居区的建设项目抓紧实施。全区住宅施工面积150万平方米，新开工面积36万平方米，竣工面积36万平方米。全区深入开展“国家卫生区”创建工作，市容市貌发生新变化。2001年12月黄浦区顺利通过了国家爱国卫生委员会办公室（以下简称国家爱卫办）验收，成为全国首批“国家卫生区”，得到中央和市有关部门的充分肯定。

2001年，黄浦区加大“环境保护和建设三年行动计划”推进力度，使全区环境保护和建设总体水平不断提高，环境质量得到改善。

全区环境空气质量中二氧化氮平均浓度值为0.054毫克／立方米，比2000年下降0.006毫克／立方米；二氧化硫平均浓度值为0.015毫克／立方米，比2000年下降0.003毫克／立方米；总悬浮颗粒平均浓度值为0.159毫克／立方米，比2000年下降0.057毫克／立方米。

区域环境噪声白天时段的平均等效声级为56.0分贝（A），比2000年下降了1.8分贝（A），深夜时段的平均等效声级为51.9分贝（A）。区主要道路交通干线白天和深夜时段的平均车流量分别为1784辆／小时和723辆／小时。监测结果显示：区交通噪声白天和深夜时段的平均等效声级分别为67.9分贝（A）和62.6 分贝（A）。

重要活动

2001年6月12日，中共中央总书记、国家主席、中央军委主席江泽民视察延中大绿地（黄浦段），听取了延中大绿地建设情况汇报，并对中心城区进行大规模生态建设表示肯定。

2001年1月3日下午，市委书记黄菊等市领导，首先乘船沿黄浦公园至江边码头察看外滩沿岸情况，随即来到延中大绿地察看有关建设情况，召开了调研座谈会，听取了汇报。

2001年5月31日上午，市委书记黄菊和副市长韩正一行，视察延中大绿地二期绿化建设工程（黄浦段），对大绿地建设给予高度评价。

2001年4月2日、5月10日、5月16日下午，副市长韩正三次率市有关部门负责人等到延中大绿地二期工程（黄浦段）施工现场察看植绿工作进展情况，充分肯定了前一阶段工作。

2001年6月30日下午，副市长韩正召开专题会议，听取区领导关于环城绿带规划方案、旧区改造工作及南京路结构调整与基础设施改造方案汇报。

2001年8月30日，副市长韩正在黄浦区召开专题会议，听取区领导关于环城绿带规划方案、旧区改造及南京路结构调整与基础设施改造方案的汇报。

2001年12月17日下午，副市长韩正率市有关部门负责人现场踏勘古城公园基地，要求古城公园的建设要衬托和凸现豫园传统文化品位，设计上要融合周围历史风貌建筑，形成与周边环境协调，开放性的公共绿地。

黄浦区环保工作会议

环境综合整治

2001年，市环保局下达给黄浦区20台4吨／小时以下燃煤锅炉清洁能源改造任务。将所有4吨／小时以下燃煤锅炉的改造列为区府实事项目，年初召开全区改炉单位动员大会，对每户改炉单位进行上门宣传，现场指导，帮助落实改炉措施。同时及时了解全区改炉的进展情况，坚持每月召开专题会议，通报改炉进展，分析改炉动态，研究难点问题，加强中途督查。要求树立为企业服务的意识，将企业的问题作为自己的问题来研究，将企业的困难作为自己的困难来解决，积极与其上级部门、消防、煤气公司等协调，当好企业的参谋。筹资139万元，对确实有困难的企业，给予启动资金，从而使改炉工作顺利进行，至11月底，提前1个月完成了24台4吨／小时以下燃煤锅炉清洁能源的改造。

2001年黄浦区民用煤气普及率为99.2%；燃煤总量（不包括南市发电厂用煤）为5487吨／年；燃煤密度为0.044万吨原煤／平方公里·年；全区能源消费中清洁能源占总能源的比例为96.68%；现有的1吨／小时的锅炉、茶水炉及炊事灶、营业灶全部实现了清洁能源化，本地区现有宾馆、饮食服务行业、机关、学校、金融等第三产业单位共有469个，使用清洁能源的单位为467个，占总数的99.57%；区域内20条主要交通干线和景观道路及其两侧人行道，经公安、工商和城管监察队多次整治并实行长效管理，已取缔燃煤的流动摊贩。12月份通过了市“基本无燃煤区”复验。

2001年黄浦区建立长效管理机制，巩固环境噪声达标区成果，区内固定源噪声源359个，达标356个，超标3个，达标率99.2%，新建“三无”安静住宅小区30个，在建工地 37个，严格执行夜间施工审批制度，12月份通过了市级环境噪声达标区复验。

2001年因产业结构调整，关停并转企业6户。

加强对废弃食用油脂污染防治管理，整顿辖区内废油脂收集队伍，并对废弃食用油脂的收集、回收利用情况进行跟踪检查。

创建国家卫生城区

2001年12月11日，全国爱卫办考核鉴定组对黄浦区参加全国卫生城市创建工作进行最终考核鉴定，经过严格的检查考核后认定，黄浦区建成“国家卫生区”。

黄浦区深入开展创建“国家卫生区”工作，改善了居民的生活和工作环境，环境质量逐年提高。一是大气质量明显好转。各街道建成了“大气污染物达标排放街道”，全区建成了“基本无燃煤区”。通过强化对建筑工地污染的管理，实行环卫清扫湿式作业，有效地降低了城区降尘量和大气总悬浮微粒(TSP)含量。二是噪声污染得到有效控制。严格建筑工地夜间施工申报管理和执法，对环境噪声污染严重的单位进行集中检查和整治。全区各街道均建成了"环境噪声达标街道"，区域环境噪声值为56分贝（A），机动车喇叭禁鸣工作取得明显成效，机动车鸣号率控制在3%左右，城区环境噪声平均达到二类功能区标准。三是水环境治理取得显著成效。工业废水达标排放，区内苏州河环境综合整治工作先后投入4500多万元，建成一期、二期和三期样板段。四是加强废弃物的管理，推动固体废弃物的无害化、减量化和资源化进程。新设置垃圾分类收集箱300余只，全区生活垃圾分类收集户数占全区总户数的43%。企事业单位垃圾基本实行袋装化并上门收集，部分机关、学校和单位实行有害废弃物集中回收，区内垃圾生化处理机已达6台，生活垃圾减量化率5%。五是大力发展城区绿化，营造绿色景观，改善城区生态环境。

绿化建设

黄浦区克服居住密度高、建筑密度大，可绿资源匮乏等困难，大力推进城区绿化建设，同时根据中心城区的区域定位，注重建设精品绿化，改善城区的绿色景观。至2001年年底，全区绿地总面积达87.09公顷，比2000年增加10.7%，年内新增绿地面积9.93公顷，人均公共绿地0.97平方米，比2000年增加14.1%，绿化覆盖率9.61%，比2000年增加0.53个百分点。

2001年植树节期间，黄浦区人民政府会同上海市绿化委员会办公室、上海电台向市民发出"绿化新上海，共造市民林"的倡议，并决定在延安中路大型绿地中专门辟出一块命名为"市民林"，由上海市民和居住工作在上海的国内外人士捐资建造。6月17日，副市长韩正参加了"市民林"揭牌仪式，至2001年底，共收到捐款188678元（其中市民374人，捐款146926元；团体14家，捐款41752元）。

环境管理

2001年，黄浦区审批建设项目环境影响报告书、报告表共202份，其中报告书4份。为改革政府行政审批制度，提高政府办事效率，黄浦区对工商开业注册登记实行前置并联审批，黄浦区环保局完成并联审批工商开业注册登记项目368份，并且都在5个工作日内完成。

区环保部门进一步加大建设项目的监察管理，坚持环境影响评价制度，加强建设项目中后期监督管理和"三同时"执法检查。竣工验收的105件项目，都能达到"三同时"验收标准。由新建项目引起的环境污染群众投诉大幅度下降，仅占全年总信访件的2%。经市、区环境监察部门对新建项目环保设施的安装、运行情况的抽查和日常监理，合格率为99.76%。

黄浦区从2001年1月起，对本区范围内排放废水、废气(包括粉尘)、固体废物、消耗臭氧层物质及辐射污染的工业和其他企事业单位全面开展了申报登记工作。此次排污申报距上次申报时隔五年，区域内企事业单位的情况有了很大的变化。区环保局认真开展排污现状的摸底工作，做到一个不漏列出本次申报登记的单位名单，拟定实施计划，向辖区内有关单位下发了《关于开展排污申报登记工作的通知》，明确了申报登记的内容、范围。结合两区合并后的实际情况，有针对性地对街道环保干部进行专题培训，并对申报单位分批分期地进行指导。这次申报登记单位共计323户，区环保局对单位填报的数据严格审核，并由专人输入汇总。通过排污申报，为区环保规划、环保管理、重点污染源的限期整改，有重要的参考作用。8月14日顺利通过了市级验收。

2001年黄浦区加强了环境执法力度，共计处罚单位19户，处罚金额7.74万元。

环境监察

2001年，区环境监察部门现场监察共计出动682批次，1768 人次，现场监察2011户次，其中污染源监察1221户次，建设项目监察53户次，污染治理设施监察46户次，专项监察678户次，夜间施工工地监察307户次。

2001年，黄浦区环境监察支队受理环保110投诉525件，处理率100%。

2001年，黄浦区加强排污收费力度，主要措施：一是积极开拓新的排污费征收单位，新增86户；二是开展对个体餐饮业的排污费征收工作；三是开征二氧化硫的排污费；四是加强了排污费的催缴工作。全年共征收超标排污费484.87万元，其中征收二氧化硫排污费136.09万元。

环境监测

2001年，黄浦区环境监测站对地表水、空气、噪声等环境要素进行了监测，共获得监测数据8273个，其中地表水2992个，大气2169个，噪声3112个。

2001年度共获得重点污染源监测数据2328个，"三同时"验收获得监测数据6762个，环境评价监测数据3341个。全年对本区6家重点工业污染企业实施了每季一次监测，对29家工业企业实施了排污申报例行监测，实施突击抽查监测11户次。

环境科技成果

2001年，完成区环境科研项目"凤阳路变电站噪声控制研究设计"，并通过专家评审。

变电站噪声扰民是近年来黄浦区较为突出的污染纠纷，为缓解城区供电系统改造与居民正常生活之间的矛盾，自2000年起，区环保局以凤阳路变电站噪声控制研究设计为课题，深入开展调研，找准主要问题，掌握关键技术。2001

年，通过与电力局等有关部门的密切合作，有针对性地采取了隔声、隔振、吸声、消声等综合治理措施，使变电站内的噪声降低了2-3 分贝（A），围墙外的噪声降低了10分贝（A），邻近居民住宅内测得噪声值由噪声控制设计前的62分贝（A）降低为50分贝（A），达到了设计要求。同时，采取的治理措施有利于变电站的安全运行，方便了日常维护检修，因此对同类型的变电站降噪工作具有较高的参考价值，取得了较好的经济、社会和环境效益。

宣教活动

6月3日，黄浦区会同上海市中华环保世纪行组委会办公室在南京路“五卅”广场设置了2001年世界环境日上海宣传活动主会场。参加本次活动的有市人大城建环保委主任委员盛道钧、副主任委员陆福宽、市委宣传部副部长许德明、市环保局局长洪浩等10余名上海市中华环保世纪行组委会领导。区人大副主任陈希安、副区长冯经明出席了本次活动。主会场开展了市领导和市民共同进行“情系环保，绿满上海”绿色承诺活动；组织了城市环保艺术博览会启动仪式、保护母亲河青少年环保监督岗命名授牌仪式；进行了市、区有关领导向我区南京街道厦门小区等8个环保绿色小区、陶玉仁等8名上海市百佳“环境之友·绿色卫士”授牌授奖仪式、上海-汉堡宣传车交接仪式；著名演员和群众艺术团体同台演出，开展环保宣传，并进行了签名活动。整个会场宣传氛围热烈，中间有舞台表演，空中有彩球，两侧有宣传版面，前面有环保咨询服务，社会反映良好。

除主会场外，黄浦区还在老西门街道和金陵街道社区设置了2个分会场，分会场悬挂了“6·5”宣传横幅，进行环保黑板报展示，区青少年活动中心组织了文艺表演，区环保局在现场进行环保法律法规咨询和环保投诉接待。各街道办事处都在社区内组织了各自的“6·5”宣传活动。区有线电视中心摄制“6·5”宣传活动新闻报道。

2001年黄浦区积极推进社区环境建设，倡导符合绿色文明的生活方式、消费观念和环境价值观，围绕提高青少年环境意识和增强保护环境的责任感，抓好课堂教育和社会实践活动，认真开展绿色社区、绿色学校的创建工作。至2001年底，全区共创建成市级绿色学校2所，区级绿色学校5所，区级绿色社区13个。

信访处理

2001年，黄浦区环保局共处理各类信访652件，办结率100%。

受理并办结市、区人大代表和政协委员书面意见和提案共8件，满意率达100%。

卢湾区

综述

卢湾区位于市中心南部。总面积8.02平方公里，其中水域面积0.50平方公里。区下辖淮海中路、瑞金二路、打浦桥、五里桥等4个街道。全区户籍人口为34.61万人，人口密度为每平方公里4.44万人。

2001年，实现区内增加值33.53亿元，比上年增长17.2%；地方级财政收入14.13亿元，比上年增长24.4%；引进外资2亿美元，同比增长143%；完成出口交货值2211美元，同比增长29.7%；三产销售收入完成252.58亿元；完成固定资产投资40.8亿元，同比增长35.9%；

2001年环境空气质量中，二氧化硫浓度年日平均值0.030毫克/立方米；氮氧化物浓度年日平均值0.071毫克/立方米；总悬浮颗粒物浓度年日平均值0.170毫克/立方米；降尘量月平均值为9.56吨/平方公里；全年酸雨频率为0（63次），降水pH范围6.22-7.12。

区域环境噪声：二类功能区昼间平均噪声值49.6分贝（A），夜间41.8分贝（A）；三类功能区昼间平均噪声值57.4分贝（A），夜间50.4分贝（A）；区域交通点平均噪声值昼间67.5分贝（A），夜间57.3分贝（A）。交通干道机动车鸣号率低于2%。

卢湾区人口资源环境工作座谈会

重要活动

2001年5月29日，全国人大常委会环境与资源保护委员会主任委员曲格平一行，在市环保局党委副书记徐建民、市环保局副局长张全、卢湾区副区长马云安的陪同下，对卢湾区的环保工作进行了视察。在视察上海广场废水处理设施时，对上海广场的管理水平以及管理人员的敬业精神给予了高度评价；在视察正在建设中的太平桥绿地时，对作为中心城区的卢湾区积极开展生态建设和环境保护取得的成绩给予了充分肯定和高度赞扬。曲格平主任还为卢湾区环保局题词“保护环境，富民安邦”，为上海广场题词“细微之处见精神”。

5月10日，区人大常委会副主任洪佩瑛率常委会全体成员和城建环保专业委员会对区政府环境保护工作进行了视察。

5月26日，区委、区政府召开卢湾区人口资源环境工作座谈会。

环境综合整治

2001年，区内新淮海娱乐城的一台2吨／时燃煤锅炉在6月改使用油炉加电炉；针织十一厂6月底前迁至南汇新场镇生产，原址建办公商务楼，2台4吨燃煤锅炉作为报废锅炉停止使用，1台6吨燃煤锅炉移至南汇新场镇使用，同年7月本区已无燃煤设施。为实现区政府提出全区创建无燃煤区的目标打下了基础。年内，区市政委、环保、城管等部门密切配合，发挥街道的作用，开展了燃煤流动早点车整治工作，取缔无证的流动燃煤摊点。至9月底全区158台有证流动早点车已全部改为使用液化气。

巩固环境噪声达标区成果，11月下旬各街道均通过复验。

日晖港为卢湾区境内唯一的河道，剩余段768米做到“面清、岸洁、有绿”。当年，疏通河道4次，清理河面垃圾730吨。

年内，加大 “白色污染”的整治力度，建立了回收、管理、执法网络和考核奖惩制度。全年共回收一次性饭盒400多万只，并加大源头控制，减少一次性塑料制品的使用量，全区“白色污染”发生量比上一年削减40%。

2001年全区新建3座垃圾压缩站。7月初，局门路599号东怡花苑1座垃圾压缩站建成并投入使用；9月，丽园路818号开城新苑小区内的1座垃圾压缩站建成并投入使用；12月下旬，瑞金医院内1座垃圾压缩站投入使用。压缩站建成后，拆除了压缩站附近的陈旧垃圾箱房，减少了污染点，既解决了住宅小区内生活垃圾的收集，又减少体积便于运输，有利于固体废物的无害化处置，同时为部分道路清扫的垃圾找到出路，改善了周围环境面貌。

为了解决全区餐厨有机废物的处置，4月组建了上海鑫铭环境资源开发利用有限公司，该公司立足餐厨垃圾资源化利用。研制成功用餐厨垃圾再生蛋白质饲料产品，投资了150万元，建造日处理25吨泔脚的整套设备。9月28日，处置装置竣工，投入试生产。该设备设计日产出蛋白质饲料约3.5吨，年产量约1100吨，实现了餐厨有机固体废物的“无害化、减量化、资源化” 。

年内，区政府结合城区改造，积极推进产业结构和城市布局调整，搬迁有污染的单位3家、关闭1家。

绿化建设

2001年，从加强生态环境和建设的战略高度出发，以建设大型公共绿地为重点，加大资金投入，在扩大绿化面积的同时，坚持市政府提出的中心城区环境绿化建设的高起点设计、高标准建设和高水平管理的要求。新辟公共绿地74500平方米，其中包括延中L3、L4绿地、太平桥公园、玉兰园等工程，绿化面积为2000年的1.65倍。建成后的延中绿地体现了人与自然的和谐统一，得到社会各界的好评；太平桥公园成为全区绿化环境建设中令人瞩目的亮点，全年新建专用绿地 12600 平方米，完成年计划的 126%；种植树木 5154株，完成年计划的5倍，除行道树外，大部分种植香樟树、榉树、冷杉、桂花树等一类高大名贵树木，提高了绿化的品位。全区绿化覆盖率达14.69%，人均公共绿地1.1 平方米。

为迎接APEC会议，本区新建临时绿地1000平方米，调整改建绿地30355平方米，实施破墙透绿3019米，补种行道树532棵，在区内主要道路精心设计、制作了28个绿化景点，设置花船、花篮567只，用花量达18万盆，展现了卢湾绿化精品风貌。

2001年区政府完成了《中心城区（卢湾）大型公共绿地实施规划》编制工作，并通过市规划局审批。根据该绿地规划，到2020年，卢湾区公共绿地总面积将达到60公顷，新增公共绿地面积为35.22公顷，其中新增1000平方米以上的集中公共绿地面积为26.43公顷，达到每个街道至少有一块 1公顷以上公共绿地的规划要求。届时，居民出门不到500米即能享受到一片较大型的公共绿地。规划将根本改变卢湾区南北绿地分布不均的局面，重点加强南部地区尤其是浦江沿岸和南北高架沿线地区的绿化建设。

环境管理

全年审批建设项目154个，52个项目通过“三同时”验收。在建设项目的审批过程中，根据区域开发和建设的总体规划，将淮海中路商业街、太平桥地区、历史文物保护区、居民住宅区等作为四个特殊功能区，分类审批，严格把关，做到审批的程序化和规范化。

结合旧区改造和产业结构调整，积极鼓励区内无污染的都市型工业楼宇的发展。制定了《都市型工业楼宇环境保护管理办法（试行）》，简化审批程序，积极为区域经济的发展服务。对产生少量污染的建设项目实行“三同时”验收，经验收合格后同意投入生产。

2001年，本区全面开展排污申报登记工作，7月底全部完成，全区共有228家单位填写申报登记表，其中26家单位填报废气专项表；22家填报噪声专项表，26家填报ODS专项表，7家填报医院废物专项表，14家填报固体废物专项表，154家填报废弃食用油脂专项表，18家填报放射性污染专项表。

在落实常规监测、监察工作任务的基础上，努力在建立长效管理机制上下功夫，并结合学生中考、高考期间的绿色护考和五国首脑会晤、APEC会议等重大活动，强化监督管理力度，杜绝了回潮现象的发生，巩固了“一控双达标”工作的成果。根据《上海市废弃食用油脂污染防治管理办法》和市环保局的布置，确认了2家较规范的回收处理加工单位，为规范管理创造了条件。

在APEC会议期间，加强对重点排污单位的监督管理，采取专人负责，决不放过一个疑点。区环境监测站和监察支队密切配合，及时发现云泰公寓废水处理设施硫化氢超标排放，查清原因，采取应急措施避免了一起污染事故的发生，确保会议期间环保万无一失。

本年限期治理项目5个，年内如期完成任务。

2001年区积极贯彻“关于加强环境违法行为专项检查全国电话会议”的精神，区环保局与区监察委员会共同制定了《环境违法行为专项检查实施计划》，加大了执法力度。

全年行政处罚76件，罚款金额40.9万元。其中违法夜间建筑施工60件，罚款30.01万元；违反建设项目管理规定5件，罚款4.38万元；治理设施闲置不用11件，罚款6.51万元。当年，无行政复议和行政诉讼案件发生。

环境监察

全年共对污染源现场监察944户次，出动监察力量475人次。为确保新建项目环保设施真正到位，建设项目监察208户（次），416人（次）；限期治理项目监察19户（次），38人（次）。另内环线、交通干线、景观道路沿线污染源的巡视监察每天2次全年共285批（次）。

在严格夜间施工审批的同时，开展夜间突击检查工作，确保每周现场监察1次，“绿色护考”和五国首脑会议、APEC会议期间每周检查2次，全年现场监察1050户次。“110”投诉受理 210次。

全年共征收超标排污费和二氧化硫排污费350.56万元。

环境监测

大气环境监测点国控点1个，市控点1个，降尘点3个，降水点1个，获环境大气监测数据1706个；机动车禁鸣效果监测点4个，道路交通噪声监测点11个，高空噪声监测点1个，共获环境噪声监测数据1660个。

污染源监测数据38962个，其中：废水监测436单位（次），监测数据30391个；噪声监测152单位（次），监测数据1444个；烟气监测76单位（次），监测数据2113个；“三同时”验收监测81单位（次），监测数据4902个；信访监测48次，监测数据112个。

参加市环保局组织的在用车机动车尾气监测，抽检了4000辆，共获得监测数据16036个。

环境监测站在完成日常监测任务的同时，通过业务培训、技术练兵、开展科研项目等，提高了工作人员的业务水平。根据环保110的要求和新形势监测工作的特点，配备了环境事故应急监测仪器设备。

宣教活动

围绕世界环境日 “世间万物·生命之网” 这一主题，开展了以宣传典型事迹、开展环境警示教育为主要内容的环保宣传活动。6月5日，世界环境日期间，邀请市环保局洪浩局长对全区处以上干部作环境警示教育专题报告；向居委会干部、区级机关副处以上干部赠阅了《江泽民同志论环境保护》和《环境保护法律法规选编》；《卢湾区政报》刊登环保特刊，《卢湾环保画廊》定期刊出；制作了环境保护警示教育展览版面，在各街道和部分学校进行巡回展示；举办了世界环境日广场文艺演出和大型咨询活动，开展了上海广场张国丽事迹的宣传报道工作；推荐评比了市首届“环保之友·绿色卫士”，江南造船公司陈承德、上海广场张国丽、八旬老人刘宝珊3人被评为“环保之友·绿色卫士”。

年内，区有线电视进行了10次环境保护宣传报道。为提高全区领导干部的环境意识，及时了解国内外环保信息和动态，向区级机关正处以上干部每人赠阅一份《中国环境报》。

信访处理

区环保局领导坚持每周一次信访接待日制度，对每件信访都进行审阅提出处理意见。局领导班子经常召开专题会议，研究信访工作，解决疑难的、重要的信访件。区政府机关工作人员深入基层，积极参加各部门、街道、居委召开的信访协调会和听证会。根据信访反馈的信息，加强环境监督管理和治理的力度，提高了环境质量和管理水平。年内，收到来信428件、536人（次），比上年减少42.7%。其中市环保局转来7件，区查办件37件，各类信访件的处理率和办结率均为100%。卢湾区环保局被市环保局评为2000-2001年度信访先进集体。

区“两会”期间共收到区人大、政协书面意见和提案4件，其中人大书面意见3件，政协委员提案1件，均提前完成办理工作，办结率100%。

静安区

综述

静安区地处上海市中心区，全区总面积7.62平方公里，其中土地面积7.57平方公里，河道面积0.05平方公里。2001年全区总户数11989户，总人口349161人。区辖5个街道办事处，分别为静安寺街道办事处、曹家渡街道办事处、江宁路街道办事处、石门二路街道办事处、南京西路街道办事处。

2001年，静安区完成增加值46.1亿元，比上年增长12.93%；财政收入18.36亿元，同比增长30.43%，其中区级财政收入14.5亿元，同比增长31.82%；财政支出15.04亿元，同比增长33.39%；商品销售总额351.47亿元，同比增长29.01%；外贸出口额1.24亿美元，同比增长24.03%；协议引进外资2.63亿美元，同比增长115.48%。

全区当年环境保护和建设的投入约1.385亿元，达到了区增加值的3%。

2001年全区环境空气质量中：降尘量月平均值7.23吨／平方公里·月，比上年降低3.51吨／平方公里·月；二氧化硫年日平均值0.017毫克／立方米，比上年降低0.006毫克／立方米；总悬浮微粒(TSP)年日平均值0.168毫克／立方米，比上年上升0.016毫克／立方米；氮氧化物年日平均值0.041毫克／立方米；比上年降低0.022毫克／立方米；大气环境空气质量达到或优于国家二级标准。

区域环境噪声平均等效声级昼间为57.4分贝（A），夜间为49.7分贝（A）。均达到二类区标准。车辆平均鸣号率为0.32%。

重要举措

2001年静安区环境工作围绕建设“高品位的商业商务区、高品质的生活居住区”的总目标，以贯彻“环境保护和建设三年行动计划”和创建国家卫生区为抓手，以旧区改造、能源结构调整和迎APEC会议为契机，突出重点，抓住热点，破解难题，开展全区综合整治。

2001年，区环保系统开展了人才引进工作，招聘、录用5名大学生、硕士研究生和在读博士生，为区环保局注入了新鲜血液，提高了队伍的人员素质，改善了年龄结构。

重要活动

2001年3月15日，静安区区委书记陈振鸿到区环保局开展调研工作。区环保局领导汇报了区环保局当年的重点工作，陈振鸿期望环保局的全体同志为建设静安“双高区”作出贡献。

3月28日静安区副区长卞百平到区环保局现场办公，区环保局领导汇报了环保工作的计划打算和目前的工作情况，卞百平副区长对环境保护工作提出明确要求。

4月27日，区政协委员10多人在政协副主席沈沅的带领

静安区落实市府实事严禁冒黑烟现场会

下，在区环保局领导的陪同下，乘“大众号”船从水上视察了苏州河建设情况。区环保局的同志介绍了苏州河的人文地理和历史变迁、河道的走势，以及沿河的建筑、桥梁等，委员们认真了解苏州河沿河的环境综合整治和绿化建设成果。

8月22、23日，区人大代表10多人，视察了恒隆广场的噪声治理设施、儿童医院、上海宾馆经改造的燃气、燃油锅炉、王家库地区空调室外机整治情况；听取了静安浴室顾全大局拆除燃煤锅炉停业，还居民清洁环境的介绍；深入了解锦乐纺织装饰品有限公司“三废”污染搬迁面临困难，参观了区环境监测站的仪器设备。

10月30日上午，区人大召开主任会议专题审议环保工作，区人大六位主任、副主任及10多位人大代表参加了会议，区环保局局长葛尧兴受区政府的委托，汇报了两年来静安区的环保工作，与会的人大领导及人大代表对这几年来区环保工作所取得的成效给予了充分肯定，同时也提出了希望。

11月16日，静安区区长姜亚新、副区长是明芳到区环保局，专门听取了区环保局负责人关于今年工作情况的汇报和明年工作的初步设想。在听取汇报后，姜区长要求，区环保局要按照静安区建设“双高区”的目标，突出重点，扎实推进明年的工作；要进一步开拓工作思路和创新工作方法，努力把环保工作提高到新水平；并表示对区环保局工作的支持。

12月11日，全国爱卫办考核鉴定组宣布静安区国家卫生区创建工作通过考核鉴定。国家爱卫会在2001年5月份对静安区创建国家卫生城区工作进行调研，12月9日起进行考核，考核的7项指标全部达到国家卫生区环境保护的标准。

环境综合整治

2001年，静安区完成了儿童医院、美丽园大酒店、静安浴

室、五和针织二厂、良友饭店、第一妇婴保健院等六个单位的9台燃煤锅炉清洁能源替代或拆除，其中4吨锅炉2台；2吨锅炉4台；1.5吨锅炉2台；6吨锅炉1台。这些燃煤锅炉的清洁能源替代或拆除后取得了明显的社会效益和环境效益。如静安浴室坐落在居民区中，周围数百户居民长期受烟尘、噪声污染之苦。以往来信来访不断，区环保局会同区经贸委、劳动局以及所在地静安寺街道与浴室的上级公司百乐门经营服务总公司、梅龙镇集团联系协调。在各方密切支持下，静安浴室拆炉停业调整经营项目，使多年的老大难问题终于得到圆满解决，浴室职工和周围居民都表示满意。

2001年静安区通过"基本无燃煤区"复验。南京西路街道建成"无燃煤街道"，面积1.62平方公里。该街道在创建过程中，重点对33户个体燃煤灶进行了整治，其中改清洁能源的24户；转行的1户；歇业的4户；取缔的4户。全街道所有炉灶清洁能源化，成为全市第一个严格按标准通过验收的"无燃煤街道"。年内，又开展"环境噪声达标区"复验试点，开发了噪声管理GIS系统，并通过了市环保局的验收，并在全市推广。

当年，区内有2家污染企业实施了关停：其中五和针织二厂实施了停业，华丰企业有限公司实施土地置换。

上半年，全面完成了"一点二线"（即一点：王家厍地区；二线：华山路常熟路、乌鲁木齐北路和中路）空调器室外机整治的任务。做到空调器室外机整齐划一，对锈蚀严重存在安全隐患的机架进行更换，安装统一的排水管道，拆除凌乱的遮阳棚。共整治空调器室外机619台。改变了过去空调器室外机安装凌乱无序的现象，取得了良好的视觉效果。

2001年，静安区还开展了餐饮业环境污染整治，有11户餐饮业单位安装了油烟气净化装置；有14户餐饮业单位实施噪声治理。

2001年区加强了废弃食用油脂污染防治管理，把废弃食用油脂的收集回收纳入到企业的日常管理，禁止随意向地下排水管网或其他场所排放废弃食用油脂，禁止将废弃食用油脂出售给非定点单位或个人。要求企业同具有回收资质的公司签订协议。并结合环境警示教育开展多次专项整治，对认识不足，配合不力的单位进行批评教育。对违反市府80号令，非法交易的进行行政处罚。全区纳入正常回收渠道单位有140余家，签约率达95%以上。2001年共回收废油脂603.4吨。

绿化建设

2001年共建成公共绿化4.5万平方米；建成临时绿化2.8万平方米；引进大树3510棵；完成破墙透绿1838米；屋顶绿化2.7万平方米。全区绿化覆盖面积达到98.12万平方米，绿化覆盖率达到12.88%，比上年增加6%，绿地面积达到59.92万平方米，绿地率为7.86平方米，人均绿地1.67平方米，比上年增加9.2%，其中公共绿地面积达到22.33万平方米，人均公共绿地0.62平方米，比上年增加20%。

区绿化工程的特点：建造精品绿地，风格各具特色。建成延中地质景观绿地、延富生态湿地绿地、北常南方风景绿地、昌平路沿线宽幅绿地等等；绿地调整形成亮点；引进新品种，提高景观效果；建设高品质立体花卉景点；高标准绿化养护；创建文明公园和星级公园。

环境管理

2001年全区共审批建设项目128个，审批环境影响评价报告表174个，验收"三同时"项目52个。

年内，静安区全面开展排污申报工作，有209家单位进行了排污申报登记，通过这项工作积累了宝贵的数据资料，从而为区实行管理控制，核发排污许可证打下了基础。

当年6月18日，区政府下达了《静安区严肃查处环境违法行为专项行动贯彻意见》的文件。区环保局会同区纪委、工商分局、市政委、经贸委和建委等部门组织开展查处环境违法行为专项行动。

全年共处理环境违法案件26件，罚款金额10.04万元。美丽园大酒店燃油锅炉因操作不当及燃料问题，引起锅炉冒黑烟，被处以罚款5千元的行政处罚，区环保局要求该酒店进行清洁能源改造，使用轻质柴油来替代原先使用的重油。改造完毕后，静安区环保局在该酒店召开了全区锅炉清洁能源替代的现场会，进一步促进全区清洁能源替代工作。

环境监察

2001年，静安区环境监理所更名为环境监察支队。

年内，区环境监察支队开展污染源现场监察共1850户次，其中建设项目监察120户次。受理环境110投诉应急出动9次。

6月20日至7月9日绿色护考期间，区监察支队每天增加值班人员，安排值班车辆，组织夜间巡查，检查建筑工地、娱乐场所、餐饮单位共246户次，出动49人次，确保了考生复习迎考和考场的环境安静。

2001年全区共征收超标排污费254.43万元。

环境监测

2001年，环境要素监测获得数据4423个。其中，本区大气自动监测点1个，降尘点3个，降水点1个获得环境空气监测数据1183个；环境噪声监测、机动车禁鸣效果监测点4个，功能区环境噪声监测点2个，区域环境噪声监测点38个，道路交通噪声监测点7个，高空噪声监测点1个，苏州河航运噪声监测点41个，共获得数据3240个。

污染源监测数据24180个。其中，废水监测158户次，监测数据10513个；噪声监测182户次，监测数据4963个；烟气监测152台次，监测数据1242个；"三同时"验收监测49户，64个项目，监测数据7462个。

宣教活动

6月3日，静安区在恒隆广场举行"6·5"世界环境日宣传活动。此次活动围绕"世间万物·生命之网"的主题，开展“作文明市民，树文明新风，展城市风采，迎APEC会议”的环境宣传活动，内容有“环境之友·绿色卫士”颁奖、环保咨询、环保宣传资料发放、“世间万物·生命之网”网页设计作品展示、“环保在我心中”摄影比赛作品展示、静安环保成就展、苏州河水质变迁演示、环保绘画、有线台采访、行人环境意识调查、绿色家园——花卉展示、插花表演等形式多样，丰富多彩，军鼓乐队表演和管乐队演奏“绿之歌”。

区委副书记丁志坚、市环保局副局长张全以及静安区人大、区政府、区政协的领导参加这次活动，并向6位获得上海市百佳、10位获得区十佳“环境之友·绿色卫士”光荣称号和区13位获得提名奖的市民颁奖。

2001年静安区组织了多次环境保护的讲座、培训班，加强环境宣传教育。

1. 组织区部分中小学教师参加的环境教育培训班，每月举行一次专题讲座，邀请复旦大学、同济大学、华东师范大学的专家学者和上海市环境教育协调委员会的指导老师介绍环境保护的基本知识和最新动态以及环境教育的方法技巧。有40人参加培训，并于2001年8月，培训班赴宁波天童国家森林公园作野外环境考察。

2. 组织社区“我为环保做点什么”环保讲座。由区环保局领导深入到各街道，面向街道、居委干部宣讲环保知识、宣传环保工作，全区各街道2000多人次参加。

3. 邀请本市各高校的环保专家到本区各中小学做环保讲座共10次。如：环境问题与环境意识、水危机与水对策、环保小事人人做，有10000多人次的中小学生和教师参加。

4. 深入学校开展了环境教育的辅导，由区环保局干部到学校开设“世界贸易对环境的影响”、“荒岛拍卖”等环保游戏课程，约200人次参加。

5. 组织环保局机关工作人员和街道环保干部法规培训，如《大气法上海实施办法》、《建设项目环境管理条例》等，约400人次参加培训。

6. 组织企事业单位负责人和环保干部培训，如“夜间施工环境管理规范”、“排污申报”等，约200人次参加。

2001年，静安有线电视台和《静安时报》分别对区的环境保护工作进行了宣传报道。静安有线电视台对静安区开展“6·5”世界环境日宣传、区人大视察环境保护工作、全区开展严肃查处环境违法行为专项行动工作、环境警示教育等活动进行了宣传报道；《静安时报》也陆续刊登了《德懿大楼空调室外机整治初见成效》、《政协视察苏州河环境综合整治》、《绿色之友，环境之友介绍》、《人人都来当环保使者》、《建设名符其实的绿色小区》等17篇有关环境保护的报道文章。

全区中、小学校开展“绿色学校”创建活动，本区静安小学、市西中学被授予区“绿色学校”的称号。

信访处理

2001年共收到人民来信来访 799 件。其中，市局与区领导批办 35件、处理率达到100%，办结率100%；受理区人大、政协书面意见和提案5 件，办结率100%。

金山区

综述

金山区位于杭州湾畔，是上海市的西南门户。土地资源丰富、海岸线总长23.3公里。全区陆地总面积586.05平方公里，人口53万，辖14个镇及1个街道。全国著名的特大型企业——上海石油化工股份有限公司和上海化学工业区一部分坐落于区境内。

2001年，全区环保投入23660.56万元，占全区国内生产总值的2.95%。全区工业废水年排放量为15781.98万吨，达标率为95.74%，生活污水年排放量为2208万吨，处理率为74.28%；固体废物综合利用率为98.94%；新建公共绿地22.77万平方米，全区绿化覆盖率达28.64%；整治大小河道432条(段)，全长444公里。

2001年，全区环境空气质量中的二氧化硫年日平均浓度为0.002毫克／立方米，氮氧化物年日平均浓度为0.028毫克／立方米、总悬浮颗粒物的年日平均浓度为0.150毫克／立方米，均比上年有所下降，空气质量大致在一级至二级之间。饮用水源水质达标率88.89%，城市地面水水质达标率为90.25%，与上年持平，区域环境噪声平均值53.3分贝（A），主要交通干线噪声平均值59.1分贝（A），比上年有所改善。

全年完成了亭林镇污水管道接入排海工程亭林泵站工程和山阳段管道铺设工程，共投入资金8980万元；金山区西部处于黄浦江上游准水源保护区，为改善饮用水的水质，在枫泾建设2万吨／日污水处理厂，完成了前期准备工作。金山东南部地区潮汐落差太小，水流不够畅通，水质下降，为改善该地区水质，建设龙泉港排海闸，带动龙泉港水质流速，2001年完成了该项目的环评和可行性研究。

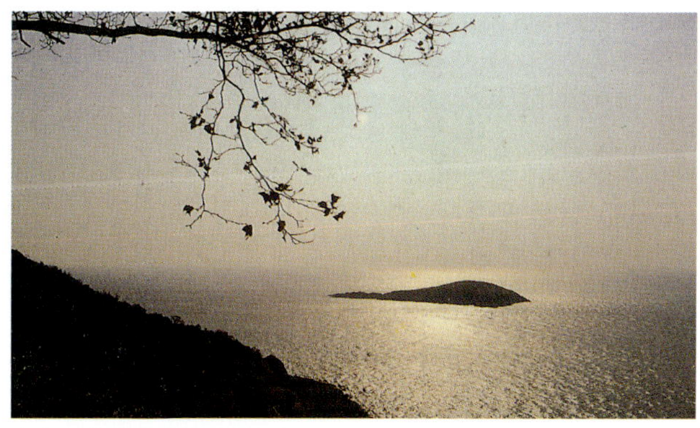
金山三岛海洋生态自然保护区

重要活动

金山区第二届人民代表大会第五次会议上提出“关于加强我区环境保护工作的意见”的议案。建议一要制订和完善区环境保护规划，并付诸实施；二是积极推进三年行动计划；三是工业区要合理布局；四是要加强执法监督力度，严惩破坏环境的行为。区人大、政协环保委每季一次对环境保护工作进行检查监督，区环保局每年向人大、政协专题汇报环保工作情况。

2001年，金山区环保局与华东师范大学环境科学系合作编写了《上海市金山区“十五”和2015年生态环境保护规划纲要》（以下简称《环境规划纲要》）共9章38节。《环境规划纲要》在编制中遵循以下指导思想：（1）经济、社会与生态环境相协调的新发展观：可持续发展思想；（2）与上海生态化建设相对应的生态园区思想；（3）指导本区化学工业大发展的绿色化学思想；（4）现代工业生态园区思想；（5）符合现代城市发展潮流的生态化城市思想；（6）立足实际，解决突出的主要环境问题。

环境综合整治

2001年，本地区东林医院、金卫中学等8家企事业单位燃煤锅炉实施了“清洁能源替代”。

年内，金山卫镇、亭林镇建成“烟尘控制区”，枫泾镇建成“噪声达标区”，三镇共创建面积达20.4平方公里，投入资金30多万元，改造炉、窑、灶32台（眼），受益人口4.3万。已完成创建任务的枫泾镇、朱泾镇、朱行镇、张埝镇和石化街道分别通过“烟尘控制区”、“大气达标区”、“噪声达标区”的复验。

当年，疏浚区、镇、村三级河道457条（段），462公里，450万立方米土方；建设区级河道样板段一条段，镇级样板15条段；河道绿化20条段90.3公里，18.1万平方米，共种植水杉等树木18.5万余株，修建了区、镇级河道护岸17.1公里。同时，按照“水清、面洁、岸净”的要求，清除各类垃圾、杂草9352吨，投入整治资金1006.08万元。

对污染严重、厂群矛盾突出企业结合产业结构调整，实施了关、停、并、转，上海飞宇钢锯有限公司因污染严重，影响周边居民正常生活而关闭，上海华佳玻璃厂因不符合规划要求，厂群矛盾突出，已搬迁。

加强废弃食用油脂的管理，采取联合执法行动，取缔9家非法回收加工点，促成本区47家较大规模的餐饮业与获得经营许可证的上海江东油脂厂签订了回收协议，实行定点回收利用的监督管理。

绿化建设

2001年新增绿地188.14万平方米，使全区绿地面积达到614.53万平方米，绿地率34.14%，绿化覆盖面积达691.39万平方米，植物种类达到571种，25个居民新村全部实现绿化，全区23个单位成为“上海市花园单位”，建成公园、广场绿地、小游园32处，达到了创建国家园林城区标准，闯出了一条在盐碱地带、重化工区内搞好绿化的成功之路，形成了环保型滨海园林新城。2001年10月20日，滨海园林新城通过了国家园林城区评审。

生态保护

上海市金山三岛海洋生态自然保护区，仍保留着半原始状态的生态环境和生物物种资源，现有藻类植物4科7种，大型真菌6科12种，地衣植物12科30种，苔藓植物24科39种，蕨类植物14科26种，种子植物60科122种，大金山岛上尚有63种上海陆地绝迹的植物。金山三岛其丰富的生物群落和稀有植物是研究部门进行植物观察、培育、研究的基地，是青少年和院校学生进行科普教育和野外实习的重要场所。典型的海滨风光是本市杭州湾难得的观光旅游景点。2001年，金山区人民政府制定了《上海市金山三岛海洋生态自然保护区保护规划》，分4个部分22个方面，改变目前的植物自生自灭状态，避免人为和自然的破坏，对稀有的有价值的植物实施积极的保护，对自然生态、科学研究具有极其重要意义。

自1999年以来，市府、市农委提出对黄浦江上游水源保护区和禽畜牧场用3年时间实施污水治理工程，至2001年共完成治理任务13家，投入治理资金1307万元。

年内，秸秆综合利用率为82%，主要为还田型。

环境管理

2001年，在建设项目审批中，按照本区功能区的定位和规划的要求，推行清洁生产，将污染物控制在源头。全年共办理工商执照预审1360户（包括注册型单位），施工执照160户，环境影响评价415项，其中报告书2份，报告表12项，登记表401份，办理“三同时”审批项目16项，“三同时”项目已验收7项，完成建设工程竣工环保验收49户，并加强了建设项目中后期管理，确保了新建项目无污染事故。2001年本区全面开展排污申报登记与变更申报工作，组织了8次各类人员共228人次参加的培训班。全区有310家企事业单位填报了排放污染物申报登记表和变更申报表。经审核发放排污许可证75家。摸清了辖区内污染排放情况，掌握了75家“一控双达标”企业的动态，了解了企业排污的变化情况，在此基础上建立了排放达标管理数据库，实施动态管理。同时15家重点污染企业安装了在线污水流量计和污水处理设备运行记录仪，初步建立长效管理机制。

年内，经区人民政府批准，区环保局对全区主要道路两侧两公里内的冒黑烟的15家企业下达了限期治理通知，经过治理有11家企业做到了达标排放，另4家企业因生产工艺落后从技术上无法治理达标，实施了关、停。

2001年，全区共处罚违法企业77户，罚款金额50.3万元。其中，典型案例之一是2001年4月9日，区环保局接到举报，发现宜兴吉市液化气公司某供销员擅自将pH<1的8吨液态危险废物罐堆放在区石化城周边，一旦容器发生渗漏，将造成重大环境污染事故。区环保局立即与区公安局联系，扣押了该公司的车辆，在调查取证后，对该公司处以罚款10000元的行政处罚，并责令其将危废物品全部装回原地，避免了一起重大环境事故的发生。事后，区环保局对举报人给予800元的奖励。

环境监察

2001年，金山区环境监察支队，出动监察人员949人次，现场监察污染源单位716户次。其中建设项目监察了110户次，限期治理监察45户次，处理污染事故2起。

为做好“绿色护考”工作，在5月份向全区100个建筑工地、房产公司发出了“关于严禁建筑工地夜间施工的通知”，加强了夜间执法检查，出动监察人员30人次，检查了在建工地42个，对违法夜间施工的3个单位进行了处罚；在中高考期间，做好考场蹲点工作，及时处理中高考期间的噪声污染事件。全年“环境110热线”投诉受理了112件，做到一有投诉立即到现场处理。

全年共征收超标排污费和二氧化硫排污费1309.49万元。

环境监测

2001年，围绕改善环境质量，控制环境污染，积极开展环境质量监测和污染物排放监测。年内完成区域内6条主要河流23个监测断面一年6次常规监测和4个断面的一年12次地表水水质的监测，采集样品858只，取得监测分析数据4081个；完成二氧化硫、氮氧化物、二氧化氮等环境质量要素的监测，三项指标共监测154次，采集样品452只，取得监测数据462个，总悬浮颗粒物监测55次，硫酸盐化速率99次，取得监测分析数据154个；完成市监测中心在金山区域设置的6个臭氧点、氮氧化物扩散管的收、放工作和8个降尘点、1个降水点的监测工作，取得监测分析数据396个。

年内，对水污染排放企业监测407厂次，取得监测分析数据27623个，完成“三同时”竣工验收和调查监测9厂次，取得监测数据1901个；对锅炉、窑炉测试291台次，采集烟尘样品1746只，取得有效监测数据291个，二氧化硫、氮氧化物样品1800只，取得有效监测数据582个；有毒有害废气6厂次，取得有效监测数据105个；固定源噪声291点，取得监测数据873个，厂界噪声600个。同时完成了烟控区、声控区、污染事故、纠纷处理、群众来信来访监测工作，为环境管理和排污收费提供了依据。

环境科技

2001年，金山区环保局联合中石化上海石化股份公司安环部共同开展了“石化地区废气污染现状调查与防治对策研究”课题的调研。主要是摸清废气物的污染因子和石化地区的环境质量，为环境治理和防治提供可靠的依据。调研课题分两部分，一是现场采样，分冬、夏二季，连续采样30天，对二氧化硫、氮氧化物、丙烯腈、苯、甲苯、二甲苯、氰化氢、氨、硫化氢等项目进行采样、测试、分析，共采集到各类样本数共141只，分析数据141个；二是针对监测数据的分析，对照标准，提出治理和防治的建设，为领导决策提供科学依据。

年内，在前两年金山区水资源普查基础上，金山区环保局会同有关部门编写了《金山区水环境治理与保护“十五”规划》，目的是通过有系统的截污、治污、清淤、调水和两岸陆域整治等措施，建立健全符合市场经济运行规律的长效管理机制，整治河道基本实现“面清、岸洁、有绿”，合理利用水资源，进一步改善水体质量，逐步恢复水生生态系统。

宣教活动

2001年，金山区“6·5”世界环境日宣传教育活动，围绕“世界万物·生命之网”主题，重点宣传上海的环境保护“十五”规划、水环境治理规划和大气环境治理规划、三年行动计划进展以及取得的成就，在全区各部门紧密配合下，区、镇、街道联动，形成了声势，开展了“小手牵大手，共织地球网”等系列活动，共征集到160篇环保文章，张贴标语687条，张贴宣传画500张，展出黑板报65块，拉出大型横幅34条，广播15篇，分发资料22945份，接受群众投诉6人次，解答群众提出的环境热点问题4点，《金山报》出环保专刊等。

年内，举办了各类环境教育培训班。一是举办了2期区处级干部和3期科级干部共450人参加的环境警示教育培训班，增强了各级领导干部环境忧患意识和责任意识；二是分别举办了镇（街道）、工业园区等部门招商引资项目专管员参加的建设项目环保管理业务培训班，学习了有关法律、法规，明确项目审批范围、程序、权限、时限等有关规定，同时为企业做好配套服务工作，简化手续做到一次讲清，二次办结；三是由区环保学会举办了部分工业企业污水处理操作工的培训班，经过培训考核，50人全部拿到污水处理上岗证书，为企业做到污水处理稳定达标排放提供了保障。2001年，充分利用有关新闻媒体，广泛深入地开展环境宣传教育，电视台共播出新闻报道8篇，广播稿32篇，《金山报》发表20篇文章从不同侧面反映金山的环境状况和加强环境保护的举措等内容，收到了较好的效果。

金山区中小学校积极开展创建“绿色学校”活动。截至2001年底，共有10所学校被评为“绿色学校”，其中漕泾中学、兴塔小学被评为市级“绿色学校”；亭林新联小学、罗星中学、金卫中学、枫泾南星小学、第一实验小学、海棠小学、朱行中学、亭新中学被评为区级“绿色学校”。

信访处理

2001年，共办理区人大书面意见、政协提案5件，截至12月31日，5件书面意见和提案、191件来信、来访、来电全部处理完毕，处理率100%，办结率100%。从来信、来访、来电中反映出以下几个特点：一是随着季节变化，反映的环境问题也有所不同；二是历史遗留问题，引起的厂群矛盾；三是噪声、臭味扰民仍是反映的热点。

闵行区

综述

2001年，闵行区积极实施可持续发展战略，国民经济继续保持良好发展势头，全年实现增加值200.03亿元，比上年增长12.5%；财政收入大幅上升，全年实现财政收入43.26亿元，比上年增长44.7%；招商引资工作获得历史性突破，全年合同吸收外资10.15亿美元，比上年增长2.9倍。富有闵行区特色的“一巩固三创建”活动（巩固国家环保模范城区、创建国家园林城区、国家卫生区、上海市文明城区）取得了新进展：继1999年创建成全国首个国家环保模范城区，创建成果得到不断巩固深化后，又创建成首个国家园林城区，创建国家卫生区的62项指标已通过国家爱卫办初验。2001年，闵行区还荣获国家建设部首届“中国人居环境范例”奖。

全区环境空气质量保持在一级至二级水平，空气污染指数为67，接近一级水平。其中，总悬浮颗粒物为0.162毫克/立方米、可吸入颗粒物为0.099毫克/立方米，均达到二级标准；二氧化硫为0.031毫克/立方米、二氧化氮为0.031毫克/立方米，均达到一级标准；空气中降尘量为6.88吨/平方公里·月，比2000年（以下简称“同比”）下降4.58%；氟化物为2.03微克/平方分米·日，同比下降36.96%，多年来首次符合农区三级标准；酸雨频率为6.44%。区境内的内河地表水有机污染得到有效遏制，高锰酸盐指数平均值较上年下降17.5%，其中苏州河六支流截污纳管范围内的地表水质呈稳定改善态势，9月份以来的高锰酸盐指数全面达到V类水标准。市环保局考核的大治河断面的高锰酸盐指数达到III类水标准，溶解氧指数达到3类水标准，均优于2000年的数据，黄浦江的水质达到III类水标准。建成区昼夜区域环境噪声平均值为55.7分贝（A）和48.0分贝（A），达到噪声二类区（混合区）标准，交通干线噪声平均值为68.5分贝（A），机动车鸣号率为3.13%。

闵行成为国家首批环保模范城区

重要活动

12月20日，市人大城建环保委和上海市中华环保世纪行第5次集中活动对2001年度苏州河六支流截污纳管工程进行了视察和采访，市人大常委会委员、城建环保委副主任委员陆福宽带队视察了市中心城区苏州河水质后，来到闵行区视察了六支流截污D泵站（梅陇镇朱行）、华漕港、蟠龙港和盐仓港，上海17家新闻媒体参加了采访活动。

11月29日，闵行区人大常委会二届六次会议听取了区环保局局长黄克元关于贯彻实施《上海市环境保护条例》情况的汇报，区人大主任郭祖光、副主任李耀辉、陈振明、蔡亚娜、凌耀松及常委会委员共20人出席会议，并对区环保工作提出了意见和建议。

2001年，闵行区政府编制了《闵行区水环境治理和保护“十五”规划》，为“十五”水环境治理和保护奠定了基础。

环境综合整治

2001年，闵行区共完成燃煤炉窑灶改造256台（锅炉和炉窑163台、灶头93台眼），其中清洁能源替代134台（眼），上脱硫设备3台，停用47台（眼），拆除72台（眼）。

全区烟尘控制区（含大气污染物排放达标区和基本无燃煤区）面积达196.43平方公里。其中大气污染物排放达标区122.79平方公里；基本无燃煤区30.34平方公里，建成区的烟尘控制区覆盖率已多年保持在100%的水平。莘庄镇开展了创建“基本无燃煤镇”，江川路街道开展了创建“大气污染物排放达标街道”工作，并分别通过了市环保局的验收。环境噪声达标区面积为115.8平方公里，建成区的环境噪声达标区为31.88平方公里，覆盖率达63.90%，其中一类区1.87平方公里，二类区16.71平方公里，三类区13.3平方公里。

全年共整治河道（段）11条，清理河面河坡垃圾7703吨。江川路街道和莘庄镇开展了餐饮业污染专项整治，共整治了514家。全区共安排工业污染治理项目12个，其中废水3个、废气7个、噪声1个、其他1个。

2001年底，闵行区环保局会同区工业委员会、农业委员会、区建设管理局、区城市管理局、区爱卫办等部门，根据年初区政府与各街道、镇、莘庄工业区签定的环保工作目标责任书，开展了环境综合整治定量考核工作，莘庄工业区、虹桥镇、江川路街道、七宝镇被评为优秀；莘庄镇、华漕镇、龙柏街道、古美路街道、吴泾镇被评为良好。

环保模范城区建设

2001年是闵行区建成“国家环境保护模范城区”的第二年。全区进一步加大环境基础设施建设、污染防治、长效管理、宣教执法和环境综合整治力度，在苏州河六支流截污纳管、污染治理设施专业化运营改革、废水污染源在线自动监控等方面取得了重大进展和突破。全区环境保护投资总额为60596.30万元，占当年国内生产总值的3.03%，环境基础设施不断完善，环境质量维持在较好水平，尤其是地表水水质出现了改善的可喜势头，“国家环境保护模范城区”创建成果得到了不断巩固和深化。

苏州河支流截污纳管

苏州河六支流截污纳管工作是2001年全市水环境保护工作的头号实事工程。全市共计划纳管864个污染源，其中下达给闵行区的有524个，占60.6%。闵行区中北片地区5镇1街道共有923个污染源的污水纳入了外排管道，占全市实际完成纳管污染源总数的73.6%，超额完成了市府下达的任务，日截污水8-12万吨。污水纳管工作有效促进了河道水质的稳定改善，据闵行区环境监测一站监测，自2001年9月截污工程全面运行以来，截流区域内的河道水质已呈现稳定改善的态势。按高锰酸盐指数评价，9条常规监测河道中，除华漕港在四类和劣五类区间波动外，已有4条河道达到三类水标准，1条河道达到四类水标准，3条河道达到五类水标准，为近20年来的最好水平。

绿化建设

以改善生态和美化环境为目标的绿化建设又有新的进展。闵行区在继续扩大绿化面积的同时，不断增加精品绿地数量，坚持高起点设计、高标准建设，全面提升绿化的整体水平。全区各类绿地总面积3870万平方米，比上年增加180万平方米，增长4.9%；建成区绿化覆盖率37.8%，比上年提高0.6个百分点；人均公共绿地11.5平方米，比上年增加0.2平方米。年内新辟公共绿地面积157公顷，新建纪王和环城公园2座；在农村，全年植树186.6万株，造林6033亩，其中成片林22块，面积3880亩，花卉灌木面积达9383亩。

环境管理

2001年，闵行区环保局共审批建设项目环境影响报告书（表）643项，建设项目总投资115.41亿元，其中环保投资1.21亿元，占1.05%；办理建设项目“三同时”审批手续460项，建设项目总投资109.80亿元，其中环保投资2.08亿元，占1.9%；办理建设项目“三同时”竣工验收手续262项，建设项目总投资69.93亿元，其中环保投资0.45亿元，占0.6%。

2001年，闵行区环保局共完成697户企业（包括畜禽牧场和大型餐饮业）的排污申报登记，为“十五”期间颁发新一轮排污许可证奠定了基础。

区环保局报请区政府对10家超标排放单位进行了限期治理，其中1家关闭、2家转产、7家建造了污染治理设施并投入正常运行。

闵行区环保局积极引导、帮助一批企业和工业区开展ISO14000环境管理体系贯标认证工作，截至2001年年底，全区已有上海汽轮机有限公司、上海大金空调有限公司、上海永新彩色显像管有限公司等35家企业和上海市莘庄工业区通过了认证。其中，莘庄工业区实行“绿色招商”战略，在开发建设过程中高度重视环境保护工作，是上海市郊区9个市级工业区中首家通过ISO14000认证的工业区。

2001年，闵行区环保局共立案查处环保违法行为261件（其中简易程序处罚128件），罚款总金额193.90万元，分别比上年增长49.1%和79.4%。

环境信息监控集成系统

2001年，闵行区环保局在建造新办公大楼的同时，筹资建立了居国内领先水平的环境信息监控集成系统。该系统由内、外两部分组成。外部系统主要包括：交通噪声监测仪、空气环境质量自动监测仪、污染治理设施运行状况和污染物排放情况在线监控仪、二氧化硫排放情况监控仪；内部系统即区环保局监控中心内的各仪器。外部系统采集相关数据后，将数据传送到监控中心，再由监控中心对数据进行分析、汇总，以全面、及时地反映全区环境质量和污染物排放情况，提高区环保局的快速反应能力和综合决策水平。

污染治理设施专业化运营

2001年，闵行区率先在全市开展了污染治理设施专业化运营改革试点工作。根据污染治理设施建设、运营、监督三分开的原则，通过成立专业化运营公司、委托管理、委托外运处理等3种模式，指导上海焦化有限公司等13家企业成立了专业化运营公司，并分别取得了国家级或市级的专业运营资质。目前，全区已有359家企业被纳入专业化运营体系，巩固了“一控双达标”成果，实现了环境管理体制的创新。

环境监察

全年共进行现场监察6990户次，其中工业污染源日常监察6223户次、突击抽查177户次、建设项目环境监察499户次、畜禽牧场监察34户次、秸秆禁烧专项检查37批次。受理环境110投诉968件，即时出动现场处理365件，其余转一般信访处理。5月至7月，组织开展了“护考绿色行动”，对各建筑工地进行了广泛的宣传教育，并组建应急小组，加强夜间巡查，共出动26批次，检查噪声源262个，并严肃查处了43家违法夜间施工单位。全年共开征排污费2501.30万元，开征户数5332户，其中超标准排污费1826.38万元（废水759.89万元、废气947.93万元、固废0.07万元、噪声118.49万元），“三小块”（即提高征收、加倍征收、滞纳金）674.92万元，二氧化硫排污费841.95万元。

环境监测

全年共测得各类环境数据117885个。其中闵行区环境监测一站测得水质数据55626个（地表水1727个、污染源53899个），气体数据5812个（空气环境1187个、污染源4625个），噪声数据758个，其他数据11897个；闵行区环境监测二站测得水质数据30560个（地表水 134个、污染源30426个），气体数据5043个（空气环境933个、污染源4110个），噪声数据5871个，其他数据2318个。

环境科技成果

2001年，闵行区环境科学学会共完成区科委下达的科研课题3项，其中“闵行区生态城区建设相关问题研究”获闵行区科技成果奖一等奖；学会会员共在省部级以上刊物发表论文12篇。

宣教活动

在区委宣传部和区环保局的组织部署下，闵行区各界积极开展了一系列形式多样、内容丰富、贴近群众日常工作和生活的环境宣传活动。“6·5”世界环境日前后的一个多月时间里，全区上下更是围绕“世间万物·生命之网”这一主题，掀起了环境宣传的高潮。在市中华环保世纪行宣传活动组委会、市精神文明建设委员会和市环境教育协调委员会联合组织的上海市百佳“环境之友·绿色卫士”评选中，闵行区吴泾镇退休职工王显明、华坪小学校长郭西薇、龙柏三村居委会主任陈洁、施乐复印机公司工程师张红等11人获此荣誉称号。区环境教育培训中心积极组织举办各类培训班104期（11类），参训人员达7037人（次），其中配合环保设施专业化运营改革试点工作举办了10期“环保设施运营管理概论和环保法律知识”培训班，参训人员达402人（次）。另外，区委党校中青年干部举办环保培训班1期，参训人员57人；配合沪滇环保合作向云南省环保系统授课2次。

信访处理

全年共调处人民来信来电来访1737件（3989人次），其中市环保局、区政府等上级部门转来的有58件。通过建立信访责任制、健全督办回访制，发挥街道、镇作用等措施，在信访总量比上年增长17.5%的情况下，办复率达97.6%，同比提高了2.7个百分点。其中，各街道、镇共调处环保信访468件，占总数的26.9%。

全年共处理区人大、区政协代表委员书面意见、提案22件，办复率为100%，同比增长“6·5”个百分点。

嘉定区

综述

2001年，嘉定区实现增加值191.0亿元，按可比价格计算，比上年增长13.7%，高于全市平均水平3.5%；三次产业的比例为1.9:67.3:30.8；人均增加值达38368元，按2001年底汇率计算，已达4536美元，高于全市平均水平3.0%；全区财政收入36.9亿元，同比增长60.9%，地方财政收入19.7亿元，同比增长47.8%。

嘉定区环境空气质量中，二氧化硫长期保持在一级水平，氮氧化物和总悬浮微粒总体上处于二级水平，降尘量保持在较好的水平。全年93次降水监测，酸雨频率3%，酸雨中最小的pH值为4.58。

现有水环境质量国控断面1个、区控断面13个，对应的是饮用水水源断面1个和农灌用水断面13个。饮用水水源断面水质继续保持稳定，对照地表水环境质量标准，在31个项目中，2001年实际监测29项，其中：达到Ⅰ类标准的有22项；处于Ⅱ类标准的有3项；处于Ⅲ类标准的有1项；处于Ⅳ类标准的有2项；处于Ⅴ类标准的有1项。2001年，达到Ⅱ类标准的指标占了86%，处于Ⅳ类、Ⅴ类的具体指标是氨氮、石油类和总磷，表明水源保护区水质比上年又有改善。同时，值得重视的是，区内尚有7家取地表水的镇级水厂，制水能力近10万立方米／日，其中一半以上水质较差，应当引起高度重视。年内农灌用水水质尚可，5个主要考核项目中最差类别为Ⅳ类。

嘉定区声环境质量继续保持良好的状态；2001年主要道路交通噪声68分贝（A），比上年下降2分贝（A）。

重要活动

2001年3月，在区二届五次人代会上，《政府工作报告》中明确提出创建国家环境保护模范城区的要求。

4月，在上海市人口资源环境工作座谈会上，区政府以“提高认识，扎实工作，努力争创环保模范城区”为题，作书面汇报。

8月，区委书记陈先国为区创建国家环境保护模范城区工作题词。

9月，区政府正式向市政府报告，用2-3年时间创建国家环境保护模范城区。

嘉定南翔镇广场绿地

在总结"九五"水环境整治工作的基础上，根据区政府的要求，由区环保局牵头，有关部门配合，编制了嘉定区"十五"水环境整治规划。

环境综合整治

2001年，有33台燃煤炉（窑）改用清洁能源。区内封浜镇和黄渡镇2个农村集镇区域创建为大气污染物排放达标区，全区所有建成区大气污染物排放达标区创建成果得到巩固；年内封浜镇和黄渡镇2个农村集镇区域创建为噪声达标区，全区所有建成区噪声达标区创建成果得到巩固。

加大河道综合整治力度，全年完成疏浚土方488.2万立方米，完成市下达计划任务的143.6%，疏浚河道9.28公里，清淤22.4万立方米。

绿化建设

年内，新增城镇公共绿地40公顷，建成3000平方米以上城镇公共绿地7块。全区人均城镇公共绿地已达12平方米，城镇绿化覆盖率达35.0%。积极推进农村绿化建设，农田林网和森林覆盖率分别达到80.3%和12.0%，3个市级林业示范工程项目建设进展顺利。

环境管理

2001年，区环保局审批环境影响报告书25份、报告表807份、登记表535份，三项合计为1367份。核发土建工程环保认可单254份；核发"三同时"审核通知单165份；核发建设项目试生产批复100份。对59个建设项目的环保设施进行了竣工验收。组织1次较大规模的专项执法检查，普查485 个建设项目，对可能有问题的20个建设项目进行抽查，其中：有3个小项目没有认真执行"三同时"制度，并作出了相应的处罚。

2001年，全区开展7个类型431家排污企业的排污申报工作，基本了解了2000年全区排污单位的实际排放情况，并编制了排污申报技术报告。

区政府对86家冒黑烟的排污企业下达了限期治理通知，有关单位采取措施，如期完成治理任务，在两条高速公路和建成区等控制区实现基本无黑烟。

2001年，开展了环境保护专项执法行动，组织各种专项检查20次，分阶段集中整治相对突出的环境问题，主要的专项检查有：中、高考试场周边噪声情况专项检查，电镀行业废水治理情况专项检查，南翔废塑料回收加工污染情况专项检查，排污管废水呈酸性情况专项检查，东风农药厂、申兴制药厂中试车间专项检查和高速公路两侧冒黑烟专项检查等。

全年查处违反环保法案件65件，其中：责令停产有22件；处以罚款有53件，金额计49.6万元；举行案件听证会7次；申请法院强制执行的有4件。为严肃查处和取缔严重污染环境的违法行为，经区政府同意，关闭区内的废油加工点，并由区环保局牵头，联合公安、消防、工商、计委等部门，组织了取缔废油加工点特别行动。

环境监察

9月，区环境监理所正式更名为环境监察支队。全年对446家排污企业进行了定期检查，累计检查1113户次，检查污染治理设施1796台（套）；检查建设项目"三同时"执行情况296户次。

从6月1日起，区环保局开通24小时投诉热线，专门安排人员接听夜间投诉电话，由28位持证执法人员轮流值日。全年共接到夜间投诉183件（次），其中需要赴现场的有172件（次），值日的执法人员及时赶赴现场，制止和解决了一批污染纠纷和违法行为。

全年共征收超标排污费和二氧化硫排污费430.9428万元。

环境监测

2001年，区环境监测站获得环境质量数据1万多个；对450家排污单位进行了污染物排放情况监测，获得污染源监测数据近4万个。为配合环境管理的深入，重视技术人员的业务素质和能力建设，年内开发硒、凯氏氮、PM_{10}等3项环境质量监测项目。

宣教活动

2001年，区环保局十分重视环境保护宣传和教育工作，组织了一系列宣传教育活动，调动社会力量搞环保宣传，收到了较好的效果。其做法主要有：一是通过会议、活动，加强对领导干部的环保宣传，全面落实环境保护责任制；二是组织专业培训，提高相关人员环保政策水平和法律知识；三是以世界环境日为主，利用新闻媒体向市民宣传党和政府的环保工作，普及环保知识；四是环保执法人员上门宣传，进一步提高排污单位主管人员的环保意识，做好本单位的环境保护工作；五是积极配合区环境教育协调委员会抓好中、小学的环境教育，组织万名学生环保知识大赛，举办11所环保特色学校500名学生参加的水资源报告会，使环境教育成为素质教育的重要组成部分。

为宣传好世界环境日，区环保局制订专门的宣传计划，作了精心准备。区环保局与区科委、教育局、广电局、市政局、水利局、爱卫会、总工会，以及各镇、街道合作，以环保知识竞赛、宣传栏、画廊、黑板报等群众喜闻乐见的形式，广泛开展了环保宣传活动。6月5日，副区长花以友代表区政府在嘉定电视台向市民作电视讲话，把整个宣传活动推向高潮。

信访处理

2001年受理信访共575件，到年底已办理结束的有533件，正在办理之中的有42件。信访件处理率100%，署名的来信回复率100%。

受理人大代表意见和政协提案共8件，一个月内如期办理结束，9月回访调查，其中7件已经解决，1件正在解决。

宝山区

综述

宝山区位于上海市北部，分成陆地和岛屿两部分。陆上东北濒临长江，东临黄浦江，与浦东新区隔江相望，南与杨浦、虹口、闸北、普陀4区毗邻，西与嘉定区交界，西北隅与江苏省太仓市为邻；长兴、横沙两岛横卧长江南支水道。全区面积424.57平方公里。总人口829620人，自然增长率为−2.48‰。非农业人口653057人，全区从业人员308439人，比上年增长6.5%。辖5个街道，9个镇，2个乡。

2001年全区经济全年实现增加值131.2亿元，可比增长125.8%，完成区级财政收入20.5亿元，比上年增长26.95%。

2001年，宝山区大气环境质量中二氧化硫平均值比上年增加20.8%，氮氧化物平均值比上年增加27.9%、总悬浮颗粒物平均值比上年增加4.7%、降尘量年平均值比上年增加8.8%。主要河流水质中主要污染因子为：氨氮、化学需氧量、高锰酸盐指数、生化需氧量、石油类、挥发酚和总磷。黄浦江吴淞口断面的水质为Ⅳ类标准；蕰藻浜蕰川路桥断面水质污染程度由上年重污染级变为污染级；练祁河水质由上年重污染级变为污染级。区域环境噪声平均等效声级昼间时段比上年上升0.8分贝（A），夜间时段下降0.3分贝（A）；主要道路交通噪声等效声级昼间比上年上升1.4分贝（A），夜间时段上升0.7分贝（A）；二类功能区环境噪声监测点等效声级昼间比上年下降0.3分贝（A），夜间上升0.1分贝（A）。

重要活动

2000年12月15日，市政府在宝山区召开吴淞工业区环境综合整治动员大会。常务副市长、吴淞工业区环境综合整治领导小组组长陈良宇作动员报告，副市长蒋以任、韩正出席会议。2001年区积极贯彻会议精神正式启动吴淞工业区环境综合整治。

2001年7月27日区人大代表20余人视察固体废弃物堆场。

充满生机的宝山区马路河

环境综合整治

2001年，吴淞工业区环境综合整治进入了第二年，达到了阶段性工作目标。在整治污染方面，按照整治规划要求，于2001年底前，关停污染企业7个、落后的污染严重的生产线16条。此外，有关企业针对自身的环境问题，开展了产业、产品结构调整和污染治理。污染治理两年累计削减污染物年排放量：烟尘995.60吨；废水中化学耗氧量3616.16吨、石油类89.78吨。与此同时，不少企业结合自身的发展，调整产业产品结构，一钢公司建设不锈钢热轧板工程、五钢公司建设不锈钢长型材生产线、上海硫酸厂发展精细化工产品等，为吴淞工业区的环境质量根本好转奠定基础。与开展污染治理同步进行的工作还有：建成5个大气环境质量自动监测系统；江杨北路全线竣工通车；水产路改造及向西延伸；工业区内1500户居民动迁全面完成、企业内部新增绿地38万平方米，绿地率由1999年的10%增加至12.7%。

2001年，全区共有11家企业完成燃煤锅炉清洁能源替代改造； 建成淞南镇（南片）、高境镇14.6平方公里，大场镇2.75平方公里的大气污染物排放达标区。对当年建成的达标区的监测结果表明：应测烟尘达标率100%，炉窑灶烟气黑度达标率100%，炉窑灶二氧化硫浓度达标率96.15%。

海滨、泗塘、通河、吴淞镇、友谊路5个街道和吴淞工业区，开展了环境噪声达标区巩固工作。5个街道和吴淞工业区的环境噪声达到相应功能区的标准，其中淞宝、泗塘和通河地区环境噪声基本达到二类环境噪声功能区标准。吴淞工业区基本达到三类环境噪声功能区标准。但在环境噪声达标区中的道路尤其是交通主干道的噪声超过国家规定的限值。

经过3年河道整治，2001年宝山区主要骨干河道实现了水面清、两岸净、部分河岸有绿，建立了一套保洁的长效管理机制。年内出动8.28万个工作日，对骨干河道进行保洁，清除各种垃圾、漂浮物2.14万吨，开闸调水72次。

绿化建设

至2001年末，宝山区公共绿地总面积466.25公顷，单位附属绿地1314.38公顷，居住区绿地394.56公顷。人均公共绿地面积达到7.78平方米，比上年增加2.37平方米。绿化覆盖率32.21%，比上年增加3.28个百分点。

2001年，在创建国家园林城区工作中，共建成公共绿地165公顷，单位附属绿地28公顷，居住区绿地17公顷。完成的市公共绿地主要项目有：外环线两侧绿地75公顷，外环线红线内41公顷，吴淞工业区综合整治绿带11公顷，居住区400平方米以上公共绿地3公顷，区内公共绿地35公顷。完成区内主要大型公共绿地有：月浦公园扩建5.2公顷，牡丹江路水产路西南角景点绿地1.2公顷，同济路外环线立交桥景点绿地1.1公顷，罗店广场景点绿地1公顷，江杨路三期道路绿化9.2公顷，爱辉路高压林带景点绿地2.2公顷。本区3000平方米以上的大型公共绿地达20块。

为降低绿化养护成本，提高绿化养护质量，吴淞地区首次实行大型开放式公共绿地（4块共23.04万平方米）的养护招投标。

自然生态保护

2001年，宝山区全年使用城市粪肥30万吨，组织开展高养分、高肥效、使用方便掺混型复混肥（BB肥）示范和蚕豆肥－杂交稻配茬等示范。搬迁和关闭畜禽牧场19个，其中9个万头猪场，9个百头以上奶牛场，1个万羽蛋鸡场。

环境管理

2001年，宝山区审批建设项目环境影响报告书、报告表、登记表580份；办理工商注册登记前置审批171项；主体工程环保前置审批18项。办理建设项目试生产批复35项；建设项目环保设施竣工共验收57项，全部通过验收。同时对25个未办理建设项目审批手续或未经批准擅自进行项目建设、投产的建设单位及时作了查处。

区内共有382个单位作了排污申报登记，299个单位作了专题申报。在这次排污申报登记中，区环保部门对“九五”期间列入“一控双达标”的406个企业作了核查，增加了新建的较大规模企业85个，查清了大中型禽畜牧场和等级医院等单位的排污情况。

全年作出行政处罚118件（其中，一般程序84件），罚款金额共95.17万元，组织行政处罚案件听证1件。

环境监察

2001年宝山区环境监察部门开展现场监察共1546厂次。监察结果表明：废水治理设施正常运转率96%；废气治理设施正常运转率96%；噪声治理设施完好率100%；固废治理设施完好率100%。还受理环境110投诉，出动监察机动队伍处理111次。

中考、高考期间，执法检查小组开展了环境噪声巡查，确保中考、高考期间的环境安静。

全年征收超标排污费、排污费共计2235.38万元。

环境监测

环境要素监测数据15475个。地表水监测获得监测数据9672个；环境空气质量手动监测点位4个，降尘点23个，降水点1个，获得环境空气监测数据3879个；环境噪声监测、机动车禁鸣效果监测点4个，功能区环境噪声监测点2个，区域环境噪声网格点18个，道路交通噪声监测点5个，共获得环境噪声监测数据1924个。

污染源监测数据31042个。废水监测789单位（次），监测数据20507个；噪声监测153单位（次），监测数据498个；烟气监测655单位（次），监测数据9980个；信访矛盾监测19次，监测数据57个。

宣教活动

2001年4月初，区环保局着手组织以“世间万物 · 生命之网”为主题的“6 · 5”世界环境日纪念活动。全区各乡镇、街道、有关企业单位在世界环境日宣传周采用横幅（102条），黑板报、展板（300块），召开座谈会（22个）等方式和利用宣传刊物、广播、电视等媒体宣传环境保护的形势、任务、成果和努力方向。区少科站、区环保局组织20多所中小学校开展了“世间万物·生命之网”环保科普宣传活动，取得了较好的社会效果。区少科站组织万余名中小学生开展了“消烟尘、路保洁、水治污、地添绿”环境教育科普活动，杨行二小组织开展了“提高文明饮食，不吃野生动物”的科普活动，这两项活动是市级示范项目，并在上海市科技节中作了展示交流。

在上海市第六届生物与环境科学实验活动中，宝山区获优秀论文一等奖3个、二等奖3个、三等奖6个，8所学校获优秀集体奖，其中吴淞中学3篇论文分获全国第六届生物与环境科学实践活动竞赛的一等奖、二等奖、英才奖。

信访处理

2001年受理信访（来信、来电、来访）699件，比上年增加79件，其中来电506件、来信53件（327人签名）、来访32批（44人次）、市环保局交办61件、区政府交办47件。市、区领导阅示批办信访件164件；参加协调处理的信访有8件。信访办理率100%，结案率99%，满意率85%。

办理人大代表书面意见和政协委员提案共14件，办复率100%，满意率100%，复查人大代表书面意见和政协委员提案12件，满意率为100%。

松江区

综述

松江区位于上海西南部，全区面积604.78平方公里，其中黄浦江上游水源保护区面积320平方公里，占全区总面积的52.8%，准水源保护区面积44平方公里，占全区总面积的7.3%，区辖11个镇、4个街道和松江工业区、松江出口加工区、佘山国家旅游度假区、大昆工业园区、五厍农业园区。户籍人口497920人。

2001年实现增加值151.05亿元，比上年增长15.4%，按可比价格计算增长16.2%。其中，第一产业增加值8.99亿元，增长2.7%，占全区增加值5.9%，比上年下降0.8个百分点；第二产业增加值93.77亿元，增长17.4%，占全区增加值62.1%，比上年上升1.0个百分点；第三产业增加值48.29亿元，增长14.3%，占全区增加值32.0%，比上年下降0.2个百分点。全区人均增加值30336元，比上年增长14.8%。全区实现工农业总产值505.77亿元，增长20.1%；财政收入28.06亿元，增长31.9%，其中，地方财政收入16.08亿元，增长33.2%。增加值、工农业总产值、地方财政收入增长速度均高于全市3个百分点。城乡居民收入稳定增长，住宅建设持续发展。全区职工平均工资17115元，比上年增长8.1%；农民人均收入5556元，增长6.0%。城镇居民人均居住面积20.1平方米，农村居民人均50.1平方米。

2001年区环境质量总体维持在2000年水平。环境空气中主要污染物浓度有升有降，二氧化硫年日平均浓度0.004毫克／立方米；氮氧化物年日平均浓度为0.049毫克／立方米；总悬浮颗粒物年日平均浓度为0.147毫克／立方米。地表水质量喜忧参半，黄浦江上游来水园泄泾、大泖港水质超标因子增多，斜塘饮用水源水质较为稳定。声环境质量总体在改善，松江城区和泗泾镇建成区符合噪声达标区考核要求。

环境综合整治

2001年全区共改造燃煤炉灶63台（眼），其中燃煤锅炉4台，燃煤灶59眼，超额完成市府实事工程目标任务［50台（眼）］，完成率达126%。

年内，区创建噪声达标区总面积为16.96平方公里，其中，松江老城区（中山、岳阳、永丰街道）噪声达标区面积为9.37平方公里，全年环境噪声的平均等效声级昼间为55.3分贝，夜间47.1分贝，鸣号率昼间平均为0.6%，夜间平均为1.2%，达到二类功能区标准；泗泾镇噪声达标区面积为7.59平方公里，其中二类环境功能区面积为6.04平方公里，四类环境功能区面积为1.55平方公里，全年环境噪声的平均等效声级昼间为51.6分贝（A），夜间44.7分贝（A），鸣号率昼间平均为4.2%，夜间平均为2.8%。

开展了以“截污、清淤、治岸、流水、保洁”为重点的河道综合整治工作，全区1081条（段），1675.58公里主要河道落实长效管理，完成河道疏浚202条（段），290.36公里，352.66万立方米土方，其中区级河道12条（段），49.36公里，100.52万立方米土方，镇村级河道190条（段），241.11公里，252.16万立方米土方，清除各类垃圾漂浮物5万余吨。通过开展河道综合整治，使区的河道调蓄容量得以增加，水质改善。

对污染严重的上海炼锌厂、松江水泥厂、红旗药棉厂、园中电镀厂、泖港电镀厂等5家企业实施关闭，杜绝了这些污染源对环境的持续污染。全区共有53家餐饮业单位产生的废油脂进行定点回收利用。

松江城区“水绘图”大型绿地

绿化建设

2001年，以创建国家卫生、园林城区为契机，新建公共绿地47.19万平方米，其中3000平方米以上绿地9块。城镇绿化覆盖率21.27%，人均绿地面积达32.68平方米，已建成绿地面积412.04万平方米。

生态保护

佘山国家旅游度假区开发建设坚持“回归自然、休闲度假”的定位，加快景区景点开发，丰富旅游资源内涵，新建度假区管委会办公楼绿地3.6万平方米，“林荫大道”两侧绿地9万平方米。建成投资1.5亿元、占地456亩“月湖”和佘山生态蝴蝶园及占地2600亩的生态农庄，不仅使佘山地区呈现出“九峰拔地起，碧湖自天落”的胜景，而且其优美的旅游环境和投资环境为跨世纪的新一轮开发打下坚实的基础。

2001年种植业在发挥经济效益的同时，注重农业生态功能的开发，东北片以九亭、新桥、洞泾、泗泾、车墩镇为重点的920公顷花卉苗木基地建成，占全区总面积的55.6%；南片以叶榭、泖港、新浜、石湖荡镇及五厍元曲，形成了蔬菜、瓜果、特种水产等绿色食品生产基地，西北片以佘山、小昆山及永丰街道为主，形成了以果品、生态经济林、观光旅游农业为发展重点，通过农业种植结构的调整，发挥各自经济、生态功能，形成了农业三大特色区域。

2001年农药施用坚持以避免高残留农药的使用、推广生物农药的替代为原则，全区39397公顷防治面积内使用农药859吨，每公顷施用农药32.76公斤。同时，全区大力推广复混肥料，根据不同土壤特点及作物的需肥量进行科学合理配方，全区化肥施用总量70180吨，每公顷施用2683公斤，折合施用纯量20551吨，其中氮肥12305吨，磷肥2035吨，钾肥890吨，复合肥5321吨。

2001年实施了禽畜粪便综合治理三期工程，关闭1个养鸡场，治理集约化禽畜场11个（猪场7个、综合禽畜场3个、蛋鸡场1个），使年饲养的11.4万头猪、40.0万羽肉鸡、5.5万羽蛋鸡、11.6万羽肉鸽、0.02万头奶牛、0.03万头奶羊的粪便、尿液、污水得以收集和无害化处理。同时，新建了松江浦南有机肥料处理中心，具备了10万头猪、6万羽蛋鸡、0.1万头奶牛的粪便加工能力，实现了禽畜粪便的资源化利用。

2001年，秸秆还田工程以佘山国家旅游度假区、虹桥国际机场周围（半径为15公里区域内）、320国道、沪松公路、叶新公路、沈砖公路、方松公路、沪杭高速公路及沪杭铁路两侧2公里的区域为重点，出动1720台（套）还田机械，其中半喂入联合收割机250台、反旋转灭茬机156台、上海50型拖拉机1860台，完成作物秸秆机械化还田面积8038公顷，秸秆焚烧现象有明显好转。

环境管理

全年审批了环境影响报告书8份、环境影响报告表259份、环境影响登记表42份，办理“三同时”项目7个，竣工验收单位7家。对涉及敏感行业、敏感区域的建设项目，实行了严格控制。劝阻制止能耗大、水耗大、重污染的建设项目6个，从源头上控制了新污染的产生。

2001年排污申报登记单位242家，专项表申报单位129家，其中81份大中型畜禽牧场表、48份固废委托处理专项表。经审核发放排污许可证171份，其中有废水排放117家，废气排放133家，固体废物产生68家。

年内，全区限期治理企业共5家，其中，噪声治理项目4家、烟尘治理项目1家，4家企业治理项目通过验收，完成率达80%。

当年全区行政处罚案件48件，其中，废水污染处罚案件23件，废气污染处罚案件10件，擅自夜间施工处罚案件7件，违反“三同时”制度处罚案件7件，其它处罚案件1件。罚款总金额为36.3万元。

环境监察

2001年环境监理工作以迎接APEC会议为契机，重点对沪松线、沪杭高速公路松江段和松江城区交通干道两侧的冒黑烟现象加大了监察力度，对315台（眼）炉、窑、灶进行了现场监察，签发了35家专项整改通知书，约见56家烟尘超标单位，污染源现场监察60件，建设项目监察33户，限期治理监察5户。

环保“110”投诉受理47件，处理率98%。“绿色护考”行动出动63人次，对城区6所中考场、3所高考场进行了现场护考，及时制止了考场附近11家单位和个人的噪声污染，确保了全区考生有一个安静的学习和考试环境。

2001年共征收超标排污费288万元，其中二氧化硫排污费57万元。

环境监测

2001年区环境监测结果表明：在本区的环境空气污染中的负荷分担率分别为氮氧化物45%；二氧化硫3%；降尘18%；总悬浮颗粒物34%。降水的pH值为5.95。

区境内各河流之间以及各污染指标之间的变化走势不尽一致。黄浦江松浦大桥断面、园泄泾斜塘交汇口、华田泾小昆山水厂、向荡港新浜水厂断面水质有所下降，其余河段面水质有所好转或保持稳定。就各项污染指标而言，浓度有升有降，变化较为平缓，氨氮和总磷仍是地区地表水质量差的主要污染因子。

2001年对松江镇东至松东路，西至沈泾塘，北至高速公路，南至松汇南路的9.37平方公里区域内，所作的126个网格点的监测中，昼、夜时段最高噪声值分别为64.8分贝

(A)和59.5分贝(A),昼间平均等效声级为55.3分贝(A),夜间平均等效声级为47.1分贝(A),达到GB3096-93规定的二类功能区环境噪声质量要求。道路交通噪声昼间不超过70.0分贝(A),夜间不超过55.0分贝(A)。对泗泾镇建成区7.59平方公里所作的105网络点的监测中,昼、夜时段最高噪声值分别为60.1分贝(A)和50.7分贝(A),平均等效声级值为51.6分贝(A)和44.7分贝(A),达到GB3096-93规定的二类功能区环境噪声质量要求。道路交通噪声昼间不超过70.0分贝(A),夜间不超过55.0分贝(A)。

污染源监测全年服务频次528户次,获得监测数据35672个。其中完成突击抽查77户次,获数据841个;完成监理所送检样品92只,获数据855个;完成畜禽牧场监测31户,获数据211个。

宣教活动

"6·5"世界环境日,分管区长在松江电视台发表了讲话,号召全区重视环境保护工作;电视滚动播放加强环境保护的宣传口号;在城区繁华地段开展宣传活动,接受市民咨询和投诉;在《松江报》刊登本区环境保护成果;出版了六期《松江环保信息》,被松江两台一报、《市环保信息》、《区委信息摘报》等采用40篇,以扩大环保工作的影响。

加强区环保执法人员的培训,年间曾5次邀请市环保有关专家到区环保局进行环保法律法规辅导,有52人参加了市环保局举办的专业法培训和考核,并领取了市法制办颁发的行政执法证书。

信访处理

2001年共收到人民群众反映环境问题的来信63件、来电269件、来访45件58人次。其中市局转办件41件,区领导批办件21件。反映大气污染的143件,水污染的91件,噪声污染的66件,固体废物污染的11件,综合污染的66件;处理率和办结率均达100%。

2001年共处理人大代表书面意见1件、政协委员提案4件,满意率达100%。

青浦区

综述

青浦区位于上海市西南,太湖的下游和黄浦江上游。全区土地总面积675.1平方公里,水面积147.84平方公里,占总面积的22.1%。淀山湖跨青浦区和昆山市,面积约62平方公里,在青浦区境内为46.84平方公里,约占75.5%。全区总人口为45.68万人。

2001年,青浦区全年实现国内生产总值144.3亿元,比上年增长15.1%。其中,第一产业增加值8.8亿元,增长4.8%;第二产业增加值87.7亿元,增长15.7%;第三产业增加值47.8亿元,增长15.9%。产业结构战略性调整见成效,一、二、三产业比为6.1∶60.8∶33.1,第三产业增加值占GDP比重比上年上升0.2个百分点。全区全年完成财政收入30.2亿元,比上年增长28.6%,全区人均GDP达到3.16万元,比上年增加516美元。

2001年,本区的环保工作以落实《青浦区2000-2002年加强环境保护和建设的工作规划》为重点,以迎APEC会议召开,加强环境综合整治为契机,以排污申报为抓手,强化环境执法监督管理,加大污染防治力度,巩固"一控双达标"成果,在国内生产总值增长的情况下,青浦区的环境质量总体保持稳定。黄浦江上游水源水质主要指标基本保持在二至三类水质标准,全区主要骨干河道水质主要指标保持在三至四类水质标准;全区空气环境质量全年基本达到一级指数,中心城区达到二级以上。

淀山湖

环境综合整治

2001年,青浦区环境综合整治取得新成果。创建了青浦镇大气污染物排放达标区和朱家角镇、练塘镇烟尘控制区。完成了市府清洁能源替代实事项目,青浦化工有限公司新建硫化床锅炉实行集中供热取代原1台10吨、3台4吨燃煤锅炉,朱家角人民医院1台2吨和青浦供电所1台0.5吨燃煤锅炉改用清洁能源替代。

全区2000-2001年共投资691万元,疏浚整治河道366条段,长度247.06公里,土方345.96万立方米,其中区管河道6条段,镇级河道39条段,村级河道321条段,完成了区重点河道淜阳港、新通波塘、柘泽塘、朱昆河、淀山港的整治任务。在新城区建成章浜河样板河段。

重要活动

2001年2月15日，国务院太湖流域污染治理实事工程检查组到青浦视察黄浦江上游地区污水处理厂建设情况，肯定了在保护黄浦江上游水源和淀山湖水质所做的工作。

5月23日，上海美蓓亚精密机电有限公司专款资助淀山湖保护，使淀山湖保护基金达到1100万元，并在西岑镇千亩苗木基地进行植树活动，区委、区府和市局领导参加了植树活动。

6月25日，区人大主任卢国光、副主任袁国梁及部分人大代表专门听取了《上海市环境保护条例》的执行情况汇报，并要求巩固“一控双达标”成果，不断改善提高全区环境质量；加强对垃圾堆场的管理；进一步加强对畜禽污染的整治。

绿化建设

2001年全区园林绿地总面积达115.1万平方米，其中公共绿化37.5万平方米。区人均公共绿化面积4.88平方米。青浦新城区绿化覆盖率总面积106.2万平方米，绿地总面积95.5万平方米。2001年全区共造林1.48万亩，是计划数的105.7%。区镇两级政府投资1亿多元，全面整治318国道两侧的周边环境，新增绿地1600亩，形成8个靓丽景点，构筑起长达49.5公里的绿色长廊。

农业生态保护

2001年为保护黄浦江上游水源，整治取缔了379户外来养猪户。全区建有2家有机肥生产企业，年生产有机肥2500吨，资源化利用畜禽鲜粪8000吨。

对农作物秸秆进行综合利用，通过机械还田、养畜过腹还田、秸秆充作农副业生产的垫料、辅料以及有机肥制造等，使秸秆综合利用率达到60%，秸秆禁烧区域达到37万亩。

环境科技成果

青浦区环境科研所完成的“青浦城区饮用水源保护区划分研究”，被上海市科委确认为上海市科学技术成果，这将为保护饮用水源起到积极作用。

环境管理

2001年完成建设项目审批267家，“三同时”验收94家。开展了“三同时”执行情况的专项检查，共检查建设项目单位64家，对检查中发现存在问题的企业发出书面整改书30份，促使一些企业进一步完善了污染防治设施。积极探索项目审批管理的新办法，鼓励企业走“绿色通道”，方便企事业单位。

加强对企事业单位监督管理，开展了排污申报登记工作，有341家企事业单位进行了排污申报登记；整治了57台（眼）炉、窑、灶；完成了160户企事业单位排污口的316块标志牌立牌工作，进一步规范了企业的排污行为。

对违反环保法规的企事业单位发出书面整改通知书89份，行政处罚单位15家，罚款23.94万元，对2家严重违法企业，依法实施了关、停。

环境监察

2001年共监察单位380户，执法检查1066人次。其中建设项目监察534人次，检查废水、废气处理设施103台/次。受理环保110投诉，夜间、双休日出动203人次，现场处理厂群、店群及其他污染矛盾121厂（店）次，化解了一批环境污染矛盾。协同工商、市政环卫、创建办等有关部门，解决了一些环境难点问题。在“绿色护考”活动中，共出动环境监察人员42人次，基本杜绝了噪声污染的影响，为考生创造了良好的条件。

全年共征收超标排污费160万元。

环境监测

2001年完成了《质量管理手册》的修改，4个项目的实样通过了市监测中心组织的上海市环境质量监测系统2001年第一季度的质量考核。全年共取得地面水监测数据11275个，其中对淀山湖13个断面6次监测，取得监测数据2551个；对内河水16个断面6次监测，取得数据2422个；对饮用水源16个断面6次监测，取得数据970个；对长江的1个断面3次监测，取得数据5332个。全区有7个环境空气质量监测点位，共取得监测数据1465个。全年共取得污染源监测数据42458个。其中废水方面，监测厂家198户，取得数据29122个；废气监测方面，烟尘、烟气污染源监测267台次；噪声98户次，还有“三同时”验收33台次，取得监测数据13336个。

宣教活动

2001年的环境宣传教育，以“6·5”世界环境日为重点。与青浦博物馆合作，举办了“新世纪——我们共同的绿色世界”环保展览会。展览会以电脑写真画、电动模型、科普图片、照片等生动形式，吸引了许多中小学生和市民的参观，参观人数约2万人次。通过新闻媒体进行宣传、张贴宣传画百余张，发放科普小知识环保宣传资料上千份，悬挂横幅300条，展评黑板报400块。举办两期有企事业单位环保管理人员、乡镇环保干部参加的法制培训班，参加130人次。开展了全区中小学生环保智力竞赛、生物与环保征文演讲等活动，参加220人次。

信访处理

2001年共收到各类环境信访件433件，829人次。处理率为100%。其中，收到市局转办件16件，区信访办转办件22件，市、区有关领导批办件12件，处理率、办结率为100%。全年共受理区人大、政协关于环境保护的书面意见和提案10件，办复率、满意率均为100%。

南汇区

综述

南汇区位于上海市东南，杭州湾畔。全区土地面积681.6平方公里，水域面积为37.16平方公里，全区总人口为69.1万人。

2001年，南汇区实现国内生产总值136.7亿元，比上年增长15.2%；完成工农业总产值406.7亿元，其中完成工业产值338.7亿元，比上年增长14.7%；完成财政收入18.75亿元，比上年增长26%。第三产业继续保持较快的发展势头，全年实现第三产业增加值48.4亿元，比上年增长15%；全年实现农业总产值19.6亿元，比上年增长6.3%。

2001年监测结果显示：区环境空气中二氧化硫年日平均值为0.005 毫克／立方米；氮氧化物年日平均值为0.04毫克／立方米；二氧化氮年日平均值为0.038毫克／立方米；总悬浮颗粒物年平均值为0.069毫克／立方米，比上年的0.062毫克／立方米略有增加。结果均优于环境空气质量标准（GB3095-1996）一级标准。降尘年月平均值为5.40吨／平方公里·月，比2000年的6.38 吨／平方公里·月明显下降，下降幅度达15.4%。全年共出现酸雨4次，比2000年减少了一次。

2001年，地表水质量与2000年基本持平， 但作为评价地表水质量的基本指标总磷、总氮、氨氮等仍然偏高，均超过Ⅴ类水标准，其中大治河6个断面中东水闸、新港、宣桥3个断面属轻度污染；二团水厂、新场水厂、航头水厂取水口3个断面污染程度较重。其他6条河流按Ⅳ类标准值进行计算和评价得出随塘河为合格河流，六灶港为基本合格河流，浦东运河、勒马河、卫星河、咸塘港为轻度污染河流。

防护林带

重要活动

2001年9月，撤县建区后的第一届区人大主任、分管区长在到任伊始即对南汇人民生命河——大治河进行了视察。区人大领导对历年来的水资源保护工作予以高度评价，并对后阶段的保护工作做了指示，要求在巩固原来工作成绩的基础上，进一步理顺关系，做好各类污染源的管理和治理工作，切实落实各项保护措施。

2001年12月，区环保局受区政府委托，与上海市环科院合作开展了“海港新城建设生态城市的若干问题研究”。该研究成果将对制定相应规划具有指导意义。

环境综合整治

2001年，12台燃煤炉、窑清洁能源替代被列为市政府实事项目。区所属12家企业克服资金紧缺等困难，共投入300多万元，提前两个月完成清洁能源替代任务。

2001年，提前一年完成了农村生活垃圾集中收集处置的市府实事工程，并建立了长效管理制度。区财政确保资金的落实，为河道综合整治提供了保障。本年度完成了远东大道东侧2.3公里污水排海管道实事工程建设。

2001年，在巩固 “一控双达标”成果的基础上，进一步结合区工业结构调整进程，对部分厂点进行了关停并转，其中作为一控双达标市主要排污企业的申实服装厂和申实牛仔布厂实现了关停，减少了排污总量。

南汇区对重点区域、排放大户的餐饮服务单位实施废油脂定点回收。由区唯一持证单位上海康誉实业公司集中回收处置。

绿化建设

2001年度新增绿化面积3.38万平方米，城镇人均公共绿地面积由上年的2.15平方米增加到4.10平方米，绿化覆盖率11%。

生态保护

2001年，对区内7个特大型禽畜牧场进行了综合整治，基本做到稳定达标排放或零排放。建立了区畜禽粪便处置中心和6个重点加工场，年生产有机肥料1.5万吨，“消化”禽畜粪便3万多吨，形成收集、加工、生产、销售一体化运作网络。

在巩固浦东国际机场4公里半径范围3个镇19个行政村“秸秆禁烧区”成果的基础上，进一步扩大了“秸秆禁烧区”范围。建立了以浦东国际机场15公里半径范围和远东大道、外环线两侧各1公里范围内13个IT工业园区共139个行政村的“秸秆禁烧区”。通过调整农作物结构减少秸秆产生总量，或机械粉碎还耕，实施综合利用。

2001年，区环保局在全区范围内推行“生态村”创建试点工作，并把此项工作列入“南汇区环境综合整治定量考核”的一项重要内容。要求各镇结合自身特点开展创建活动，年内，康桥镇汤巷村等12个镇的22个村被区府命名为区级“生态示范村”。

环境管理

2001年度区环保局共审批建设项目环境影响报告书2个，审批建设项目环境影响报告表101个，审批建设项目环境影响登记表424个。在严格审批的同时，加强建设项目的中后期管理，对审批的项目执行“三同时”情况进行跟踪检查。本年度共对48个项目进行了“三同时”竣工验收，验收合格率为100%。

年内，区环保局全面完成区境内417户重点户和一般户的排污申报登记与变更登记工作。基本摸清了全区排污现状：大气污染物和水污染物排放量与1995年相比均有明显下降，烟尘从1995年的1990.49吨下降至417.35吨；二氧化硫从1995年的5324.15吨下降至4026.46吨；化学需氧量从1995年的2759吨下降至1725吨；石油类从1995年的57.40吨下降至2.32吨；六价铬从1995年的0.16吨下降至0.02吨。数据表明全区的工业污染物排放基本得到控制。

2001年下达限期治理项目11个，其中烟尘治理项目10个，废水治理项目1个。这些项目均在规定的期限内完成了治理任务。

2001年，区环保局进一步加大了环保执法力度，全年行政处罚案129件，罚款金额34.3万元。其中，违反“三同时”案17件；设施闲置案12件；废水超标排放案30件；废气超标排放案40件；任意倾倒固废案17件；噪声和其他污染案13件。同年6月份，南汇区环保局在执法检查中发现有一外地个体老板擅自开店经营废油回收加工，加工过程中产生的臭味难闻，废弃的油渣土任意倾倒，致使周围的大气、水环境遭到严重破坏，区环保局依法责令其停止生产。如今这个污染点已被铲除，无证外地民工已遣送回乡。

环境监察

2001年，南汇区环保局大力开展污染防治，加强对污染源的监督管理，全年现场监察1759厂次，填写各类监理单300份。为巩固一控双达标成果，防止污染反弹，对128家单位进行了督促检查。

5月份，区环保局建立并启动环保应急热线（环保110），设置指挥中心，5个应急出动小组，配备机动车辆、监测仪器，实行24小时受理。由区环保局局长助理统一指挥、调度，确保受理准确，出动及时、调处快速。年内，收到环保110投诉262起，其中受理夜间环保应急投诉214件。针对本区建筑工地噪声扰民纠纷上升的趋势，环境监察人员上建筑工地摸底检查，对20家建筑工地下发事先告知书，明确施工时间等有关规定；在绿色护考期间，出动72人次，组织7次夜间巡查和6次考场的巡查。累计检查各类噪声源单位160家，及时制止12家夜间违章施工的单位，其中对3家严重扰民的施工单位作出了行政处罚，确保考生们有一个安静的学习、休息和考试环境。

全年共征收超标排污费和二氧化硫排污费260.03万元。

环境监测

2001年区环境监测站对全区范围内的大治河、浦东运河、随塘河、六灶港、卫星河、咸塘港、勒马河等7条主要河流地表水进行了监测，共设22个监测断面，其中市控断面6个，河道综合整治断面1个，区控断面15个。对6个市控断面及1个河道综合整治断面全年监测6次，15个区控断面监测4次，分析15-33个项目，共取得数据2160个；其中惠南、周浦、大团、新场四大镇取水口共监测6次，分析15-33个项目，共取得数据516个；大治河共设6个监测断面，全年监测4-6次，共取得数据462个。

空气质量监测设降尘监测点4个，每月监测分析1次，共取得数据48个；设二氧化硫、氮氧化物、二氧化氮监测点1个，隔日采样分析，各取得数据180个；设总悬浮颗粒物监测点1个，每五日采样分析，取得数据72个；设硫酸盐化速率及氟化物监测点各4个，各取得数据48个；设降水采样点1个，取得pH值、电导率数据各92个，降水中钙、镁等离子数据各12个。

对区内废水重点污染源全年实施4次监测，一般污染源实施2次监测；对4吨及4吨以上的燃煤锅炉一年实施两次的监测，2吨及2吨以下的锅炉一年实施一次的监测；噪声污染源一年实施两次的监测。全年水污染源监测441户次，共获得数据14397个；炉窑监测320台次，共获得数据6096个；噪声污染源监测244户次，获得数据2428个；禽畜牧场监测14户次，取得数据280个。

宣教活动

2001年，世界环境日的主题是“世间万物·生命之网”。南汇区在惠南镇主要干道悬挂跨街宣传横幅14条。6月3日，惠南镇“十字街”举行大型环保咨询活动和签名活动，向群众发放宣传品和宣传资料500余件；活动现场同时举办由11个镇参加的以“世间万物·生命之网”为主题的黑板报展评；宣传车沿主要街道和9个主要居民住宅小区宣传环保法律法规知识。区“两台一报”新闻媒体进行了连续一周的集中宣传报道。各镇结合实际，开展宣传，共计张贴标语1251条，张贴宣传画162张，黑板报展版86块，散发资料1576份，参加座谈会406人次。中小学生7851人参加了宣传活动。

年内，区报《南汇报》刊登了“迎APEC会议 本区开展烟尘整治”的报道。“6·5”世界环境日，《南汇报》发表了题为“环保，让南汇焕发‘健康美’”的专题文章。为配合排污申报登记工作，区有线电视台在2月份每晚新闻后连续一周播出“南汇县环境保护局关于开展县域企事业单位排放污染物申报登记工作的公告”。区有线电视台还对被评为市级绿色学校的“八一中学”，清洁能源替代完成较好的上海市南汇精神卫生中心、南汇工贸学校，治污先进企业代表书院振东阀门厂、上海东龙服饰有限公司、上海东方制药有限公司作了专题报道。对无视环保法律法规、肆虐环境的反面典型——瓦屑镇水门村上海浦东兴达化工厂废油脚污染环境以及康桥镇梓潼村9组油脂回收加工场污染事件予以曝光，在群众中引起强烈反响。

2001年9月27日、28日，区环保局和区经委在上海汇丽集团公司会务中心联合举办了“电镀废水处理上岗证”培训班，全区34家电镀及相关行业单位的40名厂长及操作人员参加了培训并获得了上岗证。

信访处理

2001年，全区共收到人民来信来访共609件，其中市环保局批办件66件，区领导批办件有43件，办结率96%；收到群众来信121件中反映水污染的有24件，反映大气污染的有35件，噪声污染的有33件，综合污染的有17件，固体废物污染的有3件，其他污染9件；接待群众来访79批308人次，其中反映水污染的有17件，大气污染的有21件，噪声污染的有14件，综合污染的有16件，其他11件；受理来电409件，处理率均为100%。

全年共办理区人大、政协的书面意见和提案5件，办结率100%。

奉贤区

综述

奉贤区位于上海市西南部，北倚黄浦江，南临杭洲湾，总面积687.39平方公里，其中水域面积51.8平方公里，全区常住人口62.4万人。

整治一新的河道

2001年实现增加值96.8亿元(按可比价格计算，以下同)，比上年增长13.6%，增幅比上年提高3.6个百分点。其中，第一产业的增加值为8.5亿元，同比增长7.5%；第二产业增加值为56.17亿元，同比增长15.5%，对GDP的贡献率为65.8%；第三产业的增加值为32.11亿元，同比增长11.9%。对GDP的贡献率为29.2%。第一、二、三产业的结构比重为8.8:58.0:33.2。全区财政收入15.8亿元，比上年增长31.6%，其中地方财政收入9.2亿元，比上年增长41.9%。外贸出口2.85亿美元，比上年增长23.6%。固定资产投资完成额30.77亿元，比上年增长21.5%。

2001年区环境空气中主要污染因子二氧化硫年日平均浓度为0.005毫克／立方米，与上年持平，达到国家环境空气质量一级标准（0.02毫克／立方米）；总悬浮颗粒物年日平均浓度为0.126毫克／立方米，比上年略高，达到国家环境空气质量二级标准（0.20毫克／立方米）；二氧化氮的年日平均浓度为0.022毫克／立方米，比上年略低，达到国家环境空气质量二级标准（0.08毫克／立方米）；总体环境空气质量较好，属于清洁水平。地表水中重金属（除锰、铁外）及一些无机物指标大多属国家标准Ⅰ类，个别属Ⅱ类，与往年相似，影响区水环境质量的主要污染因子仍为总磷、氨氮、生化需氧量等营养性指标。化学需氧量浓度比上年有明显下降，氨氮持平，总磷仍有明显上升趋势。

重要活动

2001年3月8日，县政府召开2001年度环境保护工作座谈会。县人大副主任倪水明、县政协副主席许璇黎出席了座谈会，副县长管其昌作了重要讲话。

4月20日，县委、县政府召开全县人口、资源、环境座谈会，贯彻中央、上海市人口、资源、环境座谈会精神，部署本县贯彻落实具体措施。

8月24日，奉贤撤县建区，抓住有利时机进一步修改编制《奉贤区环境保护“十五”计划及2010规划》，并完成《奉贤区水环境污染治理与保护“十五”规划》编制工作。

环境综合整治

2001年，继续调整能源结构，区中心城镇实施清洁能源替代，共改造燃煤炉灶522眼，其中煤灶402眼，投资金额986.56万元。全区液化气、煤气用户183811户，气化率达93%。全区25个大气污染物排放达标区（其中2个为烟控区），年末顺利通过区、市二级复验。创建总面积41.355平方公里。

南桥、洪庙两个镇建成噪声达标区，创建面积分别为8.8平方公里和0.85平方公里。

2001年重点整治了16条达标河道、10条管理型样板河道。全区760公里长的保洁河道落实两级政府三级管理的措施。各镇明确了长效管理责任人，配备了水域保洁队和船只，共出动保洁人员2600人次，船只800艘次，清除漂浮水草及两岸垃圾3772吨。全年完成河道疏浚151条（段），长182.1公里，土方376.1万立方米，其中：区级河道3条（段），长34.5公里，土方80.1万立方米；镇级河道66条（段），长90.1千米，土方216.1万立方米；村级河道82条（段），长57.5公里，土方80万立方米。

餐饮业环境污染整治取得进展，全年共整治65户，其中安装了油烟净化器61户，废油脂回收65户。

继2000年第一批有关镇、区建立农村生活垃圾收集处置系统后，2001年全区又有9镇1区共121个行政村顺利完成农村生活垃圾收集处置系统工程，共投入资金1345.272万元，落实保洁人员1302名，建造垃圾箱房427座，配备运输车55辆，垃圾打捞船120艘，制造并发放垃圾收集手推车1090辆，发放农户垃圾储存桶55660只。

2001年成立奉贤区“白色污染”防治管理办公室，在南桥镇垃圾中转站设立1个一次性塑料饭盒回收站，全年共处置一次性塑料饭盒54.76余万只，总回收率达40%，发放宣传资料1500份。组织专项整治4次，共收缴违规销售、使用的一次性塑料饭盒11.65万只，并对不规范使用的单位进行行政处罚。

2001年4月份起全区开始回收废电池，下发中、小学校等单位废电池收集箱95只，全年收集废电池14万节。自2月份起对南桥镇40家大小酒家回收泔脚垃圾，筹建奉贤泔脚处理中心，对泔脚进行科学处理，使泔脚垃圾处置资源化、减量化和无害化。

绿化建设

2001年新辟公共绿地4.64万平方米，居住区绿地2.2万平方米，单位附属绿地0.4万平方米。至年底，南桥、江海镇公共绿地面积达到55.22公顷，绿地总面积达166.49公顷，人均公共绿地面积6.9平方米，绿化覆盖率23.5%。当年建成集中绿地35块，其中3000平方米以上27块。贝港、竹港、新老横泾河两侧披上了绿装。

环境管理

2001年共审批各类建设项目738个（其中“三同时”审批项目27个），总投资额388655万元，其中环保投资9828万元。当年“三同时”竣工验收22个。

全区有415户企事业单位进行了排污申报登记，其中区以上工业企业67户，区以上非工业企业5户，事业单位29户。乡镇工业企业279户，乡镇非工业企业14户，其他21户。

全年对5家污染严重企业进行限期治理，其中3家如期完成治理任务。

全年共处理环保违法行为案81件，罚款总金额122.50万元。其中，位于头桥工业园区的新美（集团）有限公司，生活污水处理装置未能及时配套建成，擅自投入生产，以至污水外排影响周围河道水质，引起厂群矛盾，市几家新闻媒体给予曝光。区环保局依法对该公司处以罚款5万元，并限期治理。该公司于年末建成生活污水治理设施并投入正常运行。

环境监察

区环境监察部门强化对污染源的监督管理，全年共进行污染源现场监察834户次。其中建设项目“三同时”监察32户次。限期治理项目监察23户次。同时整顿规范化排污口51户，竖标志牌101块。

全年共受理投诉700件。中、高考期间会同教育、公安等部门做好“绿色护考”活动，共检查产生噪声的建筑工地47户次，确保考生有一个安静的环境。

全年征收超标排污费和二氧化硫排污费共260.3万元，新开征17户，新开征率为11.8%。

环境监测

2001年共完成了区内4条主要河流13个断面的地表水

质量监测，4个市控断面的环境空气质量监测，完成了水污染源监测854户次，大气污染源560户次，厂界噪声的监督性监测843户次，完成了各类突发性的事故、纠纷、信访等临时性的监测，共取得监测数据5.2万个，较上年增加6.1%。本年尝试编制区《监测简报》，以系统、及时、准确地反映区环境质量现状和污染源动态变化。

此外，为提高了环境监测能力，区监测部门添置了美国热电公司M5原子吸收分光光度计、可吸入颗粒物大流量采样仪、林格曼黑度仪等监测设备。

宣教活动

“6·5”期间，区、镇召开各界人士纪念“6·5”世界环境日座谈会共450人次；区领导发表电视讲话；《奉贤报》专版宣传；拍摄了“环境保护，刻不容缓”电视片；发动全区中小学生开展“答一份环保知识试卷，写2篇环保文章，做3件环保实事”的1-2-3系列活动；张贴宣传标语550条、宣传画320幅、黑板报展板1150块；散发宣传资料1500份、环保专刊5000份。

开展群绿宣传工作，“3·12”植树节期间上街发放宣传资料5350份，法规条例4000份。

全年共组织4期环境宣传培训班。市环保局副局长徐祖信为区管干部作“上海市水环境形势和保护”讲座；举办“中华人民共和国大气污染防治法”辅导讲座；区环保执法人员参加区法制办统一组织的“行政处罚法律文书”和“听证制度”的培训考核。

2001年5月份区环境教育协调委员会在实验小学召开创建绿色学校现场会，至年末全区已有4所中小学校创建为区级绿色学校。启动南桥镇贝港三村绿色小区创建工作，制订了创建方案，积极开展创建活动。

信访处理

2001年共受理群众来信、来电、来访689件，比上年增长61.1%。其中市局、区领导批办件25件。信访处理率和办结率100%。按污染类型分综合类119件，水污染169件，大气污染245件，固废污染1件，噪声污染153件，其他2件。城镇餐饮业油烟污染、建筑工地夜间施工噪声和农业养殖业水质污染成为本地区的信访热点。

“两会”期间共收到区人大代表和政协委员书面意见和提案共2件。区环保局非常重视，由分管领导牵头，专门成立处理小组，认真处理，主动上门征求意见，处理意见满意率100%。

崇明县

综述

崇明县，位于长江入海口。崇明岛是中国第三大岛，也是最大的河口沙岛。全岛总面积1100平方公里，地势平坦，森林茂盛，自然环境优越，物产丰富。岸线总长207.47公里，东西长76公里，南北宽13至18公里不等。县辖14个乡镇。户籍人口继续保持负增长。全岛户籍人口64.7万人，比上年减少0.6万。

2001年，崇明县实现增加值57.8亿元，比上年增长7.1%。其中第一产业完成增长值13.8亿元，增长3.3%，占全县增加值的比重为23.9%，比上年下降0.9百分点；第二产业完成增加值22.1亿元，增长9.3%，占全县增加值38.2%，比上年增加0.8百分点；第三产业实现增加值21.9亿元，增长7.5%，占全县增加值37.9%，比上年增加0.1百分点。全县人均增加值为9396元，比上年增长7.8%。财政收入9.6亿元，比上年增长18.7%，其中县级财政收入5.9亿元，增长21.3%。全县职工平均工资13033元，比上年增长13.7%。农民人均纯收入4596元，比上年增长5.3%。

2001年，崇明县环境空气质量继续保持优良水平。环境空气中二氧化硫和二氧化氮全部符合国家GB3095-1996的一级标准（质量描述为优）；总悬浮微粒总体达到国家二级标准（质量描述为良），其中符合国家一级标准占42%，符合国家二级标准占48%；收集到降水样品71次，1395.9毫米，出现酸雨9次，达165.3毫米，比2000年有所下降；全县年总平均降尘量7.49吨／平方公里·月，与2000年相比下降了18%。

2001年，崇明县地表水质量总体符合GHZB1-1999标准中Ⅳ类功能区标准要求；饮用水监测断面水质对照Ⅲ类功能区要求，城桥水厂年平均值全部达标；市重点监测断面南横引河三沙洪水质符合Ⅳ类功能区标准要求。河道整治专设断面白港桥和相见港桥与其他断面地表水同时监测，白港桥水质质量符合Ⅳ类功能区标准要求，相见港水质中氨氮、总磷和氯化物超标。

重要活动

2001年3月15日，县委、县人民政府在县花卉苗木基地召开2001年县绿化工作大会，表彰2000年度县绿化工作先进乡镇和单位，并同14个乡镇及有关生产责任单位签订了全年植树造林目标责任协议书。

2001年3月23日，县委、县政府召开生态环境保护工作会议。县委书记、县生态示范区建设领导小组组长盛亚飞与各乡镇和县有关部门签订了生态示范区工作目标责任书。

2001年7月4日，县委宣传部和县广电局联合组织“生态绿岛世纪行”宣传活动。活动从水、土、气到绿化、生态经济、湿地保护等8个方面，对崇明的生态环境状况作了深度报道。

2001年10月7日，国家环境保护总局生态示范区验收考核小组对崇明县创建国家级生态示范区进行考核验收。结果表明：24项指标全部达标，民意测验知晓率达97%，满意率达96%。

创建生态示范区

自国家环保总局批准上海市崇明县为全国首批生态示范区建设试点地区后，崇明县成立创建生态示范区领导小组，由县委书记任领导小组组长，县长以及常务副县长任副组长，负责协调指导全县创建工作。同时，在市环保局组织和支持下，由上海环境科学研究院编制的《崇明县生态示范区建设规划》通过专家论证，提交崇明县第12届人民代表大会常务委员会第16次会议讨论审核通过，并报国家环保总局备案。

根据《崇明县生态示范区建设规划》，崇明县各级政府总投资16亿元，完成了生态绿化工程、生态海塘工程、生态旅游工程、畜禽污染治理工程、清洁能源工程、“一控双达标”工程、自然保护区工程，重点扶持了大新前卫村、陈家镇奚东村、瀛东村等一批富有特色的生态村。东滩被正式批准建设保护面积326.2平方公里的鸟类保护区后，保护区不断健全各项管理制度，完成域内标志设置，加大候鸟保护力度。此外，生态旅游工程中一批以“生态”为主题的森林游、农家游、湿地游项目逐步兴起。

2001年10月，经国家环保总局严格考核，崇明县被正式命名为国家级生态示范区。

绿化建设

2001年，崇明县县属城桥和堡镇两镇共新增绿化面积56900平方米，绿化覆盖总面积分别达到99.26万平方米和37.16万平方米，绿化覆盖率分别达到19.85%和15.48%，绿地总面积分别为82.81万平方米和22.64万平方米，绿地率分别为16.56%和9.34%，公共绿地面积分别为30.94万平方米和3.79万平方米，人均公共绿地面积分别为6.19平方米和1.31平方米。2001年崇明绿化按照“一圈、二区、三横、多点、多纵”的绿化格局，以建设国家级生态示范区为目标，重点发展了绿化重点工程建设，先后完成了塔东公路旅游景观通道形象工程绿化面积20.1公顷；陈海公路西段绿化示范项目面积21.7公顷，绿华明珠湖绿化工程面积18.9公顷；崇明县银杏、雷竹经济示范基地面积13.3公顷；营造沿海防护林144公顷。至2001年底全岛森林覆盖率达到12.1%。

环境综合整治

2001年，崇明县对县属镇、主要公路干线两侧冒黑烟现象实施集中整治，全年燃煤锅炉改燃油炉16台，工业炉窑改燃油炉4台，燃煤灶改燃气灶87台（眼），改造率为93.6%，总投资额372万元，削减烟尘180吨/年，二氧化硫削减142吨/年。全年共整治餐饮油烟气污染单位11家，噪声污染企业13家，取缔非法回收加工废油脂企业2家。

2001年，城桥镇大气污染物排放达标区建成，堡镇、新河镇噪声达标区、烟尘控制区均通过市级验收。

在河道整治中，崇明县先后疏浚市、县级大河33条（段），计464公里，乡镇河道444条（段）计1164公里，村级明沟15000条（段）计6921公里，累计完成土方1429万立方米。

崇明团结沙现代化农田

秸秆综合利用

2001年，为保护崇明军用机场、风景旅游区，主要公路干线的大气环境质量，崇明县在军用机场周边6个镇及农场，东平国家森林公园周边1公里，东海公路两侧1公里处设立了秸秆禁烧区。同时还采取措施，提高秸秆利用率：一是推广5个企业锅炉应用秸秆代煤技术；二是养畜过腹还田；三是秸秆粉碎直接还田，增加有机肥使用率，减少化肥使用量。2001年，全县锅炉燃烧秸秆40000吨，减少用煤量10000吨，节约支出50万元，增加了养殖业收入，减少二氧化硫排放量70吨，秸秆禁烧区秸秆综合利用率为70%，其他区域秸秆综合利用率为60%。

工业污染治理

2001年，崇明县共产生工业污水987.69万吨。其中978.99万吨得到治理，处理率达99.12%，排放达标率88.64%。全县共有燃煤（重油）锅炉191台，工业炉窑52座。工业用煤量47.8万吨，工业燃油8.32万吨，产生工业废气45.35亿标立方米，废气处理量45.07亿标立方米，处理率99.40%，排放达标率84.91%。全年共产生工业固体废弃物17.08万吨，其中综合利用、处理、处置16.94万吨，综合利用、处理、处置率达99.68%。

2001年崇明县关、停、并、转企业18户，其中重点污染企业7户，一般污染企业11户。

环境管理

2001年，全县审批环境影响评价项目76个，其中环境影响报告书7个，环境影响报告表69个。被劝阻的项目共6个。当年“三同时”竣工验收的有3个项目，同时加强了建设项目的中后期监督管理，使全县建设项目环保“三同时”项目执行率大大提高。

2001年，全县完成520户排污企业申报登记，建立了GIS数据库系统，为2002年全面开展排污许可证制度提供全面的基础资料和管理决策及“一控双达标”的长效管理提供依据。

2001年，共发出限期治理通知书20份，限期整改项目23个，至年底完成95%，对其中一户未按要求完成设施整改的单位，依法给予处罚。

全年依法处罚违法排污企业20户，罚款金额18.2万元。

环境监察

2001年7月7日，经崇明县编委批准，崇明县环境监理所改名为崇明县环境监察支队。监察支队对252户企业实施日常监察，全年共监察1296厂次，派出监察人员4128人次，其中对18户重点排污企业每月监察1次，对63户主要排污企业每两个月监察1次，对171户企业每季度监察1次，还适时开展了秸秆禁烧、绿色护考、“三同时”执行、限期治理项目、畜牧污染、夜间施工、餐饮业等专项检查。

全年共征收超标排污费340.3万元。

环境监测

2001年，全年获得环境要素监测数3907个，其中地表水环境质量监测12个断面，市设断面6个，县设断面6个，同步监测获得监测数据1716个；完成环境空气质量中二氧化硫、二氧化氮、氮氧化物、总悬浮微粒、降水及其成分分析、降尘等项目定时监测，获得监测数据1091个；环境噪声监测数据1716个。

2001年，县环境监测站对320家厂进行了废水、烟尘监测，其中工业炉窑监测230台次、废水620厂次；对群众信访热点突击抽查18厂次，水质污染事故应急监测22厂次，涉及厂群矛盾噪声监测33厂次。

宣教活动

2001年，崇明县利用广播电视和《崇明报》等宣传媒介，结合“6·5”世界环境日，开展了各类环保宣传活动。如在中小学开展环保知识讲座等。崇明县结合国家级生态示范区创建工作，编写了《崇明生态环境宣传读本》，组织干部和工作人员带头学习，还举办以县镇两级政府的主要领导为对象的“保护生态环境，实现可持续发展”的专题讲座，邀请生态专家讲课，以提高全县干部群众的生态保护意识。

信访处理

2001年处理群众来电、来信、来访413件，其中来电252件，来信102件，来访59件，276人次。市环境保护局领导批转件21件，县委、县政府领导批转件46件，处理率98%，办结率98%。

2001年受理县人大书面意见和政协提案16件，其中人大代表书面意见主办件1件，政协提案主办件8件，会办件7件。

与环境有关的统计

自来水供应情况（1997-2001）

年　份	水厂生产能力（万立方米／日）	供水管道长度（公里）	供水总量（亿立方米）	售水总量（亿立方米）	其　中	
					生产用水	生活用水
1997	982	13015	23.32	19.81	6.74	11.24
1998	1019	13657	24.12	20.08	6.19	11.55
1999	1025	14678	23.51	19.33	5.50	11.45
2000	1048	15943	24.00	19.75	5.49	11.88
2001	1048	16806	24.15	20.27	5.14	12.26

用电量（1997-2001）

单位：亿千瓦·时

年　份	用电量	其　中		
		工业用电	农业用电	其　他
1997	454.26	333.79	9.07	111.40
1998	482.94	343.59	8.99	130.36
1999	501.20	358.31	8.58	134.31
2000	559.42	393.13	8.92	157.37
2001	592.99	413.33	6.11	166.36

煤气供应情况（1997-2001）

年　份	生产能力（万立方米／日）	管线长度（公里）	供气总量（亿立方米）	销售总量（亿立方米）	其　中		家庭用气户数（万户）
					生产用气	生活用气	
1997	1066	5995	19.54	17.04	3.06	13.95	226.12
1998	1046	6734	19.27	17.25	2.72	14.48	247.18
1999	1038	6872	20.84	18.51	2.73	15.71	257.43
2000	984	6606	21.31	18.40	2.53	15.77	255.89
2001	984	7442	21.98	19.20	2.43	16.60	266.88

液化石油气用户数和销售量（1997-2001）

年　份	销售总量(万吨)	其　中	液化气用户数(万户)	其　中
		家庭用量		家庭用户数
1997	26.22	20.49	198.96	196.30
1998	26.01	18.97	222.35	219.50
1999	32.24	18.78	232.26	229.30
2000	45.94	20.47	242.73	239.30
2001	50.09	20.35	248.23	244.72

市政工程设施情况（1997-2001）

年份	年末实有铺装道路长度(公里)	年末实有铺装道路面积(万平方米)	城市桥梁(座)	城市排水管道长度(公里)	污水处理厂污水处理能力(万吨／日)	防汛泵站(座)	路灯盏数(万盏)
1997	3553	4341	2061	3023	189	194	13.94
1998	4712	5403	2598	3651	189	178	15.29
1999	5204	6393	3253	3736	267	182	17.22
2000	6641	8147	4432	3920	463	160	18.19
2001	9225	13418	6951	4001	463	160	19.51

注：2000 年起，本表防汛泵站统计口径不包括闵行、宝山、嘉定、金山、松江、青浦、奉贤 7 个区和崇明县。

民用车辆拥有量（2000-2001 年）

指　标	单　位	2000 年		2001 年	
		总　计	＃私　人	总　计	＃私　人
民用汽车总计	辆	491929	50658	550073	87168
载客汽车	辆	326863	47527	371946	84002
载客量	客位	2824485	169255	3686084	479379
＃ 大型	辆	28942	15	29072	25
＃ 载客量	客位	1468988	536	1486640	844
普通载货汽车	辆	138630	3127	154357	3148
载重量	吨位	404061	4837	596506	5166
＃ 大型	辆	57678	491	65585	521
＃ 载重量	吨位	318971	1756	431132	1990
专用载货汽车	辆	5158	2	5459	14
载重量	吨位	40530	20	66413	139
其他专用汽车	辆	10658	2	8148	3
特种汽车	辆	10620		10163	1
轮胎式拖拉机	台	8378	2441	8257	2439
＃ 手扶拖拉机	台	8243	2439	8132	2437
摩托车	辆	537691	497399	627484	587342
＃ 两轮	辆	533988	497385	624071	587314
其他机动车	辆	4537	10	11315	318
载货挂车	辆	360		1238	

城市环境卫生情况（1997-2001）

年份	清运垃圾(万吨)	其中		清运粪便(万吨)	环境卫生设施				
		生活垃圾	建筑垃圾		公共厕所(座)	生活垃圾收集箱(座)	废物箱(只)	倒粪站(座)	化粪池(只)
1997	755	454	301	227	1120	53643	12735	2207	44440
1998	824	470	353	218	1203	59498	15968	2127	41760
1999	767	500	267	172	1311	66067	17326	2192	44694
2000	858	641	217	256	2215	22470	23189	2045	46921
2001	901	644	257	219	2406	17694	24672	1890	47500

注：2000 年前生活垃圾收集箱为垃圾箱数。

环境综合整治情况（1998-2001）

年　份	1998	1999	2000	2001
环境质量指标				
可吸入颗粒物日平均值(毫克／立方米)	0.215	0.168	0.156	0.100
二氧化硫日平均值(毫克／立方米)	0.053	0.044	0.045	0.043
二氧化氮日平均值(毫克／立方米)	0.100	0.099	0.090	0.063
主要饮用水源水质达标率（%）	92.38	93.20	96.58	84.40
区域环境噪声平均值（分贝）	57.8	57.2	56.6	56.0
交通干线噪声平均值(分贝)	70.2	70.3	70.5	69.5
酸雨频度(%)	15.1	12.1	26.0	25.2
降　水（pH值）	5.58	5.63	5.19	5.20
污染控制				
烟尘控制区覆盖率（%）	100.0	100.0	100.0	100.0
环境噪声达标区覆盖率（%）	55.9	56.0	80.7	84.8
危险废物综合利用处置率（%）	99.9	99.9	99.3	99.9
环境建设				
城市污水处理率（%）	53.3	50.4	49.4	53.3
城市气化率（%）	98.0	100.0	100.0	100.0
自然保护区覆盖率（%）	6.0	7.8	7.8	10.5
环境处理				
环境保护投资（亿元）	102.13	111.57	141.91	152.93
环境保护投资相当于国内生产总值比例（%）	2.8	2.8	3.1	3.1
污染防治设施运行率（%）	99.7	99.7	100.0	100.0

废水、废气排放总量（1997-2001）

年　份	废水排放总量(亿吨)	其　中		#工业废水排放达标量(亿吨)	工业废水排放达标率（%）	废气排放总量（亿标立方米）	其　中
		工业废水	生活废水				工业废气
1997	21.10	9.99	11.11	8.66	86.6	5248.9	4754.5
1998	20.81	9.00	11.81	7.94	88.2	5492.7	4912.4
1999	20.28	8.52	11.76	7.67	89.9	5479.5	4946.6
2000	19.37	7.25	12.12	6.76	93.2	6398.1	5755.2
2001	19.50	6.80	12.70	6.49	95.4	7620.0	6964.2

废水、废气中主要污染物排放总量(1997-2001)

单位：万吨

年　份	废　水			废　气				
	化学需氧量排放总量	其　中		二氧化硫排放总量	其　中		烟尘排放总量	其　中
		工　业	生活及其他		工　业	生活及其他		工　业
1997	38.55	11.70	26.85	50.85	43.62	7.23	17.08	13.38
1998	36.55	9.63	26.92	48.89	39.09	9.80	15.63	10.74
1999	34.98	8.92	26.06	40.31	31.09	9.22	13.57	9.00
2000	31.87	6.93	24.94	46.49	32.68	13.81	14.12	8.32
2001	30.48	5.27	25.21	47.26	30.00	17.26	13.52	6.03

城市园林绿化情况（1997-2001）

单位：公顷

年　份	城市园林绿地面积	其　中				
		#公共绿地	其　中		#专用绿地	#园林苗圃
			公园面积	街道绿地		
1997	7849	2484	961	1523	5083	253
1998	8855	3117	976	2141	5456	253
1999	11117	3856	993	2863	6888	318
2000	12601	4812	1153	3658	7346	388
2001	14771	5820	1291	4529	8624	248

（续表）

年　份	公园数（个）	游园人数（万人次）	植树数（万株）	行道树实有数（万株）	人均公共绿地面积（平方米）	绿化覆盖率（%）
1997	108	9757	383	43	2.41	17.8
1998	111	9205	773	48	2.96	19.1
1999	115	9601	845	54	3.62	20.3
2000	122	8184	827	57	4.60	22.2
2001	125	8561	1384	65	5.56	23.8

新辟3000平方米以上公共绿地一览（2001）

地　区	所在街道名称	绿地名称	位　置	面　积(平方米)
黄浦区	南京东路街道	苏州河绿地（三期）	新桥路 － 乌镇路	3274
卢湾区	瑞金二路街道	玉兰园	重庆南路 － 南昌路	3700
徐汇区	田林新村街道	好饰家园艺广场	漕溪路 － 田林路	25000
	漕河泾街道	柳州路沪闵路绿地	柳州路 － 沪闵路	15285
长宁区	新泾镇	周家浜绿地	剑河路 － 平塘路	3900
	仙霞新村街道	北虹园	北虹路 － 茅台路	3900
静安区	南京西路街道	北常绿地	北京路 － 常德路	6000
	南京西路街道	延富绿地	延安路 － 富民路	7000
普陀区	桃浦镇	古浪园	古浪路 － 真大路	5858
	桃浦镇	雪松园	真南路 －雪松路口	4432
	长征镇	万里城（二期）绿地	富平路南侧	26000
	真如镇	寻趣园	真光路东侧	5975
	石泉路街道	馨园	铜川路 276 号	4760
	宜川路街道	明珠园	光新路 － 中山北路	3000
	长征镇	泾阳路香樟路绿地	建德新村内	11334
	长征镇	祥和公园	真光路 962 号	85450
	桃浦镇	韩塔园	敦煌路 － 古浪路	4200
	桃浦镇	桃浦公园	桃浦西路 1018 号	16000
	长征镇	建德花园苏州河滨河绿地	建德新村内	15000
闸北区	彭浦新村街道	共康高压线下绿地	长临路 200 弄	20000

（续表）

地　区	所在街道名称	绿地名称	位　置	面　积(平方米)
虹口区	江湾镇	万安路河道绿地（三期）	春申街 － 凉城路口	10000
	四川北路街道	横浜桥东侧河道绿地	四川北路 － 横浜桥	3100
杨浦区	江湾新城街道	时代花苑	殷行路 － 世界路	8700
宝山区	海滨街道	牡丹江路水产路西南角绿地	牡丹江路 － 水产路	12666
	罗店镇	罗店广场	市一路 － 罗溪路西南角	9149
	吴淞街道	同济路泰和路立交桥绿地	同济路 － 泰和路	11169
闵行区	梅陇镇	梅陇世纪广场	莲花路 － 上中西路口	23333
	莘庄镇	北横泾广场绿地	沪闵路 － 莘建东路口	8333
	莘庄镇	地铁南广场绿地	地铁莘庄站（南面）	16000
嘉定区	菊园小区	宝嘉路口绿地	嘉罗路 － 二环线	8662
	嘉定镇	环城河绿地（4块）	环城河边	28545
	嘉定镇	沪宜公路胜辛路口绿地	沪宜公路 － 胜辛路口	4500
	安亭镇	镇政府广场绿地	墨玉路 － 昌吉路	3000
浦东新区	金桥镇	杨高路金海路绿地广场	杨高路 － 金海路东南	33425
	金桥镇	杨高路云山路绿地广场	杨高路 － 云山路东侧	39063
	钦洋镇	杨高路民生路绿地广场	杨高路 － 民生路口	9960
	钦洋镇	杨高路芳甸路绿地广场	杨高路 － 芳甸路	7200
	张江镇	金科路绿地广场	金科路	65985
	周家渡街道	成山路绿地	上南路 － 洪山路 － 云台路	6680

各区绿化面积（2001）

地　区	园林绿地面积(公顷)	公共绿地面积	公园数(个)	公园游园人数(万人次)
总　计	14659.68	5784.05	123	8550.65
黄浦区	87.09	63.29	4	858.75
卢湾区	81.50	38.48	4	803.73
徐汇区	883.82	298.15	11	880.00
长宁区	839.47	298.24	8	801.93
静安区	62.64	22.33	3	186.43
普陀区	672.06	255.42	12	774.19
闸北区	354.42	146.07	7	370.23
虹口区	306.82	116.11	8	1225.01
杨浦区	787.93	297.23	12	950.29
浦东新区	4259.34	1838.32	15	689.39
闵行区	1600.03	865.01	7	191.75
宝山区	2181.73	466.25	11	340.74
嘉定区	725.09	265.74	5	111.90
金山区	630.24	167.35	7	54.05
松江区	412.04	151.42	3	107.24
青浦区	258.98	174.75	3	66.60
南汇区	344.14	264.67	2	101.01
奉贤区	172.34	55.22	1	37.41

（续表）

地 区	覆盖面积(公顷)	绿化覆盖率(%)	绿化种植数(万株)	行道树实有数(万株)	人均公共绿地面积（平方米）
总 计	16123.04	23.82	1481.48	63.89	5.56
黄浦区	119.29	9.61	58.38	0.86	0.97
卢湾区	118.27	14.69	32.98	1.09	1.10
徐汇区	1128.89	20.62	95.28	3.47	3.43
长宁区	930.09	24.28	36.09	2.09	4.95
静安区	96.61	12.68	6.24	1.06	0.64
普陀区	797.44	14.54	26.56	3.76	3.06
闸北区	409.29	13.99	39.28	1.62	2.07
虹口区	364.90	15.54	17.99	1.99	1.45
杨浦区	946.56	15.59	136.91	2.79	2.75
浦东新区	4509.28	30.98	380.11	31.32	13.12
闵行区	1712.36	33.25	113.83	2.50	17.84
宝山区	2261.17	32.21	73.15	2.47	7.80
嘉定区	787.40	35.15	162.00	3.15	12.03
金山区	681.74	28.64	18.76	1.84	10.05
松江区	435.29	21.28	103.74	1.10	11.54
青浦区	272.41	9.72	3.99	0.93	4.85
南汇区	357.45	11.05	110.72	0.72	4.11
奉贤区	194.60	23.58	5.47	1.14	6.90

能 源

能源消耗基本情况(1997-2001)

年 份	能源消耗（万吨标准煤）	其 中	电力消耗（亿千瓦小时）	其 中	工业总产值能耗（吨标准煤／万元）
		工 业		工 业	
1997	4758.82	3498.83	454.26	333.79	0.71
1998	4874.11	3452.96	482.94	343.60	0.65
1999	5119.19	3608.67	501.20	358.31	0.61
2000	5492.08	3779.13	559.42	393.13	0.57
2001	5818.28	3923.12	592.99	413.33	0.50

（续表）

年份	国内生产总值能耗（吨标准煤／万元）	工业总产值电耗（千瓦小时／万元）	工业增加值能耗（吨标准煤／万元）	工业增加值电耗（千瓦小时／万元）	工业总产值节能量（万吨标准煤）	工业总产值节电量（亿千瓦小时）
1997	1.42	675.94	2.21	2112.39	492.35	30.66
1998	1.32	645.31	2.10	2086.60	319.67	16.31
1999	1.27	608.96	2.05	2037.38	207.03	21.39
2000	1.21	588.85	1.90	1973.94	315.48	13.43
2001	1.18	531.80	1.84	1878.57	502.40	47.03

能源终端消费量（1997-2001）

单位：万吨标准煤

年　份	能源终端消费量	其　中			
		第一产业	第二产业	第三产业	生活消费
1997	4505.70	90.53	3312.18	715.31	387.72
1998	4608.13	91.06	3261.21	828.84	427.02
1999	4899.60	98.01	3467.49	915.48	418.62
2000	5219.77	103.38	3594.41	1069.01	452.99
2001	5473.61	113.81	3690.04	1220.67	449.09

工业能源终端消费量（1997-2001）

年　份	工业能源终端消费量（万吨标准煤）	原　煤（万吨）	焦　炭（万吨）	燃料油（万吨）	电　力（亿千瓦·时）
1997	3245.71	698.14	653.75	147.70	309.74
1998	3186.98	723.59	660.40	132.93	318.12
1999	3389.09	792.14	658.28	120.21	335.01
2000	3506.82	733.65	676.06	139.67	362.94
2001	3578.45	790.51	654.79	136.93	381.64

能源平衡表（标准量）

单位：万吨标准煤

指　标	1985	1990	2000	2001
可供本地区消费的能源量	2542.40	3193.79	5490.16	5820.17
库存差	14.27	41.63	69.08	-88.89
一次能源生产量			103.39	133.42
外省（市）调入量	3272.36	4186.21	8531.65	10005.76
进口量	36.84	88.89	1475.47	1762.21
本市调出量	631.38	936.67	4432.35	5795.63
出口量	153.91	81.31	179.95	270.42
加工转换投入（-）产出（+）量	-70.29	-52.20	-88.78	-133.52
#火力发电		-5.87	-0.05	-0.05
炼　焦	-35.10	-17.02	-57.93	-32.73
炼　油	-13.37	-4.50	-20.63	-64.98
制　气	-21.74	-19.22	-9.80	-35.64
损失量	66.48	40.04	183.53	211.15
#运输和输配损失	36.06	40.04	183.53	211.15
终端消费量	2416.44	3098.82	5219.77	5473.61
第一产业	43.91	58.49	103.38	113.81
第二产业	1903.59	2387.88	3594.41	3690.04
工　业	1878.33	2369.97	3506.82	3578.45
建 筑 业	25.26	17.91	87.60	111.59

（续表）

指　标	1985	1990	2000	2001
第三产业	266.99	403.47	1069.01	1220.67
#交通运输、仓储及邮电通信业	201.70	276.29	597.96	668.78
批发和零售贸易业、餐饮业	17.05	53.41	129.82	174.64
生活消费	201.95	248.98	452.99	449.09
城　　镇	150.99	175.21	338.68	348.60
乡　　村	50.96	73.77	114.30	100.50
平衡差额	-10.81	2.73	-1.92	1.90

能源终端消费量（折合标准量）(2001)

单位：万吨标准煤

行　业	合　计	其　中	
		原　煤	焦　炭
总　计	5473.61	742.96	645.40
生产消费	5024.52	651.73	645.40
第一产业	113.81	14.74	
农、林、牧、渔业	113.81	14.74	
第二产业	3690.04	619.35	645.40
工　业	3578.45	609.22	645.40
建筑业	111.59	10.13	
第三产业	1220.67	17.63	
#交通运输、仓储及邮电通信业	668.78	12.57	
批发和零售贸易业、餐饮业	174.64	2.54	
生活消费	449.09	91.23	

（续表 1）

单位：万吨标准煤

行　业	其　中		
	燃料油	汽　油	煤　油
总　计	603.43	202.07	87.64
生产消费	603.43	173.51	87.63
第一产业		34.98	
农、林、牧、渔业		34.98	
第二产业	195.14	57.40	1.90
工　业	195.14	31.06	1.66
建筑业		26.34	0.24
第三产业	408.28	81.13	85.73
#交通运输、仓储及邮电通信业	397.78	21.85	84.95
批发和零售贸易业、餐饮业	10.50	5.53	0.19
生活消费		28.56	0.01

（续表 2） 单位：万吨标准煤

行　业	其　中		
	柴　油	其他石油制品	电　力
总　计	328.42	238.46	1812.98
生产消费	310.62	230.99	1628.91
第一产业	43.36	0.99	19.74
农、林、牧、渔业	43.36	0.99	19.74
第二产业	108.95	201.01	1254.30
工　业	58.53	198.30	1232.69
建筑业	50.42	2.71	21.60
第三产业	158.30	29.00	354.88
#交通运输、仓储及邮电通信业	110.60	9.31	28.91
批发和零售贸易业、餐饮业	25.37	6.01	107.75
生活消费	17.81	7.47	184.07

平均每人生活消费能源

品　名	1980	1990	2000	2001
生活消费能源总计（千克标准煤）	150.74	191.53	342.75	338.39
煤炭（千克）	153.41	143.04	105.54	89.20
煤油（千克）		0.65	0.05	0.01
液化石油气（千克）	0.61	3.34	16.00	15.33
煤气（立方米）	28.61	45.08	121.14	90.34
电力（千瓦·时）	54.59	112.51	402.53	429.42

能源消费弹性系数（1997-2001）

年　份	能源消费比上年增长(%)	电力消费比上年增长(%)	国内生产总值比上年增长(%)	能源消费弹性系数	电力消费弹性系数
1997	3.0	5.5	12.7	0.24	0.43
1998	2.4	6.3	10.1	0.24	0.62
1999	5.0	3.8	10.2	0.49	0.37
2000	7.3	11.6	10.8	0.68	1.07
2001	5.9	6.0	10.2	0.58	0.59

农　业

主要年份农业技术应用和综合开发情况

单位：万公顷

指　标	1990	1995	2000	2001
化肥施用面积（万公顷）			32.10	31.37
化肥施用量（实物量）（万吨）	100.63	86.09	82.54	80.98
化肥施用量（折纯量）（万吨）	19.62	22.80	19.33	20.28
农药施用面积（万公顷）			31.02	30.11
农药施用量(万吨)	1.88	0.84	1.10	0.98
农用塑料薄膜使用量（万吨）			2.13	2.23
地膜覆盖面积（万公顷）			2.05	2.33

表　彰

上海环境年鉴

2000-2001年度上海市环境保护先进集体

上海宝钢集团公司
上海大众汽车有限公司
上海通用汽车有限公司
上海三菱电梯有限公司
上海信谊药业有限公司
上海石化股份有限公司环境保护中心
沪东中华造船（集团）有限公司安全环保处
上海氯碱化工股份有限公司
高桥石化有限公司
上海轻工环境保护压力容器监测总站
上海索广电子有限公司
上海金陵股份有限公司
上海第十化学纤维厂
东方电台东方传呼节目组
市计委城市发展处
市经委节能环保处
市公安局交巡警总队车辆管理所调研指导科
市苏州河综合整治建设有限公司
市畜牧办公室
复旦大学附属中山医院
市河道（水闸）管理处
市环境监测中心生物室
市环境监察总队
市城市规划管理局规划业务处
上海巴士四汽公共交通有限公司
上海浦东煤气制气有限公司
上海园林（集团）公司
市市容环卫局废弃物管理处
市监狱管理局科技开发处
上海吴淞海事处
上海港务局
浦东新区环境保护和市容卫生管理局环境保护处
徐汇区环境保护局
长宁区环境保护局
普陀区环境保护局
闸北区环境监察支队
虹口区环境保护局
杨浦区环境保护局
黄浦区环境保护局
卢湾区环境保护局
静安区环境保护局
宝山区环境监测站
闵行区环境保护局
嘉定区环境保护局
金山区环境监测站
上海嘉乐股份有限公司染整部
松江区环境保护局
上海美蓓亚精密机电有限公司
青浦区环境保护局
崇明县环境保护局
南汇区环境保护局污染控制科
奉贤区环境监察支队

2000-2001年度上海市环境保护先进个人

马伯文　上海高桥石油化工公司
刘卫星　上海市经委节能环保处
胡家伦　上海市科学技术工作委员会
姚文华　上海市建委城市管理处
朱林强　上海市农业委员会
董鲁平　上海金枫酿酒有限公司
徐　洁　新锦江大酒店
何　晨　上海市环境监察总队
魏化军　上海市环境监测中心
邓华龙　上海市危险废物处理中心
陈长虹　上海市环境科学研究院
张　敏　上海市环境保护局
齐玉霞　上海市环境保护局
陈　伟　上海市环境保护局
梁　超　上海市废弃物处置公司
匡桂云　上海市苏州河环境综合整治领导小组办公室
许卫星　上海大观园
沈人德　上海市城市规划管理局
顾玉亮　上海市原水股份有限公司
赵建国　上海二电巴士公共交通有限公司
徐　园　上海市爱国卫生运动委员会办公室
盛全根　上海市林业站
金宝弟　上海市卫生局
沈才兴　上海吴淞煤气制气公司
朱小明　徐汇公安分局交巡警支队
周良才　上海市质量技术监督局
郭　雷　上海航道船舶运输公司
黄秀清　国家海洋局东海监测中心
邱善思　上海市戒毒劳动教养管理所
汤立俊　上海民星劳动工具有限公司

陈春根	上海区域气象中心环境保护室环评科	罗永清	上海警备区后勤部基建营房处
陆海祜	上海港务局	胡　冰	海军上海基地后勤部基建营房处
周方道	上海铁路局计划统计处	潘林华	九四八二六部队管理处
王　勇	上海航天局第八一一研究所	李　翼	徐汇区环境监察支队
翁红姝	上海市人大常委会研究室宣传处	刘　辉	徐汇区环境保护局
贾毅民	中共上海市委宣传部	费世洪	天平路街道办事处
吴卫群	解放日报社	张永生	黄浦区环境保护局
蔡新华	城市导报社	张建民	人民广场街道
顾　政	城市导报社	王乃敦	虹口区环境保护局
朱全弟	新民晚报	柴尧迅	虹口区人民政府
倪　珺	新民晚报	聂　新	普陀区绿化管理局
孙明敏	劳动报社	刘建华	普陀区市容管理局
黄卫良	水利部太湖流域管理局	徐国良	长宁区环境保护局
张明发	上海申华声学装备有限公司	王小柳	长宁区教育局
王海洲	上海新伦纸业有限公司	徐关荣	静安区环境保护局
韩如元	上海轻工控股（集团）公司	江裕成	静安区南京西路街道办事处
朱晋陆	上海纺织环境保护中心	许为平	上海烟草（集团）公司
梁康宁	上海第十七棉纺织总厂	陈红光	杨浦区环境保护局
黄震庭	上海申一毛条有限公司	陈祥云	杨浦区绿化管理局
胡公明	上海焦化有限公司	张国丽	中海物业管理（上海）有限公司
周　波	上海华谊（集团）公司	杨长庚	卢湾区环境保护局
郭懋宗	上海华谊（集团）公司	王　桢	闸北区环境保护局
沈光荣	上海汽轮机有限公司	张沪春	闸北区环境监测站
郑锦荣	上海电站辅机厂有限公司	王贵岭	浦东新区环保市容局
程国良	上海市离心机械研究所	韩海斌	浦东新区环境监察支队
孙肇沚	上海市仪表电子工业环境监测站	陈德兴	花木镇人民政府
厉美云	上海精密科学仪器有限公司	周庆江	闵行区环境保护局
金友良	上海怡标电镀有限公司	闵正良	闵行区浦江镇人民政府
荀逸中	上海通用汽车有限公司	姚　炜	上海永新彩色显像管股份有限公司
薛伟国	宝钢集团上海五钢有限公司	吴瑞弟	练塘镇人民政府
沈晓林	宝山钢铁股份有限公司安环处	陈海珍	青浦区环境保护局
池海良	上海宝钢集团公司	陈升平	宝山区政府
王晓东	上海宝钢益昌薄板有限公司	姚秀英	宝山区环境保护局
乐剑辉	上海石化化工事业部	马　静	宝山区友谊路街道办事处
费小弟	上海建筑材料（集团）总公司	马　铭	嘉定区环境监察支队
何雨保	上海隧道工程股份有限公司盾构工程分公司	陆　强	嘉定区环境保护局
孙　耀	上海飞机制造厂	包卫平	嘉定区环境监测站
邱耀忠	上海远洋渔业有限公司大洋公司	傅传康	奉贤区环境保护局
缪惠悯	上海交运（集团）公司	沈重明	上海联吉合纤有限公司
宋志安	中海发展股份有限公司油轮公司	胡松青	南汇区环境保护局
施明融	上海市电力公司	邵静芳	南汇区环卫局
董　平	上海医药（集团）有限公司	章　清	松江区环境保护局
丁海波	上海住宅混凝土砌块厂	姚春云	松江区环境监测站
程俊祥	上海建伍电子有限公司	蒋叶盛	金山区环境保护局
来庆林	上海索广电子有限公司	沈金龙	金山区兴塔镇人民政府
潘坚红	江南造船（集团）有限责任公司安全环保部环保室	沈俊周	崇明县环境保护局
胡建达	中科院上海原子核研究所	顾圣群	崇明县农业委员会

2001年度上海市重点工程实事立功竞赛先进集体

上海市浦东新区环境保护和市容卫生管理局环保处

上海市静安区人民政府南京西路街道办事处市政管理科

上海市固体废物处置中心筹建处

上海第五建筑有限公司第八项目经营部

2001年度上海市重点工程实事立功竞赛先进个人

虹口区环保局	孙正红
闵行区江川路街道办事处	张爱根
普陀区环保局	秦家骏
徐汇区环保局	刘　辉
黄浦区环保局	陈　冰
杨浦区环保局	桂德勇
闸北区环保局	秦瑞坤
嘉定区环保局	孟　懿
上海市固体废物处置中心筹建处	邓华龙
水利部上海勘察设计院	华桂梁
市环保局	姜晓峰

2001年上海市百佳“环境之友·绿色卫士”

张美凤	上海黄浦区人民广场街道江阴居委会主任
徐　姗	上海广中路小学学生
陈宝林	上海普陀区桃浦镇人民政府城建科科长
赵志刚	上海越剧院国家一级演员
詹志成	上海建承中学校长
王志刚	上海曹杨二中校长
龚小萍	上海青浦区镇环保助理
陈昌仁	上海黄浦区卫生系统后勤服务管理中心主任
李　桥	上海静安区园林管理所所长助理
江　流	上海静安区离休干部
肖强华	上海市绿化管理局办公室秘书
王　蔚	文汇报记者
单蒙正	上海五十四中学学生
屈铭志	上海复旦附中学生
万静英	上海曹阳中学幼儿园
胡　蓉	上海动物园高级饲养员
顾　备	上海普陀区泰山一村居民
盛月华	上海进才中学教师
戴亚兰	上海崇明县庙镇镇庙西村党支部书记
王　俭	上海闵行区七宝镇环保干部
陈承德	上海江南造船公司安环室主任
马为基	上海友谊毛纺厂厂长
杨德广	上海师范大学校长
陆文忠	上海崇明县瀛东村党支部书记
郁　葱	上海亚通股份有限公司董事长
李浩良	上海二汽公交公司经理
高其福	上海杨浦区市政管委会
沈志麟	上海马桥镇马桥居委会主任
王子祥	上海杨浦区环保局
钱申龙	上海黄浦区青少年活动中心分部科技部部长
陈志远	上海黄浦区苏州河环境综合整治办主任
何姚军	上海飞利浦半导体公司环境工程师
张国强	上海和平饭店
姚金妹	上海松江区环卫所职工
汤国红	上海虹口中学地理教师
孔学军	上海冠洁环保科技有限公司
韩宗浩	上海闸北区环保局开发科科长
戚国强	上海南汇区航头镇排灌站站长
顾锦岚	上海静安区曹家渡街道四和居委会党支书
王立群	上海迈科环境技术有限公司总经理
刘荣妹	上海黄浦区绿化管理局副局长
秦　波	上海虹口区环境监理所副所长
班丽亚	上海青浦区实验中学老师
徐正红	上海杨浦区园林管理局
刘宝珊	上海卢湾区八旬老人
杜建翔	上海闵行区园林管理局
张慧玲	上海徐汇区环境监测站
卞成林	上海杨浦区河道管理所所长
王国梁	上海徐汇区康健街道办事处主任
洪崇恩	文汇报记者
徐龙麟	上海徐汇区环境监理所
童三强	上海电视台文艺节目中心
张　红	上海施乐复印机有限公司
朱利文	上海合成树脂研究所实验厂副厂长
杨奇康	上海黄浦区六十二中高级教师
杨圣明	上海烟草工业印刷厂厂长
陈　洁	上海长宁区龙柏三村居委会主任
周中梁	上海杨浦区控江二村小学

汪国英	上海闵行区华漕中学地理高级教师	顾咏洁	华东师范大学环境科学系副教授
魏正明	上海环境科学杂志社社长助理	陈 杰	上海普陀区有线电视新闻中心记者
江澄源	上海静安区残疾军人	蔡夏英	上海市城市交通管理局科教处高级工程师
蔡新华	城市导报记者	陈玉华	上海松江区环境监理所监理员
黄参东	上海浦东新区金杨街道市政科员	霍 云	上海电视台新闻中心采访部记者
陈 栋	上海浦东新区中小学科技辅导站老师	郭西薇	上海闵行区华坪小学校长
蒋永春	上海青浦区西岑镇经贸办主任	王显明	上海闵行区吴泾街道退休职工
尤政辉	上海青浦区环保科研所所长	任建萍	上海市青少年科技教育中心普及部副主任
史 伟	上海石化环保部经理	陈 琦	上海闵行区环境监理所
林云良	上海金山区水质净化厂厂长	钱亚萍	上海嘉定区广播电视局记者
温 暖	上海保德路小学教师	徐敏辉	上海嘉定区环保局
乐俊仁	上海普陀区甘泉街道退休职工	陶福民	上海罗店螺帽总厂厂长
陈德明	上海漕泾中学专职环保教师	刘国璋	上海宝山区少科站科技部主任
何美燕	上海闵行水质净化厂工艺员	金月明	上海宝山区泗塘街道居委会干部
徐志平	上海市容环卫宣教中心	顾菊英	上海宝山区月浦镇农科站植保员、测报员
张同炳	上海南汇区周浦八一中学教师	戴金荣	上海二纺机股份有限公司退休职工
张国丽	上海广场污水处理站站长	王志勇	上海新金桥物业管理有限公司质量技术部经理
葛敬华	上海国际机场宾馆副总经理	沈留芳	上海仁和实业公司
徐一华	上海静安区教育局副局长	王玉林	上海奉贤公路建设发展有限公司工程师
陶玉仁	上海黄浦区老西门街道办事处党工委副书记	金哲民	上海奉贤区实验小学校长
于弘三	上海松江七中生物教师	邵兴华	上海优西比特种化工有限公司总经理

上海市环境白玉兰奖

根据国家环保总局以及市政府有关奖励办法的精神，为表彰从事环境保护工作，并为环保事业作出重要贡献的人员，上海市环境保护局特设立“上海市环境白玉兰奖”。

“上海市环境白玉兰奖”是由上海市环保局颁发的个人最高荣誉的奖项。颁奖对象及受奖条件为：在环保工作岗位上，献身环保事业，并取得明显成绩，根据工作需要，已经调离或退休的环保系统正处级以上的领导干部；在经济、科技、文化等社会领域，长期热心环保事业，组织参加环保活动，对促进本市环保工作取得显著成绩的人员。获得环境白玉兰奖荣誉的个人，授予荣誉证书、纪念品，并给予一定的物质奖励。

2001 年度，授予下列同志“上海市环境白玉兰奖”：吕淑萍、顾永伯、葛惠珍、顾咏康、周忠仁、裘鑫炎、郎殿荣、赵荣根、汤宪洪、汪尧昌、曹大森、胡建忠、陈有华。

上海市级绿色学校名单

曹杨二中	光新路二小	漕泾中学	广中路小学
进才中学	娄塘中心小学	市三女中	中国中学
延安中学	华坪小学	建平中学	普通小学
娄山中学	日晖新村小学	真如文英中心小学	建承中学
丰镇中学	兴塔中心小学	市东中学	大庆街小学
复旦附中	曹杨新村幼儿园	江宁学校	东延安中学
周浦八一中学	向明中学	洋泾中学	周浦镇第三小学
三烈中学	苏民中学	保德路小学	月浦中学
上海市实验小学	南洋模范中学	六十二中学	奉贤县实验小学

2001年度上海市科学技术进步奖（与环境相关项目）获得者

一等奖

项目	单位	获得者
上海市水环境污染源调查研究	上海市环境保护局	徐祖信 罗海林 刘东胜 刘代玲 李 琳 包悦鹞 朱恩祥 竺晓忠 施 耘 王 敏

二等奖

项目	单位	获得者
1000吨／天含油废水旋流分离技术及成套设备	华东理工大学 上海石油化工股份有限公司	汪华林 胡统理 侯天明 施新华 钱卓群 严国钧 石 岩 梁燮顺 周慧君 佟永平

三等奖

项目	单位	获得者
上海临海化工工业区（漕泾——柘林岸段）岸滩演变研究	华东师范大学	刘苍宇 虞志英 张国安 华 棣 陈祥锋 张 华
上海市环境空气中 NO_x 污染调查及分担率研究	上海市环境科学研究院 上海市环境保护信息中心	伏晴艳 陈明华 钱 华 刘东胜 陈长虹 李 德 陆书玉
上海城市生活垃圾收集、中转、运输系统研究	上海市市容环境卫生管理局 上海市环境工程设计科学研究院	陶 渊 黄兴华 成效良 邱 江 谭和平 谢为贤 周海年
SGC(小型、短型、微型、流动型)系列生活垃圾压缩收集机	上海绿环机械有限公司	魏正康 刘文泉 李顺忠 范军良 王满堂
微污染原水生物法—超滤—消毒工艺处理的应用研究	上海市给水管理处 同济大学	张祥余 顾国维 吴志超 殷荣强 俞国平 于大海 钱松宇
大城市周边区域高速公路网规划方法与应用研究	上海市公路管理处 同济大学	张奎鸿 陈小鸿 马网兔 林航飞 朱建忠 钱少华 吴娇蓉
华南虎种群复壮和基因库建立的研究	上海动物园	李仲逵 崔丽萍 熊成培 袁耀华 陈国亮 裘恩乐 凌铭德
园林植物光合作用的特性及其在植物选择配置中的应用	上海市园林科学研究所	钱又宇 张庆费 夏 檑 庞名瑜
上海面向21世纪初的住宅建设发展战略研究	上海市住宅发展局	王文忠 毛佳樑 张 洁 卜逸平 沈正超 史玉雪 王安石
把崇明建设成为上海生态绿岛的研究	上海上实集团有限公司 同济大学	马成樑 李京生 诸大建 陈家宽 戴星翼 李 博 陈 玲

附录

Shanghai Environment Yearbook 2002

上海环境年鉴

地方性法规

上海市实施《中华人民共和国大气污染防治法》办法

（2001年7月13日上海市第十一届人民代表大会
常务委员会第二十九次会议通过）

第一章 总 则

第一条 根据《中华人民共和国大气污染防治法》（以下简称大气污染防治法），结合本市实际情况，制定本办法。

第二条 本市各级人民政府必须将大气环境保护工作纳入国民经济和社会发展计划，合理规划工业布局，保证环境保护资金投入，采取防治大气污染的有效措施，保护和改善大气环境。

第三条 市环境保护行政主管部门（以下简称市环保部门）对本市大气污染防治实施统一监督管理，并负责本办法的组织实施。

区、县环境保护行政主管部门（以下简称区、县环保部门）对本辖区内大气污染防治实施统一监督管理。

本市公安、交通、海洋以及铁道、海事、渔政管理部门根据各自职责，对各类车船污染大气实施监督管理。

本市其他有关行政管理部门在各自职责范围内对大气污染防治实施监督管理。

第四条 在本市行政区域内的任何单位和个人必须遵守大气污染防治法和本办法，履行保护大气环境的义务，并有权对污染大气环境的单位和个人进行检举和控告，有权对环保部门和其他有关行政管理部门及其工作人员不依法履行职责的行为进行检举和控告。

第五条 市或者区、县人民政府对在防治大气污染、保护和改善大气环境方面成绩显著的单位和个人，应当给予奖励。

第二章 大气污染防治的监督管理

第六条 市环保部门应当会同有关部门，组织编制本市大气污染防治规划，报市人民政府批准后组织实施。

第七条 本市风景名胜区、自然保护区和其他需要特殊保护的地区为大气环境质量一类功能区，应当达到国家大气环境质量一级标准；其他地区为大气环境质量二类功能区，应当达到国家大气环境质量二级标准。

大气环境质量功能区的具体范围由市环保部门会同市计划、规划等行政管理部门，根据本市城市总体规划和大气污染防治规划划分，报市人民政府批准、公布后组织实施。

第八条 市环保部门应当按照城市总体规划、环境保护规划目标和大气环境质量功能区的要求，提出本市大气污染重点整治地区及其整治目标、职责分工和限期达标计划的方案，报市人民政府批准后实施。

第九条 本市实行大气污染物排放浓度控制和主要大气污染物排放总量控制相结合的管理制度。

向大气排放污染物的，其污染物排放浓度不得超过国家和本市规定的排放标准。

本市按照国务院规定的具体办法，对主要大气污染物排放实施总量控制。主要大气污染物名录由市环保部门根据国家要求和本市实际情况拟订，报市人民政府批准后公布。

第十条 市环保部门应当根据国家核定的本市不同时期主要大气污染物排放总量和大气环境容量及社会经济发展水平，拟订本市不同时期主要大气污染物总量控制计划，报市人民政府批准后组织实施。

区、县环保部门根据本市主要大气污染物总量控制计划，结合本辖区实际情况，拟订本辖区主要大气污染物总量控制实施计划，经区、县人民政府批准后组织实施，并报市环保部门备案。

实施总量控制前已有的排污单位，其主要大气污染物排放总量指标，由市或者区、县环保部门依照国务院规定的条件和程序，按照公开、公平、公正的原则，根据各单位现有排放量、产业发展规划和清洁生产要求及本辖区主要大气污染物总量控制实施计划拟订，报同级人民政府核定。

第十一条 本市对主要大气污染物排放实行许可证制度。

实施总量控制前已有的排污单位，排放主要大气污染物未超过核定排放总量指标的，由市或者区、县人民政府核发主要大气污染物排放许可证（以下简称排放许可证）；排放主要大气污染物超过核定排放总量指标的，由市或者区、县人民政府责令限期治理，在限期治理期间，由市或者区、县环保部门核发主要大气污染物临时排放许可证（以下简称临时排放许可证）。被责令限期治理的单位必须如期完成治理任务。限期治理期满，排放主要大气污染物达到核定排放总量指标的，换发排放许可证。

新建、扩建、改建排放主要大气污染物的项目，应当按照规定获得主要大气污染物排放总量指标，然后办理建设项目环境保护审批手续。该项目的大气污染物处理设施必须经过市或者区、县环保部门验收合格后，方可取得排放许可证。

无排放许可证或者无临时排放许可证的，不得排放主要大气污染物。

第十二条 向大气排放污染物的单位，其大气污染物处理设施必须保持正常使用，拆除或者闲置大气污染物处理设施的，必须事先报经市或者区、县环保部门批准。

第十三条 各单位应当加强对生产设施和污染物处理设施的保养、检修，采取措施防止大气污染事故的发生。

排放或者可能泄漏有毒有害气体和含有放射性物质的气体或者气溶胶，可能造成大气污染事故的单位，必须制订应急预案，并报环保部门、民防部门以及其他有关部门备案。

接受备案的部门，应当加强对备案单位的检查和技术指导。

第十四条 在本市大气受到严重污染，危害人体健康和安全的紧急情况下，市或者区、县人民政府应当及时向当地居民公告，采取强制性应急措施，包括责令有关排污单位停止排放污染物，封闭部分道路，疏散受到或者可能受到污染危害的人员。

第十五条 市环保部门负责本市大气环境质量的监测和对大气污染源的监督监测，建立和完善大气环境监测网络。

市环保部门应当定期发布本市大气环境质量状况公报，并发布大气环境质量日报和预报。

第十六条 新建、扩建、改建额定蒸发量二十吨以上锅炉或者大气污染物排放量与其相当的窑炉的单位，以及市人民政府确定的排放大气污染物重点单位，必须配置大气污染物排放自动监测仪器设备，并由市环保部门纳入统一的监测网络。

第三章 防治燃煤产生的大气污染

第十七条 市和区、县人民政府应当采取措施，改进能源结构，发展集中供热，推广清洁能源的生产和使用。

市环保部门根据本市大气环境保护的要求，提出划定无燃煤区、基本无燃煤区的范围和实施方案，报市人民政府批准后公布实施。在无燃煤区内禁止使用煤和重油、渣油、石油焦等高污染燃料（以下统称高污染燃料）；在基本无燃煤区内限制使用高污染燃料。

在无燃煤区、基本无燃煤区内的单位，应当在规定的期限内改用天然气、煤气、液化石油气、电等清洁能源（以下统称清洁能源）。

第十八条 本市不得新建燃煤电厂，已经批准建设的除外。

已建和已经批准建设的燃煤电厂、煤气厂，超过规定的污染物排放标准或者总量控制指标的，必须建设配套脱硫、除尘装置或者采取其他措施，控制二氧化硫和烟尘排放量，并对产生的氮氧化物采取控制措施。

第十九条 禁止在本市内环线以内新建使用高污染燃料的锅炉和窑炉。

在本市内外环线之间的区域内新建额定蒸发量十吨以下的锅炉，以及大气污染物排放量与其相当的窑炉，不得使用高污染燃料。已建额定蒸发量十吨以下的锅炉，以及大气污染物排放量与其相当的窑炉，应当逐步改用清洁能源。

经批准建设的额定蒸发量十吨以上的燃煤或者燃重油锅炉，以及大气污染物排放量与其相当的窑炉，超过规定的污染物排放标准或者总量控制指标的，必须配套建设脱硫、除尘装置或者采取其他措施，控制二氧化硫和烟尘排放量，并对产生的氮氧化物采取控制措施。

第四章 防治机动车船排放污染

第二十条 任何单位和个人不得制造、销售或者进口污染物排放超过规定排放标准的机动车。

销售有本市地方排放标准的机动车的，必须向市环保部门报送所售该型号机动车污染物排放情况的资料；不符合排放标准的，不得在本市销售。市环保部门应当定期公布污染物排放符合规定排放标准的机动车车型目录。

质量技术监督管理部门应当加强对本市制造、销售的机动车污染物排放状况的监督检查，并向环保部门定期通报检测情况。

入境检验部门依法对进口机动车排气污染实施检验和监督。

第二十一条 在本市行驶的机动车船向大气排放污染物，不得超过国家和本市规定的排放标准。

污染物排放超过国家和本市规定的排放标准的机动车，公安交通管理部门不予核发牌证。污染物排放超过规定排放标准的机动船，有关行政管理部门不予注册登记。

在本市行驶的机动车不得排放明显可见的黑烟。

第二十二条 机动车维修单位，应当按照防治大气污染的要求和国家有关技术规范进行维修，使在用机动车达到规定的污染物排放标准。

机动车二级维护、发动机总成大修、整车大修的经营单位，应当按照规定配备排气污染物检测仪器设备。

机动车经过二级维护、发动机总成大修、整车大修及其他影响整车污染物排放的维修，污染物排放超过规定排放标准的，不得交付使用。

机动车经过前款所列项目维修后，在规定的维修质量保证期内正常使用时，其污染物排放超过规定排放标准的，机动车维修单位应当负责维修，使其达到规定的排放标准。

交通行政管理部门应当加强对机动车维修单位的监督管理。

第二十三条 市环保部门可以委托具有机动车检测资质的检测单位进行排气污染年度检测，并公布检测单位目录。未经市环保部门委托的，不得进行机动车排气污染年度检测。

接受市环保部门委托从事机动车排气污染年检的单位，必须按照国家和本市规定的检测方法和技术规范进行检测，如实提供检测报告，并定期将机动车排气污染检测情况报市环保部门备案。

提供不实的检测报告或者不按照规定的检测方法和技术规范进行机动车排气污染检测情节严重的，由市环保部门撤销对其年度检测的委托。

第二十四条 公安交通管理部门可以会同环保部门对在道路上行驶的机动车的污染物排放状况进行监督抽测。

环保部门可以在机动车停放地对在用机动车的污染物排放状况进行监督抽测。

在用机动车车主或者驾驶人员应当配合公安、环保部门的监督抽测，不得拒绝、阻挠。

第二十五条 污染物排放超过规定标准的在用机动车无法修复的，应当及时向公安交通管理部门办理机动车报废手续，并不得上路行驶。

第二十六条 本市交通、海洋以及海事、渔政等有监督管理权的部门，应当加强对机动车船污染物排放的监督检查。

污染物排放超过规定标准的在用机动船，由有监督管理权的部门责令限期维修。

第二十七条 本市限制燃油助动车行驶的范围并逐步替换、淘汰燃油助动车，具体办法由市人民政府制定。

第二十八条 禁止生产、进口、销售和使用不符合国家标准的车船用燃料。

质量技术监督部门应当加强对本市加油站燃油质量的监督检查。

第五章 防治废气、尘和恶臭污染

第二十九条 在本市居民住宅区，以及风景名胜区、自然保护区、水源保护区、历史文化风貌保护区等需要特殊保护的区域内，禁止经营性的喷漆、喷塑、喷砂等向大气排放污染物的露天生产作业。

第三十条 废弃物焚烧炉必须按照国家和本市规定的标准进行建设，由市环保部门验收合格后，方可投入使用。

废弃物焚烧炉的运行，应当严格遵守操作规程，防止产生二次污染，其排放的大气污染物不得超过规定的排放标准和排放总量指标。

第三十一条 在本市人口集中地区和其他依法需要特殊保护的区域内，禁止焚烧沥青、油毡、橡胶、塑料、皮革、垃圾以及其他产生有毒有害烟尘和恶臭气体的物质。

禁止在人口集中地区、机场周围、交通干线附近以及市或者区、县人民政府划定的区域露天焚烧秸秆、落叶等产生烟尘污染的物质。

第三十二条 在码头、堆场、露天仓库等地堆放货物，应当采取围挡、遮盖等防治扬尘污染的措施。

施工场地和施工车辆应当采取围挡、喷淋、遮盖或者密闭等防治扬尘污染的措施。

在道路、广场和其他公共场所进行清扫保洁作业，应当符合规范，采取防治扬尘污染的措施。

装卸、运输可能产生扬尘的货物的车辆，应当配备专用密闭装置或者其他防尘设施，并严格按照操作规程进行装卸、运输作业，防止产生扬尘污染。

第三十三条 禁止在人口集中地区和其他依法需要特殊保护的区域内，贮存、加工、制造或者使用产生恶臭气体的物质。

第三十四条 饮食服务业的经营者必须采取措施，防止油烟对附近居民的居住环境造成污染，排放的油烟、烟尘等污染物不得超过规定的标准。环保部门应当对饮食服务经营场所的油烟排放状况进行监督检查。

在本市中心城、新城和中心镇范围的居民住宅楼内，不得新建产生油烟污染的饮食服务经营场所，规划作为饮食服务用房的除外。在商住综合楼或者居民住宅楼内规划作为饮食服务的用房，新建产生油烟污染的饮食服务经营场所，应当具备防治油烟污染的条件。

在前款规定范围内新建的饮食服务经营场所，应当使用清洁能源。已建的饮食服务经营场所应当按照市人民政府规定的限期改用清洁能源。

第六章 法律责任

第三十五条 违反本办法第十一条规定，无排放许可证、无临时排放许可证，排放主要大气污染物的，由市或者区、县环保部门责令停止排污，并处一万元以上十万元以下罚款；有排放许可证，排放主要大气污染物超过核定排放总量指标的，由市或者区、县人民政府责令限期治理，并由市或者区、县环保部门处一万元以上十万元以下罚款；有临时排放许可证，限期治理期满排放主要大气污染物仍超过核定总量指标的，由市或者区、县环保部门吊销其临时排放许可证，并由同级人民政府责令停业、关闭。

第三十六条 违反本办法第十三条第二款规定，未制订应急预案的，由市或者区、县环保部门责令限期改正，逾期不改正的，可以处一千元以上三千元以下罚款，并可以建议有关部门对直接负责的主管人员和其他直接责任人员给予行政处分。

第三十七条 违反本办法第十六条规定，未按规定配置大气污染物排放自动监测仪器设备，或者拒绝纳入统一监测网络的，由市环保部门责令限期改正，逾期不改正的，可以处三千元以上三万元以下罚款。

第三十八条 违反本办法第十七条第三款、第三十四条第三款规定，在市人民政府规定的期限届满后继续使用高污染燃料的，由市或者区、县环保部门责令拆除或者没收使用高污染燃料的设施。

第三十九条 有下列行为之一的，由市或者区、县环保部门责令限期改正，可以处五千元以上五万元以下罚款：

（一）违反本办法第十九条第一款规定，在本市内环线以内新建使用高污染燃料的锅炉和窑炉的；

（二）违反本办法第十九条第二款规定，在本市内外环线之间区域内新建额定蒸发量十吨以下的锅炉或者大气污染物排放量与其相当的窑炉，使用高污染燃料的；

（三）违反本办法第十九条第三款规定，未建设配套脱硫、除尘装置或者未采取其他措施控制二氧化硫和烟尘排放量的，或者未采取氮氧化物控制措施的。

第四十条　违反本办法第二十一条第一款、第三款规定，在本市行驶的机动车向大气排放污染物超过规定的排放标准或者排放明显可见黑烟的，由公安交通管理部门责令限期维修，并依照有关法律、法规处理。

不符合排放标准的机动船在本市航道内行驶的，由有关监督管理部门依法处理。

第四十一条　违反本办法第二十二条第三款规定，将维修后污染物排放仍超过规定排放标准的机动车交付使用的，由交通行政管理部门依照有关法律、法规处理。

第四十二条　违反本办法第二十三条第一款规定，未经市环保部门委托从事机动车排气污染年检的，由市环保部门责令停止违法行为，没收非法所得，可以并处五千元以上五万元以下罚款。

违反本办法第二十三条第二款规定，接受委托从事机动车排气污染年检的单位不按规定的检测方法和技术规范进行检测，由市环保部门责令限期改正，可以处三千元以上三万元以下罚款；提供不实的检测报告或者不按规定检测情节严重的，处三万元以上五万元以下罚款，并可以由负责资质认定的部门取消承担机动车年检的资格。

第四十三条　违反本办法第二十四条第三款规定，在用机动车车主或者驾驶人员拒绝、阻挠公安交通管理部门或者环保部门对机动车排气污染监督抽测的，由公安部门或者环保部门依照有关法律、法规处理。

第四十四条　违反本办法第二十五条规定，污染物排放超过规定标准无法修复的在用机动车上路行驶的，由公安交通管理部门收回机动车号牌和机动车行驶证，责令拥有单位或者个人依照国家有关规定办理注销登记，可以处二千元以下罚款。

第四十五条　违反本办法第二十八条第一款规定，生产、进口、销售和使用不符合国家标准的车船用燃料的，由依法行使监督管理权的部门依照有关法律、法规处理。

第四十六条　有下列行为之一的，由环保部门责令停止违法行为，限期改正，污染较轻的可以处二百元以上三千元以下罚款；污染严重的可以处三千元以上五万元以下罚款：

（一）违反本办法第二十九条规定，在居民住宅区或者需要特殊保护的区域内，进行经营性的排放大气污染物的露天生产作业的；

（二）违反本办法第三十三条规定，在人口集中地区和其他需要特殊保护的区域内，贮存、加工、制造或者使用产生恶臭气体的物质，造成周围环境污染的；

（三）违反本办法第三十四条第一款规定，饮食服务业的经营者未采取有效污染防治措施，致使排放的油烟对附近居民的居住环境造成污染的。

第四十七条　违反本办法第三十条第二款规定，废弃物焚烧炉排放大气污染物超过规定的排放标准或排放总量指标的，责令限期治理，并可以由市或者区、县环保部门处五千元以上五万元以下罚款；限期治理期满后仍超过规定标准的，由市或者区、县人民政府责令停业、关闭。

第四十八条　违反本办法第三十二条第一款规定，在码头、堆场、露天仓库等地堆放货物，未采取有效扬尘防治措施，致使大气环境受到污染的，由环保部门或者其他依法行使监督管理权的部门依照有关法律、法规处理；

违反本办法第三十二条第二款规定，施工场地和施工车辆未采取有效防尘措施，致使大气环境受到污染的，由建设行政管理部门依照有关法律、法规处理；

违反本办法第三十二条第三款规定，未按照规范进行清扫保洁作业，致使大气环境受到污染的，由市容环境卫生行政管理部门依照有关法律、法规处理；

违反本办法第三十二条第四款规定，运输车辆未配备专用密闭装置和其他防尘设施，或者未按操作规程进行装卸、运输作业，致使运输过程中产生扬尘污染的，由公安交通管理部门或者市容环境卫生行政管理部门依照有关法律、法规处理；逾期不配备专用密闭装置或者其他防尘设施的，可以由交通行政管理部门暂扣或者吊销道路运输证。

第四十九条　违反本办法第九条第二款、第十二条、第十八条第二款、第三十一条规定的，由市或者区、县环保部门分别依照大气污染防治法第四十八条、第四十六条、第六十条、第五十七条的规定处理。

第五十条　对违反本办法规定，造成大气污染事故的单位，由环保部门依照大气污染防治法第六十一条的规定处罚；情节较重的，对直接负责的主管人员和其他直接责任人员，由所在单位或者上级主管机关依法给予行政处分或者纪律处分。

第五十一条　环保部门和其他有关行政管理部门应当依法履行监督管理职责，依法受理单位和个人的申请事项以及对污染大气环境行为的检举和控告，依法查处违法行为。对应当予以受理的事项不予受理，或者对应当予以查处的违法行为不予查处，致使公共利益受到严重损害，或者滥用职权、徇私舞弊的，由所在单位或者上级主管部门对直接负责的主管人员和其他直接责任人员，依法给予行政处分；构成犯罪的，依法追究刑事责任。

第五十二条　当事人对环保部门和其他有关行政管理部门的具体行政行为不服的，可以依照《中华人民共和国行政复议法》或者《中华人民共和国行政诉讼法》的规定，申请行政复议或者提起行政诉讼。

当事人对具体行政行为逾期不申请复议，不提起诉讼，又不履行的，作出具体行政行为的行政管理部门可以申请人民法院强制执行，或者依法强制执行。

第七章　附　则

第五十三条　本办法自2002年1月1日起施行。

上海市市容环境卫生管理条例

（2001年11月14日上海市第十一届人民代表大会常务委员会第三十三次会议通过，2001年11月14日公布，自2002年4月1日起施行）

第一章 总　则

第一条　为了加强市容和环境卫生管理，维护城市整洁、优美，保障市民身体健康，促进社会主义精神文明建设，根据有关法律、行政法规，结合本市实际情况，制定本条例。

第二条　本条例适用于本市中心城、新城、中心镇以及独立工业区、经济开发区等城市化地区。

第三条　本市市容环境卫生工作实行统一领导、分级管理、公众参与、社会监督相结合的原则。

第四条　市市容环境卫生管理部门主管本市市容环境卫生工作，负责本条例的组织实施。

区（县）市容环境卫生管理部门在同级人民政府领导下，负责本辖区内的市容环境卫生管理工作。

街道办事处、镇人民政府负责本辖区内的市容环境卫生管理工作。

市和区（县）负责市容环境卫生监察的组织（以下简称市容环卫监察组织）按照本条例和其他有关法规的授权，对违反市容环境卫生管理规定的行为实施行政处罚。

本市其他相关行政管理部门按照各自职责，协同实施本条例。

第五条　市和区（县）人民政府应当将市容环境卫生事业纳入国民经济和社会发展计划，完善市容环境卫生设施，提供市容环境卫生公共服务，保障市容环境卫生事业建设需要的经费。

第六条　市市容环境卫生管理部门应当根据本市市容环境卫生事业发展需要，组织编制市容环境卫生专业规划，经市规划管理部门综合平衡后纳入城市总体规划。

第七条　本市鼓励、支持市容环境卫生的科学技术研究，推广、运用先进技术，提高市容环境卫生水平。

第八条　任何单位和个人都有享受良好市容和卫生环境的权利，同时负有维护市容和环境卫生的义务。

第九条　市和区（县）市容环境卫生管理部门和文化广播影视、新闻出版、教育、卫生等行政管理部门，以及机场、车站、码头、旅游景点等公共场所的经营或者管理单位，应当加强市容环境卫生的宣传教育，增强市民维护市容环境卫生的意识。

本市广播、电视、报刊和户外广告应当有市容环境卫生方面的公益性宣传内容。

第二章　市容环境卫生责任区制度

第十条　本市实行市容环境卫生责任区制度。有关单位和个人应当按照本条例的规定，做好责任区内的市容环境卫生工作。

第十一条　市容环境卫生责任区范围是指有关单位和个人所有、使用或者管理的建筑物、构筑物或者其他设施、场所及其一定范围内的区域。

市容环境卫生责任区的具体范围，由市或者区（县）市容环境卫生管理部门，按照市市容环境卫生管理部门公布的标准划分确定。

第十二条　市容环境卫生责任区的责任人按照下列规定确定：

（一）实行物业管理的居住区，由物业管理企业负责，未实行物业管理的居住区，由居民委员会负责；

（二）河道的沿岸水域、水闸，由岸线、水闸的使用或者管理单位负责；

（三）地铁、轻轨、隧道、高架道路、公路、铁路，由经营、管理单位负责；

（四）文化、体育、娱乐、游览、公园、公共绿地、机场、车站、码头等公共场所，由经营、管理单位负责；

（五）集市贸易市场、展览展销场所、商场、饭店等场所，由经营、管理单位负责；

（六）机关、团体、学校、部队、企事业等单位周边区域，由相关单位负责；

（七）施工工地由施工单位负责，待建地块由业主负责；

（八）保税区、科学园区、独立工业区和经济开发区内的公共区域，由管理单位负责。

按照前款规定责任不清的地区，由所在地的区（县）市容环境卫生管理部门确定责任人。

城乡结合部或者行政辖区的接壤地区责任不清的，以及对责任人的确定存在争议的，由市市容环境卫生管理部门予以确定。

第十三条　市容环境卫生责任区的责任要求是：

（一）保持市容整洁，无乱设摊、乱搭建、乱张贴、乱涂写、乱刻画、乱吊挂、乱堆放等行为；

（二）保持环境卫生整洁，无暴露垃圾、粪便、污水，无污迹，无渣土，无蚊蝇孳生地；

（三）按照规定设置环境卫生设施，并保持其整洁、完好。

市容环境卫生责任人对责任区内违反市容环境卫生管理规定的行为，有权予以制止，有权要求市或者区（县）市容环境卫生管理部门和市容环卫监察组织处理。

市容环境卫生责任人未履行义务的，由市容环卫监察组织责令改正;拒不改正的，予以警告，并可处五十元以上五百元以下罚款，或者建议其上级主管部门对直接负责的主管人员给予处理。

第十四条　市容环境卫生责任区的具体范围和责任要求，由市或者区（县）市容环境卫生管理部门书面告知责任人。

第十五条　城市道路、桥梁、地下通道、公共广场、公共水域等城市公共区域的市容和环境卫生，由市或者区（县）市容环境卫生管理部门负责；街巷、里弄的市容和环境卫生，由街道办事处或者镇人民政府负责；公共厕所、垃圾转运站及其他环境卫生公共设施的市容和环境卫生，由市容环境卫生管理部门或者其委托的单位负责。

第十六条　市容环境卫生管理部门应当加强对责任区市容环境卫生的监督，并定期组织检查。

第三章　市容管理

第十七条　市市容环境卫生管理部门应当会同有关部门，根据国家的城市容貌标准，结合本市实际情况，制订本市的城市容貌标准，报市人民政府批准后公布实施。

本市的城市容貌标准应当包括建筑景观、公共设施、环境卫生、园林绿化、广告标志、公共场所等方面的要求。

第十八条　建筑物、构筑物和其他设施应当保持整洁、完好、美观，并与周围环境相协调。

本市主要道路两侧和景观区域内的建筑物、构筑物和其他设施的所有者、使用者或者管理者应当按照市人民政府的规定，定期对建筑物、构筑物和其他设施的外部进行清洗或者粉刷。违反规定的，由市容环境卫生管理部门责令限期改正；拒不改正的，代为清洗或者粉刷，所需费用由违法行为人承担。

第十九条　本市主要道路两侧和景观区域内的建筑物、构筑物和其他设施，应当按照景观灯光规划要求或者市人民政府的有关规定设置景观灯光设施。

景观灯光设施的所有者、使用者或者管理者，应当保持景观灯光设施的完好，并按照市容环境卫生管理部门规定的时间开启景观灯光设施。违反规定的，由市容环境卫生管理部门责令改正；拒不改正的，处三百元以上三千元以下罚款。

第二十条　户外广告以及非广告的霓虹灯、标语、招牌、标牌、电子显示牌、灯箱、画廊、实物造型等户外设施（以下统称户外设施），应当按照批准的要求设置，符合城市容貌标准。违反规定设置户外设施，影响市容的，由市容环境卫生管理部门或者其他有关管理部门，责令限期改造或者拆除；逾期不改造或者拆除的，可以强制拆除，对户外广告可并处三千元以上三万元以下罚款，对其他户外设施可并处五百元以上五千元以下罚款。

户外设施的设置单位，应当负责设施的日常维护保养，图案、文字、灯光显示不全或者污浊、腐蚀、陈旧的，应当及时修复。违反规定的，由市容环境卫生管理部门责令限期改正；拒不改正的，处五十元以上五百元以下罚款。

户外设施的设置单位，应当加强日常管理，对存在安全隐患或者失去使用价值的设施，应当及时整修或者拆除；在潮汛、台风或者暴雨期间，应当加强对户外设施的安全检查。市容环境卫生管理部门对存在安全隐患或者失去使用价值的户外设施，应当责令设置单位限期整修或者拆除；逾期未拆除的，市容环境卫生管理部门可以强制拆除。

第二十一条　本市道路两侧新建的建筑物临街一侧，应当按照规划的要求选用透景、半透景的围墙、栅栏或者绿篱、花坛（池）、草坪等作为分界。违反规定的，由市容环境卫生管理部门责令限期改建或者拆除。

本市道路两侧建筑物临街一侧的现有围墙不符合前款要求的，应当按照规划要求或者有关规定予以改建。

透景围墙内外应当保持环境整洁、美观。

第二十二条　本市主要道路两侧和景观区域的建筑物破墙开店或者进行其他门面装修、改建的，应当符合城市容貌标准。

第二十三条　任何单位和个人不得在道路两侧和其他公共场所搭建影响市容环境卫生的临时建筑物、构筑物或者其他设施。

因建设等特殊需要，经批准搭建临时建筑物、构筑物或者其他设施的，应当保持周围市容环境卫生整洁。违反规定的，由市容环卫监察组织责令限期改正，可处五十元以上五百元以下罚款。

第二十四条　禁止在树木和建筑物、构筑物或者其他设施上刻画、涂写。

任何单位和个人不得在树木和建筑物、构筑物或者其他设施上张贴宣传品或者标语。零星招贴物应当张贴于固定的公共招贴栏中。

因特殊情况需要在树木和建筑物、构筑物或者其他设施上临时张贴、悬挂宣传品或者标语的，应当经市容环境卫生管理部门或者其他有关部门批准，在规定的时间和范围内张贴或者悬挂，并在期满后及时清除。

违反本条规定的，由市容环境卫生管理部门或者市容环卫监察组织责令限期清除；拒不清除的，代为清除，所需费用由违法行为人承担，并处五十元以上五百元以下罚款。

第二十五条　任何单位和个人不得占用道路、桥梁、人行天桥、地下通道及其他公共场所设摊经营、兜售物品，影响市容环境卫生。违反规定的，由市容环卫监察组织责令改正，可处五十元以上五百元以下罚款；市容环卫监察组织可以暂扣当事人经营兜售的物品和与违法行为有关的工具，要求其到指定地点接受处理。

经批准临时占用道路及其他公共场所堆放物品、设摊经营的，应当保持周围市容环境卫生整洁。违反规定的，由市容环卫监察组织责令改正，可处五十元以上五百元以下罚款。

本市道路两侧和广场周围建筑物、构筑物内的经营者不得超出门窗和外墙设摊经营。违反规定的，由市容环卫监察组织责令改正，可处五十元以上五百元以下罚款。

第二十六条　禁止在道路及其他公共场所的树木和护栏、路牌、电线杆等设施上吊挂、晾晒物品。违反规定的，由市容环卫监察组织责令改正；拒不改正的，对个人可处二十元罚款，对单位处二十元以上二百元以下罚款。

主要道路两侧和景观区域临街建筑物的阳台、门窗、屋顶应当保持整洁、美观，不得在阳台外、窗外、屋顶吊挂、晾晒和堆放影响市容的物品。

在临街建筑物外墙上安装空调外机、遮阳篷的，应当保持其安全、整洁、完好。

第二十七条　在本市行驶的机动车船应当保持容貌整洁。利用车船张贴、设置广告或者宣传品的，应当保持整洁、完好；出现陈旧、污损的，应当及时清洗、修复、更换。违反规定的，由市容环卫监察组织责令改正，可处二十元以上二百元以下罚款。

运输砂石、泥浆、垃圾、粪便、渣土等的车船应当采取密闭或者覆盖措施，不得泄漏、散落或者飞扬。违反规定的，由公安交通管理部门或者市容环卫监察组织责令立即清除；拒不清除的，代为清除，所需费用由违法行为人承担，并处三百元以上三千元以下罚款。

第四章　环境卫生管理

第二十八条　禁止下列影响环境卫生的行为：

（一）随地吐痰、便溺；

（二）乱扔果皮、纸屑、烟蒂、饮料罐、口香糖等废弃物；

（三）乱丢废电池等实行单独收集的特殊废弃物；

（四）乱倒垃圾、污水、粪便，乱扔动物尸体等废弃物；

（五）在露天场所和垃圾收集容器内焚烧树叶、垃圾或者其他废弃物；

（六）占用道路、广场从事经营性车辆清洗活动；

(七)有损环境卫生的其它行为。

违反前款规定的，由市容环卫监察组织责令改正，违反第（一）、（二）、（三）项的，处五十元以下罚款；违反第（四）、（五）项的，对个人处一百元以下罚款，对单位处三百元以上三千元以下罚款，对装运垃圾乱倒的，可以暂扣运输工具，并要求违法行为人到指定地点接受处理，处理后，发还运输工具；违反第（六）项的，处三百元以上三千元以下罚款。

第二十九条　各类码头、船舶应当配备与垃圾、粪便收集量或者产生量相适应且符合设置标准的收集容器，并保持正常使用。

进行码头、船舶装卸作业或者水上航行的，应当采取措施，防止货物或者垃圾、粪便污染水域。

进行水面漂浮物打捞和船舶垃圾、粪便接收作业的，应当及时清除废弃物，防止污染水域。

船舶的压舱水、洗舱水、舱底水和生活污水的管理，按照有关法律、行政法规和本市的有关规定执行。

违反本条第一款、第二款、第三款规定的，由市容环境卫生管理部门责令改正，处三百元以上三千元以下罚款。

第三十条　居民应当自觉维护居住区的整洁，按照规定将生活垃圾倒入垃圾箱（桶），将粪便倒入倒粪站，不得在屋顶和公共场所堆积垃圾杂物。居民产生的装修垃圾，应当在物业公司或者居民委员会指定的地点堆放，并承担清运的费用。

第三十一条　集市贸易市场的管理单位应当保持场内和周围环境整洁，按照垃圾日产生量设置垃圾收集容器，并做到垃圾日产日清。违反规定的，由市容环卫监察组织责令改正；拒不改正的，处三百元以上三千元以下罚款。

集市贸易市场内的摊贩应当自备垃圾收集容器，并保持摊位和经营场地周围的整洁。

第三十二条　城市公共绿地应当保持整洁、美观，养护单位应当及时清除绿地内的垃圾杂物。在道路两侧栽培、修剪树木或者花卉等作业产生的枝叶、泥土，作业单位应当及时清除。违反规定的，由市容环卫监察组织责令改正，可处一百元以上一千元以下罚款。

第三十三条　施工单位应当在建设工地设置符合规定要求的封闭围栏、临时厕所和生活垃圾收集容器，并保持整洁、完好。

施工单位不得擅自在建设工地围栏外堆放建筑垃圾、工程渣土和建筑材料，不得向建设工地外排放污水、散落粉尘。施工中产生的各类垃圾应当堆放在固定地点，并及时清运。

建设工程竣工后，施工单位应当及时平整建设工地，清除建筑垃圾、工程渣土及其他废弃物，并拆除施工临时设施。

违反本条规定的，由市容环境卫生管理部门或者市容环卫监察组织责令改正，对未按规定设置临时厕所和生活垃圾收集容器，或者向建设工地外排放污水、散落粉尘的，处三百元以上三千元以下罚款；对未按规定设置封闭围栏，或者擅自在建设工地围栏外堆放建筑垃圾、工程渣土和建筑材料的，处三千元以上三万元以下罚款；对未及时清除建筑垃圾、工程渣土及其他废弃物或者未拆除施工临时设施的，可以代为清除或者拆除，所需费用由违法行为人承担，并处三千元以上三万元以下罚款。

第三十四条　从事车辆清洗、修理，以及废品收购和废弃物接纳作业的，应当保持经营场所周围环境卫生整洁，采取措施防止污水外流或者废弃物向外散落。违反规定的，由市容环卫监察组织责令改正，对从事车辆清洗、修理以及废品收购的，处一百元以上一千元以下罚款；对从事废弃物接纳作业的，处三百元以上三千元以下罚款。

第三十五条　举办节庆、文化、体育等活动，经批准临时占用道路及其他公共场所的，应当保持周围环境卫生整洁，及时清除临时设置的设施和产生的废弃物。违反规定的，由市容环卫监察组织责令改正，处三百元以上三千元以下罚款。

第三十六条　居民不得饲养鸡、鸭、鹅、兔等家禽家畜和食用鸽。违反规定的，由市容环卫监察组织责令限期处理或者予以没收；拒不改正的，可按每只五十元处以罚款。

居民饲养信鸽应当符合体育管理部门的有关规定，具备相应的条件，并采取措施防止影响周围市容和环境卫生。居民饲养信鸽影响市容和环境卫生的，由市容环境卫生责任区的责任人劝其改正；拒不改正的，由市容环卫监察组织给予警告，并处五十元以上五百元以下罚款；污染环境严重、周围居民意见大的，可以责令拆除鸽舍。

居民饲养宠物不得影响环境卫生，对宠物在道路和其他公共场所产生的粪便应当即时自行清除。违反规定的，由市容环卫监察组织责令改正；拒不改正的，处二十元以上二百元以下罚款。

第五章　废弃物管理

第三十七条　本市按照资源化、无害化的原则对废弃物进行处置，鼓励废弃物的回收利用，并采取措施逐步减少废弃物的产生。

第三十八条　居民产生的生活垃圾和未接入污水处理系统的粪便，由市或者区（县）市容环境卫生管理部门统一组织收集、运输。

单位产生的废弃物，由单位负责收集、运输或者委托市容环境卫生作业服务单位收集、运输。

废弃物的处置，由市市容环境卫生管理部门统一组织实施。

第三十九条　自行收集、运输下列废弃物的，应当向市容环境卫生管理部门申报废弃物产生量和处置方案：

（一）单位产生的生活垃圾和未接入污水处理系统的粪便；

（二）船舶的生活垃圾、扫舱垃圾和粪便。

违反前款规定的，由市容环境卫生管理部门责令限期改正，逾期不申报的，处一百元以上一千元以下罚款。

第四十条　本市逐步实行生活垃圾的分类投放、收集、运输和处置。分类投放、收集的标准和方法，由市市容环境卫生管理部门制定并予以公告。

市容环境卫生管理部门应当对生活垃圾分类投放进行宣传指导。实行生活垃圾分类投放、收集的单位和地区的居民，应当按照规定分类投放生活垃圾。对违反生活垃圾分类投放规定的单位，由市容环卫监察组织责令改正；拒不改正的，处一百元以上一千元以下罚款。

居民产生的大件生活垃圾，应当按规定定时、定点投放，有关作业单位应当定时收集。

第四十一条　生活垃圾应当由经批准设立的垃圾处理场（厂）或者处理设施处置。处置生活垃圾，应当遵守城市环境卫生质量标准和有关规范。

第四十二条　单位和饮食业经营者产生的餐厨垃圾，应当按照有关规定自行单独收集和处置，或者委托有关作业单位收集和处置，不得排入下水道。违反规定的，由市容环卫监察组织责令改正，处三百元以上三千元以下罚款。

塑料废弃物、废电池等特殊废弃物应当单独收集和处置。

市人民政府可以对塑料制品、电池等产品的生产者和销售者应当承担的相应废弃物回收和处置义务作出规定。

第四十三条　对居民装修房屋产生的垃圾，物业管理企业或者居民委员会应当及时委托市容环境卫生作业服务单位，运至市容环境卫生管理部门指定的场所处置。违反规定未将装修垃圾运至指定场所的，由市容环卫监察组织责令改正，可按每吨二百元处以罚款；市容环卫监察组织可以暂扣违法当事人的运输工具，并要求其到指定地点接受处理，处理后，发还运输工具。

第四十四条　禁止任何单位和个人擅自倾倒、堆放或者处置建筑垃圾、工程渣土和泥浆。违反规定的，由市容环卫监察组织责令立即清除，可按每吨二百元处以罚款。

产生建筑垃圾、工程渣土和泥浆的单位，应当向市容环境卫生管理部门申报产生量和处置方案，并取得处置证。

运输单位或者个人不得承运未取得处置证的建筑垃圾、工程渣土和泥浆；运输建筑垃圾、工程渣土和泥浆的，应当随车船携带处置证，并按核定的路线、时间行驶。违反规定，承运未取得处置证的建筑垃圾、工程渣土和泥浆的，由市容环卫监察组织责令改正，按每车二百元或者每船五百元处以罚款；对未随车船携带处置证的，可按每张五十元处以罚款。

建筑垃圾、工程渣土和泥浆应当在规定的接纳场所集中堆放、处置；建设或者施工单位自行安排处置的，应当向市或者区（县）市容环境卫生管理部门提交接纳场所管理单位出具的证明。未在规定的接纳场所堆放、处置的，由市容环卫监察组织责令立即清除，可按每吨二百元处以罚款。

违反本条规定的，市容环卫监察组织可以暂扣违法当事人的运输工具，并要求其到指定地点接受处理，处理后，发还运输工具。

第四十五条　工业垃圾、医疗卫生垃圾及其他有毒有害垃圾应当按照有关规定单独收集、运输和处置，不得混入生活垃圾。违反规定的，由市容环卫监察组织责令改正，处五百元以上五千元以下罚款。

第四十六条　市容环境卫生管理部门应当按照方便居民的原则，规定生活垃圾和粪便投放、倾倒的时间、地点和方式。

化粪池和储粪池应当定期疏通。粪便外溢时，区(县)市容环境卫生管理部门应当组织有关部门先及时清除、疏通，再分清责任，并由责任者承担清除、疏通费用。

第六章　作业服务管理

第四十七条　本市鼓励单位和个人兴办市容环境卫生作业服务企业，逐步实行市容环境卫生作业服务市场化。

第四十八条　下列市容环境卫生作业服务项目，应当由有关管理部门或者单位通过招标的方式确定作业服务企业：

（一）道路及其他公共场所的清扫、保洁；

（二）居民产生的生活垃圾和未接入污水处理系统的粪便的收集、运输；

（三）由财政性资金支付的项目。

作业服务企业承接的作业服务项目不得转包。违反规定的，发包的部门或者单位可以终止其承包合同。

第四十九条　从事市容环境卫生作业服务，应当遵循市容环境卫生作业服务规范，达到城市容貌标准和城市环境卫生质量标准，做到文明、清洁、卫生、及时。违反规定的，由市容环境卫生管理部门责令改正，处三百元以上三千元以下罚款。

道路和公共场所的清扫、保洁，应当在规定的时间进行，减少对道路交通和市民休息的影响，减少对环境的污染。垃圾应当及时清除。

市容环境卫生作业服务规范由市市容环境卫生管理部门制定。

第五十条　市和区（县）市容环境卫生管理部门应当按照职责分工，对市容环境卫生作业服务质量进行监督、检查。

第七章　环境卫生设施管理

第五十一条　市市容环境卫生管理部门应当根据本市市容环境卫生专业规划及环境卫生设施设置标准，编制垃圾转运站、垃圾粪便处理厂（场）、公共厕所等环境卫生设施的建设专项规划和实施计划，并组织实施。

第五十二条　制定新区开发、旧区改造等地区性综合开发建设规划方案，应当包含设置环境卫生设施的内容，并征求市容环境卫生管理部门的意见。

从事地区性综合开发建设的，应当按照环境卫生设施设置规定和设置标准配套建设环境卫生设施。违反规定的，由市容环境卫生管理部门责令限期改正；拒不改正的，处三千元以上三万元以下罚款。

第五十三条　本市机场、车站、码头等交通集散点和大型商场、文化体育设施、旅游景点及其他人流集散场所，应当按照环境卫生设施设置规定和设置标准，配套建设公共厕所和其他环境卫生设施，并设置垃圾收集容器。违反规定的，由市容环境卫生管理部门责令限期改正，对未按规定和标准设置垃圾收集容器的，可处五十元以上五百元以下罚款；对未按规定和标准配套建设公共厕所和其他环境卫生设施的，可处三千元以上三万元以下罚款。

第五十四条　配套建设的公共厕所及其他环境卫生设施，应当与主体工程同时设计、同时施工、同时投入使用，设计方案应当征求市容环境卫生管理部门的意见。

配套建设的公共厕所及其他环境卫生设施，须经验收合格后方可投入使用。市容环境卫生管理部门应当参加验收。环境卫生设施未经验收或者验收不合格即投入使用的，由市容环境卫生管理部门责令限期改正。

第五十五条　环境卫生设施的管理和使用单位应当做好环境卫生设施的维修、保养工作，保持其整洁、完好。

公共厕所应当对外开放，设有明显标志，并由专人负责保洁。

市民使用公共厕所，应当自觉维护公共厕所的清洁卫生，爱护公共厕所的设备。

第五十六条　禁止任何单位和个人占用、损毁环境卫生设施。

任何单位和个人不得擅自拆除、迁移、改建、封闭环境卫生设施。因建设等特殊原因确需拆除、迁移、改建、封闭环境卫生设施的，建设单位或者其他有关单位应当报市或者区（县）市容环境卫生管理部门批准；拆除、封闭环境卫生设施的，还应当提出补建方案。

规划确定的环境卫生设施用地，不得擅自移作他用。

违反第一款、第二款规定的，由市容环境卫生管理部门责令其恢复原状或者采取其他补救措施，可处三千元以上三万元以下罚款；造成损失的，承担赔偿责任。

第八章　其他规定

第五十七条　市和区（县）市容环境卫生管理部门及市容环卫监察组织应当建立市容环境卫生投诉受理制度。

任何单位和个人对有损市容和环境卫生的现象，都有权向市或者区（县）市容环境卫生管理部门和市容环卫监察组织投诉。

市或者区（县）市容环境卫生管理部门和市容环卫

监察组织应当自受理投诉之日起五日内将处理意见答复投诉人。

第五十八条　市容环境卫生管理部门、市容环卫监察组织和其他有关行政管理部门及其工作人员应当依法履行监督管理职责，文明执法，依法受理单位和个人的申请事项以及对有损市容环境卫生行为的投诉，依法查处违法行为。

对违法审批申请事项，或者应当予以受理的事项和投诉不予受理，或者应当制止和查处的行为不予制止和查处，致使公民、法人或者其他组织及公共利益受到严重损害，或者滥用职权、徇私舞弊的，由所在单位或者上级主管部门对直接负责的主管人员和其他直接责任人员，依法给予行政处分；构成犯罪的，依法追究刑事责任。

第五十九条　侮辱、殴打市容环境卫生工作人员或者拒绝、阻挠其执行职务，违反《中华人民共和国治安管理处罚条例》的，由公安部门予以处罚；构成犯罪的，依法追究刑事责任。

第六十条　当事人对市容环境卫生管理部门和其他行政管理部门或者市容环卫监察组织的具体行政行为不服的，可以依照《中华人民共和国行政复议法》或者《中华人民共和国行政诉讼法》的规定，申请行政复议或者提起行政诉讼。

当事人对具体行政行为逾期不申请复议，不提起诉讼，又不履行的，作出具体行政行为的行政管理部门或者市容环卫监察组织可以申请人民法院强制执行，或者依法强制执行。

第六十一条　本条例第二条所称中心城是指本市外环线以内的地区；新城是指以区(县)人民政府所在地的城镇，或者依托重大产业及城市重要基础设施发展而成的中等规模城市；中心镇是指区位条件优越、经济发展条件较好、规模较大的建制镇，依托产业发展而成的小城市。

第六十二条　本市城市化地区以外的其他区域的市容环境卫生管理，由市人民政府参照本条例另行制定管理办法。

第六十三条　本条例自2002年4月1日起施行。1988年12月22日上海市第九届人民代表大会常务委员会第五次会议通过的《上海市环境卫生管理条例》同时废止。

上海市内河航道管理条例（摘录）

（2001年11月15日上海市第十一届人民代表大会常务委员会第三十三次会议通过　2001年11月15日公布自2002年1月1日起施行）

目　录

第一条　为了加强本市内河航道的建设和管理，合理开发利用水运资源，充分发挥内河航道在交通运输中的作用，根据有关法律、行政法规，结合本市实际情况，制定本条例。

第二条　本条例适用于本市行政区域内内河航道、航道设施以及与通航有关的设施的规划、建设、保护、管理等活动，但国务院交通主管部门直接管理的除外。

专用航道及其设施，由专用单位建设、管理，本条例有规定的，适用本条例。

第三条　市城市交通管理局（以下简称市交通局）是本市内河航道的行政主管部门，负责本条例的组织实施；其所属的市航务管理处负责全市内河航道的具体管理工作，并按照本条例的授权实施行政处罚。有关的区（县）管理航道的部门按照职责分工负责本辖区内有关内河航道的日常管理工作。

本市其他各有关行政管理部门和区（县）人民政府按照各自的职责，协同实施本条例。

第八条　本市内河航道规划，应当按照国民经济和水路运输发展的实际需要，以及建设与国家水运主通道相衔接的高等级内河航道网的要求，根据统筹兼顾、综合利用的原则制定。

内河航道规划应当与防洪、农田水利、环境保护、旅游事业等有关规划相协调。

第十四条　内河航道及航道设施建设、养护工程的设计和施工，应当符合内河通航标准和内河航道建设的技术规范，兼顾防洪排涝和环境保护的要求，保证施工质量。

第二十条　因自然灾害等不可抗力因素致使通航条件严重恶化或者航道设施被破坏的，市交通局应当及时组织抢修，恢复通航。

第三十条　禁止下列影响或者破坏通航条件的行为：

（一）填河、填滩侵占内河航道；

（二）向内河航道倾倒砂石、泥土、垃圾以及其他废弃物；

（三）在内河航道的边坡、护坡或者岸边堆土、挖土、种植松土植物，或者在岸边堆放垃圾或者其他容易滑泻的货物；

（四）在内河航道水域内种植水生植物；

（五）在内河航道水域内设置固定渔具、渔簖或者进行水产养殖；

（六）擅自占用内河航道进行装卸作业；

（七）其他影响或者破坏通航条件的行为。

第三十一条　调水、泄水影响通航条件的，应当在四十八小时之前通知市航务管理处。市航务管理处接到通知后，应当及时发布通告。

未按照前款规定通知市航务管理处，造成损失的，有关责任人应当赔偿损失；市航务管理处接到通知后未及时发布通告，造成有关单位和个人损失的，应当赔偿损失。

上海市排水管理条例（摘录）

（1996年12月19日上海市第十届人民代表大会常务委员会第三十二次会议通过　根据2001年8月20日上海市第十一届人民代表大会常务委员会第三十次会议《关于修改〈上海市排水管理条例〉的决定》修正）

目　录

第一条　为了加强本市排水管理，确保排水设施完好和正常运行，防治洪涝灾害，改善水环境，保障人民生命财产安全，促进经济和社会发展，根据有关法律、法规、结合本市实际情况，制定本条例。

第二条　本条例所称排水，是指对产业废水、生活污水（以下统称污水）和大气降水的接纳、输送、处理、排放的行为。

第三条　本条例适用于本市行政区域内的排水及其相关的管理活动，但农业、畜牧业生产排水和水利排灌除外。

第九条　编制排水系统规划应当按照地形、地质、降雨量、污水量和水环境等要求进行；新建地区应当实行雨水、污水分流。

第十七条　接通排水设施排放污水的单位和个体经营者（以下统称排水户），应当按照规定建设相应的污水处理设施，并且在排放口设置具有格栅和闸门等设施的专用检测井。

第十九条　排水户排放的污水水质，应当符合国家和本市规定的污水排入排水设施水质标准（以下简称排水标准）。

经污水处理厂处理后的水质，应当符合国家和本市规定的污水处理标准。

第二十一条　市排水处或者区、县排水行政部门应当自排水户提出排水之日起十日内进行试排水监测。

市水务局或者区、县排水行政主管部门对符合排水标准的，核发《排水许可证》；不符合排水标准的，不予发放《排水许可证》，其中对排水设施不致造成严重损害，经治理可以符合排水标准的，核发《临时排水许可证》，并且限期治理。

第二十四条　排水户应当按照《排水许可证》或者《临时排水许可证》规定的排水总量、排放口数量和排放的主要污染物及其浓度，排放污水。

第二十六条　在合流污水输送干线的截流范围内和污水管网覆盖地区，排水户应当将污水纳入输送干线和管网，不得任意排放。

第三十九条　禁止下列损害排水设施的行为：

（一）堵塞排水管道；

（二）擅自占压、拆卸、移动排水设施；

（三）向排水管道倾倒垃圾、粪便；

（四）向排水管道倾倒渣土、施工泥浆、污水处理后的污泥等废弃物；

（五）擅自向排水设施排放污水；

（六）向排水管道排放有毒有害、易燃易爆等物质；

（七）擅自在安全保护区范围内爆破、打桩、修建建筑物、构筑物；

（八）损害排水设施的其他行为。

地方政府规章

上海市合流污水治理设施管理办法

（1993年9月28日上海市人民政府令第46号发布 根据1997年12月14日上海市人民政府令第53号第一次修正并重新发布 根据2001年1月9日上海市人民政府令第97号第二次修正并重新发布）

第一章 总则

第一条 为了加强本市合流污水治理设施的管理，确保合流污水治理设施的完好和正常运行，保障市民、管理人员的健康和人身安全，根据国家有关规定，结合本市具体情况，制定本办法。

第二条 本办法所称的合流污水治理设施系指：

（一）合流污水的截流总管（包括检查井、高位井、透气井、压力井、预留闸门井）；

（二）合流污水的中途泵站、出口泵站、预处理厂、紧急排放管、长江排放管、长江管喷头，以及长江延伸管中心线两侧各100米的防护堤；

（三）合流污水的截流泵站、截流井及截流排水系统，截流支线水口、闸门井、专用检测井；

（四）合流污水治理设施控制系统的信道。

第三条 凡向合流污水治理设施排放污废水或者从事有关活动的单位或者个人必须遵守本办法。

第四条 上海市水务局（以下简称市水务局）是本市合流污水治理设施的主管部门，其所属的上海市排水管理处（以下简称市排水处）具体负责合流污水治理设施的管理工作。

第五条 本市规划、环保、水利、土地、环卫、卫生、航道、港（航）监等有关部门，应当结合各自的职责，配合市水务局实施本办法。

第六条 行政执法人员必须遵守法律、法规和规章秉公执法。行政执法人员执行公务时，应当佩戴标志，携带证件，忠于职守，文明服务。

第七条 合流污水治理设施实行持证有偿使用。

第八条 合流污水治理设施受国家法律保护，任何单位和个人不得损害、侵占和破坏。

第二章 设施使用管理

第九条 凡向合流污水治理设施排放污废水的单位应当在污废水排放口设置具有监测仪器、间隙不大于10厘米的格栅和闸门等设施的专用检测井。未经预处理直接向合流污水治理设施排放污废水的，其污废水排放口设置的专用检测井中各栅间隙应当不大于1.5厘米。

专用检测井、专用管道由排放单位自行保养、维修，并确保其完好无损。专用检测井不准擅自拆除、废弃。

第十条 为确保合流污水治理设施的正常运行，在特殊情况下，市排水处对排放单位可采取限制排放时间或者排放量的措施。排放单位必须服从调度不得强行排放。

市排水处采取限制排放时间或者排放量的措施，必须事先通知排放单位。

第十一条 为保护合流污水治理设施，禁止实施下列行为：

（一）船舶在长江出口防护堤警告牌至合流一号灯桩之间，以及长江延伸管中心线两侧各100米的水域范围内停航或者抛锚。

（二）在长江延伸管中心线两侧各100米的防护堤沿岸，以及合流污水治理设施用地范围内新建码头或者从事有损于延伸管的其他活动。

（三）在合流污水截流总管外缘10米内或者污水连接管外缘6米内新建、扩建建筑物，堆置物件或者从事有损于截流总管和污水连接管的活动。

（四）向合流污水治理设施的检测井、进水口、透气井、闸门井倾倒垃圾、粪便、易堵塞物，或者排放易沉固体物、易燃易爆物及有害气体。

第十二条 合流污水治理设施管理部门应当在穿越江、河的截流总管两端，设置警告牌或者明显标志。

第十三条 市排水处对合流污水治理设施进行检查、维修和养护时，有关单位和个人应当予以配合。

第十四条 凡在合流污水管道中心线两侧进行施工作业的单位和个人，应当按下列规定事先向市排水处提供有关方案，经同意后方可施工：

（一）在合流污水管道中心线两侧各50米以内进行打桩施工，应当事先提供桩基设计、打桩工艺程序及控制打桩土体位移措施的有关方案；

（二）在合流污水管道两侧实施基坑工程，且基坑边缘与管道中心线之距离小于4倍开挖深度的，应当事先提供基坑设计方案；

（三）在合流污水管道中心线两侧各20米以内建造建筑物或者堆载物品，使地面载荷大于或者等于每平方米2吨的，应当事先提供作业方案。

第十五条 各类施工作业需临时排放污水进入合流污水治理设施的，应当由排放单位负责进行简易沉淀；因排放沉淀物造成合流污水管道堵塞或者不畅的，排放单位应当按养护要求，负责疏通。

第十六条　排放单位因管理不当，造成污废水冒溢引起突发性事故，对管理人员人身安全和健康有危害或者对合流污水治理设施有损害的，排放单位应当立即采取应急措施；同时向市排水处报告，接受调查处理。

第三章　污水排放管理

第十七条　市排水处行使下列职责：

(一)受理新建、扩建、迁建单位的污废水排放接管的申请，进行审批；

(二)核发《排水许可证》；

(三)对排放单位的污废水排放量和水质进行检查、监测和控制；

(四)对突发事件进行调查处理；

(五)对违反本办法的单位或者个人进行处罚。

第十八条　凡向合流污水治理设施排放污 废水的单位，必须向市排水处申请《排水许可证》。市排水处根据合流污水治理设施的设计容量、水质标准、运行安全等情况核发《排水许可证》。

凡取得《排水许可证》的排放单位，不再申请《上海市污废水排入城市排水管道接管证》。

第十九条　凡需向合流污水治理设施排放污废水的单位，申请《排水许可证》时须持下列资料：

(一)本单位排水平面图和所在范围的五百分之一的城市地下管线图。

(二)生产产品种类和用水量数据。

(三)排放污废水的水质、水量数据；污废水处理设施的处理工艺和效果说明。

第二十条　《排水许可证》从核发之日起，有效期为3年；排放单位每年1月底前须根据《排水许可证》所列内容，向市排水处申报上一年使用情况。

领取《排水许可证》的排放单位必须在有效使用期满前3个月内，按规定程序办理新的《排水许可证》。

第二十一条　凡需向合流污水治理设施排放污废水的新建、扩建、迁建单位，须持建设项目可行性研究报告或者有关设计资料向市排水处办理接管手续。市排水处应当在20天内审批完毕，核发《排水许可证》。

第二十二条　凡向合流污水治理设施排放的污废水，必须符合国家《污水综合排放标准》和建设部《污水排放城市下水道水质标准》(以下合称《排放标准》)。

第二十三条　凡向合流污水治理设施排放含有放射性物质的污废水或者医院排放污废水的除遵守《排放标准》外，还须符合有关规定的要求。

第二十四条　市排水处可以对排放单位进行定期或者不定期的监测，排放单位必须接受监测。

第二十五条　排放单位排放的污废水水质以市排水处检测的数据为准。水质监测方法按国家有关规定执行。

第二十六条　市排水处对排放单位提供的有关资料，应当按保密要求严格管理。

第二十七条　合流污水治理设施的用户应当按《上海市征收城市排水设施使用费暂行办法》的规定，向上海市城市排水收费管理所(以下简称市收费所)缴纳城市排水设施使用费(以下简称排水费)。

第二十八条　排水费按实际用水总量(包括自来水、深井水、自备水源)的90%计征。

产品以水为主要原料或者生产过程中水蒸发量大的企业，可以提供产品含水量、水的蒸发量等有关资料，经市收费所核定后，按扣除产品含水量、水的蒸发量后的用水量征收排水费。

第二十九条　排放单位每年1月底前必须向市收费所申报上一年用水总量；用水量有重大变化时，应当及时报市收费所确认。

第四章　法律责任

第三十条　违反本办法第九条，第十条第一款，第十一条第三项、第四项，第十四条、第十五条和第十六条规定的，市排水处可以按照下列规定给予处罚：

(一)强行排放的，处以5000元以上5万元以下的罚款；损坏设施的，赔偿损失。

(二)在本办法第十四条规定的范围内，从事有损于合流污水治理设施的有关活动的，责令其限期改正，处以1万元以上10万元以下的罚款；损坏设施的，赔偿损失。

(三)向合流治理设施倾倒垃圾、粪便、易堵塞物的，责令其限期改正，并可处以5000元以上5万元以下的罚款；损坏设施的，赔偿损失。

(四)未设置或者未按规定的标准设置格栅排放污废水，造成长江排放管及上升管喷头堵塞的，责令其限期改正，负责疏通，并可处以5000元以上5万元以下的罚款；损坏设施的，赔偿损失。

第三十一条　违反本办法第十八条第一款、第二十条、第二十一条规定的，市排水处可以按下列规定给予处罚：

(一)排放单位未办理接管手续或者未按接管要求，擅自将管道接入合流污水治理设施的，责令其限期改正；拒不改正的，可处以5万元以上10万元以下的罚款。

(二)排放单位所持的《排水许可证》逾期未申报、更换的，责令其限期补办，予以警告；逾期不补办的，处以5000元的罚款。

(三)排放单位排放的污废水中水温、pH值及其中悬浮物、硫化物、易沉固体物、石油类、氰化物的含量等水质指标超过标准的，责令其限期改正；拒不改正的，处以2万元以上5万元以下的罚款。

(四)排放单位排放污废水，直接突发损坏合流污水治理设施或者造成其他后果的，责令其限期改正，赔偿损失，处以1万元以上5万元以下的罚款。

第三十二条　违反本办法第二十七条、第二十九条规定逾期不缴排水费的，从滞缴日起每日增收2‰的滞纳金；逾期不报或者少报用水量的，按核实后的用水量的3倍计征排水费；对屡催不缴的，市排水处可以停止其使用合流污水治理设施。

第三十三条 排放单位对被监测水质弄虚作假的，市排水处责令其限期改正，并可处以5000元以上2万元以下的罚款。

第三十四条 违反本办法第十条第一款、第十一条第四项、第十八条第一款规定，情节严重拒不改正的，市水务局有权封堵其排放口，但必须提前10日书面通知排水户。

违反本办法第九条、第十五条、第二十四条规定，情节严重拒不改正的，市水务局可以吊销其《排水许可证》。

对合流污水治理设施造成重大损害，构成犯罪的，依法追究其刑事责任。

第三十五条 市水务局、市排水处对违反本办法的排放单位或者个人进行行政处罚，应当出具行政处罚决定书。

第三十六条 排放单位承担的化验费、赔偿费，应当在规定的期限内向市排水处缴纳。

被处罚的排放单位或者个人，应当在接到行政处罚决定书之日起7日内向市排水处缴纳罚款。

市排水处收到罚款后应当出具由市财政部门统一印制的罚没财物收据。罚没收入按规定上缴国库。

第三十七条 当事人对市水务局、市排水处作出的具体行政行为不服的，可以依法向同级人民政府或者上一级主管部门申请复议。当事人对同级人民政府或者上一级主管部门的复议决定不服的，可以依法向人民法院起诉。

当事人在法定期限内不申请复议，不提起诉讼，又不履行具体行政行为的，作出具体行政行为的部门可以申请人民法院强制执行。

第五章 附 则

第三十八条 本办法所称的赔偿费；按实际损失程度及现行工程定额造价计算。

本办法所称的赔偿、罚款数额中的“以下”均包括本数。

第三十九条 本办法的具体应用问题由市水务局负责解释。

第四十条 本办法自1993年11月15日起施行。

上海市食用农产品安全监管暂行办法

（2001年7月23日上海市人民政府令第105号发布）

第一章 总 则

第一条 （目的和依据）

为了加强对食用农产品生产经营的安全管理，防止食用农产品污染和有害因素对人体的危害，保障人体健康和生命安全，根据国家有关法律、法规的规定，结合本市实际情况，制定本办法。

第二条 （定义）

本办法所称的食用农产品，是指种植、养殖而形成的，未经加工或者经初级加工的，可供人类食用的产品，包括蔬菜、瓜果、牛奶、畜禽及其产品和水产品等。

本办法所称的安全监管，是指政府有关监督管理部门依法对食用农产品的生产、经营及其相关活动进行监督管理，以保证人体健康和生命安全的行为。

第三条 （管理原则）

食用农产品的生产，应当以推进农业标准化为导向，通过改善生产基地环境，加强技术指导，强化农用生产资料使用管理，在食用农产品生产的全过程推行安全卫生质量监督。

食用农产品的经营，应当以市场为引导，建立市场约束和行业自律机制，重点监控加工流通环节，完善各类市场内部安全卫生质量管理责任，及时发现和查处违法经营食用农产品的行为。

第四条 （舆论引导和社会监督）

本市各级政府及其有关部门和新闻媒体应当开展有关食用农产品安全卫生质量知识的宣传，提高市民食用农产品安全卫生质量意识，维护消费者的合法权益。

鼓励单位和个人对政府部门食用农产品安全卫生质量监督管理工作提出建议和意见，并对违法生产、经营食用农产品的行为进行举报。

第二章 管理体制

第五条 （政府职责）

市人民政府设立上海市食用农产品安全监管领导小组。

上海市食用农产品安全监管领导小组负责制定与食用农产品安全监管相关的政策，确定食用农产品安全监管的重点领域和事项，协调有关食用农产品安全监管的执法工作，处理食用农产品安全监管的其他重大事宜。

区、县人民政府负责本行政区域内的食用农产品安全监管工作，并负责组织实施。

第六条 （监督管理部门的职责）

农业行政主管部门按照法律、法规规定的职责，负责食用农产品生产基地的规划和组织建设，种子（种畜、种禽）、肥料、农药、兽药、饲料、饲料添加剂等生产、经营、使用的监督管理，畜禽及其产品防疫、检疫的监督，先进农业技术的推广和应用。

商业行政主管部门按照法律、法规规定的职责，负责食用农产品商业流通领域的行业管理，家畜产品屠宰加工的行业管理和安全监管，水产品的行业管理和安全监管，并协同有关部门进行食用农产品批发市场、农副产品集贸市场的监督管理。

质量技术监督部门按照法律、法规规定的职责，负责食用农产品国家和行业标准的组织实施，地方标准的制定和监督实施。

卫生行政部门按照法律、法规规定的职责，负责食用农产品加工和流通领域安全卫生的监督管理。

工商行政管理部门按照法律、法规规定的职责，负责食用农产品经营行为的监督管理。

环境保护行政部门按照法律、法规规定的职责，负责食用农产品生产基地环境状况的指导和监督。

出入境检验检疫部门按照法律、法规规定的职责，负责进出口食用农产品的检验检疫和监督管理。

第七条 (相关部门职责)

本市规划、土地、财政、交通、公安等有关行政部门在各自的职责范围内，协助做好食用农产品的安全监管工作。

第八条 (部门执法的协调和联合)

市农委、市商委、市质量技监局、市卫生局、市工商局、市环保局、市农林局和上海出入境检验检疫局应当根据法律、法规、规章的规定，各司其职，加强食用农产品安全监管执法的协调和沟通，并在重点领域组织联合执法。

第九条 (管理体系的建立)

本市建立食用农产品安全卫生质量标准体系，实施国家有关强制性标准，制定和实施食用农产品安全卫生质量的地方标准；建立食用农产品安全卫生质量技术推广体系，为生产者提供技术指导和服务；建立食用农产品安全卫生质量检测体系，完善政府对食用农产品安全卫生质量的监督检测，扶持建立从事食用农产品安全卫生质量检测的社会中介服务机构，在生产经营重要环节设立食用农产品安全卫生质量检测点；建立安全卫生优质食用农产品认可体系，推介安全卫生优质的食用农产品；建立食用农产品质量安全信息体系，为食用农产品的生产、经营和消费提供信息服务。

第十条 (行业协会)

食用农产品生产、经营的行业协会应当发挥行业自律作用，协助政府部门进行食用农产品生产经营活动的管理。

鼓励和支持相关的行业协会制定并推行食用农产品生产经营的行业规范，为会员提供信息和技术方面的指导和服务，敦促会员依法从事食用农产品的生产经营活动。

第十一条 (中介服务机构)

政府鼓励并扶持设立有关中介服务机构，为食用农产品生产和经营活动提供管理咨询、技术咨询、产品检测和标准化指导等各类服务。

第三章 食用农产品生产的安全监管

第十二条 (生产基地的规划)

各级人民政府及其部门应当根据本地区的自然条件、土地利用规划和食用农产品的生产特点，制定符合安全卫生质量标准的食用农产品生产基地规划，并在资金等方面给予必要的扶持。

食用农产品生产基地的规划选址，应当符合国家和地方规定的环境质量标准的要求。

第十三条 (生产基地的建设)

市农委、市商委、市环保局、市农林局等部门应当按照各自职责，对食用农产品生产基地的建设进行指导和监督。

畜禽饲养场、贮存场所、屠宰场、水产养殖水域应当依照国家法律、法规的规定进行建设和管理，并符合国家有关安全卫生的规定。

第十四条 (生产基地、场所的环境保护)

禁止向食用农产品的生产基地和其他生产场所排放重金属、硝酸盐、油类、酸液、碱液、剧毒废液、放射性废水和未经处理的含病原体的污水，或者倾倒、填埋有害的废弃物和生活垃圾。

第十五条 (食用农产品生产活动的要求)

在蔬菜、瓜果的生产过程中，应当按照国家有关规定和技术要求，合理使用肥料、农药。鼓励科学使用有机肥、微生物肥料、生物农药和可降解地膜等生产资料。

在畜禽、牛奶、水产品生产过程中，应当按照国家和本市的规定，合理使用有关兽药、饲料和饲料添加剂。

第十六条 (生产基地安全卫生质量跟踪制度)

本市建立食用农产品安全卫生质量跟踪制度。

生产基地在生产活动中，应当建立质量记录规程，记载农药、肥料、兽药、饲料和饲料添加剂使用以及防疫、检疫等情况，保证产品的可追溯性。

非生产基地应当参照生产基地的管理方式，记录农药、肥料、兽药、饲料和饲料添加剂等生产资料的使用情况。

食用农产品安全卫生质量跟踪制度的实施方案，由市农委、市商委按照各自职责制定，并分别组织实施。

第十七条 (生产基地安全卫生质量合格检验证明制度)

本市建立生产基地的食用农产品安全卫生质量合格检验制度。

生产基地应当对其生产的食用农产品实行安全卫生质量检验，并提供产品合格证明。

经初级加工、有包装的食用农产品，应当在产品包装物上标注其产品的加工单位和原生产基地。

第十八条 (生产者安全卫生质量承诺制度)

本市实行食用农产品的生产者安全卫生质量承诺制度。

食用农产品生产基地在产品投放市场之前，应当就其产品的安全卫生质量状况向有关监督管理部门和经营者作出承诺；其他生产者在产品投放市场之前，应当就其产品的安全卫生质量状况向经营者作出承诺。

食用农产品生产者安全卫生质量承诺制度，由市农委、市商委按照各自职责，分别组织实施。

第十九条　（优质农产品认可制度）

本市实行食用农产品安全卫生优质产品认可制度。

食用农产品生产者按照有关规定，在向授权的认可机构申请安全卫生优质产品认可并通过核准后，可以在食用农产品或者其包装上标注安全卫生优质的标志。

第二十条　（畜禽疫病的预防和检疫）

本市依照有关法律规定，对畜禽实行计划免疫，对严重危害人体和养殖业生产的畜禽疫病实施强制免疫。各级动物防疫监督机构应当加强对本行政区域内饲养和流通环节的畜禽及其产品的疫病监测。

本市各级动物防疫监督机构应当对畜禽及其产品进行检疫。经检疫合格的畜禽及其产品，由动物防疫监督机构出具检疫合格证明，对畜禽产品还应当同时加盖或者加封验讫标志。

第二十一条　（生产环节的无害化处理）

畜禽饲养场、屠宰场、养殖场发现经检疫不合格或者病死、死因不明的畜禽及其产品，染疫的畜禽及其产品，染疫畜禽的排泄物，应当主动送交指定的化制场所进行无害化处理。

其他生产场所发现有前款情形的，生产者应当在动物防疫监督机构的指导下进行无害化处理，或者送交指定的化制场所进行无害化处理。

第二十二条　（生产活动中禁止的情形）

食用农产品生产活动中，禁止下列行为：

（一）使用甲胺磷等剧毒、高毒、高残留农药；

（二）使用盐酸克伦特罗（俗称“瘦肉精”）、孔雀石绿等禁止使用的物质作为兽药、饲料和饲料添加剂；

（三）使用假、劣兽药、将人用药品作为兽药使用或者违反规定使用兽药；

（四）法律、法规和规章规定禁止的其他情形。

第四章　食用农产品经营的安全监管

第二十三条　（批发市场的规划控制和设立条件）

设立食用农产品批发市场，应当符合发展规划和设立条件。食用农产品批发市场的发展规划和设立条件，由市商委会同市农委、市工商局和市卫生局等部门提出，报市人民政府批准后施行。

有关政府部门在制定食用农产品市场的发展规划和设立条件时，应当征询食用农产品相关行业协会的意见。

第二十四条　（批发市场的设立）

各类食用农产品批发市场应当按照国家企业设立的法律规定和批发市场的设立条件，取得卫生行政部门发放的卫生许可证，并向工商行政管理部门办理登记后，方可从事批发经营活动。

第二十五条　（批发市场安全卫生质量责任告知承诺制度）

本市实行食用农产品批发市场安全卫生质量责任告知与承诺制度。

卫生、畜牧、工商行政管理部门应当以书面形式，向食用农产品批发市场的开办者告知其应当遵守的相关法律规定、行为规则和其他责任。

食用农产品批发市场开办者应当就其经营产品的安全卫生质量责任，向卫生、畜牧、工商行政管理部门作出承诺，保证达到安全卫生质量责任制的要求，并就经营者侵害消费者权益的行为实行先行赔偿。

食用农产品批发市场安全卫生质量责任告知与承诺制度实施方案，由市工商行政管理部门会同市卫生、畜牧和商业等行政管理部门共同制定并组织实施。

第二十六条　（市场开办者安全卫生质量责任制度）

本市实行食用农产品市场开办者安全卫生质量责任制度。

各类食用农产品批发市场和农贸市场的开办者对进入本市场的经营者的产品安全卫生质量状况，负有管理的责任，并达到以下要求：

（一）建立安全卫生质量制度，配备专、兼职食品卫生管理人员；

（二）建立食用农产品安全卫生流通档案；

（三）开展食用农产品检验，按规定索取产品及原料检验合格证明；

（四）组织有关食品生产经营人员进行健康检查。

各类食用农产品批发市场和农贸市场的开办者可以通过与经营者签订安全卫生质量协议方式，明确安全卫生质量的责任。

第二十七条　（经营活动场内公示制度）

本市实行食用农产品经营活动场内公示制度。

食用农产品批发市场和农贸市场的开办者应当在场内的显著位置设立公示牌，并由工商行政管理部门监督设立。

各有关行政管理部门负责对本市场内具有违法经营行为的经销者在公示牌上进行公示，并对市场经营管理中应当注意的事项进行必要的提示。

第二十八条　（优质食用农产品的推介制度）

本市实行优质食用农产品推介制度。

鼓励行业协会向社会推荐优质的食用农产品，并推行优质优价。

鼓励行业协会引导超市、连锁商业企业等优先选择优质食用农产品。

第二十九条　（市场检测）

本市有关行政管理部门应当完善食用农产品安全卫生质量的监督检测机构，为行政管理和执法监督活动提供专业检测数据。

本市食用农产品批发市场、超市配送中心和大型食品加工企业应当配置安全卫生质量检测设施，配备专业检测人员，并建立相应的检测工作规程和管理制度。

本市其他食用农产品经营者可以自行进行产品检测，也可以委托有关社会安全卫生质量检测机构进行产品检测。

市场检测发现不合格农产品的，食用农产品批发市场的开办者、经销者、超市配送中心、食品加工企业或者其他食用农产品的经营者应当依照有关法律、法规的规定，制止其出售和转移，并及时报告工商行政管理部门或者卫生行政管理部门进行处理。

第三十条 （家畜屠宰场的设置管理）

设置家畜屠宰场，应当按照确定的定点规划，并符合法律、法规、国家标准和有关专业技术规范；大中型家畜屠宰场还应当通过有关专业质量体系认证。

本市家畜屠宰场的定点规划由市商委会同市农委、市环保局制订，报市人民政府批准后，由市商委组织实施。

本市定点屠宰场应当按照《中华人民共和国动物防疫法》、《中华人民共和国食品卫生法》和《生猪屠宰管理条例》等法律、法规和规章的规定，进行家畜屠宰检疫和肉品品质检验。

第三十一条 （家畜产品的批发交易管理）

除超市连锁配送等直销挂钩的情形外，本市家畜产品批发交易应当在符合条件的食用农产品批发市场中进行。

家畜产品进入批发市场交易前，批发市场的开办者应当查验检疫合格证明后，方可允许家畜产品进场交易。

家畜产品零售经销者应当从依法设立的批发市场（包括定点屠宰场）购入家畜产品。

第三十二条 （进入本市畜禽及其产品的监督）

畜禽及其产品进入本市的，应当按照国家规定随车携带产地有关部门出具的检疫合格证明，并在指定的市境道口运入，接受防疫监督。

本市动物防疫监督部门、出入境检验检疫部门应当采取有效措施，加强对进入本市的畜禽及其产品的监督检查。

第三十三条 （经营环节的无害化处理）

对经营过程中不合格的食用农产品的无害化处理，依照本办法第二十一条生产环节产品无害化处理的规定执行。

第三十四条 （食用农产品安全信息的发布）

有关监督管理部门应当针对食用农产品市场中安全卫生质量方面存在的突出问题，及时通过各种渠道予以公布，提示消费者采取相应的识别措施。

第三十五条 （禁止销售的情形）

禁止销售施用过甲胺磷等剧毒、高毒、高残留农药的蔬菜、瓜果产品，含有“瘦肉精”等有害成分的畜禽产品，以及法律、法规、规章禁止销售和不符合国家强制性标准的其他食用农产品。

第三十六条 （单位集团采购）

本市饭店、宾馆、医院、学校、机关和其他企事业等集体用餐单位应当优先从信誉好、无安全质量不良记录的食用农产品经营企业采购食用农产品，优先采购经推介的优质食用农产品。

举办重大公共活动、重要会议采购食用农产品的，具体承办单位应当将食用农产品送交具有资质的检测机构进行检验。

第五章 法律责任

第三十七条 （违反食用农产品生产的安全监管的行政处罚）

违反本办法第十四条规定，向食用农产品的生产基地和其他生产场所排放重金属、硝酸盐、油类、酸液、碱液、剧毒废液、放射性废水和未经处理的含病原体的污水，倾倒、填埋有害的废弃物和生活垃圾的，由环境保护行政部门按照《上海市环境保护条例》第五十二条规定予以处罚，或者由农业行政部门按照《中华人民共和国基本农田保护条例》第三十三条规定予以处罚。

违反本办法第十五条第二款和第二十二条第（二）项、第（三）项规定，在畜禽、牛奶、水产品生产过程中，未按照国家和本市的规定合理使用有关兽药、饲料和饲料添加剂，使用“瘦肉精”、孔雀石绿等有害物质作为兽药、饲料和饲料添加剂的，或者使用假、劣兽药，将人用药品作为兽药使用或者违反规定使用兽药的，由兽药饲料监督部门责令停止使用，并根据情节，处以3万元以下的罚款。

违反本办法第十六条第二款规定，生产基地在生产活动中未建立、未按照规定建立质量记录规程或者假造质量记录规程，致使无法追溯农药、肥料、兽药、饲料和饲料添加剂等生产资料的使用情况的，由农药肥料或者兽药饲料监督部门责令改正；拒不改正的，可处以1000元以上5000元以下的罚款。

违反本办法第十七条第三款规定，经初级加工、有包装的食用农产品，未在产品包装物上标注其产品的加工单位和原生产基地的，由质量技术监督部门予以警告，并责令改正。

违反本办法第二十一条第一款、第三十三条规定，未依法进行无害化处理的，按照《中华人民共和国动物防疫法》第四十六条规定予以处理。

违反本办法第二十二条第（一）项规定，在食用农产品生产活动中，使用甲胺磷等剧毒、高毒、高残留农药的，按照《中华人民共和国农药管理条例》第三十九条规定予以处罚。

第三十八条 （违反食用农产品经营的安全监管规定的行政处罚）

违反本办法第二十九条第二款规定，未配置安全卫生质量检测设施、专业检测人员，或者未建立相应的检测工作规程和管理制度的，由卫生行政部门责令改正；拒不改正的，可处以1万元以上3万元以下的罚款。违反本办法第二十九条第四款规定，对市场检测发现不合格农产品，未制止其出售和转移，或者未及时报告工商或者卫生行政管理部门进行处理的，由工商或者卫生行政管理部门给予1万元以上3万元以下的罚款。

违反本办法第三十条第一款规定，设置家畜屠宰场，达不到法律、法规、国家标准和有关专业技术规范的，由市商委责令限期改正；逾期仍达不到要求的，按照有关法律、法规规定处理。

违反本办法第三十一条第一款规定，未在食用农产品批发市场中进行家畜产品批发交易的，由工商行政管理部门责令改正，并可处以3万元以下的罚款；违反本办法第三十一条第二款规定，批发市场开办者未查验检疫合格证明即允许进场交易的，由卫生行政部门处以1000元以下的罚款；违反本办法第三十一条第三款规定，家畜产品零售经销者未在批发市场购入家畜产品的，由工商行政管理部门处以5000元以下的罚款。

违反本办法第三十二条第一款规定，未在指定的市境道口运入的，由动物防疫监督机构对运输活动中的承运人处以1万元以下的罚款。

违反本办法第三十五条规定，销售施用过甲胺磷等剧毒、高毒、高残留农药的蔬菜、瓜果产品，含有“瘦肉精”等有害成分的禽畜产品，由卫生行政部门按照《中华人民共和国食品卫生法》第四十二条规定予以处罚。

第三十九条 （有关监督管理机构人员的法律责任）

行政管理部门的工作人员在对食用农产品的管理和监督中，滥用职权、徇私舞弊、玩忽职守、索贿受贿的，由上级主管部门给予行政处分；构成犯罪的，依法追究刑事责任。

第六章 附 则

第四十条 （实施日期）

本办法自2001年9月1日起施行。

本办法自颁布之日起实施。

上海市土地使用权出让办法（摘录）

（1996年10月30日上海市人民政府发布 根据2001年5月21日《上海市人民政府关于修改〈上海市土地使用权出让办法〉的决定》修正）

目 录

第四条 （土地使用权的限定）

土地使用权出让期间，土地所有权仍属于国有。

地下的各类自然资源、矿产以及埋藏物、隐藏物等，不在土地使用权出让范围内。

第十五条 （征询规划要求和相关批准手续的办理）

土地使用权出让前，出让人应当以书面形式向规划管理部门征询该地块的规划要求，规划管理部门应当根据经批准的详细规划提供各项规划要求及其附图。

土地使用权通过招标，拍卖方式出让的，出让人应当在招标、拍卖前，以书面形式向计划管理部门和相关管理部门征询意见，并在招标文件和拍卖的有关资料中明确该地块建设项目的立项条件、规划、环境保护、园林绿化、卫生防疫、交通和消防等要求；招标、拍卖完成后，受让人凭出让合同向计划、规划等管理部门办理建设项目的相关批准手续。

土地使用权通过协议方式出让的，出让地块建设项目的相关批准手续，由受让人按照国家和本市有关规定向计划、规划等管理部门办理。

第十六条 （有关资料的提供）

出让人应当向有意受让土地使用权者提供下列资料：

（一）出让地块的坐落、四至范围、面积、地形图或地籍图；

（二）项目建设的完成年限、必须投入的最低建筑费用和发展面积的下限；

（三）规划用地性质、建筑容积率、建筑密度和净空限制等各项规划要求；

（四）环境保护、园林绿化、卫生防疫、交通和消防等要求；

（五）市政公用设施的现状和配套建设要求；

（六）出让地块的地面现状；

（七）出让的方式和年限；

（八）受让人应当具备的资格；

（九）出让金的支付方式和要求；

（十）出让合同的标准格式；

（十一）有关土地使用权出让方面的具体规定；

（十二）房地产买卖及物业管理的有关规定；

（十三）其他有关资料。

第二十四条 （土地开发、利用和经营的要求）

受让人应当按出让合同约定的规划用地性质、规划要求、开发期限和条件进行土地开发、利用和经营。

受让人在出让地块上进行房地产开发的，应当按本市规划管理、建筑业管理、房地产管理以及交通、环保、卫生、环卫、消防等城市管理的有关规定办理各项申请审批手续。

上海市公用移动通信基站设置管理办法（摘录）

（2001年7月5日上海市人民政府令第104号发布）

有关法律条文

第四条 （管理部门）

上海市无线电管理委员会（以下简称市无委会）是本市无线电管理的行政主管部门。

上海市无线电管理委员会办公室（以下简称无委办）是市无委会的办事机构，具体负责本市基站设置的监督管理工作。

市通信、规划、环保、物价、房地、公安、市容等部门应当按照各自职责，协同做好本市基站的相关管理工作。

第六条 （布局和选址要求）

基站布局应当根据基站专业发展规划和通信服务的需要，确定无线电覆盖范围，并达到国家通信行业的服务质量标准。

新建基站选址应当符合城市市容景观的要求；新建基站在居住区选址的，应当优先考虑设置在非居住建筑物上。

第十四条 （基站的验收）

基站投入正式运行前，经营者应当按照无线电管理和环境保护要求，向市无委办、市环保部门提出验收申请并提供相关资料。

市无委办、市环保部门在收到验收申请后，应当会同有关部门对该站的站址、发射功率、电磁辐射水平和景观等项目进行验收。经验收合格的，由市无委办、市环保部门颁发《电台执照》和《电磁辐射环境验收合格证》。

第十五条 （基站的运行与设置变更）

经营者取得《电台执照》和《电磁辐射环境验收合格证》后，方可按照核定的内容，将基站投入正式运行。

基站投入运行后，应当确保基站周围环境中的电磁辐射水平符合国家规定。

基站运行变更核定内容的，经营者应当向原批准部门办理变更手续；基站停用或者撤消时，经营者应当向市无委办办理注销手续，并向市环保部门备案。

上海市管线工程规划管理办法（摘录）

（2001年9月14日上海市人民政府令第107号发布）

有关法律条文

第二条 （定义）

本办法所称的管线工程，是指建设于地下或者地上的给水、雨水、污水、燃气、电力、信息等市政公用管线工程，以及热力、油料、化工物料等特种管线工程。

第五条 （管理原则）

管线工程建设应当符合城市规划和市容景观要求，严格控制城市道路架空线建设。

管线工程应当与城市道路、公路以及沿线建设项目工程统一规划，综合平衡，统筹安排，协调建设。

第十条 （架空线的规划控制）

在本市下列范围内，除必须架空设置的轨道交通线路和电车客运线路的触线网外，不得新建架空线工程：

（一）中心城、新城、中心镇；

（二）民用机场、主要铁路客运站、主要客运港口；

（三）旅游景观区域、人文景观处；

（四）市政府规定的其他范围。

第十三条 （管线技术标准）

地下管线埋设的深度和架空线设置的高度，各类管线的水平间距、垂直间距以及与建筑物、构筑物、树（林）木等的间距，按照国家有关技术标准执行。

第十八条 （有关管理部门的审核）

按照法律、法规、规章的有关规定，管线工程建设在办理建设工程（管线规划）许可证前，需经有关管理部门审核的，应当由有关管理部门审核。

上海市内河港口管理办法（摘录）

（1991年8月31日上海市人民政府令第5号发布　根据1997年12月14日上海市人民政府令第53号第一次修正并重新发布　根据2001年1月9日上海市人民政府令第97号第二次修正并重新发布）

目　录

第四章　港口费收管理
第五章　罚则
第六章　附则
有关法律条文

第五条　本市内河港口发展规划，应当按照《中华人民共和国城市规划法》的有关规定和交通运输发展的需要，根据统筹兼顾、综合利用的原则，并符合上海市总体规划、土地综合利用规划以及江河流域综合规划的总体要求，由市交通局负责编制。该规划在征求市规划、土地、水利、环保等部门的意见并报市人民政府批准后实施。

第十四条　港区内的所有单位和进入港区内的船舶、车辆或者个人均应当遵守港口管理和有关安全、治安、消防、环保等方面的法律、法规、规章的规定，并接受相关部门的监督检查。

上海市机动车维修和检测管理办法（摘录）

（1997年11月14日上海市人民政府令第51号发布
根据2001年1月9日上海市人民政府令第97号修正并重新发布）

目　录
第一章　总则
第二章　资质管理
第三章　机动车维修
第四章　机动车性能检测
第五章　票证和收费
第六章　法律责任
第七章　附则
有关法律条文

第三条（管理部门）第三款

本市公安、技术监督、工商、税务、物价、劳动、环保等行政主管部门按照各自的职责，协同做好本市机动车维修和机动车性能检测活动的管理工作。

第二十一条（禁止行为）

机动车维修经营者和非营业性机动车维修单位禁止从事下列活动：

（一）承修报废机动车和已列入国家强制报废范围的机动车；

（二）改装无公安交通管理部门证明的在用机动车；

（三）利用配件拼装机动车；

（四）使用不符合国家或者本市质量要求的机动车配件维修机动车。

第二十四条（行政委托）

机动车性能检测经营者可以按照核准的检测范围接受交通、公安、技术监督、环保、商检等部门的委托，进行机动车安全性、动力性、经济性、可靠性及噪声、废气排放等项目的检测。

上海市机动车清洗保洁管理暂行规定（摘录）

（1994年11月21日上海市人民政府发布
根据1997年12月14日上海市人民政府令第53号第一次修正并重新发布
根据2001年1月9日上海市人民政府令第97号第二次修正并重新发布）

有关法律条文

第一条（目的和依据）

为了加强城市市容和环境卫生管理，规范本市机动车清洗保洁活动，保持机动车车容整洁，根据国务院《城市市容和环境卫生管理条例》及其他有关规定，制定本规定。

第三条（主管部门）

市市容环境卫生管理部门是本市机动车清洗保洁活动的主管部门。

公安、规划、土地、交运、环保、工商、税务、物价等部门应当依照各自职责，协同实施本规定。

第五条（车辆保洁状况的监督）

凡在本市城市道路以及国道、干线公路上行驶的机动车，应当保持车容整洁。

对机动车车身和底盘明显粘带尘土或者泥浆等污物未清除的；车轮粘带泥浆等污物影响道路整洁的，市容环境卫生管理部门和公安交通管理部门应当依照各自的职能，分别根据本规定和《中华人民共和国道路交通管理条例》予以查处。但正在执行任务的警车、军车、消防车、工程抢险车、救护车和装载易燃、易爆等特殊货物的机动车除外。

第八条（机动车清洗企业设置原则）

机动车清洗企业清洗设施应当按照“统一规划、合理布局、控制污染、确保道路通畅”的原则设置。设置清洗设施的选址应当避开交通拥挤地段和车流量较大的道路交叉口。

机动车清洗企业的设施应当符合《城市环境卫生设施设置标准》的规定。

第十二条（机动车清洗企业的改建、扩建）

机动车清洗企业的改建、扩建，应当符合规划、环卫、环保、公安管理的有关规定。改建、扩建需扩大面积的，还应当征得规划、土地管理部门的同意后，报市市容环境卫生管理部门批准。

未经市市容环境卫生管理部门批准，机动车清洗企业不得擅自将清洗设施移作他用。

第十五条（污物处理）

清洗机动车所产生的油污、淤泥及其他污物，应当按环境保护、市容环境卫生的有关规定处理，不得任意排放、堆放和倾倒。

第十九条（其他行政管理部门实施的行政处罚）

机动车清洗企业擅自提高收费标准的，除由市容环境卫生管理部门责令改正外，由物价部门按有关规定予以处罚。

违反道路交通、工商、税务、环境保护等管理部门规定的，分别由公安、工商、税务、环保等管理部门依法予以处罚。

上海市历年发布实施的主要地方性环境及相关的法规目录

上海市黄浦江上游水源保护条例

（1985年4月19日上海市第八届人民代表大会常务委员会第十四次会议通过，1985年10月1日实施，根据1990年9月28日上海市第九届人民代表大会常务委员会第二十一次会议《关于修改〈上海市黄浦江上游水源保护条例〉的决定》修正）

上海市环境卫生管理条例

（1988年12月22日上海市第九届人民代表大会常务委员 会第五次会议通过）

上海市实施《中华人民共和国水法》办法

（1992年10月17日上海市第九届人民代表大会常务委员会第三十七次会议通过，根据上海市第九届人民代表大会常务委员会第三十八次会议《关于修改〈上海市实施《中华人民共和国水法》办法〉的决定》修正）

上海市实施《中华人民共和国野生动物保护法》办法

（1993年10月22日上海市第十届人民代表大会常务委员会第五次会议通过）

上海市环境保护条例

（1994年12月8日上海市第十届人民代表大会常务委员会第十四次会议通过，1995年5月1日实施，根据1997年5月27日《上海市人民代表大会常务委员会关于修改〈上海市环境保护条例〉的决定》修正）

上海市滩涂管理条例

（1996年10月31日上海市第十届人民代表大会常务委员会第三十一次会议通过，1996年11月5日公布，1997年1月1日起施行）

上海市河道管理条例

（1997年12月11日上海市第十届人民代表大会常务委员会第四十次会议通过，1997年12月23日公布，1998年3月1日起施行）

上海市历年发布实施的主要地方性环境及相关的规章目录

上海市排污收费和罚款管理办法

（1984年5月11日上海市人民政府颁布，1984年6月1日实施，1986年10月28日上海市人民政府修正，1997年12月19日上海市人民政府54号令修正）

上海市固定源噪声污染控制管理办法

（1986年2月25日上海市人民政府发布，1997年12月14日上海市人民政府53号令修正）

上海市黄浦江上游水源保护条例实施细则

（1987年8月29日上海市人民政府发布，1987年9月1日实施，根据1996年5月28日《上海市人民政府关于修改〈上海市黄浦江上游水源保护条例实施细则〉的决定》修正并重新发布，1997年12月14日上海市人民政府53号令修订）

上海市城镇环境卫生设施设置规定

（1987年10月6日上海市人民政府批准，根据1995年11月30日《上海市人民政府关于修改〈上海市城镇环境卫生设施设置规定〉的决定》修正并重新发布）

上海市建设项目环境保护管理办法

（1988年1月12日上海市人民政府发布，1988年2月

1日实施，1997年12月14日上海市人民政府53号令修正）

上海市烟尘排放管理办法

（1988年1月12日上海市人民政府发布，1988年2月1日实施，1997年12月19日上海市人民政府54号令修正）

上海市环境卫生管理条例实施细则

（1989年4月21日上海市人民政府第5号令发布，根据1993年1月30日《上海市人民政府关于修改〈上海市环境卫生管理条例实施细则〉的决定》修正并重新发布）

上海市水域环境卫生管理规定

（1989年10月11日上海市人民政府第18号令发布，根据1993年2月1日《上海市人民政府关于修改〈上海市水域环境卫生管理规定〉的决定》修正并重新发布）

上海市建筑垃圾和工程渣土处置管理规定

（1992年1月11日上海市人民政府第10号令发布，根据1997年12月14日上海市人民政府第53号令修正并重新发布）

上海市合流污水治理设施管理办法

（1993年上海市人民政府发布，根据1997年12月14日上海市人民政府令第53号令第一次修正并重新发布，根据2001年1月9日上海市人民政府令第97号第二次修正并重新发布）

上海市建设工程文明施工管理暂行规定

（1994年5月24日上海市人民政府发布，根据1997年12月14上海市人民政府第53号令修正并重新发布）

上海市节约用水管理办法

（1994年6月27日上海市人民政府发布，根据1997年12月 19日上海市人民政府第54号令修正并重新发布）

上海市集镇和村庄环境卫生管理暂行规定

（1994年11月16日上海市人民政府发布，根据1997年12 月14日上海市人民政府第53号令修正并重新发布）

上海市机动车清洗保洁管理暂行规定

（1994年11月21日上海市人民政府发布，根据1997年12 月14日上海市人民政府第53号令修正并重新发布）

上海市危险废物污染防治办法

（1995年1月6日上海市人民政府发布，1995年3月1日实施，1997年12月14日上海市人民政府53号令修正）

上海市原水引水管渠保护方法

（1995年1月6日上海市人民政府发布）

上海市畜禽污染防治暂行规定

（1995年3月7日上海市人民政府发布，1995年5月1日实施，1997年12月14日上海市人民政府53号令修正）

上海市空调设备安装使用管理办法

（1995年4月26日上海市人民政府发布，1995年6月1日实施，1997年12月14日上海市人民政府53号令修正）

上海市外滩风景区综合管理暂行规定

（1995年12月19日上海市人民政府批准）

上海港防止船舶污染水域管理办法

（1996年5月28日上海市人民政府发布，1996年9月1日实施）

上海市金山三岛海洋生态自然管理办法

（1997年3月2日上海市人民政府发布，1997年5月1日实施）

上海市街道监察处罚暂行规定

（1997年4月2日上海市人民政府第40号令发布）

上海市禁止乱张贴乱涂写乱刻画暂行规定

（1997年4月30日上海市人民政府第44号令发布）

上海市人民广场地区综合管理暂行规定

（1997年11月14日上海市人民政府第50号令发布）

上海市陆家嘴金融贸易中心区综合管理暂行规定

（1998年7月1日上海市人民政府第58号令发布）

上海市苏州河环境综合整治管理办法

（1998年8月17日上海市人民政府发布，1998年11月1日实施）

上海市铁路上海站地区综合管理暂行规定

（1998年9月26日上海市人民政府第62号令发布）

上海市户外广告设置规划和管理办法

（1999年1月27日上海市人民政府第65号令发布）

上海市道路和公共场所清扫保洁服务管理暂行办法

（1999年7月7日上海市人民政府令第68号发布）

上海市南京路步行街综合管理暂行规定

（1999年11月4日上海市人民政府令第75号发布）

上海市废弃食用油脂管理办法

（1999年12月29日发布，2000年4月1日实施）

上海市一次性塑料饭盒管理暂行办法

（2000年6月14日上海市人民政府84号令发布，2000年10月1日实施）

上海市环境保护局、上海市监察委员会

关于对违反环保法规人员追究行政纪律责任的若干规定(试行)

(沪环保法［2001］79号)

第一条　为了保证国家和本市环境保护方面法律、法规、规章和有关规定的执行，严肃行政纪律，根据《中华人民共和国环境保护法》、《中华人民共和国行政监察法》、《上海市环境保护条例》等，制定本规定。

第二条　本市行政机关、国有、集体企事业单位(含控股公司)及其工作人员违反环境保护法规和有关规定、应当追究行政纪律责任的，适用本规定。

第三条　有下列行为之一，给国家、集体和人民利益造成重大损失或者恶劣影响的，给予负有主要领导责任人员记大过或者降级处分；给予负有重要领导责任人员警告至记大过处分。造成巨大损失或者特别恶劣影响的，给予负有主要领导责任人员撤职至开除处分；给予负有重要领导责任人员降级或者撤职处分。

(一)对国家和本市环境保护的方针、政策贯彻不力，检查督促不实，未按要求完成上级规定的任务或者不注重经济发展与环境保护综合决策，作出错误决定的；

(二)对管辖范围内发生的严重违反环境保护法规的行为不制止、不查处或者放任、袒护、纵容的；

(三)其他不履行或者不正确履行职责的行为。

第四条　有下列行为之一，给国家、集体和人民利益造成较大损失或者一定影响的，给予有关领导人员和直接责任人员记过至降级处分；造成重大损失或者恶劣影响的，给予有关领导人员和直接责任人员撤职至开除处分：

(一)违反环保法规，造成环境污染和生态破坏事故的；

(二)拒报或者谎报监测、统计数据，或者在接受检查、排污申报、污染防治设施运转等方面弄虚作假的；

(三)发生污染事故未按规定报告或者未及时、妥善处理污染事故、污染纠纷，造成损失加重或者矛盾激化的。

第五条　有下列行为之一，情节较重的，给予有关领导人员和直接责任人员记大过或者降级处分；情节严重的，给予有关领导人员和直接责任人员撤职至开除处分：

(一)违法行使行政审批、行政处罚等职能的；

(二)在行政执法和监督管理工作中，滥用职权、玩忽职守、徇私舞弊的；

(三)干预或者拒绝、妨碍环保部门或其他依法行使环境监督管理权的部门行使检查、调查、验收等职能的；

(四)拒不执行人民政府限期治理、停业、关闭治理决定的；

(五)对检举违反环保法规行为的人员进行刁难、打击报复的；

(六)其他违反环保法规的行为。

第六条　发生违反环保法规行为，被责令改正而拒不改正或者屡次发生违反环保法规行为的，应当从重或者加重处分。

对违反环保法规行为能主动检查并及时改正或者减轻危害后果的，可以从轻、减轻或者免予处分。

第七条　违反环保法规情节严重，构成犯罪的，移送司法机关依法追究刑事责任。

第八条　各级政府环境保护行政主管部门对有违反环保法规行为、需要追究行政纪律责任的人员，在查实后，应当建议其所在单位或上级主管部门追究其行政纪律责任；属于监察对象的，也可建议监察机关追究其行政纪律责任。

第九条　有关单位对有违反环保法规行为、依照本规定应当给予行政处分的人员，无正当理由不给予处分的，由其上级主管部门追究该单位有关领导人员的行政纪律责任；该领导人员属于监察对象的，也可由监察机关追究其行政纪律责任。

第十条　本规定由上海市环境保护局、上海市监察委员会负责解释。

第十一条　本规定自颁布之日起施行。

上海市环境保护微生物菌剂应用的环境安全性管理(暂行)办法

(沪环保法［2001］420号)

第一条(目的)

为了保护人类健康，维护生物多样性，有利于上海的可持续发展，在促进环保产业发展的同时，防止微生物菌剂对环境和生态平衡可能造成的危害，根据国际《生物多样性公约》、《生物安全议定书》、《中国国家生物安全框架》以及相关的环境保护法规和条例，制定本暂行办法。

第二条(适用范围)

本办法适用于以环境保护为目的的微生物菌种及其制剂(简称微生物菌剂)应用的环境安全性管理。涉及基因改造的微生物菌剂，按国家有关部门的规定处理，不属于本办法管理范围。

第三条(管理部门)

上海市环境保护局(以下简称市环保局)是本市生物技术环境安全的主管机构，依据本办法实施微生物菌剂应用的环境安全管理。

第四条(行政许可)

微生物菌剂的环境安全性管理实行逐案逐步的管理制度。凡在上海地区从事环保微生物菌剂生产和经营的单位，必须向市环保局申报，申报单位法人应对申报内容负责。

市环保局接受申报后，应在15个工作日内组织专家评审，作出审批决定并说明理由。

微生物菌剂的应用许可有效期为3年。

第五条(申报要求)

申报单位如实填写申报书，并连同资质单位出具的生物技术环境安全性监测报告和安全评价报告及其它相关资料，向市环保局申报。国外引进的微生物菌剂必须持有出入境检验检疫部门准予入境的证明材料。

申报单位项目负责人和工作人员应具备微生物技术应用相关专业和安全操作知识，遵守本办法的有关规定，并承诺指导应用单位采取与现有科学技术水平相适应的安全控制措施，不会对人类健康和生态环境造成危害。

第六条(保密要求)

申报单位可以提出对部分内容保密的要求，审批机构的工作人员、参与评审的专家、安全检测和评价单位均负有保密的责任。

第七条(回避)

申报单位可以提出应予回避的工作人员或专家名单并说明理由，在理由成立的情况下，有关人员应回避。

第八条(安全控制)

从事环境微生物菌剂生产和经营的单位，必须制定安全控制措施以及可能发生事故的应急预案。并在使用过程中加强对微生物菌剂安全的控制与管理。

第九条(责任)

申报单位通过环境微生物菌剂生物安全的审批并不免除其消除有害影响的责任。因环境微生物菌剂使用发生危害人类健康或污染环境事故的单位，必须及时采取有效措施，控制并消除损害，并向市环保局报告。

从事微生物菌剂环境安全检测的单位必须严格按照国家规定的检测方法，严格执行操作程序，提供有效、全面、真实和可靠的数据，并对检测结果负责。

从事微生物菌剂环境安全评估的单位必须在现有科学认识能力的基础上，对申报对象的相关资料、检测数据进行全面、准确、科学的评估，并对安全性评价报告内容和结论负责。

参加评审的专家委员会成员必须站在公证、客观、科学的立场上提供独立评审意见。

第十条（监督管理）

微生物菌剂生产和经营单位应对微生物菌剂应用的环境安全性进行定期跟踪检测，并将检测结果报市环保局备案。

市环保局应当加强对微生物菌剂应用的环境安全性定期检查，对微生物菌剂使用过程中造成人体健康或生态影响而又未能采取有效措施的，可立即注销相关微生物菌剂的应用许可。

市环保局对微生物菌剂环境安全的检测单位、微生物菌剂环境安全的评估单位、参与评审的专家进行动态检查和跟踪考核，对违反本办法规定的单位和个人注销有关资质。

在新的科学依据支持下，市环保局可以收回已批准的申报，可以在有效期内要求重新进行评估和审查。

第十一条(解释部门)

本办法由上海市环境保护局负责解释。

第十二条(施行日期)

本办法自发布之日起施行。

上海市危险废物收集管理暂行办法

(沪环保控［2001］464号)

第一条(目的、依据)

为了加强本市危险废物收集的管理，建立和完善危险废物收集系统，根据《中华人民共和国固体废物污染环境防治法》和《上海市危险废物污染防治办法》等有关规定，制定本办法。

第二条(定义)

本办法所称收集，是指持有危险废物经营许可证，专门从事危险废物收集的单位，将其他企事业单位产生的危险废物，收集后暂存在其所设的防扬散、防流失、防渗漏的贮存场所，并适时转移至具有危险废物经营许可证的单位进行利用、处置的行为。

第三条(适用范围)

本市范围内一切从事危险废物收集活动的单位必须遵守本办法。

第四条(管理部门)

上海市环境保护局负责对危险废物收集中的污染防治实施统一监督管理。

上海市危险废物处理中心具体负责危险废物收集污染防治的管理工作。

各区、县环境保护管理部门对本辖区内危险废物收集的污染防治实施监督管理。

第五条(收集系统)

上海市环境保护局根据本市危险废物产生情况，制定危险废物收集系统规划，并通过向社会公开招投标方式对申请从事危险废物收集的单位择优认定。

第六条(设置规定)

危险废物收集单位必须设置在郊区(县)或工业集中区。危险废物收集单位离居民区最近距离不得小于200米。

内环线内和风景名胜区、水源保护区等特殊保护区域不得设置危险废物收集单位。

第七条(收集原则)

危险废物收集单位必须在危险废物经营许可证规定的范围内，开展相关危险废物收集经营活动，不受行政区域限制。

危险废物收集单位应当按自愿自主的原则，收集危险废物产生单位的危险废物。

危险废物产生单位可以自主选择危险废物收集单位，也可直接交给持有危险废物经营许可证的单位利用、处置。

第八条(经营许可)

从事危险废物收集的单位，必须向上海市环境保护局提出申请。经上海市环境保护局核发《上海市危险废物经营许可证》后，方可开展危险废物收集的经营活动。

第九条(资质条件)

危险废物收集单位必须具备下列条件：

(一)必须是独立的企业法人；

(二)必须遵守建设项目环境保护管理的规定；

(三)必须拥有600平方米以上的仓库，必需的运输、装卸器械，堆放地和作业场地必须是防渗地坪；

(四)必须建立完善的废水、废气等污染物收集处理系统；

(五)必须有防止突发性事故的措施和设施；

(六)有掌握危险废物收集、处理处置的专业人员；

(七)经营活动中排放的污染物应当达到本市规定的排放标准；

第十条(执行转移联单制度)

危险废物收集单位收集企事业产生的危险废物，必须办理危险废物转移联单手续。

危险废物收集单位将其收集的危险废物转移至有危险废物经营许可证的单位利用、处置，也必须办理危险废物转移联单手续。

第十一条(跨省市转移)

危险废物收集单位需要将其收集的危险废物转移至外省市利用、处置的，必须事先向上海市环境保护局报告，并提交接收地省级人民政府环境保护行政主管部门的许可文书。

第十二条(污染防治)

收集、运输危险废物，必须采取防扬散、防流失、防渗漏或其他防治环境污染的措施。

收集、运输危险废物必须根据废物的类别、性质，使用专业的运输车辆，符合环境保护的要求。

禁止混合收集、运输性质不相容的、又未进行安全处理的危险废物。

第十三条(标识)

危险废物收集站的贮存场所和作业场地，必须设立分类标识，车辆通行的道路亦应设立交通警示标志。

第十四条(转移联单报告)

危险废物收集站必须按月将危险废物转移联单执行情况汇总后分别报所在地区、县环保局和上海市危险废物处理中心。

第十五条(违法行为处理)

违反本规定有下列情况之一者，根据《中华人民共和国固体废物污染环境防治法》、《上海市危险废物防治办法》的有关规定责令限期改正、给予警告、罚款、吊销许可证的处罚：

(一)超出危险废物经营许可证规定范围经营的；

(二)把危险废物交由无危险废物经营许可证的单位进行综合利用、处理处置的；

(三)因管理不妥，在收集、中转、运输中造成环境污染的；

(四)其他污染环境的行为。

第十六条(解释)

本办法由上海市环境保护局负责解释。

第十七条(实施日期)

本办法自发布之日起实施。

关于加强对本市货物运输车辆扬尘污染控制的通告

上海市环境保护局
上海市建设和管理委员会
上海市市容环境卫生管理局
上　海　市　公　安　局
上海市城市交通管理局
(沪环保控［2001］131号)

经市政府同意，为了加强对本市货物运输车辆扬尘污染的控制，保护和改善城市环境质量，根据国家和本市有关法律、法规规定，结合本市实际，特通告如下：

一、凡在本市境内从事可能产生扬尘的散装货物(包括渣土垃圾)的运输车辆，必须配备安装有专用密闭装置或者其他防尘设置。

二、运输可能产生扬尘的散装货物，必须严格按照操作规程进行，防止在运输过程中产生扬尘污染。

三、对无专用密闭装置和其他防尘设置的车辆或者虽有专用密闭装置和其他防尘设置的车辆，但不按照操作规程进行操作，产生扬尘污染的，在城市管理综合执法试点区，可由区城市管理监察大队责令改正，依法予以处罚；在尚未进行城市管理综合执法试点的区域，可由市或区、县市容环境卫生管理部门及其所属的市容监察队或街道监察队责令改正，依法予以处罚。

公安交巡警部门在执法过程中，发现货物运输车辆发生扬尘污染的，可以根据道路交通管理法规予以处罚。

四、任何单位和个人，发现运输过程中产生扬尘污染的，按照本《通告》第三条规定，可向城市管理监察大队或市容环境卫生管理部门举报。

五、市交通管理部门，应在年检年审时加强对可能产生扬尘的散货运车辆的监管。

六、本通告自二零零一年七月一日起实施。

二〇〇一年五月三十一日

上海市污染源在线监测(监控)系统安装运行管理暂行办法

(沪环保法［2001］305号)

第一条(目的和依据)

为加强对本市污染源排放的监督管理，发挥在线监测(监控)系统在污染物排放监督管理中的作用，根据国家和本市有关环境保护法规、规章的规定，结合本市实际情况，制定本办法。

第二条(适用范围)

本办法适用于本市范围内污染源在线监测(监控)系统的安装和运行管理。

第三条(定义)

本办法所称污染源在线监测(监控)系统，是指为监控污染物治理设施运转情况和污染物排放状况而安装的污染物治理设施运行记录仪、污水或废气流量计量装置、污染物排放自动监测仪器(统称“在线监测仪”)及其信息接入、传输设备和监控电脑。

第四条(管理部门)

市环境保护行政主管部门负责本市范围内污染源在线监测(监控)系统的规划和组织实施，制定有关技术规范，组织对在线监测仪正式并网运行前的验收，组织实施对在线监测(监控)系统运行的监督管理。

各区、县环境保护行政主管部门根据全市统一规划和分级管理权限，负责辖区内所属企事业单位污染源在线监测(监控)系统建设的组织实施、运行和监督管理。

第五条(实施范围)

本市新建、改建、扩建项目的企业事业单位符合下列情形之一的，必须安装污染物治理设施运行记录仪和污水或废气流量计量装置(但污水直接纳入污水处理厂的企业事业单位除外)，并由审批该建设项目的环境保护行政主管部门确定重点单位试行安装污染物排放自动监测仪器：

(一)日均排放污水量300m^3以上的企业事业单位；

(二)日均排放含汞或镉、铬、铅、镍、铍、银等重金属污水量100m^3以上的企业事业单位；

(三)火力发电厂及配备单台容量在14mW(蒸发量20,000kg／h)以上的锅炉或者大气污染物排放量与其相当的窑炉的企业；

(四)冶金、化工等排放工艺废气的企业；

(五)市环境保护行政主管部门认定的重点区域(流域)内及其他需要实施在线监测(监控)的单位。

现有企业事业单位符合下列情形之一的，必须逐步安装污染物治理设施运行记录仪和污水或废气流量计量装置(但污水直接纳入污水处理厂的企业事业单位除外)，并由市环境保护行政主管部门确定重点单位试行安装污染物排放自动监测仪器：

(一)日均排放污水量500m^3以上的企业事业单位(含污水处理厂)；

(二)市级水源保护区和重点工业区日均排放污水量300m^3以上的企业事业单位；

(三)日均排放含汞或镉、铬、铅、镍、铍、银等重金属污水量100m^3以上的企业事业单位；

(四)火力发电厂及使用单台容量在14mW(蒸发量20,000kg／h)以上锅炉或者大气污染物排放量与其相当的窑炉的企业；

(五)桃浦、吴淞、高化、吴泾地区等排放工艺废气的重点企业。

上述单位安装的在线监测仪必须纳入本市环境保护行政主管部门的在线监测(监控)网络。

第六条(仪器的质量要求)

排污单位选用的在线监测仪必须符合质量技术监督部门的有关标准，有产品质量检验合格证明，并符合国家或者本市的环保技术规范。

进口的在线监测仪必须具有出入境检验检疫部门的商检证明，并符合国家或者本市的环保技术规范。

第七条(排污口整治)

排污单位安装污染物在线监测仪前，必须按照国家和本市有关规定对排污口进行整治。符合排污口整治规范的，方可安装污染物在线监测仪。

第八条(验收)

现有排污单位安装的污染物在线监测仪在正式并网运行前，应报请市环境保护行政主管部门组织验收，验收合格后，方可投入并网运行。

新建、改建、扩建项目的企业事业单位安装的污染物在线监测仪，由审批该建设项目的环境保护行政主管部门在其环境保护设施竣工验收中一并验收。

验收标准为:

(一)安装的在线监测仪必须符合第六条规定;

(二)在线监测仪输出的数据符合国家规定的比对监测误差标准;

(三)排污单位已建立在线监测仪运行管理制度。

第九条(数据使用)

经验收合格后的在线监测仪输出的有关监测数据，可以作为环境管理的依据之一。

第十条(系统的维护保养)

实施在线监测(监控)的排污单位(以下简称“排污单位”)负责污染物在线监测仪的维护保养和日常运行管理，并按规定进行校核，确保在线监测仪的正常运转。排污单位也可以将在线监测仪的维修、保养和校核委托有资质的专业单位进行操作。

排污单位不得擅自拆除、闲置、维修、更换、改动污染物在线监测仪及其信息接入、传输设备。需要拆除、闲置、维修、更换污染物在线监测仪的，排污单位应当事先报经市或者区、县环境保护行政主管部门批准。维修、更换完成后，必须报请批准维修、更换的环境保护行政主管部门检查、验收。

因突发原因导致污染物在线监测仪发生故障的，排污单位必须在24小时内电话报告所在地环境保护行政主管部门，事后补报书面报告。

第十一条(监督检查)

市和区、县环境保护行政主管部门应当加强对排污单位安装的污染物在线监测仪的监督检查，并将其纳入对排污单位的日常检查内容之中。

第十二条(在线监测仪的年检)

市环境保护行政主管部门负责对排污单位安装的污染物在线监测仪实行年检。年检合格后，方可继续并网运行。

第十三条(处罚)

违反本办法有关规定，未按规定安装污染物在线监测仪、安装后擅自拆除或者闲置污染物在线监测仪、在线监测仪未按规定进行校核、在仪器设备中弄虚作假、拒绝或者阻挠监督检查的，由市或者区、县环境保护行政主管部门责令限期改正，并按照有关规定予以处罚。

第十四条(解释)

本办法由市环境保护行政主管部门负责解释。

第十五条(施行)

本办法自公布之日起施行。

上海市环境保护局关于对违法排放烟尘当场处罚的实施办法（试行）

(沪环保法［2001］233号)

第一条(目的、依据)

为及时查处违法排放烟尘的行为，保护和改善上海的大气环境，依据《中华人民共和国大气污染防治法》、《上海市环境保护条例》的有关规定，制定本办法。

第二条(适用范围)

本办法适用于市环境保护局执法部门(委托单位)，对违法排放烟尘的企业、事业单位作出警告或者1000元以下罚款的当场处罚决定。

区、县环境保护局参照执行本办法。

第三条(违法行为的表现形式)

各种锅炉、工业炉窑的消烟除尘设施不正常使用，或者烟尘超标排放的;

在非指定地点焚烧油毡、橡胶、塑料、皮革等产生烟尘的。

第四条(不适用当场处罚的违法行为)

执法人员发现违法行为时，下列情形按一般程序查处:

(一) 林格曼黑度在Ⅳ级以上的;

(二) 焚烧油毡、橡胶、塑料、皮革等产生烟尘的物质在20公斤以上的;

(三) 被检查单位阻挠执法人员执法、伪造监测记录、谎报排放情况的;

(四) 消烟除尘设施不正常使用在二十四小时以上或者擅自闲置、拆除设施的;

(五) 当事人对当场处罚有异议的。

第五条(罚款幅度)

对违反第三条第一款的违法行为，排放烟尘林格曼黑度达到Ⅱ级以上的，当场处以600元-800元的罚款；林格曼黑度达到Ⅲ级以上的，当场处以800元-1000元的罚款。

对违反第三条第二款的违法行为，数量在10公斤以下，当场处以500元-600元的罚款；数量在10-15公斤的，当场处以600元-800元的罚款；数量超过15公斤的，当场处以800元-1000元的罚款。

第六节(处罚程序)

两名以上的执法人员发现违法行为后，立即收集林格曼黑度的超标证据；出示“行政执法证”，查清违法事实，制作《现场检查笔录》；告知违法行为，处罚依据；当场填写行政处罚决定书(一式三份)，当场送达当事人(两份)；执法人员三日内向市环境保护局政策法规处汇总备案。

第七节（解释单位）

本办法由上海市环境保护局负责解释。

第八条（实施日期）

本办法自颁布之日起实施。

上海市环境保护局关于进一步做好对举报环保违法行为实行奖励工作的通知

（沪环保控[2001]127号）

各区、县环保局、市环境监理所：

本市自2000年9月施行《上海市环保局关于对环保违法行为实行有奖举报的暂行规定》以来，市环保局已对20多位市民实施了奖励。此举既加大了对环保违法行为的社会监督力度，又提高了本市环境执法监督管理水平。为充分发挥市和区、县两级职能部门的作用，使奖励措施进一步落到实处，并将此项工作纳入长效管理机制，现将有关工作通知如下：

一、各区县环保局、市环境监理所要对群众举报违反环保法行为进行认真查处，凡是实名举报，并有联系线索的，经查实处罚后应对举报人实施奖励。

二、按照市和区、县两级管理的原则，实行谁受理、谁奖励。市环保局受理的案件，授权市环境监理所负责实施奖励，并对全市的环保有奖举报归口管理。区、县环保局受理的案件由区、县环保局实施奖励。奖励金额可根据《上海市环保局关于对环保违法行为实行有奖举报的暂行规定》（沪环保办[2000]356号）的标准确定。

三、要对举报奖励的事项、对象、奖励金额登记存档，每季度的5日将上季度情况报经市环境监理所汇总后，上报市环保局。

2001年4月9日

上海市环保局关于对环保违法行为实行有奖举报的暂行规定

第一条　为贯彻落实市政府《关于加强本市环境保护和建设若干问题的决定》及其实施意见，保护本市的生活环境和生态环境，加强对环保违法行为的社会监督，加大执法力度，推进公众参与，依据《上海市环境保护条例》和《上海市信访条例》的有关规定，制定本规定。

第二条　一切单位和个人都有权利对环保违法行为进行举报。

第三条　一切单位和个人可以就本市范围内的下列行为，进行举报：

（一）造成或可能造成各类环境污染事故的；

（二）偷排废水、废气，造成或可能造成环境污染的；

（三）非法从事废物进口和危险废物收集、运输、贮存、处置的；

（四）谎报、瞒报有关事项或在环保部门现场检查中弄虚作假的。

第四条　举报人应提供自己的真实姓名、地址或联系方式，并提供被举报单位、名称、地址（或违法事件发生地）及基本违法事实。

市环保局和经办人员对所有举报人员均负有保密义务，不经同意不得擅自将举报材料及举报人情况向外界透露。

第五条　市环保局办公室是有奖举报的归口管理部门。局办公室在接到举报后应当进行登记，并按职责权限将举报案件移送有关处室或区、县环保局调查处理，在规定期限内办结。

对污染事故的举报，应当立即调查处理。

第六条　根据举报情况，经有关部门调查核实，举报人反映情况基本属实的，并经由环保部门作出行政处罚的或避免造成重大环境污染后果的，由市环保局对举报人（第一举报人）给予表扬，并酌情给予100-5000元的奖励。

第七条　举报人可通过下列途径进行举报：

（一）来电：电话号码为62261422（兼传真）；

（二）来函：上海市环保局信访办，上海市华山路1038弄161号，邮编200050；

（三）来访：上海市环保局信访接待室（上海市华山路1038弄161号）；

（四）电子邮件：sepb@envir.gov.cn。

第八条　环保部门工作人员不适用本规定。

标 准

城镇道路清扫信息属性数据采集规范

上 海 市 地 方 标 准　　DB 31/TXXX - XXXX

城 镇 道 路 保 洁 属 性 数 据 规 范

Attribute data specification on

cities and town road sweeping and clearing

1 适用范围

本标准中的城镇道路是指上海城市和集镇地区的道路及其辅助道路，不包括公路、上海市地名管理部门未正式公布路名的道路。

本标准规定了上海市城镇道路保洁属性数据的定义和数据元的表示方法。

本标准适用于上海城镇道路保洁属性数据的采集、处理和交换。

2 数据采集格式

城镇道路保洁数据采集表见附录A，每段城镇道路的自然段（指从一个路口到另一个路口的道路段）登录一张A表，每条辅助道路也登录一张A表。

3 数据项描述及其表达规则

3.1 单位名称

单位名称是指各级政府机构编制部门批准，或经工商行政管理部门登记注册，或经社会团体登记管理机关核准登记的数据采集单位的法定名称。本数据项必须用汉字登录。

3.2 单位代码

由质量技术监督部门赋予单位的组织机构代码。本数据项必须登录。

3.3 城镇道路自然段代码

按一定规则给予城镇道路自然段的一个特定代码，在上海市范围内，该代码对城镇道路自然段具有唯一性。城镇道路自然段代码由城镇道路标识码、区（县）、街道（乡镇）代码和城镇道路自然段顺序码构成，其编写形式应符合下述示意图规定，其中城镇道路标识码用M表示，区（县）、街道（乡、镇）代码按照“行政区划名称与代码”（见附录B）规定表示，城镇道路自然段顺序码从001起始。每条辅助道路作为一个城镇道路自然段。本数据项用大写的英文字母和阿拉伯数字组合登录。

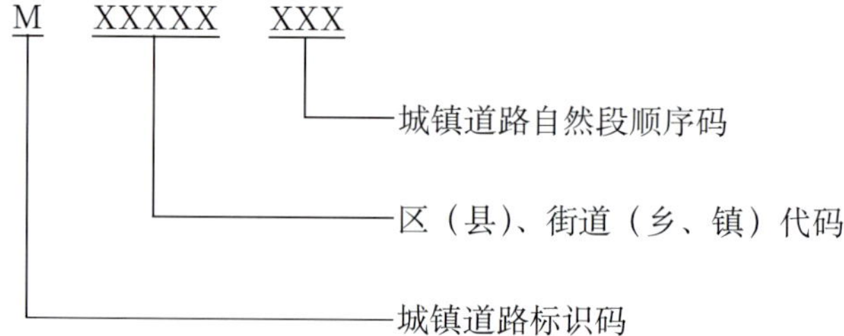

3.4 路名

城镇道路自然段及辅助道路名称。以上海市地名管理部门正式公布的路名为准。本数据项用汉字登录。

3.5 起点

符合本规范3.4条规定的城镇道路自然段起始点名称或其他特别的名称。城镇道路自然段的起始点按从南向北或从东向西的原则确定。辅助道路中，人行过街天桥、人行过街地下通道和人行隧道以第一级台阶为起点，车行地下通道、车行隧道、高架道路及立交桥以引道（桥）口为起点，广场不设起点、终点。本数据项用汉字登录。

3.6 终点

符合本规范3.4条规定的城镇道路自然段终止点名称或其他特别的名称。城镇道路自然段及辅助道路的终止点与3.5条规定相对应。本数据项用汉字登录。

3.7 区域

上海市城镇道路自然段及辅助道路所处的区域位置。用一个阿拉伯数字代码表示，其表示方法应符合表1的规定。

表1　区域分类代码对照

代码	区　域
1	内环线以内（含内环线所处区域）
2	内环线与外环线之间（不含内外环线）
3	外环线以外（含外环线）
9	其　他

3.8 道路保洁等级

道路保洁等级按建设部建城[1997]21号文《城市环境卫生质量标准》（见附录C）中道路清扫和保洁要求划分。用一个阿拉伯数字代码表示，其表示方法应符合表2的规定。

表2　道路保洁等级分类代码对照

代码	道路保洁等级
1	一级道路
2	二级道路
3	三级道路
4	四级道路
9	未定级道路

3.9 道路路面材料

城镇道路自然段及辅助道路的路面材料分类情况。用一个阿拉伯数字代码表示，其表示方法应符合表3的规定。

表3　道路路面材料分类代码对照

代码	道路路面材料
1	水　泥
2	沥　青
3	弹　石
4	泥　石
9	其　它

3.10 景观道路

具备高等级保洁要求的道路、符合城市容貌标准的建

（构）筑物和景观条件，并经上海市市容环境卫生管理局审定的城镇道路自然段。用一个阿拉伯数字代码表示，其表示方法应符合表4的规定。

表4 景观道路属性代码对照

代码	景观道路
1	是
0	否

3.11 道路保洁情况

城镇道路自然段及辅助道路保洁与否的情况。用一个阿拉伯数字代码表示，其表示方法应符合表5的规定。

表5 道路保洁情况分类代码对照

代码	道路保洁情况
1	保洁
0	未保洁

3.12 道路总面积

城镇道路自然段中车行道路面面积、人行道面积与辅助道路面积的总和。单位：平方米（m^2）。本数据项用阿拉伯数字登录。

3.13 车行道路面面积

城镇道路自然段的车行道路面面积，即车行道路面长度与车行道路面平均宽度的乘积。单位：平方米(m^2)。本数据项用阿拉伯数字登录，如果没有数据登录0。

3.14 车行道路面长度

城镇道路自然段的车行道路面长度。单位：米(m)。本数据项用阿拉伯数字登录，如果没有数据登录0。

3.15 车行道路面宽度

城镇道路自然段的车行道路面平均宽度。单位：米(m)。本数据项用阿拉伯数字登录，如果没有数据登录0。

3.16 人行道面积

城镇道路自然段中人行道面积，即人行道长度与人行道平均宽度的乘积。单位：平方米(m^2)。本数据项用阿拉伯数字登录，如果没有数据登录0。

3.17 人行道长度

城镇道路自然段中人行道长度。单位：米(m)。本数据项用阿拉伯数字登录，如果没有数据登录0。

3.18 人行道宽度

城镇道路自然段中人行道平均宽度。单位：米(m)，保留一位小数点。本数据项用阿拉伯数字登录，如果没有数据登录0。

3.19 辅助道路

有别于城镇常规道路的辅助通行场所。辅助道路分为九种类型，用一个阿拉伯数字代码表示，其表示方法应符合表6的规定。

表6　辅助道路分类代码对照

代码	辅助道路
1	人行过街天桥
2	人行过街地下通道
3	车行地下通道
4	人行隧道
5	车行隧道
6	高架道路
7	立 交 桥
8	广　　场
9	其　　他

3.20 辅助道路面积

城镇辅助道路的面积。单位：平方米(m^2)。本数据项用阿拉伯数字登录，如果没有数据登录0。

3.21 沟底数量

城镇道路自然段中人行道侧石与车行道路面交界处的数量。单位：条。本数据项用阿拉伯数字登录，如果没有数据登录0。

3.22 混合废物箱

城镇道路自然段两侧人行道上设置的没有分类收集功能的废物箱数量。单位：个。本数据项用阿拉伯数字登录，如果没有数据登录0。

3.23 分类废物箱

城镇道路自然段两侧人行道上设置的具有分类收集功能的废物箱数量。单位：个。本数据项用阿拉伯数字登录，如果没有数据登录0。

3.24 保洁单位

城镇道路保洁单位分类情况。用一个阿拉伯数字代码表示，其表示方法应符合表7的规定。

表7 保洁单位分类代码对照

代码	保洁单位
1	所属专业
2	非属专业
3	占路单位
4	其　　他

3.25 保洁方式

城镇道路自然段保洁方式的分类情况。用一个阿拉伯数字代码表示，其表示方法应符合表8的规定。

表 8 保洁方式分类代码对照

代码	保洁方式
1	新型保洁扫
2	机扫
3	人机混扫
4	人扫
9	其他扫

3.26 保洁班制

城镇道路自然段保洁作业的班制情况，通常情况下，6小时为一个班制。用一个阿拉伯数字代码表示，其表示方法应符合表 9 的规定。

3.27 保洁人工

城镇道路自然段保洁作业每班的人工数。单位：人，保留一位小数点。本数据项用阿拉伯数字登录。

3.28 道路冲洗情况

城镇道路自然段是否用专用机械设备冲洗的情况。用一个阿拉伯数字代码表示，其表示方法应符合表10的规定。

表 9 保洁班制分类代码对照

代码	保洁班制
1	一班制
2	一班半制
3	两班制
4	两班半制
9	其他

表 10 道路冲洗代码对照

代码	道路冲洗
1	冲洗
0	不冲洗

4 数据存储格式

每条记录含 26 个字段，其内容见表 11。

表 11 数据存储格式对照

序号	字段名	字段含义	数据类型	数据宽度
1	M01	城镇道路自然段代码	字符型	9
2	M02	路　　名	字符型	18
3	M03	起　　点	字符型	18
4	M04	终　　点	字符型	18
5	M05	区　　域	字符型	2
6	M06	道路保洁等级	字符型	2
7	M07	道路路面材料	字符型	2
8	M08	景观道路	字符型	2
9	M09	道路保洁情况	字符型	2
10	M10	道路总面积	数字型	12
11	M11	车行道路面面积	数字型	10
12	M12	车行道路面长度	数字型	4
13	M13	车行道路面宽度	数字型	2
14	M14	人行道面积	数字型	6
15	M15	人行道长度	数字型	4
16	M16	人行道宽度	数字型	2
17	M17	辅助道路	字符型	2
18	M18	辅助道路面积	数字型	10
19	M19	沟底数量	数字型	2
20	M20	混合废物箱	数字型	2
21	M21	分类废物箱	数字型	2
22	M22	保洁单位	字符型	2
23	M23	保洁方式	字符型	2
24	M24	保洁班制	字符型	2
25	M25	保洁人工	数字型	4
26	M26	道路冲洗情况	字符型	2

附录 A　（标准的附录）

城镇道路保洁数据采集表

单位名称
□□□□□□□－□

单位代码：□□

项目名称	计量单位	项目内容	
城镇道路自然段代码	－	□□□□□□□□□	
路名	－		
起点	－		
终点	－		
区域	－	内环线内 1　　内外环线之间 2　　外环线外 3	□
道路保洁等级	－	一级道路 1　　二级道路 2　　三级道路 3 四级道路 4　　未定级道路 9	□
道路路面材料	－	水泥 1　　沥青 2　　台石 3　　泥石 4　　其他 9	□
景观道路	－	是 1　　否 0	□
道路保洁情况	－	保洁 1　　未保洁 0	□
道路总面积	m^2	□□□□□□□□□□□□	
车行道路面面积	m^2	□□□□□□□□□□	
车行道路面长度	m	□□□□	
车行道路面宽度	m	□□	
人行道面积	m^2	□□□□□□	
人行道长度	m	□□□□	
人行道宽度	m	□□	
辅助道路	－	人行过街天桥 1　　人行过街地下通道 2　　车行地下通道 3 人行隧道 4　　车行隧道 5　　高架道路 6 立交桥 7　　广场 8　　其他 9	□
辅助道路面积	m^2	□□□□□□	
沟底数量	条	□□	
混合废物箱	个	□□	
分类废物箱	个	□□	
保洁单位	－	所属单位 1　　非属单位 2　　占路单位 3 其他 9	□
保洁方式	－	新型保洁扫 1　　机扫 2　　人机混扫 3 人扫 4　　其它扫 9	□
保洁班制	－	一班制 1　　一班半制 2　　两班制 3 两班半制 4　　其它 9	□
保洁人工	人	□□□□	□
道路冲洗情况	－	冲洗 1　　不冲洗 0	□

附录B（标准的附录）

行政区划名称与代码

代码	地区名称	代码	地区名称	代码	地区名称
01	黄浦区	05102	新泾镇	10001	定海路街道
01002	南京东路街道	06	静安区	10006	平凉路街道
01006	金陵东路街道	06006	江宁路街道	10008	江浦路街道
01013	外滩街道	06011	石门二路街道	10009	四平路街道
01014	人民广场街道	06012	南京西路街道	10012	控江路街道
01015	半淞园路街道	06013	静安寺街道	10013	长白新村街道
01016	董家渡街道	06014	曹家渡街道	10015	延吉新村街道
01017	小东门街道	07	普陀区	10016	殷行街道
01018	豫园街道	07005	曹杨新村街道	10018	大桥街道
01019	老西门街道	07014	长风新村街道	10019	五角场街道
03	卢湾区	07015	长寿路街道	10020	江湾新城街道
03001	五里桥街道	07016	甘泉路街道	10101	五角场镇
03002	打浦桥街道	07017	石泉路街道	12	闵行区
03008	淮海中路街道	07020	宜川路街道	12001	华坪路街道
03009	瑞金二路街道	07101	真如镇	12002	碧江路街道
04	徐汇区	07102	长征镇	12003	吴泾街道
04003	天平路街道	07103	桃浦镇	12005	龙柏街道
04004	湖南路街道	08	闸北区	12006	古美街道
04007	斜土路街道	08001	天目西路街道	12007	航华街道
04008	枫林路街道	08006	北站街道	12101	莘庄镇
04010	长桥街道	08007	宝山路街道	12102	七宝镇
04011	田林街道	08012	共和新路街道	12103	颛桥镇
04012	虹梅路街道	08013	大宁路街道	12104	纪王镇
04013	康健新村街道	08014	彭浦新村街道	12105	诸翟镇
04014	徐家汇街道	08015	临汾路街道	12106	华漕镇
04015	凌云街道	08016	芷江西路街道	12107	虹桥镇
04101	龙华镇	08101	彭浦镇	12108	梅陇镇
04102	漕河泾镇	09	虹口区	12109	曹行镇
04103	华泾镇	09002	乍浦路街道	12110	塘湾镇
05	长宁区	09008	新港路街道	12111	北桥镇
05001	华阳路街道	09009	欧阳路街道	12112	马桥镇
05002	江苏路街道	09010	曲阳路街道	12114	陈行镇
05004	新华路街道	09011	广中路街道	12115	杜行镇
05005	周家桥街道	09014	嘉兴路街道	12116	鲁汇镇
05006	天山路街道	09016	凉城新村街道	12501	莘庄工业区
05008	仙霞新村街道	09017	四川北路街道	13	宝山区
05009	虹桥街道	09018	提篮桥街道	13001	吴淞街道
05010	程家桥街道	09101	江湾镇	13002	海滨街道
05011	北新泾街道	10	杨浦区	13003	友谊街道

行政区划名称与代码（续1）

代码	地区名称	代码	地区名称	代码	地区名称
13005	泗塘街道	15005	梅园新村街道	16114	松隐镇
13006	通河街道	15007	周家渡街道	16115	新农镇
13101	罗店镇	15008	塘桥街道	16501	漕泾工业区
13102	大场镇	15009	上钢新村街道	17	松江区
13103	杨行镇	15010	南码头路街道	17101	松江镇
13104	月浦镇	15011	沪东新村街道	17102	泗泾镇
13105	盛桥镇	15012	金杨新村街道	17103	佘山镇
13106	罗泾镇	15013	洋泾街道	17104	车墩镇
13107	罗南镇	15014	浦兴路街道	17105	新桥镇
13108	刘行镇	15015	东明路街道	17106	洞泾镇
13109	顾村镇	15103	川沙镇	17107	九亭镇
13110	祁连镇	15104	高桥镇	17108	小昆山镇
13111	高境镇	15105	北蔡镇	17109	泖港镇
13112	庙行镇	15108	机场镇	17110	仓桥镇
13113	淞南镇	15110	合庆镇	17111	茸北镇
13114	宝山镇	15113	孙桥镇	17112	华阳镇
13216	长兴乡	15114	唐镇	17113	天马山镇
13217	横沙乡	15117	曹路镇	17114	大港镇
14	嘉定区	15120	金桥镇	17115	李塔汇镇
14001	新成路街道	15121	东沟镇	17116	石湖荡镇
14002	真新新村街道	15123	高东镇	17117	新浜镇
14003	菊园小区	15125	张江镇	17118	五库镇
14101	嘉定镇	15126	花木镇	17119	张泽镇
14102	南翔镇	15127	钦洋镇	17120	叶榭镇
14103	安亭镇	15129	六里镇	17501	松江工业区
14104	娄塘镇	15130	三林镇	17502	松江新城区
14105	封浜镇	16	金山区	18	青浦区
14106	马陆镇	16001	石化街道	18101	青浦镇
14107	戬浜镇	16101	朱泾镇	18102	朱家角镇
14109	徐行镇	16102	枫泾镇	18103	练塘镇
14110	曹王镇	16103	张埝镇	18104	金泽镇
14111	华亭镇	16104	亭林镇	18105	赵巷镇
14112	唐行镇	16105	吕巷镇	18106	徐泾镇
14113	朱家角镇	16106	干巷镇	18107	华新镇
14114	外岗镇	16107	廊下镇	18108	凤溪镇
14116	方泰镇	16108	钱圩镇	18109	重固镇
14117	黄渡镇	16109	金山卫镇	18110	白鹤镇
14117	江桥镇	16110	兴塔镇	18111	赵屯镇
14501	嘉定开发区	16111	朱行镇	18112	大盈镇
15	浦东新区	16112	漕泾镇	18113	香花桥镇
15004	潍坊新村街道	16113	山阳镇	18114	沈巷镇

行政区划名称与代码（续2）

代码	地区名称	代码	地区名称	代码	地区名称
18115	小蒸镇	25122	万祥镇	26121	塘外镇
18116	蒸淀镇	25123	新港镇	26122	邵厂镇
18117	莲盛镇	25124	老港镇	30	崇明县
18118	西岑镇	25125	三墩镇	30101	城桥镇
18119	商榻镇	25501	滨海旅游区	30102	堡镇镇
18120	环城镇	25502	南汇工业园区	30103	新河镇
18501	青浦工业园区	25503	航头商城经济	30104	庙镇镇
25	南汇县	26	奉贤县	30105	江口镇
25101	惠南镇	26101	南桥镇	30106	竖新镇
25102	周浦镇	26102	奉城镇	30107	向化镇
25103	新场镇	26103	西渡镇	30108	裕安镇
25104	大团镇	26104	庄行镇	30109	三星镇
25105	下沙镇	26105	齐贤镇	30110	侯家镇
25106	芦潮港镇	26106	金汇镇	30111	新民镇
25107	瓦屑镇	26107	泰日镇	30112	大新镇
25109	康桥镇	26108	头桥镇	30113	港沿镇
25110	航头镇	26109	四团镇	30114	中兴镇
25111	六灶镇	26110	平安镇	30115	陈家镇
25112	祝桥镇	26111	青村镇	30116	绿华镇
25113	盐仓镇	26112	钱桥镇	30117	合作镇
25114	泥城镇	26113	奉新镇	30118	港西镇
25115	宣桥镇	26114	洪庙镇	30119	建设镇
25116	三灶镇	26115	新寺镇	30120	大同镇
25117	坦直镇	26116	胡桥镇	30201	新村乡
25118	东海镇	26117	光明镇	30203	海桥乡
25119	黄路镇	26118	柘林镇	30209	港东乡
25120	彭镇镇	26119	江海镇	30218	五效乡
25121	书院镇	26120	邬桥镇	30219	合兴乡

附录C（标准的附录）

道路保洁等级划分

保洁等级	道 路 保 洁 等 级 划 分
一　级	(1) 商业网点集中，道路旁商业店铺占道路长度不小于70%的繁华闹市地段； (2) 主要旅游点和进出机场、车站、港口的主干路及其所在地路段； (3) 大型文化娱乐、展览等主要公共场所所在路段； (4) 平均人流量为100人次／分钟以上和公共交通线路较多的路段； (5) 主要领导机关、外事机构所在地。
二　级	(1) 城市主、次干路及其附近路段； (2) 商业网点较集中、占道路长度60-70%的路段； (3) 公共场所文化娱乐场所所在路段； (4) 平均人流量为50-100人次／分钟的路段； (5) 有固定公共交通线路的路段。

（续表）

保洁等级	道 路 保 洁 等 级 划 分
三 级	(1) 商业网点较少的路段； (2) 居民区和单位相间的路段； (3) 城郊结合部的主要交通路段； (4) 人流量、车流量一般的路段。
四 级	(1) 城郊结合部的支路； (2) 居住区街巷道路； (3) 人流量、车流量较少的路段。
未定级	(1) 未纳入以上一、二、三、四级道路的路段。

无燃煤区验收标准

“无燃煤区”在全面达到基本无燃煤区、街道(乡镇)各项标准的基础上，还必须符合下列标准：

1. 本地居民燃气普及率100%；

2. 本地区无燃煤的锅炉、茶水炉、灶及工业炉窑和其他燃煤设施，天然气管网未到之前，燃重油设施须采取脱硫措施，去除二氧化硫排放量50%以上，天然气管网到的地区，在一年内改为天然气或其他清洁能源；

3. 本地区的能源结构中，一次能源中的清洁能源比例不得低于95%；

4. 本地区的所有交通干线和景观道路两侧无燃煤的流动摊贩；

5. 本地区无散煤及煤制品加工点和销售点；

6. 集贸市场中的加工点、摊点有条件的都要采用清洁能源，特殊需要采用其他燃料的不造成对周围环境污染和居民生活的影响，市场管理中要有相应的管理制度；

7. 建立完整、规范的档案、资料。

基本无燃煤区验收标准

基本无燃煤区须以全面达到“大气污染物排放达标区”各项标准为前提条件，并同时符合下列各项标准：

1. 本地区民用燃气的普及率必须达到98%以上；

2. 本地区的燃煤密度（不包括电厂用煤）即单位面积的用煤量，不超过0.35万吨原煤／平方公里 · 年；

3. 本地区的能源结构，一次能源中的清洁能源占总能源的比例不得低于70%；

4. 本地区现有1吨／时以下的燃煤锅炉、小工业炉窑、茶水炉及炊事灶、营业灶实现清洁能源化，燃煤小炉灶清洁能源替代改造率达到99%以上；

5. 本地区现有宾馆、饮食服务行业、机关、学校、金融等第三产业，使用清洁能源的单位不低于80%；

6. 本地区的主要交通干线和景观道路及其两侧人行道取缔燃煤的流动摊贩；

7. 建立完整、规范的档案、资料。

大气污染物排放达标区验收标准

一、关于达标区验收合格分数线

达标区的创建以街道为单位，凡综合评分达到80分的街道(《上海市环境空气功能区划》中规定的一般工业区街道综合评分达到70分)可认定为大气污染物排放达标区社区。80%以上的街道建成达标区社区且全区的综合评分达到80分的区(对于工业集中区域，综合评分达到75分)可认定为大气污染物排放达标区。

二、关于综合评分标准说明

1. 综合评分标准分三类12项，第一类综合6项考核指标，占总分的65%；第二类运行管理4项考核指标，占总分的20%；第三类环境质量2项，占总分的15%。

2. 综合评分计算公式

（1）按表2分项评分标准，计算各项的评分值(C)；

（2）按表1确定的各项系数(B)计算各项得分(P)，$P=B \times C$；

（3）按表1确定的各类占总分比例(A)计算每类的综合得分(D)，$D=\Sigma P \times A$；

（4）将三大类的得分相加即总评分，$D_{总}=D1+D2+D3$。

创建大气污染物排放达标区综合评分表

区名＿＿＿＿＿＿　　　　　　　　　　总评分＿＿＿＿＿＿＿＿＿

序号		比例(A)		系数(A)	实际值	按分项标准的评分值(C)	验收组评分项 分项评分 P = B × C	ΣP	综合评分 D= ΣP × A
1	综合指标	65%	烟尘排放浓度达标率	0.1					
			SO_2排放浓度达标率	0.1					
			烟尘排放量削减率	0.2					
			SO_2排放量削减率	0.2					
			平均除尘效率	0.2					
			小炉灶清洁燃料改造率	0.2					
2	运行管理	20%	出灰周期符合率	0.2					
			吸尘计量符合率	0.35					
			锁气器气密性	0.4					
			pH	0.05					
3	环境管理	15%	TSP达标率	0.5					
			SO_2达标率	0.5					

评分组长＿＿＿＿＿＿＿

环境噪声达标街道创建内容、验收要求及评分标准

一、考核指标

1. 本街道内的环境噪声网格点上的平均环境噪声应达到相应的标准值，即

一类区白天55dB(A)，夜间45dB(A)；
二类区白天60dB(A)，夜间50dB(A)；
三类区白天65dB(A)，夜间55dB(A)；
四类区白天70dB(A)，夜间55dB(A)。

2. 固定源噪声的治理率为100%，达标率95%。

3. 噪声方面群众来信来访必须根据有关规定建立台账，做到信访处理率100%，办结率95%，无重复投诉（半年内重复投诉的），杜绝群访（5人及以上的群访）。

4. 凡有居民矛盾的建筑工地，影响居民处（面）和工地内的施工审批率为95%以上。

5. 空调器安装使用要符合本市有关规定。

6. 每街道必须有两个或两个以上市级或区级的文明住宅小区，在住宅小区实行封闭式管理，小区内做到“三无”（无车辆鸣号、无小贩叫卖、无固定源噪声超标），每个小区应有置于明显处的“三无”告示牌。

7. 凡通过该街道的干线道路其机动车鸣号率控制在5%以下，并且道路交通噪声昼间平均声级值达到国家标准中四类区的标准值。

8. 有条件街道可竖立大屏幕噪声监测装置。

9. 验收的同时进行民意测验，街道内居民对环境安静满意率必须达到60%。

10. 街道内的车站、码头、集贸市场等公共场所的噪声管理，无夜间鸣号和大声喧哗现象。

二、验收评分标准

（一）创建环境噪声达标的街道，其环境噪声平均声级值必须达到相应的标准值、固定噪声源达标率95%、群众满意率60%以及无固定噪声源花名册以外噪声源超标，否则验收不能通过。

1. 道路交通噪声平均声级值达到70dB(A)标准值，每增（降）1dB，扣（加）2分。

2. 创建环境噪声达标街道必须有一套完整的文件、图件资料。

3. 机动车禁鸣率、群众信访处理率、办结率、工地夜间施工审批率，达到95%以上。若百分率每升（降）1%加（减）1分，重复投诉每起扣1分，群访每起扣2分。

4. 每街道文明住宅小区，做到“三无”规定的，无明显“三无”告示牌的须扣3-5分。

（二）、有噪声监测大屏幕监视装置的，并能正常运行的加5-8分。

（三）、民意测验：环境安静程度满意率共30张调查表，平均满意率60%为合格，大于70%逐渐加分，每级为10%，每级加5分。

附：中华人民共和国城市区域环境噪声标准

（GB3096—93）

等效等级 Leq:dB(A)

类别	昼间	夜间
0	50	40
1	55	45
2	60	50
3	65	55
4	70	55

0类标准适用于疗养区、高级别墅区、高级宾馆区等特别需要安静的区域。位于城郊和乡村的这一类区域分别按严于0类标准5dB(A)执行。

1类标准用于以居住、文教机关为主的区域。乡村居住环境可参照执行该类标准。

2类标准适用于居住、商业、工业混杂区。

3类标准适用于工业区。

4类标准适用于城市中的道路交通干线道路两侧区域，穿越城区的内河航道两侧区域。穿越城区的铁路主、次干线两侧区域的背景噪声（指不通过列车时的噪声水平）限值也执行该类标准。

夜间突发的噪声，其最大值不准超过标准值15dB(A)。

上海市绿色学校评价指标与标准

一、学校管理（25分）

1. 建立绿色学校创建领导小组（5分）

领导小组由校长、有关处室、团队、学科教师、学生代表等组成，有分工和职责

2. 有创建计划（5分）

有近期规划和学期落实计划

3. 有研究落实制度（5分）

每学期召开2-3次环境教育会议，有定期研究、检查、总结等制度

4. 有一定经费（3分）

对创建活动与环境教育等有经费保证

5. 档案资料（3分）

有书面计划、总结等，有会议记录与工作检查情况记录、有各项成果的记录

6. 参加培训（4分）

校长、教导主任、有关教师参加市、区县或本校的专题培训

二、教育活动过程（25分）

1. 专题教育（5分）

学校开设有齐全的相关专题教育，全体学生均接受环境等专题教育

2. 必修课（8分）

各学科均注意渗透环境教育，主渠道学科有渗透教育的计划、教案及有关的资料积累

3. 选修课（4分）

开设有关保护环境的选修课，有教材和教案，有15%学生参加（中学）

4. 活动课（4分）

有两个以上一定规模的环境类兴趣小组，教师、学生、活动内容落实，组织学生开展综合性社会环境考察等实践活动

5. 教研活动（4分）

有环境教育等综合性教研组织，能定期开展有关教研活动；或主渠道学科有专题性教研活动安排

三、绿色宣传（15分）

1. 主题活动（5分）

围绕世界环境日的主题每学期举办讲座、组织参观等活动参与者多，有多次全校性的绿色宣传教育活动

2. 科普宣传（5分）

每学期出绿色主题校报2-3期，有一定量班报响应，有绿色主题广播

3. 社区活动（5分）

组织师生参加市、区（县）、街道的绿色活动；自觉向居民宣传环保知识；监督社区的环境污染并有一定的效果

四、校园环境（15分）

1. 校园绿化（5分）

学校可绿化地均得到绿化，学生参加护绿率达100%

2. 环境整洁（5分）

校园洁净，教室整洁，食堂卫生达标，厕所干净无臭味，卫生无死角；垃圾能分类统一处理

3. 污染控制（5分）

对学校自身产生的污染源已有效控制，学生能参加校内有关环境监测

五、教育成果（20分）

1. 环境保护意识（5分）

校级领导都明确绿色学校有关要求，主动宣传；教师有一定的论文、经验；学生解答有关问卷效果好

2. 有关获奖成果（5分）

积极参加市、区（县）有关环境类竞赛，获团体前五名或个人前三名

3. 环境教育特色学校历史（5分）

获市或区（县）的“环境教育特色学校”，至今有一定的示范性和影响力

4. 环保行为（5分）

师生遵守“七不”规范；学校符合“无烟学校”条件；学校保护环境、爱护资源、节约用水用电蔚然成风

六、特色加分（5分）

图书在版编目(CIP)数据

2002年上海环境年鉴/上海环境年鉴编辑委员会编．
上海:上海人民出版社,2002
ISBN 7-208-04438-4

Ⅰ.2… Ⅱ.上… Ⅲ.城市环境-上海市-2002-
年鉴 Ⅳ.X321.251-54

中国版本图书馆CIP数据核字(2002)第092497号

责任编辑 张 珏
赵蔚华
装帧设计 赵为群
技术编辑 伍贻晴

2002年上海环境年鉴
上海环境年鉴编辑委员会编
世纪出版集团
上海人民出版社出版、发行
(200001 上海福建中路193号 www.ewen.cc)
新华书店上海发行所经销 上海中华印刷有限公司印刷
开本889×1194 1/16 印张21 插页5
2002年11月第1版 2002年11月第1次印刷
印数1—2,030
ISBN 7-208-04438-4/Z·151
定价220.00元